W0284159

Objektorientiertes Programmieren in C++

Nicolai Josuttis

Objektorientiertes Programmieren in C++

Von der Klasse zur Klassenbibliothek

ADDISON-WESLEY PUBLISHING COMPANY

Bonn · Paris · Reading, Massachusetts · Menlo Park, California · New York
Don Mills, Ontario · Wokingham, England · Amsterdam · Milan · Sydney
Tokyo · Singapore · Madrid · San Juan · Seoul · Mexico City · Taipei, Taiwan

Die Deutsche Bibliothek – CIP-Einheitsaufnahme

Josuttis, Nicolai:
Objektorientiertes Programmieren in C++: von der Klasse zur Klassenbibliothek / Nicolai Josuttis. –
Bonn; Paris; Reading, Mass. [u.a.]: Addison-Wesley, 1994
ISBN 3-89319-637-4

© 1994 Addison-Wesley (Deutschland) GmbH
1. Auflage 1994 / 4., unveränderter Nachdruck 1996

Satz: Nicolai Josuttis und BREDEX GmbH, Braunschweig. Gesetzt aus der Computer Modern 10pt
Belichtung, Druck und Bindung: Bercker Graphischer Betrieb, Kevelaer
Produktion: Claudia Lucht, Bonn
Umschlaggestaltung: Hommer Grafik-Design, Haar bei München

Das verwendete Papier ist aus chlorfrei gebleichten Rohstoffen hergestellt und alterungsbeständig. Die Produktion erfolgt mit Hilfe umweltschonender Technologien und unter strengsten Auflagen in einem geschlossenen Wasserkreislauf unter Wiederverwendung unbedruckter, zurückgeführter Papiere.

Text, Abbildungen und Programme wurden mit größter Sorgfalt erarbeitet. Verlag, Übersetzer und Autoren können jedoch für eventuell verbliebene fehlerhafte Angaben und deren Folgen weder eine juristische Verantwortung noch irgendeine Haftung übernehmen.
Die vorliegende Publikation ist urheberrechtlich geschützt. Alle Rechte vorbehalten. Kein Teil dieses Buches darf ohne schriftliche Genehmigung des Verlages in irgendeiner Form durch Fotokopie, Mikrofilm oder andere Verfahren reproduziert oder in eine für Maschinen, insbesondere Datenverarbeitungsanlagen, verwendbare Sprache übertragen werden. Auch die Rechte der Wiedergabe durch Vortrag, Funk und Fernsehen sind vorbehalten.
Die in diesem Buch erwähnten Soft- und Hardwarebezeichnungen sind in den meisten Fällen auch eingetragene Warenzeichen und unterliegen als solche den gesetzlichen Bestimmungen.

Inhaltsverzeichnis

Vorwort

Lang, lang hat es gedauert, bis dieses Buch fertig geworden ist. Aber nun ist es doch soweit. Ich habe meine Erfahrungen mit C++ und der objektorientierten Programmierung, die ich in mehrjähriger Projekt– und Schulungsarbeit gewonnen habe, in einem Buch für C++–Programmierer festgehalten.

Dabei hat der verspätete Termin der Fertigstellung den Vorteil, daß die neuesten Änderungen der Sprachspezifikation in das Buch integriert werden konnten. Außerdem konnten die wesentlichen Sprachmittel, Templates und Exception–Handling, mit getesteten Beispielen aufgezeigt und durch praktische Erfahrungen ergänzt werden.

Danke

Ich möchte mich hiermit bei allen Personen bedanken, die mir dabei geholfen haben, dieses Buch zu schreiben.

Besonders danke ich den Mitarbeitern der Firma BREDEX. Achim Brede, Ulrich Obst, Achim Lörke, Bernhard Witte und die anderen Mitarbeiter haben mir mit viel zeitlichem und materiellen Aufwand sehr geholfen.

Weiter möchte ich allen Personen danken, mit denen ich Themen und Inhalt des Buchs diskutiert habe. Dazu gehören insbesondere zahlreiche Personen, die das Buch zur Probe gelesen und wertvolle Korrekturhinweise gegeben haben (ich kann sie gar nicht alle aufzählen). Dazu gehören aber auch sehr, sehr viele Personen, mit denen ich zum Teil weltweit (über das UNIX–Netzwerk Internet) verschiedene Aspekte der Sprache diskutiert habe.

Außerdem danke ich Susanne Spitzer und Judith Muhr von Addison–Wesley für die konstruktive Zusammenarbeit und die große Geduld.

Schließlich danke ich meiner Familie, Ulli, Lucas und Anica, denen ich aufgrund dieses Buchs eine Weile viel zu selten zur Verfügung stand.

Kapitel 1

Über dieses Buch

"Objektorientiert", das ist das Schlagwort, das inzwischen zu jeder guten Software gehört. C++ scheint sich dabei als Quasi–Standard für die objektorientierte Programmierung durchzusetzen.

1.1 Warum dieses Buch ?

C++ ist keine reine objektorientierte Sprache. Als Weiterentwicklung von C handelt es sich um einen Sprach–Hybrid, der objektorientierte und nicht–objektorientierte Programmierung ermöglicht. Um so wichtiger ist es, C++ als objektorientierte Sprache zu begreifen und vor allem zu verwenden.

Dieses Buch führt deshalb bewußt in die "objektorientierte Programmierung mit C++" ein. C++ soll von vorn herein in ihrer vollen Mächtigkeit genutzt werden.

Neben der Einführung neuer Sprachmittel bedeutet das vor allem das Kennenlernen einer neuen Begriffswelt und ein neues Denken. Es ist sicherlich schwer, von einer gewohnten Art des Denkens umzusteigen. Zumal es sich bei "objektorientiert" fast schon um einen Modebegriff handelt, der in der Praxis sehr oft mißbraucht wird.

Die Idee der Objektorientierung ist aber weit mehr als eine Mode. Sie führt zu einem neuen Denken im gesamten Prozeß der Softwareentwicklung. Von der Analyse bis zur Implementierung und Weiterentwicklung führt die objektorientierte Idee zu einer neuen Art der Datenabstraktion. Es gibt Anzeichen dafür, daß der Schritt von der herkömmlichen, datenflußorientierten zur objektorientierten Programmierung gleichwertig mit dem Schritt vom Assembler zu Kontrollstrukturen ist. Ob das richtig ist, wird sich erst mit der Zeit erweisen.

In jedem Fall zeigt aber die rasche Entwicklung von C++ zu einem Quasi–Standard, daß die objektorientierte Idee sich durchzusetzen scheint. Doch Vorsicht! Ein wesentlicher Grund für die Verbreitung von C++ liegt an der Tatsache, daß C++ gar nicht unbedingt objektorientiert ist. Herkömmlicher C–Code kann weiterhin verwendet werden.

Damit C++ nun aber nicht nur als ein "besseres C" verwendet wird, wird in diesem Buch sehr genau darauf geachtet, daß die verschiedenen Aspekte der Sprache C++ anhand den Anforderungen an eine objektorientierte Sprache vorgestellt werden. Dabei besteht trotzdem der Anspruch auf Vollständigkeit. Es werden also alle Sprachmittel vorgestellt.

1.2 Voraussetzungen

Voraussetzung für das Verständnis des Buchs ist es, daß der Leser die Sprache C kennt. Die dort vorhandenen Sprachkonzepte werden also als bekannt vorausgesetzt. In Abschnitt 2.1 werden die wesentlichen Sprachmittel von C im "Schnelldurchgang" kurz zusammengefaßt.

Kenntnisse der Konzepte der objektorientierten Programmierung sind nicht notwendig. Die Konzepte werden implizit mit Vorstellung der Sprachmittel, die diese Konzepte in C++ realisieren, vermittelt. Sicherlich sind vorhandene Kenntnisse der objektorientierten Konzepte aber von Vorteil, da das Buch diese zwangsläufig ein wenig mit der C++-Brille betrachtet.

1.3 Systematik

Die einzelnen Sprachmittel von C++ werden methodisch didaktisch Schritt für Schritt eingeführt. Dabei steht die Idee im Vordergrund, daß der Leser die Konzepte von C++ von Anfang an unter dem Aspekt der objektorientierten Programmierung kennenlernt, um so die neuen Sprachmittel optimal einzusetzen.

Wichtig ist aber auch die Anwendung der Sprache in der Praxis. So werden die Sprachmittel anhand praktischer Überlegungen hergeleitet und in einleuchtenden Beispielen erläutert. Desweiteren wird auf Probleme bei der praktischen Umsetzung der Konzepte eingegangen. Hierzu gehören zum Beispiel das Vorstellen von typischen Designfallen bei der Vererbung sowie das Design und die Anwendung von Klassenbibliotheken.

Aufbau des Buchs

Der Aufbau selbst basiert konzeptionell auf zahlreichen Schulungen, die ich zu diesem Thema bereits gehalten habe. Dabei wird grundsätzlich darauf geachtet, daß keine spezielle Sprachversion, sondern die Sprache anhand ihrer derzeitigen Spezifikation vorgestellt wird.

Im einzelnen behandeln die nachfolgenden Kapitel folgende Themen:

- Kapitel 2:
  Einleitung: C, C++ und objektorientierte Programmierung

bietet eine prinzipielle Einführung in das Thema und führt die Grundbegriffe für das Verständnis von C++ ein.

- Kapitel 3:
  Programmieren mit Klassen

  stellt die objektorientierten Grundkonzepte Klassen und Datenkapselung mit allen damit verbundenen Sprachelementen vor. Dazu gehören auch Templates und Exception–Handling.

- Kapitel 4:
  Vererbung und Polymorphie

  stellt die objektorientierten Grundkonzepte Vererbung und Polymorphie mit allen damit verbundenen Sprachelementen vor.

- Kapitel 5:
  Klassenbibliotheken

  zeigt die Anwendung der verschiedenen Sprachmittel von C++ beim Design eigener und bei der Verwendung existierender Klassenbibliotheken. Dazu gehört insbesondere eine Beschreibung der Standard–Klassenbibliothek zur Ein– und Ausgabe.

- Kapitel 6:
  Zusammenfassung

  enthält eine zusammenfassende Schlußbetrachtung von C++.

- Im **Anhang** befinden sich:
  - ein **Literaturverzeichnis**
  - ein **Glossar**
  - ein **Index**

1.4 Wie liest man dieses Buch ?

Da dieses Buch alle Sprachmittel und deren Anwendung nach und nach einführt, sollte der Leser, der in die Thematik einsteigt, das Buch einfach von vorne bis hinten durchlesen. Vorwärts–Verweise ließen sich allerdings nicht ganz vermeiden, sollten aber kein allzu großes Problem darstellen.

Gerade für den Leser, der neu in die Materie einsteigt, stellt sich das Problem, daß eine Fülle von neuen Begriffen eingeführt und verwendet wird, die erst einmal verstanden und auseinandergehalten werden müssen. Dabei kommt erschwerend hinzu, daß es bei der objektorientierten Programmierung und speziell in C++ eine gewisse Begriffsverwirrung gibt. Das im Anhang befindliche Glossar soll hier Klarheit verschaffen. Es erläutert die wichtigsten Begriffe und stellt auch gleich andere deutsche und englischsprachige Bezeichnungen für den gleichen Sachverhalt vor, um Querverweise zu anderer Literatur zu erleichtern.

Wer das Buch später oder von vorn herein als Nachschlagewerk für die Programmierung mit C++ verwendet, kann am besten über das Inhaltsverzeichnis oder über den Index Einstiegspunkte für die einzelnen Themenbereiche finden. Ich habe mich bemüht, beides relativ ausführlich zu machen.

Wie vermeidet man es, das Buch zu lesen?

Diese vielleicht etwas unerwartete Frage bezieht sich auf die Tatsache, daß viele Menschen einen Sachverhalt lieber anhand eines Beispiels als durch trockenes Lesen eines Buchs lernen (ich gehöre auch dazu). Diesen Lesern empfehle ich, die einzelnen Beispiele durchzugehen. Außerdem besitzt jeder Abschnitt, in dem neue Sprachmittel eingeführt werden, am Ende eine kurze Zuammenfassung, die man auch dazu verwenden kann zu entscheiden, ob das Kapitel im Detail gelesen werden sollte.

1.5 Zugriff auf die Quellen zu den Beispielen

Die Quellen der wichtigsten Beispiele können auf dem "Internet" abgerufen werden.

Die Beispiele liegen zum einen auf dem deutschen World-Wide-Web-Server von Addison-Wesley unter folgender Adresse (URL):

`http://www.Germany.EU.net/shop/AW/service/Josuttis/cplusplus.html`

Die Beispiele sind außerdem über "anonymous ftp" vom Rechner

`ftp.Germany.EU.net`

im Verzeichnis

`~ftp/shop/Addison-Wesley/service/Josuttis/cplusplus`

verfügbar. In der Datei "`README`" findet man dazu alles weitere.

1.6 Anregungen und Kritik

Es gibt immer etwas zu verbessern. Für Anregungen und Kritik zu diesem Buch wäre ich deshalb dankbar. Meine Adresse lautet:

BREDEX GmbH
Nicolai Josuttis
Fallersleber-Tor-Wall 23
D-38100 Braunschweig

Tel.: 0531 / 2 43 30 - 0
Fax: 0531 / 2 43 30 - 99

Ich bin auch über E-Mail ("electronic mail") erreichbar:

`cppbuch@bredex.de`

Kapitel 2

Einleitung: C, C++ und objektorientierte Programmierung

Dieses Kapitel bietet eine prinzipielle Einführung in das Thema und führt die Grundbegriffe für das Verständnis von C++ ein.

Zunächst wird mit einer Rundreise durch C die Voraussetzung für dieses Buch durchgegangen. Nach einer Einführung in die Geschichte und die Design–Aspekte von C++ werden dann in einer Art "Schnelldurchlauf" die wichtigsten Sprachmittel von C++ im Überblick kurz eingeführt, bevor es dann in den folgenden Kapiteln in die Details geht.

2.1 Die Voraussetzung: C

Dieser Abschnitt stellt die wichtigsten Sprachmittel von C kurz vor. Er verfolgt nicht die Absicht, C zu lehren. Der Leser soll durch diesen Abschnitt vielmehr seine Kenntnisse der Sprache C, die für dieses Buch und zum Verständnis von C++ wichtig sind, überprüfen und bei Defiziten andere Bücher, Seminare oder “Fachleute” zu Rate ziehen.

2.1.1 Aufbau eines C–Programms

Ein C–Programm setzt sich aus verschiedenen Funktionen zusammen, die sich auch in verschiedenen Modulen (Übersetzungseinheiten) befinden können. Diese Funktionen können mit Parametern aufgerufen werden und Rückgabewerte besitzen. Der Rückgabetyp `void` kennzeichnet Funktionen ohne Rückgabewert (Prozeduren im Sinne von Pascal).

Das Programm beginnt mit der Funktion `main()`, die in einem C–Programm immer vorhanden sein muß. Auch die Funktion `main()` kann Parameter besitzen, die die Argumente aus dem Programmaufruf enthalten. Mit Beendigung von `main()` wird das Programm beendet. Alternativ kann zum Beenden an beliebiger Stelle im Programm auch die Funktion `exit()` aufgerufen werden.

2.1.2 Einfache Datentypen

Fundamentale Datentypen

C verfügt über folgende fundamentale Datentypen (FDTs):

Datentyp	Bedeutung
`char`	ganzzahliger Wert (typischerweise für ein Zeichen)
`int`	ganzzahliger Wert (typische Wortgröße des Rechners)
`float`	Gleitkommawert einfacher Genauigkeit
`double`	Gleitkommawert doppelter Genauigkeit

Von diesen fundamentalen Datentypen werden alle anderen Datentypen abgeleitet.

Dabei können verschiedene Attribute beigefügt werden:

Attribut	Bedeutung
`short`	eventuell kleiner als Standard
`long`	eventuell größer als Standard
`unsigned`	vorzeichenfrei
`signed`	vorzeichenbehaftet

Es kann nicht oft genug betont werden, daß die tatsächliche Größe der Datentypen in C **nicht** spezifiziert ist. Die Größen sind grundsätzlich maschinenabhängig.

Zumindest unter ANSI–C kann aber von folgenden Mindestgrößen ausgegangen werden:

Datentyp	**Mindestgröße in ANSI–C**
`char`	1 Byte (8 Bit)
`short int`	2 Byte
`int`	2 Byte
`long int`	4 Byte
`float`	4 Byte
`double`	8 Byte
`long double`	12 Byte

Für die genauen Größen werden in den Header–Dateien `<limits.h>` und `<float.h>` zahlreiche Konstanten definiert, die von den Programmen bei Bedarf ausgewertet werden können.

Zusätzlich gibt es noch einige spezielle Datentypen, die erst mit der Zeit in C aufgenommen wurden, inzwischen aber generell unterstützt werden:

Datentyp	**Bedeutung**
`void`	für Funktionen ohne Rückgabewert (und leere Parameterlisten in ANSI–C)
`enum`	für Aufzählungstypen (int–Werte mit Namen)

Boolesche Werte

Für boolesche Werte gibt es in C keinen speziellen Datentyp. Sie werden mit Hilfe von ganzzahligen Werten verwaltet. Dabei steht `0` für `False` und jeder andere Wert für `True`.

Entsprechend liefern boolesche Operatoren als Ergebnis `0` oder `1`. Bedingungen in Kontrollstrukturen sind somit genaugenommen immer dann erfüllt, wenn der darin stehende Ausdruck einen Wert ungleich 0 besitzt.

Zur besseren Lesbarkeit von Code mit booleschen Werten empfiehlt es sich, dafür einen eigenen Datentyp mit dazugehörigen Konstanten zu definieren:

```
typedef int bool;
#define true  1
#define false 0
```

Dieser kann dann wie jeder andere fundamentale Datentyp angewendet werden:

```
void f ()
{
    bool fertig = false;

    while (!fertig) {   /* solange nicht fertig, Schleife durchlaufen */
        ...
    }
}
```

2.1.3 Zeiger

Wesentlich für das Verständnis von C ist das Verständnis von Zeigern (auch Pointer genannt). Zeiger sind Verweise auf Daten, die an einer anderen Stelle stehen und auf die sozusagen "gezeigt" wird. In der Praxis handelt es sich einfach nur um Adressen.

Zur Verwaltung von Zeigern dienen die Operatoren & und *:

- Der einstellige Operator & liefert die Adresse von einem Datum bzw. einen Zeiger auf ein Datum.
- Der einstellige Operator * dereferenziert einen Zeiger, was bedeutet, daß er das liefert, worauf der Zeiger zeigt bzw. was an seiner Adresse steht.

Beispiel:

```
int x;          /* int-Variable */
int* xp;        /* Zeiger auf int */

xp = &x;        /* xp zeigt nun auf x */

*xp = 7;        /* das, worauf xp zeigt, also x, erhaelt den Wert 7 */
```

Deklaration von Zeigern

Zeiger werden deklariert, indem ihrem Namen jeweils ein Stern vorangestellt wird. Da C eine formatfreie Sprache ist, gibt es in der Praxis verschiedene Möglichkeiten, Zeiger zu definieren. Die folgenden Möglichkeiten sind alle äquivalent:

```
int *xp;        /* K&R - Notation */
int * xp;
int*xp;
int* xp;        /* meine typische Notation */
```

Meistens wird die erste Form verwendet, die schon durch die Autoren von C, Kernighan und Ritchie, eingeführt wurde.

Ich bevorzuge allerdings die letztere Notation, was den ein oder anderen Leser vielleicht am Anfang etwas verwirren kann. Sie hat vor allem den Vorteil, daß der Typ (Zeiger auf `int`) klar vom Variablennamen (`xp`) getrennt wird. Die Notation hat aber auch einen schwerwiegenden Nachteil: Sie darf nie zur Deklaration mehrerer Zeiger verwendet werden, da bei der Deklaration

```
int* p1, p2;        /* NEIN, keine zwei Zeiger, deshalb vermeiden ! */
```

der Stern nur zur ersten Variablen gehört. `p1` wird also als Zeiger auf einen `int`, `p2` aber als `int` deklariert.

Die Konstante NULL

Die spezielle Konstante `NULL` steht für einen Zeiger, der nirgendwo hinzeigt. Das ist im Gegensatz zu einem nicht initialisierten Zeiger, der irgendwo hinzeigt, ein definierter Zustand.

Hinter `NULL` steckt eigentlich der Wert 0, mit dem die Konstante in der Header–Datei `<stdio.h>` definiert wird. 0 ist der einzige ganzzahlige Wert, der Zeigern zugewiesen werden darf.

Manchmal ist `NULL` auch als `(void*)NULL` definiert, womit zum Ausdruck gebracht werden soll, daß es sich um einen Zeiger und nicht einfach um den Wert 0 handelt.

`NULL` sollte bei einer Parameterübergabe immer in den Typ umgewandelt werden, der von der Funktion erwartet wird:

```
funktion ((int*)NULL);
```

Geschieht dies nicht, sind die Programme nicht uneingeschränkt portabel. Bei Maschinen, die für ganzzahlige Werte eine andere Anzahl von Bits übergeben als bei Adressen, kann der Programm–Stack durcheinander geraten (bei der neuen 64–Bit–Technologie tritt das Problem wieder vermehrt auf).

2.1.4 Zusammengesetzte Datentypen

Aus den fundamentalen Datentypen können mit Hilfe von verschiedenen Sprachmitteln höhere Datentypen zusammengesetzt werden.

Arrays

Ein Array (Feld, Vektor) ist eine Menge mehrerer Elemente gleichen Typs, die hintereinander angeordnet werden. Beim Anlegen eines Arrays muß die Anzahl der Elemente angegeben werden. Der Zugriff geschieht mit dem Operator `[]`:

```
int werte[80];          /* Array von 80 int's */

werte[0] = 77;
werte[79] = werte[0];
```

Der Index–Bereich geht immer von 0 bis *größe*`-1`. Ein Programmierer muß dabei selbst darauf achten, daß auf Arrays nicht mit einem unerlaubten Index zugegriffen wird. Im Programm wird es aus Performancegründen nicht geprüft. Das Ergebnis eines unerlaubten Zugriffs ist nicht definiert und hängt vom Zufall ab.

Man kann auf Arrays über Zeiger zugreifen. Darin spiegelt sich der Sachverhalt wider, daß eine Array–Variable eigentlich eine Adresse ist, die auf das erste Element in dem

Array zeigt. Wenn ein Array als Parameter übergeben wird, wird also die Adresse des ersten Elements übergeben. Dieser Sachverhalt wird in C auch dadurch unterstützt, daß ein Zeiger, der auf ein Element eines Arrays zeigt, mit dem Inkrement–Operator `++` auf das nachfolgende Zeichen gesetzt werden kann:

```
int werte[80];          /* Array von 80 int's ("werte" kann
                           als Zeiger auf werte[0] betrachtet werden) */
int* wp;                /* Zeiger auf int */

wp = werte;             /* entspricht:  wp = & werte[0] */
*wp = 88;               /* veraendert werte[0] */
wp++;                   /* setzt wp ein Element weiter auf werte[1] */
```

Durch die Zuweisung von `werte` an `wp` wird `wp` die Adresse des ersten Elements im Array zugewiesen. `wp` zeigt damit auf `werte[0]`. Durch die Zuweisung von 88 an das, worauf `wp` zeigt, wird `werte[0]` also 88 zugewiesen. Mit `wp++` wird `wp` ein Element weiter gesetzt und zeigt damit auf das zweite Element im Array, `werte[1]`.

Aus Gründen der Lesbarkeit empfiehlt es sich, Zeiger– und Arrayschreibweisen bei Variablen nicht unnötig durcheinanderzuwürfeln.

Strings

Strings werden in C als Arrays von Zeichen verwaltet. Als Endekennung besitzen Strings das Zeichen `'\0'` (dahinter steckt auch wieder der Wert 0). Die Länge eines Strings ist also die Anzahl der Zeichen bis zum Auftreten von `'\0'`.

Durch die Verwaltung als Array können Strings nicht wie fundamentale Datentypen behandelt werden. Wird ein String einem anderen String mit Hilfe des Zuweisungsoperators zugewiesen, werden nämlich nicht die Elemente, sondern die Adressen kopiert, da Arrays eigentlich Zeiger auf das jeweils erste Element sind.

Werden z.B. zwei Strings wie folgt deklariert:

```
char* s = "hallo";
char* t = "otto";
```

ergibt sich folgende Datenstruktur:

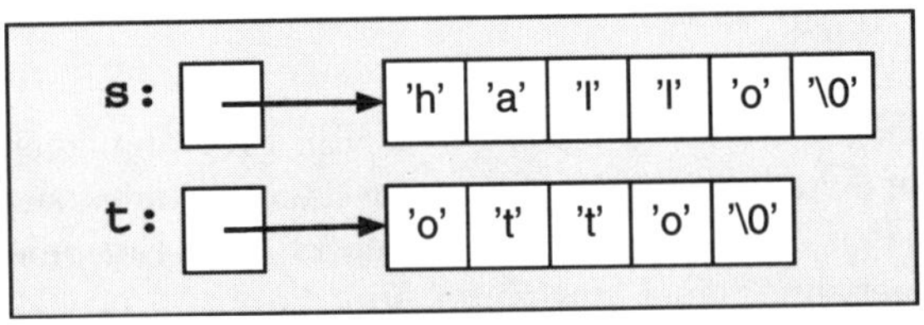

Mit der Zuweisung

```
s = t;          /* Zeiger werden zugewiesen */
```

wird daraus:

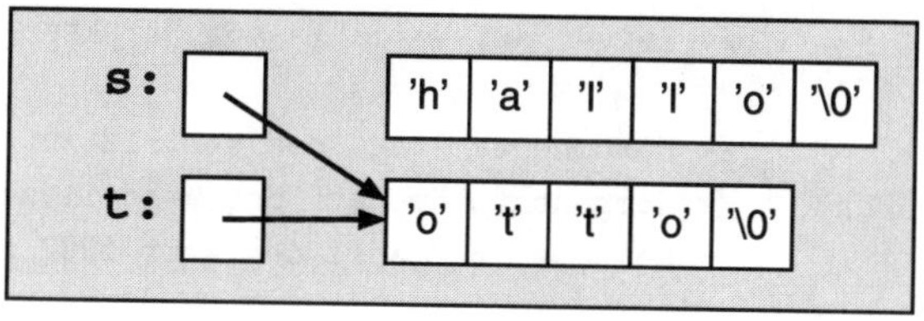

Es werden also nicht die Zeichen, sondern nur die Zeiger (Adresssen der Strings) zugewiesen. `s` und `t` werden damit ein und derselbe String.

Da Strings in Programmen aber eine wesentliche Rolle spielen, gibt es zahlreiche Standardfunktionen zu ihrer Verwaltung. Sie werden in der Header–Datei `<string.h>` deklariert.

Die wichtigsten Standard–Funktionen zur String–Verwaltung sind:

Funktion	**Bedeutung**
`strlen()`	liefert die Anzahl der Zeichen in einem String
`strcpy()`	weist einen String einem anderen zu
`strncpy()`	weist bis zu n Zeichen eines Strings einem anderen zu
`strcat()`	hängt einen String an einen anderen an
`strncat()`	hängt bis zu n Zeichen eines Strings an einen anderen an
`strcmp()`	vergleicht zwei Strings
`strncmp()`	vergleicht bis zu n Zeichen von zwei Strings
`strchr()`	sucht in einem String ein bestimmtes Zeichen

Dabei ist zu beachten, daß der Programmierer bei der Verwendung dieser Funktionen selbst dafür Sorge tragen muß, daß die Strings genug Speicherplatz für die Operation besitzen.

Strukturen

Eine Struktur (Record) ist ein Datenverbund aus mehreren Elementen verschiedenen Typs. Die einzelnen Elemente werden Komponenten genannt und besitzen jeweils einen Namen und einen Typ.

Die Operatoren "`.`" und "`->`" dienen zum Zugriff auf die Komponenten. Der Operator `->` ist dabei für Zeiger auf Strukturen vorgesehen, und dient nur dazu, Klammern zu sparen:

`p->k` entspricht in C immer `(*p).k`

Beispiel:

```
typedef struct {      /* Struktur-Typ fuer Datumsangaben */
    int tag;
    int monat;
    int jahr;
} Datum;
```

```
Datum  heute;           /* Variable vom Struktur-Typ Datum */
Datum* tag;             /* Zeiger auf Variable vom Struktur-Typ Datum */

heute.tag = 12;         /* Komponente "tag" den Wert 12 zuweisen */
heute.monat = 11;       /* Komponente "monat" den Wert 11 zuweisen */
heute.jahr = 1962;      /* Komponente "jahr" den Wert 1962 zuweisen */

tag = &heute;           /* Zeiger "tag" zeigt auf "heute" */
tag->jahr = 1992;       /* entspricht:  (*tag).jahr = 1992 */
```

Die erste Anweisung definiert eine Struktur aus den ganzzahligen Komponenten `tag`, `monat` und `jahr` als Datentyp `Datum`. Anschließend werden die Variable `heute` als eine solche Struktur und die Variable `tag` als Zeiger auf eine solche Struktur deklariert. Dann werden die einzelnen Komponenten von `heute` mit dem Punktoperator initialisiert. Am Ende wird dem Zeiger `tag` die Adresse von `heute` zugewiesen und über `tag` mit dem Operator `->` auf die Komponente `jahr` zugegriffen.

2.1.5 Kontrollstrukturen

Fallunterscheidungen

In C gibt es folgende Kontrollstrukturen für Fallunterscheidungen:

- **if**

  dient zur einfachen Fallunterscheidung:

  ```
  if (x < 7) {
      printf ("x ist kleiner als 7\n");
  }
  else {
      printf ("x ist groesser oder gleich 7\n");
  }
  ```

  Der Else–Zweig kann auch wegfallen.

- **switch**

  dient zur mehrfachen Fallunterscheidung, wobei nur mit konstanten Werten verglichen werden darf:

  ```
  switch (x) {
    case 7:
      printf ("x ist 7\n");
      break;
  ```

```
    case 17:
    case 18:
      printf ("x ist 17 oder 18\n");
      break;
    default:
      printf ("x ist weder 7, noch 17, noch 18\n");
      break;
}
```

Die Anweisung **break** dient innerhalb einer Switch–Anweisung dazu, einen Fall zu beenden und mit den Anweisungen hinter der Switch–Anweisung fortzufahren. Wird ein Fall nicht durch eine Break–Anweisung abgeschlossen, wird mit den Anweisungen des nächsten Falls fortgefahren.

Schleifen

In C gibt es folgende Kontrollstrukturen für Schleifen:

- **while**

  In der While–Schleife wird **vor** jedem Durchlauf eine Schleifenbedingung getestet, die jeweils erfüllt sein muß:

  ```
  while (x < 7) {
      printf ("x ist (immer noch) kleiner als 7\n");
      x++;            /* x wird um 1 erhoeht */
  }
  printf ("x ist groesser oder gleich 7\n");
  ```

- **do–while**

  In der Do-While–Schleife wird dagegen **nach** jedem Durchlauf eine Schleifenbedingung getestet, die zum Fortgang der Schleife jeweils erfüllt sein muß.

  Der Schleifenkörper wird im Gegensatz zur While–Schleife also mindestens einmal durchlaufen. Im Gegensatz zur Repeat–Until–Schleife von Pascal handelt es sich aber auch hier um eine Bedingung, die für das Weiterlaufen der Schleife erfüllt sein muß, und nicht um eine Abbruchbedingung:

  ```
  /* alle Zeichen der Eingabe bis Zeilenende ('\n') einlesen
   * und ausgeben
   */
  do {
      c = getchar();          /* Zeichen einlesen */
      putchar(c);             /* Zeichen ausgeben */
  } while (c != '\n');
  ```

- **for**

  In der For–Schleife werden im Schleifenkopf sämtliche Bedingungen für den Verlauf der Schleife festgelegt:

  `for (`*initialisierung*`;` *bedingung*`;` *reinitialisierung*`)`

  Die Initialisierung wird am Anfang einmal durchgeführt. Solange die Bedingung erfüllt ist, werden die Anweisungen im Schleifenkörper durchgeführt. Nach Durchführung der Anweisungen im Schleifenkörper wird jedesmal, bevor die Bedingung erneut bewertet wird, die Reinitialisierung durchgeführt.

  Dies kann typischerweise dazu verwendet werden, eine Schleife über eine Wertfolge iterieren zu lassen:

```
/* Schleife, die alle Werte von 0 bis 6 durchlaufen wird
 */
for (i=0; i<7; i++) {
    printf ("i hat den Wert: %d\n", i);
}
```

  `i` wird am Anfang 0 zugewiesen. Die Schleife läuft, solange `i` einen Wert kleiner als 7 besitzt. Mit dem Inkrement–Operator `++` wird `i` dabei jedesmal nach Durchlauf der Anweisungen im Schleifenkörper um eins erhöht.

  Da die Ausdrücke im Schleifenkopf der For–Schleife beliebig sein können, kann ein Schleifenverlauf auch komplexer definiert werden:

```
/* Schleife, die fuer jeden zweiten Wert von 100 bis 0
 * durchlaufen wird (100, 98, 96, 94, ..., 0)
 */
for (i=100; i>=0; i-=2) {
    printf ("i hat den Wert: %d\n", i);
}
```

  `i` startet mit dem Wert 100 und wird nach jedem Durchgang um 2 vermindert. Die Schleife läuft, solange `i` größer oder gleich 0 ist.

  Die For–Schleife kann auch einen Zeiger über alle Zeichen eines Strings (Ende ist Zeichen `'\0'`) wandern lassen:

```
/* Schleife, die alle Zeichen eines Strings s mit putchar()
 * ausgibt
 */
char* p;

for (p=s; *p != '\0'; p++) {
    putchar (*p);
}
```

Am Anfang wird p der String s zugewiesen, was bedeutet, daß p auf das erste Zeichen vom String zeigt. Solange p nicht auf das Stringendezeichen '\0 zeigt, werden jeweils die Anweisungen im Schleifenkörper durchgeführt und der Zeiger mit p++ um ein Zeichen weitergesetzt.

Die einzelnen Ausdrücke im Kopf einer For–Schleife können auch wegfallen. Ist keine Bedingung angegeben, bedeutet das, daß die Bedingung immer erfüllt ist. Das kann für Endlosschleifen verwendet werden:

```
/* Endlosschleife
 */
for (;;) {
    printf ("das geht endlos so weiter\n");
}
```

In den Schleifen können auch noch zwei besondere Anweisungen stehen:

- **break**

  dient neben dem Abbruch eines Falls in einer Switch–Anweisung auch zum sofortigen Abbruch einer Schleife. Das ist im Prinzip ein Sprung hinter die Schleife und sollte nur in Sonderfällen eingesetzt werden.

- **continue**

  dient zum sofortigen Neueintritt in eine Schleife. Auch dies ist im Prinzip ein Sprung, nämlich an die Stelle, an der die Schleife neu bewertet wird (bzw. bei For–Schleifen zur Reinitialisierung) und sollte ebenfalls nur in Sonderfällen gebraucht werden.

Blöcke

Bei allen Kontrollstrukturen wurden in den Beispielen die Körper durch geschweifte Klammern eingeschlossen. Durch diese geschweiften Klammern werden jeweils mehrere Anweisungen zu einem Block von Anweisungen zusammengefaßt. Dies ist bei Kontrollstrukturen meistens auch notwendig, da der Körper jeweils nur eine Anweisung oder eben ein Block von Anweisungen sein kann. Bei zwei einzelnen Anweisungen würde nur die erste Anweisung zur Kontrollstruktur gehören. Die zweite Anweisung wäre bereits die erste Anweisung hinter der Kontrollstruktur:

```
if (x < 7)
    printf ("x ist kleiner als 7\n");
printf ("diese Anweisung wird in jedem Fall ausgefuehrt\n");
```

Obwohl eigentlich unnötig, empfehle ich, auch bei nur einer Anweisung im Körper von Kontrollstrukturen geschweifte Klammern zu verwenden:

```
if (x < 7) {
```

```
        printf ("x ist kleiner als 7\n");
    }
    printf ("diese Anweisung wird in jedem Fall ausgefuehrt\n");
```

Es ist nicht nur besser lesbar, sondern schützt auch vor dem Problem, daß bei Einfügen einer zweiten Anweisung im Schleifenkörper die Klammern leicht vergessen werden.

2.1.6 Operatoren

Auf Seite 519 befindet sich eine Liste aller C++–Operatoren, in der alle C–Operatoren enthalten sind. Alle Operatoren, die nicht mit NEU gekennzeichnet sind, sind auch C–Operatoren.

Zuweisungen

Zuweisungen sind Operatoren und können Teil–Ausdrücke sein. Sie liefern immer das Objekt, dem ein Wert zugewiesen wurde:

Der Ausdruck

```
x = y = 10;
```

wird als

```
x = (y = 10);
```

ausgewertet. In der Klammer wird `y` zunächst 10 zugewiesen. Die Klammer liefert dann `y`, was schließlich `x` zugewiesen wird. Auf diese Weise erhalten `x` und `y` den Wert 10.

Als abkürzende Schreibweise existieren die speziellen wertverändernden Zuweisungsoperatoren wie "`*=`". Dabei gilt:

`x` *op*`= y`   entspricht in C immer   `x = x` *op* `y`

Bedingte Bewertung und Komma–Operator

Zwei spezielle C–Operatoren gibt es in anderen Sprachen i.a. nicht. Sie sollen deshalb kurz erläutert werden:

- `?:`

  ermöglicht eine bedingte Bewertung. Abhängig von einer Bedingung wird einer von zwei möglichen Werten geliefert. Es handelt sich dabei um den einzigen dreistelligen Operator von C.

  Der Ausdruck:

  bedingung **?** *ausdruck1* **:** *ausdruck2*

  liefert *ausdruck1*, wenn die Bedingung erfüllt ist, und *ausdruck2* sonst.

Dadurch können If–Abfragen abgekürzt werden:

```
/* x das Maximum der Werte a und b zuweisen */
x = a > b ? a : b;
```

Wenn a größer als b ist, wird a, sonst b zugewiesen.

- ,

  ermöglicht es, mehrere Anweisungen zu einer einzigen Anweisung zusammenzufassen. Dies wird typischerweise in For–Schleifen verwendet, wenn die Initialisierung oder die Reinitialisierung aus mehreren Anweisungen besteht:

```
/* Werte in einem Array vertauschen
 */
int array [100];
int i, j, tmp;

/* i und j laufen in der Schleife von aussen in die
 * Mitte und vertauschen jeweils die Werte
 */
for (i=0, j=99;  i<j;  i++, j--) {
    tmp = array[i];
    array[i] = array[j];
    array[j] = tmp;
}
```

Am Anfang der Schleife wird i der Wert 0 und j der Wert 99 zugewiesen. Solange i kleiner als j ist, werden dann die Anweisungen im Schleifenkörper durchgeführt. Dabei wird i nach jedem Durchgang um eins erhöht und j um eins vermindert.

2.1.7 Präprozessor

Zu C gehört ein Präprozessor, mit dem der C–Code vor dem eigentlichen Compilieren noch modifiziert werden kann. Mit seiner Hilfe können z.B. Dateien eingebunden oder bestimmte Teile des Codes ignoriert werden. Die Anweisungen beginnen alle mit dem Zeichen # und müssen im Text jeweils in der ersten Spalte stehen. In manchen C–Versionen dürfen vor dem Zeichen # noch Leer– und Tabulatorzeichen stehen, dies ist aber nicht uneingeschränkt portabel.

Mit einer Define–Anweisung können Konstanten definiert werden:

```
#define ANZ 100
```

Jedes Vorkommen der Konstante wird dann im Quellcode durch den entsprechenden Wert ersetzt.

Auf diese Weise können z.B. alle Stellen, bei denen die Größe eines Arrays eine Rolle spielt, so programmiert werden, daß diese Stellen bei Änderung der Größe nicht alle einzeln geändert werden müssen. Eine Konstante definiert die Größe zentral:

```
#define ANZ 100

int array [ANZ];              /* Array mit ANZ Elementen */

for (i=0; i<ANZ; i++) {       /* Array durchlaufen */
    ...
}
```

Eine andere Möglichkeit ist die bedingte Übersetzung. Da Konstanten einem Compiler auch als Parameter übergeben werden können, kann man damit das Compilieren bestimmter Zeilen ein– oder ausschalten:

```
void f ()
{
    ...
#ifdef DEBUG
    printf ("x hat den Wert: %d\n", x);
#endif
    ...
}
```

Die Print–Anweisung wird nur dann compiliert, wenn die Konstante `DEBUG` definiert ist. Die Konstante kann nicht nur im Quellcode, sondern auch beim Aufruf des Compilers definiert werden (typischerweise als Option `-D`*konstante*).

Eine dritte Möglichkeit ist die Definition von Textersatz mit Parametern, den sogenannten Makros. Typisch ist z.B. ein Makro zur Ermittlung des Maximums zweier Werte:

```
#define MAX(a,b)   ((a)>(b) ? (a) : (b))
```

Dabei ist zu beachten, daß die erste öffnende Klammer direkt hinter `MAX` stehen muß, da sie sonst schon ein Textersatz für die Konstante `MAX` ohne Parameter ist.

Tritt mit der Definition irgendwo im Quellcode `MAX` mit zwei Parametern auf, wird der Code vor dem eigentlichen Compilieren entsprechend der Makro–Definition ersetzt. Aus

```
z = MAX (x, y*2);
```

wird

```
z = ((x)>(y*2) ? (x) : (y*2));
```

Die zahlreichen Klammern dienen dazu, zu vermeiden, daß Ausdrücke nach der Ersetzung anders als beabsichtigt ausgewertet werden.

2.1.8 Standard–Funktionen

Zu C gehören zahlreiche Standard–Funktionen, die zwar nicht Teil der Sprache sind, aber als Standard–Umgebung inzwischen vorausgesetzt werden können. Ein Beispiel dafür sind die String–Funktionen, die bereits auf Seite 13 vorgestellt wurden.

Welche Funktionen Standard–Funktionen sind, wird in verschiedenen Sprach–Standards festgelegt (ANSI–C, POSIX–Schnittstellen, X/Open–Portability Guide). C–Programme sollten sich an diese Standards halten, um die Portabilität zu gewährleisten.

Die Funktionen werden in verschiedenen Header–Dateien deklariert, die bei ihrer Verwendung jeweils mit einer Include–Anweisung des C–Präprozessors eingebunden werden müssen:

```
#include <stdio.h>
```

Funktionen zur Ein– und Ausgabe

Für die Ein– und Ausgabe existieren zahlreiche Standard–Funktionen, die in `<stdio.h>` deklariert werden. Die wichtigsten sind:

Funktion	**Bedeutung**
`getchar()`	liest ein Zeichen
`putchar()`	gibt ein Zeichen aus
`scanf()`	liest Zeichen formatiert ein
`printf()`	gibt Zeichen formatiert aus

Die Eingabe erfolgt über den Standard–Eingabekanal, dem im allgemeinen die Tastatur zugeordnet ist. Die Ausgabe erfolgt auf den Standard–Ausgabekanal, dem im allgemeinen der Bildschirm zugeordnet ist. Beides kann aber vom Betriebssystem oder mit Hilfe von System–Funktionen auch “umgelenkt” werden.

Für Fehlermeldungen existiert zusätzlich der Standard–Fehlerausgabekanal, dem im allgemeinen ebenfalls der Bildschirm zugeordnet ist. Durch Trennung von normalen und Fehlerausgaben können die Ausgaben von der Umgebung, in der das Programm läuft, unterschiedlich behandelt werden (für Messe–Versionen können z.B. alle Fehlermeldungen weggeworfen werden, um Fehlerfreiheit zu suggerieren).

Funktionen für den Dateizugriff

Der Dateizugriff gehört auch zur Ein– und Ausgabe. Die dazugehörigen Funktionen werden deshalb ebenfalls in `<stdio.h>` deklariert.

Die wichtigsten Funktionen für den Dateizugriff sind:

Funktion	Bedeutung
`fopen()`	öffnet eine Datei
`getc()`	liest ein Zeichen
`ungetc()`	stellt ein zuviel gelesenes Zeichen zurück
`putc()`	gibt ein Zeichen aus
`fscanf()`	liest Zeichen formatiert ein
`fprintf()`	gibt Zeichen formatiert aus
`fclose()`	schließt eine Datei

Ein Konzept des Betriebssystems UNIX, das sich in C widerspiegelt (C wurde zur Implementierung von UNIX entwickelt), ist die Tatsache, daß auch die Standard–Kanäle für die Ein– und Ausgabe als Dateien betrachtet werden können. Für die Standard–Kanäle werden deshalb in `<stdio.h>` globale Variablen definiert, die es erlauben, diese als Dateien zu betrachten:

Variable	Bedeutung
`stdin`	Standard–Eingabekanal
`stdout`	Standard–Ausgabekanal
`stderr`	Standard–Fehlerausgabekanal

Fehlerausgaben werden in C deshalb typischerweise mit

```
fprintf (stderr, ...);
```

ausgegeben.

Der Aufruf

```
printf ("hallo");
```

entspricht

```
fprintf (stdout, "hallo");
```

Die Funktionen zur Standard–Ausgabe sind also nur bequemere Schnittstellen zu den Funktionen für die Ausgabe in Dateien.

Für die Funktionen zum Lesen von Daten wird die spezielle Konstante `EOF` definiert, die für "Ende der Daten" (end of file) steht. Die Funktion `getc()` liefert z.B. am Dateiende statt eines Zeichens `EOF` zurück.

Funktionen für das Programmende

Ein C–Programm wird entweder durch Verlassen von `main()` oder durch Aufruf einer Funktion zum Beenden des Programms beendet.

Zwei Funktionen, die in `<stdlib.h>` deklariert werden, sind wichtig:

Funktion	Bedeutung
`exit()`	beendet ein Programm
`atexit()`	installiert eine Funktion, die beim Programmende aufgerufen wird

Zum Beenden eines Programms existiert die Funktion `exit()`. Ihr kann als Parameter für die Aufrufumgebung mitgegeben werden, ob das Programm erfolgreich durchgeführt werden konnte oder nicht. Der Wert 0 bedeutet dabei erfolgreich, ein Wert ungleich 0 zeigt ein Fehlverhalten an.

Mit `atexit()` kann eine Funktion definiert werden, die automatisch unmittelbar vor einem Programmende durch `exit()` aufgerufen wird. Dies wird typischerweise dazu genutzt, um ein Programm im Fehlerfall geordnet zu beenden. In der installierten Funktion können z.B. geöffnete Dateien geschlossen, Puffer geleert und Verbindungen zu anderen Prozessen geordnet beendet werden.

Funktionen zur Speicherverwaltung

Für die explizite Speicherverwaltung gibt es zahlreiche Standardfunktionen. Sie werden in `<stdlib.h>` deklariert.

Die wichtigsten Funktionen zur Speicherverwaltung sind:

Funktion	Bedeutung
`malloc()`	reserviert Speicherplatz
`realloc()`	gibt reserviertem Speicherplatz eine neue Größe
`free()`	gibt reservierten Speicherplatz frei

2.1.9 Die verschiedenen C–Versionen

C hat sich im Lauf seines Bestehens weiterentwickelt. Es gibt daher kleine Unterschiede zwischen den einzelnen Versionen.

Das ursprüngliche K&R–C von den Autoren Kernighan und Ritchie besaß z.B. nicht die Datentypen `void` und `enum`. Auch konnten Strukturen nicht zugewiesen oder als Parameter übergeben werden.

Die meisten Implementierungen kennen neben `void` und `enum` inzwischen auch `void*` als Typ für Zeiger, bei denen nicht klar ist, auf was sie zeigen.

In ANSI–C gibt es außerdem Parameter–Prototypen. Das bedeutet, Funktionen werden mit den Typen der Parameter deklariert. Dies hat den enormen Vorteil, daß die Typen der Parameter beim Compilieren geprüft werden können (eine der größten Fehlerquellen von C). Da Parameter–Prototypen in C++ grundsätzlich eingesetzt werden, werden sie in Abschnitt 3.2.6 noch genauer eingeführt.

2.2 Die Sprache C++

C++ ist eine objektorientierte Sprache, die in relativ kurzer Zeit eine große Verbreitung gefunden hat und heute bereits dabei ist, sich zu einem Quasi–Standard für die objektorientierte Programmierung zu entwickeln.

Hauptsächlich dazu beigetragen hat eine der wesentlichsten Eigenschaften von C++: Die Kompatibilität zu C. Entwickelt von AT&T unter der Federführung von Bjarne Stroustrup galt es, eine objektorientierte Weiterführung von C zu entwickeln, die es erlaubt, vorhandenen C–Code so weit wie möglich weiterverwenden zu können.

2.2.1 Designkriterien

C++ wurde als objektorientierte Weiterentwicklung von C entworfen. Die Sprache C sollte um objektorientierte Sprachmittel erweitert werden. Da die Kompatibilität zu C einen sehr hohen Stellenwert hatte, kann im Prinzip jedes C–Programm als C++–Programm übersetzt werden (kleine Modifikationen wie etwa bei Namenskonflikten durch neue Schlüsselworte ausgenommen).

Dies bedeutet aber, daß C++ keine rein objektorientierte Sprache, sondern ein **Hybrid** ist. Man kann mit C++ sowohl datenflußorientiert als auch objektorientiert programmieren. Jeder Programmierer muß deshalb bewußt darauf achten, daß er C++ als objektorientierte Sprache verwendet.

Die Kompatibilität zu C bedeutet sogar, daß manche Eigenschaften der Sprache der objektorientierten Idee widersprechen. So sind in C++ wie in C z.B. Zeiger (Pointer) von fundamentaler Bedeutung, obwohl sie zumindest in der Semantik von C ("Adresse von") der objektorientierten Idee im Wege stehen.

2.2.2 Sprach–Versionen

C++ ist noch keine fertige Sprache. Ein ANSI/ISO–Komitee[1] arbeitet an einer weltweit einheitlichen Sprachspezifikation. Ein öffentlicher Sprachvorschlag ("draft") soll 1994 herausgebracht werden. Für 1996 ist die Fertigstellung der Spezifikation geplant.

Da die Compilerbauer neue Spezifikationen der Sprache immer erst implementieren müssen, hinken die Compiler der aktuellen Spezifikation zur Zeit mehr oder weniger hinterher. Speziell für die wesentlichen Sprachmittel Templates und Exception–Handling gab es lange Zeit keine Compiler, die deren Anwendung ermöglichten. Bei Fertigstellung dieses Buchs (Anfang 1994) konnten Templates bei fast allen und Exception–Handling bei etwa der Hälfte der C++–Compiler eingesetzt werden. Natürlich dauert es nun noch etwas, bis existierende Programme oder Bibliotheken darauf umgestellt sind.

[1]ANSI: American National Standard Institute, ISO: International Standard Organisation

Ende 1993 kamen weitere neue Spracheigenschaften hinzu, die in dieses Buch noch eingearbeitet wurden. Dazu gehören z.B. die Schlüsselworte `bool`, `namespace` und `mutable`. Es gibt aber immer noch offene Punkte. So ist z.B. klar, daß es Sprachmittel geben wird, um den Typ eines Objekts zur Laufzeit zu ermitteln. Wie dieses Sprachmittel genau heißt, ist aber noch nicht endgültig geklärt.

In diesem Buch verwende ich die Sprache C++ so, wie sie beim Erscheinen des Buchs angewendet werden kann, verweise aber auf neue geplante Sprachmittel. Eine Ausnahme bildet der Datentyp `bool` mit den Konstanten `true` und `false`. Obwohl die meisten Compiler sie noch nicht kennen, verwende ich sie bereits. Erstens macht es die Programme lesbarer und zweitens ist es sehr einfach, für Compiler, in denen sie nicht bekannt sind, Definitionen zu ihrer Verwendung vorzunehmen (siehe Seite 43).

2.3 C++ als objektorientierte Programmiersprache

Der Begriff “objektorientiert” ist inzwischen zum Gütesiegel geworden, ohne daß immer klar ist, was darunter zu verstehen ist. Es zeigt sich sogar, daß es verschiedene Interpretationen des Begriffs gibt und der Begriff mitunter auch mißbraucht wird, um Software mit diesem Gütesiegel zu versehen.

Genauso umstritten wie der Begriff ist auch die Frage, ob und wann etwas objektorientiert ist. Es gibt zwar verschiedene Kennzeichen objektorientierter Sprachen, aber es ist nicht eindeutig festgelegt, ob alle Kennzeichen oder nur eine Auswahl davon vorhanden sein müssen.

C++ unterstützt alle Sprachmittel, die nach vorwiegender Meinung objektorientierte Sprachen kennzeichnen. Trotzdem gibt es zum Teil Diskussionen darüber, ob C++ eine echte objektorientierte Sprache ist. Dies liegt daran, daß C++ im Gegensatz zu Sprachen wie Smalltalk oder Eiffel keine rein objektorientierte Sprache ist. C++ unterstützt zwar objektorientierte Programmierung, durch die Aufwärtskompatibilität zu C kann man aber auch C++–Programme schreiben, die die objektorientierten Sprachmittel nicht nutzen.

Bevor diese Frage in einen Glaubenskrieg ausartet, sollen nun aber die wesentlichen Kennzeichen von objektorientierter Programmierung vorgestellt werden. Diese Kennzeichen lassen sich im Grunde auf vier Begriffe zurückführen:

- **Klassen** (**abstrakte Datentypen**)
- **Datenkapselung**
- **Vererbung**
- **Polymorphie**

2.3.1 Objekte, Klassen und Instanzen

Ein gängiges Mittel, Komplexität zu reduzieren, ist Abstraktion. Dinge und Vorgänge werden auf das Wesentliche reduziert bzw. zusammengefaßt oder mit einem Oberbegriff versehen. Auf diese Weise werden auch komplexe Dinge handhabbar.

Ein Beispiel für eine in mehrfacher Hinsicht durchgeführte Abstrahierung ist der Begriff Auto:

- Ein Auto ist die Zusammenfassung verschiedener Einzelteile, wie Motor, Karosserie, vier Rädern und so weiter.
- Ein Auto ist aber auch ein Oberbegriff für verschiedene Auto–Typen, wie VW, Opel und Trabbi oder auch Sportwagen, Limousine und Geländewagen.

Solange die Einzelteile von Autos oder Unterschiede einzelner Autos nicht von Interesse sind, wird zusammenfassend der Begriff Auto verwendet. Man baut Autotransporter oder fährt mit einem Auto von A nach B.

Strukturen

Ein wesentlicher Fortschritt in der Geschichte der Programmiersprachen war die Möglichkeit, mehrere Daten zu einem Datenverbund zusammenzufassen und so verschiedene zusammengehörende Eigenschaften in einen Datentyp zu bündeln. Solche **Strukturen** oder **Records** erlauben es, daß eine Variable alle Daten enthält, die zu dem von der Variablen repräsentierten Sachverhalt gehören.

Strukturen bieten damit die Möglichkeit eine mögliche Art der Abstrahierung, nämlich die Zusammenfassung verschiedener Einzelteile, in Programmen auszudrücken. Eine Struktur für den Datentyp `Auto` besteht aus den Einzelelementen ("Komponenten") wie Motor, Karosserie und vier Rädern.

Objekte

Im Mittelpunkt der objektorientierten Programmierung steht das Objekt. Ein Objekt ist **Etwas**, das betrachtet wird, das verwendet wird, das eine Rolle spielt. Wenn man objektorientiert programmiert, versucht man, die Objekte, die im Problemfeld des Programms eine Rolle spielen, zu ermitteln und zu implementieren. Dabei steht zunächst nicht der interne Aufbau eines Objekts im Vordergrund. Wichtig ist, daß in einem Programm ein Objekt, wie z.B. ein Auto, eine Rolle spielt.

Je nach Aufgabenstellung sind verschiedene Aspekte eines Objekts von Interesse. Ein Auto kann sich z.B. aus Einzelteilen wie Motor und Karosserie oder auch Kilometerstand und Höchstgeschwindigkeit zusammensetzen. Entsprechend kann eine Person als Objekt betrachtet werden, deren Einzelteile dessen Eigenschaften sind. Je nach Problemstellung können das Vor- und Nachname, Adresse, Personalnummer, Haarfarbe und/oder das Gewicht sein.

Ein Objekt muß also nicht unbedingt etwas Konkretes, Greifbares sein. Es kann beliebig abstrakt sein und z.B. auch einen Vorgang beschreiben. Ein stattfindendes Fußballspiel kann z.B. als Objekt betrachtet werden. Die Einzelteile dieses Objekts könnten die Spieler, der Spielstand und die laufende Zeit sein.

Strukturen ermöglichen es, Objekte in Programmen zu verwalten. Sie bieten die Möglichkeit, ein Objekt letztlich in die Einzelteile, sprich Datentypen, aufzuspalten, die von einer Programmiersprache unterstützt werden.

Abstrakte Datentypen

In Strukturen oder Records können die einzelnen Eigenschaften von Objekten jeweils in den Komponenten festgehalten werden. Wenn Objekte betrachtet werden, interessiert allerdings nicht nur, **wie** sie aufgebaut sind bzw. was sie repräsentieren, sondern genauso wichtig ist das, **was** man mit ihnen machen kann, also die Operationen, die für ein Objekt aufgerufen werden können.

Und hier kommt der Begriff **abstrakter Datentyp** ins Spiel: Ein abstrakter Datentyp beschreibt nicht nur die Attribute eines Objekts, aus denen es sich zusammensetzt, sondern auch dessen Verhalten (die Operationen). Dazu kann z.B. auch eine Beschreibung gehören, welche Zustände das Objekt überhaupt annehmen kann.

Auf das Beispiel des Fußballspiels bezogen, wird ein solches Objekt nicht nur durch die Spieler, den Spielstand und die aktuelle Zeit beschrieben. Dazu gehören auch Vorgänge, die mit dem Objekt passieren können (Einwechseln eines Spielers, Erzielen eines Tores, Abpfeifen), oder Randbedingungen (das Spiel startet mit dem Spielstand 0:0 und dauert 90 Minuten).

Dieser Sachverhalt wird aber in der strukturierten Programmierung nur unzureichend unterstützt. Es gibt zwar eine Unterstützung für den Sachverhalt, daß sich ein Objekt aus Attributen zusammensetzt, es gibt aber keine Unterstützung dafür, daß auch Operationen und Randbedingungen dazugehören. Diese müssen als Ergänzung programmiert werden.

Klassen

Zur Realisierung von abstrakten Datentypen hat man in der objektorientierten Programmierung den Begriff **Klasse** eingeführt. Eine Klasse ist die Implementierung eines abstrakten Datentyps. Sie beschreibt für ein Objekt im Gegensatz zur Struktur nicht nur dessen Daten, sondern auch dessen Verhalten.

Die Klasse `Auto` definiert z.B., daß ein Auto aus Motor, Karosserie und vier Rädern besteht, **und**, daß man in ein Auto einsteigen, damit fahren und daraus aussteigen kann.

Eine Klasse kann also als Umsetzung des Begriffs "abstrakter Datentyp" betrachtet werden. Dabei ist der genaue Unterschied allerdings umstritten. Manchmal werden die Begriffe als Synonyme verwendet. Manchmal werden die Begriffe darin unterschieden, daß Eigenschaften einer Klasse im Gegensatz zu einem abstrakten Datentyp an andere Klassen vererbbar sind. Speziell in der C++-Welt wird der Begriff abstrakter Datentyp auch gerne als Abgrenzung zu dem Begriff fundamentaler Datentyp und somit gleichbedeutend mit (selbstdefinierter) Klasse verwendet.

Instanzen

Eine Klasse beschreibt ein Objekt. Es ist also im Sinne von Programmen wirklich ein Daten**typ**. Von diesem Datentyp können dann mehrere Variablen erzeugt werden. In der objektorientierten Programmierung nennt man diese Variablen **Instanzen**.

Instanzen sind also die Realisierung oder Ausprägung der Objekte, die in einer Klasse beschrieben werden. Diese Instanzen bestehen aus den in der Klasse beschriebenen Daten oder Elementen und können mit den dort definierten Operationen manipuliert werden.

Oft (und vor allem in C++) werden die Begriffe Objekt und Instanz synonym verwendet. Wenn eine Variable vom Typ (von der Klasse) `Auto` deklariert wird, wird ein Auto-Objekt (eine Instanz der Klasse Auto) angelegt. In manchen Sprachen wird allerdings zwischen Objekt und Instanz unterschieden, da auch eine Klasse als Objekt betrachtet werden kann. Objekt ist dann mehr der Oberbegriff für Klasse und Instanz.

Methoden

In der objektorientierten Sprachwelt nennt man die für Objekte definierten Operationen auch **Methoden**. Jede Operation, die für ein Objekt aufgerufen wird, wird als **Nachricht** an das Objekt interpretiert, zu deren Verarbeitung es eine bestimmte Methode verwendet.

Letztlich wird ein objektorientiertes Programm also durch Nachrichten an Objekte realisiert, die jeweils wieder Nachrichten an andere Objekte auslösen können. Wenn für ein Auto die Operation "fahren" aufgerufen wird, wird dem Auto die Nachricht "fahren" gesendet, die mit der entsprechenden Methode verarbeitet wird.

Mit dieser Denkweise wird das Objekt in den Vordergrund gestellt. Beim objektorientierten Design macht man sich Gedanken über die im Problembereich vorhandenen Objekte. Abhängig von ihrer jeweiligen Rolle werden ihr Aufbau und ihr Verhalten beschrieben. Daraus ergibt sich der Programmablauf fast von selbst.

2.3.2 Klassen in C++

Bei der Umsetzung der objektorientierten Konzepte in C++ muß immer berücksichtigt werden, daß C++ keine rein objektorientierte Sprache, sondern ein Sprach-Hybrid ist. Dies spiegelt sich schon in der Namensgebung wider. Methoden werden auch weiterhin als Funktionen und Instanzen weiterhin als Variablen oder auch einfach nur als konkrete Objekte bezeichnet. Das bereits in der objektorientierten Welt herrschende Begriffs-Chaos ist in C++ perfekt (ich gehe in Abschnitt 2.4 noch genauer darauf ein).

In C++ ist eine Klasse eine Struktur, die als Komponenten auch Funktionen (Methoden) enthalten kann. Dies wird nachfolgend am Beispiel der Klasse `IntStack`, einer Klasse, die einen Stack (Keller) für Integer beschreibt, verdeutlicht.

IntStack als C-Struktur

In C kann ein Stack für Integer als Strukturtyp definiert sein, für den entsprechende globale Funktionen definiert werden:

```
typedef struct {
    int*     elems;         /* dynamisches Array von int's */
    unsigned anzahl;        /* aktuelle Anzahl */
} IntStack;

void push  (IntStack*, int);  /* int einkellern */
```

```
int  pop    (IntStack*);          /* int auskellern */

void init   (IntStack*);          /* Initialisierung */
void delete (IntStack*);          /* Zerstoerung */
```

Dabei ist zu beachten, daß die Deklaration eines `IntStacks` noch nicht ausreicht, um diesen in einen sinnvollen Startzustand zu bringen. Es muß erst eine globale Hilfsfunktion aufgerufen werden, die die Komponente `anzahl` zunächst mit 0 initialisiert. Wenn wie hier die Elemente im Stack über ein dynamisches Array verwaltet werden, muß außerdem nach Verwendung des Stacks eine Funktion aufgerufen werden, die den angelegten Speicherplatz wieder freigibt:

```
void f ()
{
    IntStack k;              /* IntStack anlegen */

    init(&k);                /* initialisieren */
    push (&k, 77);           /* 77 einkellern */
    ...
    x = pop (&k);            /* Element auskellern */
    ...
    delete (&k);             /* Speicherplatz freigeben */
}
```

IntStack als C++-Klasse

In C++ wird der IntStack zusammen mit den dazugehörigen Funktionen in einer entsprechenden Klasse definiert:

```
class IntStack {
    int*     elems;          /* dyn. Array von int's */
    unsigned anzahl;         /* aktuelle Anzahl */

    void push (int);         /* int einkellern */
    int  pop  ();            /* int auskellern */

    void IntStack();         /* automatische Initialisierung */
    void ~IntStack()         /* automatische Zerstoerung */
};
```

Sowohl der Aufbau als auch das Verhalten, einschließlich Initialisierung und Zerstörung, ist in C++ Teil der Klassenstruktur. Dies hat mehrere Vorteile:

- Die Funktionen (Methoden) belegen nicht den globalen Namensbereich.
- Der Parameter `IntStack` entfällt für Operationen. Da die Funktionen grundsätzlich

nur für IntStacks aufgerufen werden können, ist darin automatisch immer ein dazugehöriger IntStack vorhanden.

- Weder Initialisierung noch Zerstörung müssen explizit aufgerufen werden. Dies geschieht automatisch durch Aufruf spezieller Funktionen, die extra dafür definiert werden (sogenannte Konstruktoren und Destruktoren).

Ein entsprechendes Anwendungsprogramm sieht in C++ deshalb wie folgt aus:

```
void f ()
{
    IntStack k;          /* IntStack anlegen UND initialisieren */

    k.push (77);         /* 77 einkellern */
    ...
    x = k.pop ();        /* Element auskellern */
    ...
}                        /* automatische Zerstoerung am Blockende */
```

Mit der Deklaration von `k` wird eine Instanz (ein konkretes Objekt) als IntStack angelegt **und** automatisch initialisiert. Der Zugriff erfolgt dann über die für IntStacks definierten Funktionen (Methoden). Dabei ist ein Funktionsaufruf ein Zugriff auf die Komponente der Klassenstruktur, der wie in C über den Punktoperator erfolgt. Am Blockende, wenn das Objekt seinen Gültigkeitsbereich verläßt, wird automatisch eine Funktion aufgerufen, die den dafür angelegten Speicherplatz freigibt.

2.3.3 Datenkapselung

Ein Problem von C–Strukturen ist, daß jederzeit auf alle Komponenten einer solchen Struktur zugegriffen werden kann. Jedes Programmstück bietet also für alle Anwender die Möglichkeit, den Zustand eines Objekts beliebig zu verändern. Damit besteht die Gefahr, bei Anwendung einer Klasse Inkonsistenzen und Fehler zu produzieren. So könnte ein Anwendungsprogramm von IntStacks z.B. einfach die Anzahl ändern oder ein Element mitten im Stack manipulieren.

Daraus entstand die Idee der **Datenkapselung** (engl.: **encapsulation**[2]): Um sicherzustellen, daß nicht jeder Anwender mit einem Objekt machen kann, was er will, wird einfach der Zugriff auf ein solches Objekt auf eine wohldefinierte Schnittstelle reduziert. Jeder Anwender, der mit einem solchen Objekt umgeht, soll nur die Operationen durchführen können, die der Designer des entsprechenden Datentyps für einen öffentlichen Zugriff vorgesehen hat. Auf Interna, die zur internen Verwaltung des Objekts im Programm dienen, besteht kein Zugriff.

[2] Manchmal wird statt “encapsulation” auch der Begriff “information hiding” verwendet. Dies ist aber zumindest auf C++ bezogen nicht korrekt, da die internen Daten nur vor Zugriff von außen gesperrt, nicht aber versteckt werden.

In C++ kann der Zugriff auf die Komponenten einer Klassenstruktur über spezielle Zugriffsschlüsselworte definiert werden:[3]

```
class IntStack {

  private:
    int*     elems;        /* dynamisches Array von int's */
    unsigned anzahl;       /* aktuelle Anzahl */

  public:
    void push (int);       /* int einkellern */
    int  pop  ();          /* int auskellern */

    void IntStack();       /* automatische Initialisierung */
    void ~IntStack()       /* automatische Zerstoerung */
};
```

Die nach `private:` deklarierten Komponenten sind vor dem Zugriff durch den Anwender einer Klasse geschützt. Der Anwender kann für die Objekte einer Klasse nur auf die hinter `public:` deklarierten öffentlichen Komponenten zugreifen bzw. die entsprechenden Funktionen aufrufen.

In diesem Fall ist es einem Anwender der Klasse also nicht möglich, auf `elems` oder `anzahl` zuzugreifen und Inkonsistenzen zu erzeugen. Zugriff besitzen nur auf die Funktionen, die in der Klassenstruktur deklariert werden.

Es ist typisch, daß der Zugriff nur über Funktionen möglich ist, die diese Inkonsistenzen nicht erzeugen können. Damit wird vor allem die Verifikation erleichtert, da nur noch die durch die Funktionen definierte Schnittstelle verifiziert werden muß.

Trennung von Schnittstelle und Implementierung

Das Konzept der Datenkapselung basiert letztlich auf der Idee, daß es für den Anwender eines Objekts unerheblich ist, wie dieses intern repräsentiert wird. Entscheidend ist nur, daß das Richtige gemacht wird.

Im Beispiel IntStack ist es für den Anwender z.B. nicht von Interesse, ob die Elemente des Stacks als dynamisches Array oder als verkettete Liste verwaltet werden. Entscheidend ist, daß ein Stack erzeugt werden kann und daß Elemente eingekellert und wieder ausgekellert werden können:

[3]Ohne die Zugriffsschlüsselworte ist für alle Komponenten kein Zugriff von außen möglich (`private:` ist Default). Insofern funktioniert das zuvor vorgestellte Anwendungsprogramm erst mit dieser Version.

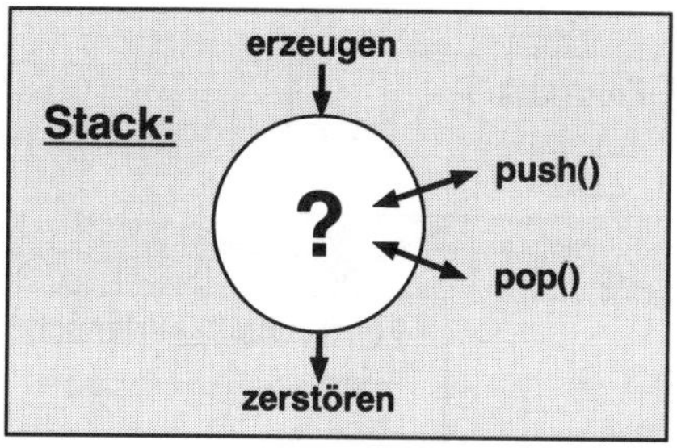

Im Vordergrund für den Anwender steht nur das **WAS**. Die öffentliche Schnittstelle legt fest, **was** mit einem Objekt gemacht werden kann. Das **WIE** interessiert nur den, der diese Klasse schließlich implementiert. Nur für die Implementierung ist die Entscheidung, dynamisches Array oder verkettete Liste, notwendig. Bei gleichbleibender Schnittstelle kann die Implementierung beliebig verändert werden, ohne daß dies Auswirkungen auf den Anwendungscode hätte. Auf diese Weise kann eine erste Implementierung z.B. später aus Performancegründen verbessert werden.

2.3.4 Vererbung

Wenn man das Verhalten von Objekten beschreibt, gibt es oft Eigenschaften, die verschiedenartige Objekte gemeinsam haben. Im natürlichen Sprachgebrauch werden dafür Oberbegriffe verwendet. Ein blauer PKW Baujahr 1984 mit Dieselmotor wird schlicht zu einem Auto, solange seine Details nicht von Interesse sind. Er kann sogar nur als Fahrzeug betrachtet werden, wenn die Tatsache, daß es sich um ein Auto handelt, zeitweise keine Rolle spielt.

Eine derartige Verallgemeinerung findet z.B. bei einem Autotransporter statt. Für diesen ist es unerheblich, was für Autos transportiert werden; allenfalls die geometrischen Maße der Autos sind von Interesse. Dennoch werden verschiedene Autos transportiert. Und deren Unterschiede können nach dem Ausladen der Autos sehr wohl wieder von Interesse werden.

Für dieses Abstraktionsmittel von Generalisierung und Spezialisierung gibt es in den herkömmlichen Programmiersprachen kein äquivalentes Datenmodell. In der objektorientierten Programmierung gibt es dafür das Konzept der Vererbung und der Polymorphie.

Verschiedene Klassen können in einer hierarchischen Beziehung zueinander stehen. Dabei gilt, daß eine "abgeleitete" Klasse immer eine Spezialisierung ihrer "Basisklasse" ist. Umgekehrt ist die Basisklasse die Generalisierung der abgeleiteten Klasse. Das bedeutet, daß alle Eigenschaften (Attribute und Operationen) der Basisklasse jeweils übernommen (geerbt) und in der Regel durch genauere Eigenschaften ergänzt werden.

Die folgende Abbildung zeigt ein entsprechendes Beispiel:

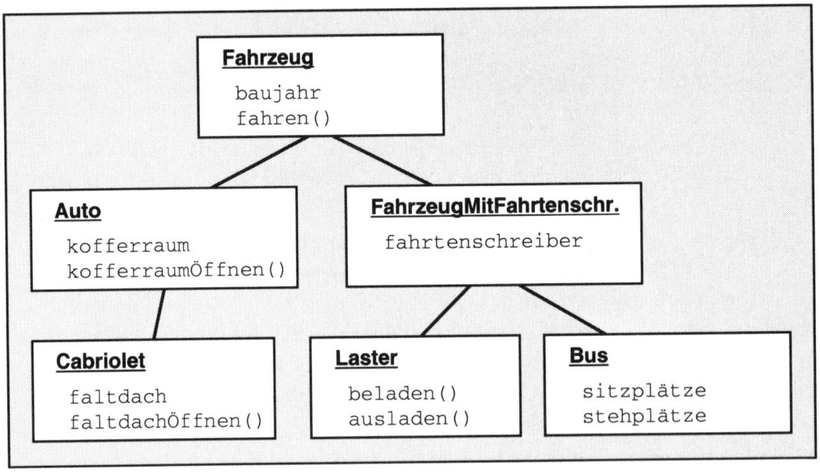

Beispiel für eine Klassenhierarchie

Die Klasse **`Fahrzeug`** beschreibt als Basisklasse, welche Eigenschaften ein Fahrzeug hat. Dazu gehören z.B. das Attribut **`baujahr`** oder die Operation **`fahren()`**. Für davon abgeleitete Klassen wie etwa **`Auto`** oder **`Laster`** aber auch **`Cabriolet`** gelten diese Eigenschaften ebenfalls. Die Klasse **`Fahrzeug`** ist also der Oberbegriff, unter dem sich die gemeinsamen Eigenschaften zusammenfassen lassen.

Die unterschiedlichen Eigenschaften, die speziell Autos oder speziell Laster haben, werden dann in den jeweils davon abgeleiteten Klassen implementiert. So besitzen Autos z.B. zusätzlich das Attribut **`heckklappe`** und Cabriolets nochmal zusätzlich das Attribut **`faltdach`**. Auf diese Weise kann immer weiter verfeinert werden. Es entsteht eine **Klassenhierachie**. Grundsätzliches Kennzeichen der Vererbung ist dabei die "is-a"-Beziehung. Ein Cabriolet **ist ein** Auto, ein Auto **ist ein** Fahrzeug.

Was sind nun die Vorteile der Vererbung? Zunächst dient sie der Konsistenz und der Einsparung von Code. Gemeinsame Eigenschaften verschiedener Klassen müssen nur einmal implementiert und ggf. auch nur an einer Stelle geändert werden. Der andere Vorteil ist die Unterstützung des Abstraktionsmittel des Oberbegriffs. Dies wird in Abschnitt 2.3.5 bei Einführung in die Polymorphie noch verdeutlicht.

In der Praxis kann es auch notwendig sein, einzelne geerbte Eigenschaften zu ändern. Auch dies ist mit Einschränkungen möglich. Vererbung wird natürlich sinnlos, wenn nichts mehr übernommen wird. In diesem Fall sollte man eine separate Klasse implementieren. Dabei gibt es natürlich Grenzfälle.

Mehrfachvererbung

Bei Vererbung gibt es unterschiedliche Mächtigkeiten. Bisher haben wir abgeleitete Klassen kennengelernt, die immer nur genau eine Basisklasse besitzen. Wenn eine abgeleitete Klasse mehrere Basisklassen besitzt, spricht man von **Mehrfachvererbung**.

Die folgende Abbildung zeigt ein Beispiel für Mehrfachvererbung:

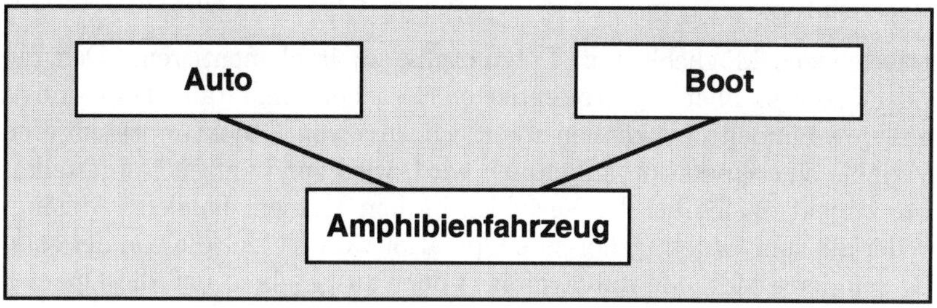

Beispiel für Mehrfachvererbung

Die Klasse für Amphibienfahrzeug, ist sowohl von der Klasse `Auto` als auch von der Klasse `Boot` abgeleitet. Ein Amphibienfahrzeug ist ja beides.

Nicht alle objektorientierten Sprachen unterstützen Mehrfachvererbung. Dieses Sprachmittel wird zwar selten gebraucht, ist aber, wenn es gebraucht wird, recht nützlich. Ohne Mehrfachvererbung läßt sich der Sachverhalt, daß ein Amphibienfahrzeug sowohl Auto als auch Boot ist, nicht ausdrücken. Es gibt aber auch zahlreiche Konflikte, die bei Mehrfachvererbung auftreten können und gelöst werden müssen (in Abschnitt 4.5 wird darauf genauer eingegangen).

2.3.5 Polymorphie

Bei den Vorteilen, die sich aus Vererbung ergeben, wurde bisher nur die Konsistenz und die Einsparung von Code aufgeführt. Vererbung ist aber außerdem eine wichtige Grundvoraussetzung, um Polymorphie zu ermöglichen. Die Arbeit mit Oberbegriffen wird nämlich dann erst sinnvoll, wenn sich Objekte zeitweise auf ihren Oberbegriff reduzieren lassen.

Nehmen wir an, es soll eine Menge von Autos z.B. für eine KFZ–Werkstatt betrachtet werden. Das können völlig verschiedene Autos sein, unterschiedliche Fabrikate, unterschiedliche Modelle, unterschiedliche Ausführungen. Es handelt sich also um eine "inhomogene Menge" von Autos. Wenn nun bei verschiedenen Autos der Motor gewechselt werden soll, so wird zwar im Prinzip das gleiche gemacht, aber je nach Auto sieht dies unter Umständen sehr verschieden aus. Die im täglichen Sprachgebrauch verwendete Aufforderung "*Wechsle bei den Autos den Motor*" wird also zu unterschiedlichen Aktionen führen.

Um diesen Sachverhalt widerzuspiegeln, kann man nun für jede Klasse, die eine Art von Autos beschreibt, eine eigene Version des Motor–Wechselns implementieren. Das besondere an der Polymorphie ist nun, daß für eine solche inhomogene Menge von verschiedenen Autos jeweils die Operation `motorWechseln()` aufgerufen werden kann und **automatisch** je nach Auto–Typ die richtige Funktion aufgerufen wird. Polymorphie bedeutet letztlich die Fähigkeit, daß eine Operation vom Objekt selbst interpretiert wird, und zwar unter

Umständen erst zur Laufzeit, da beim Compilieren nicht unbedingt bekannt ist, welche Operation gemeint ist.

Es gibt verschiedene Möglichkeiten, Polymorphie zu implementieren. Den radikalsten Weg geht der Prototyp aller objektorientierten Sprachen, Smalltalk. Dort sind Variablen an keinen Typ gebunden und können somit jede Art von Objekt repräsentieren. Wenn für eine Variable eine Operation aufgerufen wird, wird zur Laufzeit festgestellt, um welche Art von Objekt es sich bei der Variablen in dem Moment handelt. Abhängig davon wird entweder die zum Objekt gehörende Operation aufgerufen (die von der entsprechenden Klasse definierte Methode durchgeführt) oder ausgegeben, daß die Operation nicht sinnvoll ist.

In C++ nutzt man zur Realisierung der Polymorphie die Vererbung. Wenn ähnliche Klassen die gleiche Operation verschieden implementieren, dann kann diese bereits in einer gemeinsamen Basisklasse deklariert werden, ohne daß sie dort unbedingt implementiert werden muß. Verwendet man eine inhomogene Menge von Objekten verschiedener Klassen, deklariert man diese Menge mit dem Typ der gemeinsamen Basisklasse. Wenn für ein Element in der Menge dann eine Operation aufgerufen wird, kann veranlaßt werden, daß erst zur Laufzeit geprüft wird, zu welcher Klasse das Objekt tatsächlich gehört, und die dazugehörende Funktion aufgerufen werden.

Ein Anwendungsprogramm könnte die inhomogene Menge von Autos als Array von diesem Typ deklarieren[4], die verschiedenen Objekte zuweisen und für alle Objekte die Funktion `motorWechseln()` aufrufen. In dem Fall wird automatisch die richtige Funktion aufgerufen, die sich aus der tatsächlichen Klasse des jeweiligen Autos ergibt:

```
Auto* autos[ANZ];       /* Array von (Zeigern auf) Autos */
VW    v;                /* Objekt der Klasse VW */
Opel  o;                /* Objekt der Klasse Opel */

autos[0] = &v;          /* Auto-Array enthaelt VW */
autos[1] = &o;          /* Auto-Array enthaelt Opel */

for (i=0; i<ANZ; i++) {
        /* Motor von allen Autos wechseln
         *  - ruft je nach Objekt-Typ
         *      motorWechseln() fuer VW,
         *      motorWechseln() fuer Opel, ...
         *     auf
         */
        autos[i]->motorWechseln();
}
```

Dabei ist zu beachten, daß es für die Implementierung unerheblich ist, was es für abgeleitete Klassen von `Auto` gibt (es gibt z.B. keine fest verdrahtete Switch–Anweisung). Wenn

[4] Genaugenommen müssen es Zeiger oder "Referenzen" auf Autos sein.

man sich entschließt, eine neue Auto–Klasse als abgeleitete Klasse von Auto zu implementieren, so kann `autos` auch diese enthalten, ohne neu compiliert werden zu müssen.

2.3.6 Typen als Parameter

Manche objektorientierte Sprachen besitzen Typfreiheit. Das bedeutet, eine Variable ist nicht von einem bestimmten Typ, sondern kann für alles mögliche stehen. So kann einer Variable z.B. einmal ein Integer, danach ein IntStack und dann ein String zugewiesen werden.

In C++ gibt es diese Typfreiheit nicht. Variablen besitzen in C++ also immer einen bestimmten Typ. Dies ist nicht unbedingt ein Nachteil, da dadurch immer schon beim Compilieren sichergestellt wird, daß Typen nicht vermischt werden und eine Operation für ein Objekt auch aufrufbar ist.

Typbindung kann aber auch sehr hinderlich sein, wie das Beispiel der Klasse IntStack zeigt. Für alle möglichen Datentypen, für die ein Stack gebraucht wird, muß auch eine entsprechende Stack–Klasse implementiert werden.

Templates

Um diese Nachteile der Typbindung zu umgehen, wurden in C++ **Templates** (Schablonen) eingeführt. Damit können einzelne Funktionen oder ganze Klassen ohne Festlegung auf einen bestimmten Typ implementiert werden. Es wird eine Schablone für ein oder mehrere angenommene Typen implementiert. Je nach Bedarf kann eine solche Schablone dann für verschiedene Typen zu realem Programmcode werden.

Auf diese Weise läßt sich z.B. eine Klasse `Stack` zur Verwaltung aller möglichen Objektarten implementieren:

```
template <class T>      /* Schablone fuer Typ "T" */
class Stack {

  private:
    T*       elems;        /* dynamisches Array von T's */
    unsigned anzahl;       /* aktuelle Anzahl */

  public:
    void push (T);         /* Objekt vom Typ T einkellern */
    T    pop  ();          /* Objekt vom Typ T auskellern */

    void Stack();          /* automatische Initialisierung */
    void ~Stack()          /* automatische Zerstoerung */
};
```

Der Anwender kann dann entscheiden, für welche Typen ein Stack verwendet werden soll:

```
void f ()
{
    Stack<int>    is;    /* Stack fuer int's */
    Stack<String> ss;    /* Stack fuer String's */
    Stack<Auto*>  fs;    /* Stack fuer Auto-Zeiger */
    ...
}
```

Der Vorteil von Templates liegt vor allem darin, daß die gleichen Algorithmen, wenn sie für verschiedene Typen angewendet werden, nur einmal implementiert werden müssen. Das spart nicht nur Code, sondern unterstützt auch die Wiederverwendbarkeit. Bei einer Neuimplementierung besteht die Gefahr, das neue Fehler implementiert werden. Bei Wiederverwendung einer existierenden, getesteten Stack–Implementierung besteht diese Gefahr nicht.

2.3.7 Exception–Handling

Auch bei abstrakten Datentypen kann es zu unplanmäßigen Problemen kommen. So kann z.B. eine Deklaration eines Stacks nicht gelingen, wenn der dafür anzulegende Speicherplatz nicht vorhanden ist. Deklarationen besitzen allerdings keinen Rückgabewert.

In einem solchen Fall gibt es zunächst die Möglichkeit, das Programm mit einer Fehlermeldung zu beenden oder eine entsprechende Warnung auszugeben und fortzufahren. Ob und wie weit das sinnvoll ist, hängt allerdings sehr oft von der Situation ab und ist nicht generell sinnvoll festlegbar.

Aus diesem Grund wurde ein Konzept für die Ausnahmebehandlung, das sogenannte **Exception–Handling**, in C++ integriert. Wenn eine unerwartete Situation eintritt, wird eine entsprechende Ausnahme definiert, die vom Anwendungsprogramm abgefangen und ausgewertet werden kann. Auf diese Weise wird insbesondere die Erkennung einer Ausnahmesituation von deren Behandlung getrennt. Erkannt wird eine Ausnahme in Funktionen oder Klassen. Behandelt wird sie vom Anwender der Funktion oder der Klasse. Dieser kennt die Situation, in der die Ausnahme entstand und kann entsprechend sinnvoll reagieren.

Da das Konzept des Exception–Handlings nicht Parameter und Rückgabewerte von Funktionen verwendet, ergibt sich noch ein anderer Vorteil dieser Art von Fehlerbehandlung: der normale Datenfluß wird von der Fehlerbehandlung entkoppelt. In herkömmlichen Programmen müssen oft Rückgabewerte auf Fehlerfälle geprüft werden und dienen damit nicht nur dem Zweck des normalen Datenflusses. Das hat zur Folge, daß der normale Datenfluß ständig von Anweisungen für den Fehlerfall unterbrochen wird. Mit Exception–Handling wird sauber zwischen normalem Datenfluß und Fehlerbehandlung getrennt.

Da wir uns in einer objektorientierten Sprachumgebung befinden, ist es nur konsequent, eine solche Ausnahme als Objekt zu definieren. Entsprechend gibt es Klassen, die gleichartige Objekte, also gleichartige Ausnahmen mit deren Eigenschaften definieren. Sie können sogar in einer hierarchischen Beziehung zueinander stehen, wodurch verschiedene Typen von Ausnahmen generalisiert oder spezialisiert und entsprechend auch generell oder speziell behandelt werden können.

2.4 Namensgebung

In der objektorientierten Sprachwelt herrscht ein gewisses Chaos in der Begriffswelt. Ein und derselbe Sachverhalt wird mit unterschiedlichen Begriffen belegt und ein Begriff wird mitunter sogar verschieden angewendet. In C++ wird dieses Chaos noch durch die Tatsache erweitert, daß objektorientierte Begriffe mit Begriffen der herkömmlichen prozeduralen Programmierung, speziell mit C–Begriffen, vermischt werden. Ich werde deshalb nachfolgend die wichtigsten Begriffe für dieses Buch abgrenzen.

Eine Instanz wird, da es sich um ein konkretes Objekt einer Klasse handelt, oft auch einfach nur als Objekt bezeichnet. Dies widerspricht allerdings der Tatsache, daß Objekt manchmal als Oberbegriff verstanden wird, der mehr meint. Auch eine Klasse kann man als Objekt betrachten. In der Sprache C++ gibt es allerdings keinen Unterschied zwischen den Begriffen Instanz und Objekt. In der Sprachspezifikation wird der Begriff Instanz überhaupt nicht verwendet. Hier schließe ich mich der gängigen Sprachregelung in C++ an und bezeichne Instanzen einer Klasse i.a. auch einfach nur als Objekte der Klasse.

Eine Klasse ist in C++ eine Typbeschreibung. Insofern wird auch gerne formuliert, daß ein Objekt einen bestimmten Typ besitzt, womit dann dessen Klasse gemeint ist. Man könnte festlegen, daß nur der Begriff Klasse verwendet werden darf. Es gibt aber in C++ auch Typen, die keine Klassen sind. Wenn in C++ etwas für "verschiedene Typen" gilt, sind nicht nur Klassen, sondern auch fundamentale Datentypen gemeint. Deshalb werde auch ich den Begriff Typ im Sinne von "irgendein Datentyp", der auch eine Klasse sein kann, verwenden.

Bei den Elementen von Klassen gibt es die größte Sprach–Verwirrung. Sie werden im Umfeld der objektorientierten Programmierung und im Umfeld von C++ Elemente, Komponenten, Member, Attribute, Daten usw. genannt. Die für Objekte aufrufbaren Operationen bezeichnet man als Methoden, Elementfunktionen oder Memberfunktionen. Ich verwende in diesem Buch für Klassenelemente als Oberbegriff die Bezeichnung Komponente mit der Unterscheidung in Datenelement und Elementfunktion.

Man kann über diese Namensgebung sicherlich streiten. Ein Leser, der aus der objektorientierten Sprachwelt kommt, fragt sich z.B. mit Recht, warum Elementfunktion statt Methode und Objekt statt Instanz verwendet wird. Ich habe mich für die C++–Sprachwelt entschieden, da das Buch eher praxisbezogen ist. Es steht weniger das Konzept der objektorientierten Programmierung am Beispiel von C++, sondern mehr die Verwendung der Sprache C++ aus objektorientierter Sicht im Vordergrund.

Auch bei anderen Begriffen gibt es verschiedene Bezeichnungen. So existieren z.B. oft übernommene angloamerikanische parallel zu eingedeutschten Bezeichnungen. Im Zweifelsfall verwende ich den Begriff, der nach meiner Meinung verbreiteter ist, worüber man aber auch ohne Ende streiten kann. So heißt es in diesem Buch Compiler statt Übersetzer und Identifier statt Bezeichner, aber Rückgabewert statt Returnwert.

Letztlich ist die Namensgebung auch einfach eine Frage des Geschmacks und der Gewohnheit, die die Lesbarkeit des Buchs hoffentlich nicht allzu sehr beeinflußt.

Kapitel 3

Programmieren mit Klassen

Dieses Kapitel stellt zwei Grundkonzepte der objektorientierten Programmierung vor: Die Programmierung mit **Klassen** in Verbindung mit dem Konzept der **Datenkapselung**.

Anhand von Beispielen werden die verschiedenen Sprachmittel und Programmiertechniken, die in C++ für die Arbeit mit Klassen gebraucht werden, nach und nach eingeführt und erläutert.

Als erstes Beispiel dient dabei die Klasse Bruch. Diese Klasse beschreibt, wie der Name schon sagt, Objekte, die Brüche repräsentieren. Es handelt sich bewußt um ein sehr einfaches Objekt, damit bei der Einführung der verschiedenen Sprachmittel nicht das Beispiel selbst zum Problem wird.

In der zweiten Hälfte des Kapitels werden dann verschiedene andere Klassen als Beispiele verwendet. Dazu zählen z.B. eine Klasse für den Datentyp String und eine Klasse zur Personenverwaltung. Mit diesen Klassen werden verschiedene Aspekte der Programmierung mit Klassen behandelt, die vom Beispiel der Klasse Bruch nicht abgedeckt werden können.

3.1 Vorbemerkungen zum Programmieren mit C++

Bevor die erste Klasse implementiert wird, enthält dieser Abschnitt einige grundsätzliche Vorbemerkungen zur Programmierung in C++. Im einzelnen geht es um die Kommentierung in C++, die vordefinierten Datentypen, die Namensgebung der Dateien und die verschiedenen Möglichkeiten, C++-Programme zu übersetzen.

3.1.1 Kommentare in C++

In C++ sind zwei Arten der Kommentierung möglich:

- Die eine, von C übernommene Art, erlaubt eine Kommentierung über beliebig viele Zeilen. Sie wird durch die Zeichenfolgen "/*" und "*/" eingegrenzt:

  ```
  /* Dies ist Kommentar
     ueber mehrere Zeilen */
  ```

- Neu ist in C++ die Möglichkeit, den Rest einer Zeile auszukommentieren. Zwei Schrägstriche "//" führen (solange sie sich nicht in einem String befinden) Kommentar ein, der bis zum Zeilenende geht:

  ```
  // Dies ist Kommentar, der bis zum Zeilenende geht
  ```

Die beiden Arten der Kommentierung sind voneinander unabhängig. Mit "//" begonnener Kommentar wird mit "*/" nicht ausgeschaltet:

```
// Dieser Kommentar */ geht wirklich bis zum Zeilenende

/* Dieser Kommentar mit // darin
   endet erst hier: */
```

Kommentar kann nicht geschachtelt werden:

```
/* der hier begonnene Kommentar
   /* endet also genau hier: */
```

Die verschiedenen Möglichkeiten der Kommentierung führen natürlich zu der Frage, welche Art der Kommentierung wofür einzusetzen ist. Als kleine Richtlinie kann vielleicht die Empfehlung dienen, mehrzeiligen Kommentar durch /* und */ einzugrenzen und für einzeiligen Kommentar // zu verwenden.

3.1.2 Vordefinierte Datentypen

C++ besitzt die bereits in C vordefinierten fundamentalen Datentypen, wie `char`, `int`, `float` und `double` mit den dazugehörigen Attributen wie `short`, `long` oder `unsigned` (siehe Abschnitt 2.1.2).

Der Datentyp `bool`

Für boolesche Werte wurde allerdings in der ANSI/ISO–Sprachspezifikation Ende 1993 ein neuer Datentyp, **bool**, eingeführt. Dazu gehören die vordefinierten Literale **true** und **false**.

Falls der Datentyp `bool` in einem C++–Compiler noch nicht unterstützt wird, kann folgende Definition verwendet werden:

```
typedef int bool;
#define true  1
#define false 0
```

3.1.3 Dateinamen

Für C++–Code existieren zwei Arten von Dateien:

- **Header–Dateien** (Include–Dateien, Header–Files, H–Files)

  Header–Dateien dienen dazu, Definitionen, die beim Compilieren in verschiedenen Modulen gebraucht werden, zentral zu verwalten. Sie enthalten typischerweise die Deklarationen von globalen Konstanten, Variablen, Funktionen und Datentypen und werden von den Dateien, in denen diese Deklarationen gebraucht werden, jeweils eingebunden.

- **Quelldateien** (Source–Dateien, Source–Files, C–Files)

  Quelldateien stellen die eigentlichen Module (Übersetzungseinheiten) dar, in denen der Programmablauf definiert wird. Darin befinden sich vor allem die Implementierungen der einzelnen Funktionen.

Die Endungen für diese Dateien sind bisher noch nicht vereinheitlicht worden und variieren daher noch von Compiler zu Compiler:

- Für Quelldateien werden typischerweise die Endungen `.cc`, `.C` und `.cpp`, manchmal aber auch `.cxx` verwendet.

  Da bei Betriebssystemen, in denen nicht zwischen Groß– und Kleinschreibung unterschieden werden kann, kein Unterschied zwischen `.C` für C++ und `.c` für C besteht, kristallisieren sich die Endungungen **.cc** und **.cpp** als Standard heraus.

- Nun mag man meinen, die Header–Dateien werden entsprechend mit der Endung `.hh` oder `.hpp` versehen. Doch dies ist nicht so.

  Header–Dateien enden, wie in C, auch in C++ typischerweise mit **.h** (man findet aber auch manchmal die Endung `.hpp`). Daß wie in C die Endung `.h` verwendet wird, liegt unter anderem daran, daß zumindest in der nächsten Zukunft Header–Dateien, die für C geeignet sind, auch in C++ verwendet werden können (in Abschnitt 3.2.10 wird gezeigt, wie das möglich ist).

3.1.4 Übersetzen von C++–Programmen

Zum Übersetzen von C++–Programmen existieren zur Zeit zwei Methoden:

- Die C++–Dateien werden durch einen sogenannten "C-Front–Compiler" in C–Dateien umgewandelt und dann als C–Dateien compiliert.
- Die C++–Dateien werden direkt compiliert.

Die erste Methode hat vor allem am Anfang zur schnellen Verbreitung von C++ beigetragen. Inzwischen setzen sich allerdings immer mehr direkte Compiler durch, da diese effizienter arbeiten können.

Nicht unerwähnt bleiben soll dabei der kombinierte GNU–C/C++–Compiler der Free Software Foundation. Dieser wird kostenlos und in Quellcode für verschiedene Plattformen angeboten (er ist aber nicht public domain). Er kann u.a. im UNIX–Netzwerk Internet über verschiedene FTP–Server oder über Software–CDs bezogen werden.

3.2 Die erste Klasse: Bruch

In diesem Abschnitt wird als erste C++-Klasse die Klasse Bruch implementiert und angewendet. Die Klasse Bruch bietet dabei ein kleines, überschaubares Beispiel. Der Aufbau eines Bruchs und der Umgang mit Brüchen kann im wesentlichen als bekannt vorausgesetzt werden. Und doch gibt es einige Fallen, die in den nachfolgenden Versionen eine Verwendung von nicht-trivialen Sprachmitteln erfordern.

Es kann gut sein, daß sich ein Leser, der bereits einiges über C++ weiß, über diese erste Version wundert. Mit fortgeschrittenen Kenntnissen der Sprache würde man die Klasse sicherlich anders implementieren. Aber alle Eigenschaften der Sprache können unmöglich auf einmal vorgestellt werden. Im weiteren Verlauf des Buchs wird die Klasse Bruch von Version zu Version immer weiter verbessert. Einige Programmiertechniken, die hier als Grundlage aufgezeigt werden, werden aufgrund der gewonnenen Erkenntnisse dann in Frage gestellt oder durch andere Mechanismen ersetzt.

3.2.1 Vorüberlegungen zur Implementierung

Wie bei jeder Klasse, müssen zur Implementierung der Klasse Bruch zwei Dinge geklärt werden:

- Was soll man mit Objekten der Klasse machen können ?
- Wie ist der interne Aufbau dieser Objekte ?

Die erste Frage betrifft die Anwendung der Klasse und definiert somit ihre Schnittstelle nach außen. Sie wird anhand der Anforderungen, die an die Klasse gestellt werden, in einer entsprechenden Spezifikation beschrieben.

Die zweite Frage betrifft den internen Aufbau der Klasse und ihrer Instanzen. Sie wird bei der Implementierung der Klasse relevant und muß so beantwortet werden, daß sie die Anforderungen, die sich aus der ersten Frage ergeben, möglichst geschickt lösen kann.

Anforderungen an die Klasse Bruch

Für unser erstes Beispiel sollen die Anforderungen an die Klasse Bruch möglichst niedrig gehalten werden. Es soll ja nur das Prinzip verdeutlicht werden. Aus diesem Grund wird nur eine einzige Operation realisiert:

- Ausgeben eines Bruchs

In den folgenden Abschnitten kommen dann weitere Operationen hinzu, mit denen Brüche z.B. multipliziert oder eingelesen werden können.

Eines darf allerdings nicht vergessen werden: Um mit Brüchen eine Operation ausführen zu können, muß es diese Brüche erst einmal geben. Außerdem sollte ein Bruch, wenn er nicht mehr gebraucht wird, zerstört werden können. Es werden also noch zwei weitere Operationen gebraucht:

- Erzeugen (und Initialisieren) eines Bruchs
- Zerstören eines Bruchs

Insgesamt ergibt sich somit folgende Schnittstelle:

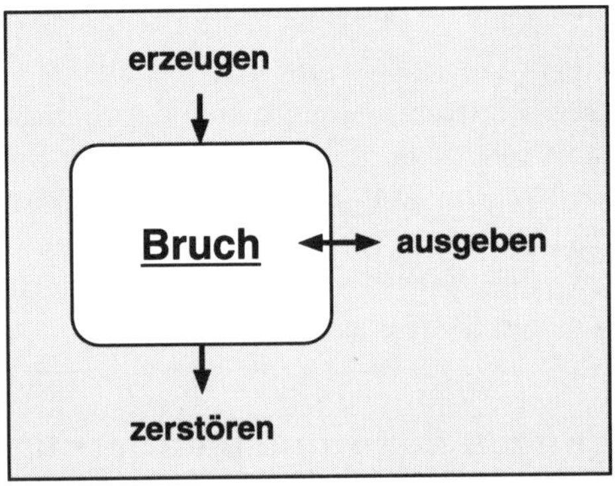

Erste Schnittstelle der Klasse Bruch

Aufbau von Brüchen

Bei der Frage nach dem internen Aufbau eines Objekts geht es letztlich darum, ein solches beliebig abstraktes Gebilde direkt oder indirekt auf bereits vorhandene Datentypen zurückzuführen. Der Informationsgehalt und der Zustand des Objekts müssen durch mehrere einzelne Komponenten, die bereits vorhandene Datentypen besitzen, beschrieben werden.

Dabei ist zunächst einmal die Frage wichtig, wie der Informationsgehalt eines Objekts grundsätzlich beschrieben wird. Was repräsentiert das Objekt? Daraus ergeben sich meist schon die ersten Komponenten, aus denen das Objekt besteht. Im Laufe der Implementierung können dann weitere Hilfskomponenten hinzukommen, die einen internen Objektzustand widerspiegeln und dadurch z.B. die Implementierung erleichtern oder Laufzeit einsparen.

Was ein Bruch repräsentiert bzw. woraus er besteht, kann relativ leicht beantwortet werden: Ein Bruch besteht aus einem Zähler und einem Nenner. Dafür können vorhandene fundamentale Datentypen wie `int` verwendet werden. Damit sind die beiden wesentlichen Komponenten eines Bruchs festgelegt:

- Ein `int` als **Zähler**
- Ein `int` als **Nenner**

Es kann durchaus sein, daß im Rahmen der Implementierung noch weitere Hilfskomponenten gebraucht werden. So könnte eine Komponente intern z.B. festhalten, ob Zähler und

Nenner gekürzt werden können. Die für den Informationsgehalt wesentlichen Komponenten für den Zähler und den Nenner müssen also nicht unbedingt die einzigen Komponenten bleiben.

Insgesamt ergibt sich folgender Aufbau:

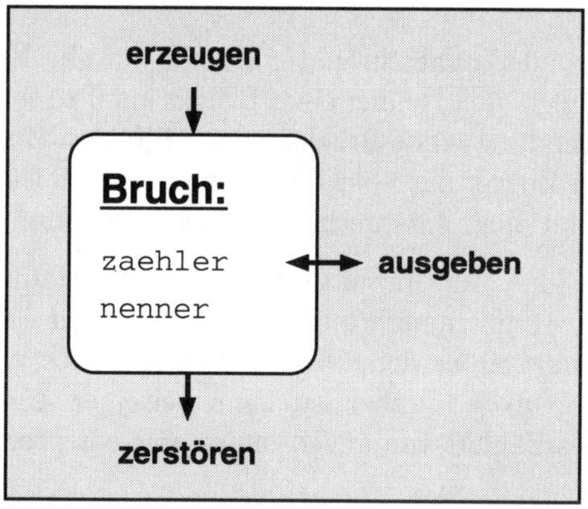

Schnittstelle und Aufbau der Klasse Bruch

Ein Bruch besteht aus Zähler und Nenner und kann erzeugt, ausgegeben und zerstört werden.

Namensgebung

In objektorierter Lesart sind Zähler und Nenner die **Daten** oder **Attribute**, aus denen sich eine Instanz der Klasse Bruch zusammensetzt. Erzeugen, Ausgeben und Zerstören sind die **Methoden**, die für die Klassen definiert sind.

In Lesart von C++ bedeutet das, daß eine Klasse Bruch gebraucht wird, die sich aus den **Komponenten** Zähler, Nenner und den Funktionen zum Erzeugen, Ausgeben und Zerstören zusammensetzt. Die Komponenten einer Klasse werden auch **Elemente** oder **Klassenelemente** genannt. Dies alles sind verschiedene Übersetzungen der englischen Bezeichnung **member**, die mitunter auch im deutschen verwendet wird (siehe dazu auch die Anmerkungen zur Namensgebung auf Seite 39).

Die Methoden, also die Operationen, die in einer Klasse definiert sind, nennt man in C++ **Elementfunktionen**. Eine andere weit verbreitete Bezeichnung dafür ist **Memberfunktion**.

Für die Komponenten, die keine Elementfunktionen sind, gibt es in C++ eigentlich gar keine richtige Bezeichnung. Man spricht im englischen i.a. nur von "member" und dem Spezialfall "member function". Ich werde sie nachfolgend als **Attribute** oder **Datenelemente** bezeichnen.

Die Komponenten der Klasse Bruch unterteilen sich also in die Datenelemente Zähler und Nenner und die Elementfunktionen zum Erzeugen, Ausgeben und Zerstören.

Datenkapselung

Brüche besitzen eine grundsätzliche Eigenschaft: Ihr Nenner darf nicht 0 sein, da durch 0 nicht geteilt werden darf. Diese Randbedingung soll natürlich auch für die Klasse Bruch gelten.

Wenn aber für alle Anwender unbeschränkter Zugriff auf alle Komponenten der Klasse Bruch besteht, ist es möglich, den Nenner eines Bruchs auf 0 zu setzen. Aus diesem Grund ist es sinnvoll, bei Verwendung eines Bruchs keinen direkten Zugriff auf den Nenner zu ermöglichen. Solange der Zugriff nur über Funktionen möglich ist, kann der Versuch, dem Nennner 0 zuzuweisen, mit einer entsprechenden Fehlermeldung quittiert werden.

Generell ist es eine gute Idee, Zugriff auf Objekte nur über dafür definierte Operationen zuzulassen. Durch deren Implementierung können nicht nur Fehler gefunden, sondern auch Inkonsistenzen vermieden werden. Wird für einen Bruch z.B. intern in einer Hilfskomponente festgehalten, ob er kürzbar ist, kann bei einer Änderung des Sachverhalts durch eine Zuweisung des Zählers von außen intern eine entsprechende Anpassung stattfinden.

Für Brüche ist es deshalb sinnvoll, den Zugriff auf die Komponenten Zähler und Nenner nur über die zur Klasse Bruch gehörenden Funktionen zu erlauben. Damit wird auch ein anderer Vorteil erreicht: Der Aufbau und das Verhalten eines Bruchs können intern modifiziert werden, ohne daß sich die Schnittstelle nach außen ändert.

3.2.2 Deklaration der Klasse Bruch

Um eine Klasse in C++ verwenden zu können, muß sie zunächst deklariert werden. Dies geschieht, indem eine Struktur deklariert wird, in der die prinzipiellen Eigenschaften der Klasse aufgelistet werden. Sie enthält sowohl die besprochenen Komponenten für den Zähler und den Nenner als auch die Funktionen, die die Schnittstelle ausmachen.

Damit die Deklaration zum Compilieren aller Module, in denen die Klasse Bruch gebraucht wird, verwendet werden kann, wird sie in einer Header–Datei untergebracht. Sinnvollerweise trägt die Datei den Namen der Klasse und erhält deshalb am besten den Namen `Bruch.h`.

Die erste Version der Header–Datei `Bruch.h` hat insgesamt folgenden Aufbau, auf den anschließend im einzelnen eingegangen wird:

```
#ifndef _Bruch_h
#define _Bruch_h

/* Standard-Header-Dateien einbinden
 */
#include <stdio.h>
#include <stdlib.h>
```

```
/* Klasse Bruch
 */
class Bruch {

  /* privat: kein Zugriff von aussen
   */
  private:
    int zaehler;
    int nenner;

  /* oeffentliche Schnittstelle
   */
  public:
    // Default-Konstruktor
    Bruch ();

    // Konstruktor aus Zaehler (int)
    Bruch (int);

    // Konstruktor aus Zaehler und Nenner (zwei int's)
    Bruch (int, int);

    // Ausgabe
    void print ();
};

#endif    /* _Bruch_h */
```

Präprozessor–Anweisungen

Die komplette Header–Datei wird durch Präprozessor–Anweisungen eingeschlossen, mit deren Hilfe vermieden wird, daß die darin befindlichen Deklarationen bei mehrfachem Einbinden der Datei mehrfach durchgeführt werden:

```
#ifndef _Bruch_h          /* ist nur beim ersten Durchlauf erfuellt, denn */
#define _Bruch_h          /* _Bruch_h wird beim ersten Durchlauf definiert */
    ...
#endif
```

Mit `#ifndef` ("if not defined") werden die folgenden Zeilen bis zum korrespondierenden `#endif` nur verarbeitet, wenn die Konstante `_Bruch_h` nicht definiert ist. Da sie bei der ersten Verarbeitung definiert wird, werden die Anweisungen bei jedem weiteren Mal ignoriert.

Da es immer passieren kann, daß Header–Dateien über unterschiedliche Wege von einer Quelldatei mehrfach eingebunden werden, sollten Deklarationen in Header–Dateien immer durch derartige Anweisungen eingeschlossen werden.

Anschließend werden verschiedene andere Header–Dateien eingebunden, die die Datentypen und die Funktionen deklarieren, welche von der Klasse verwendet werden. In diesem Fall sind das die auch schon von C her bekannten Standarddateien zur Ein– und Ausgabe und zur Deklaration verschiedener Bibliotheksfunktionen:

```
#include <stdio.h>
#include <stdlib.h>
```

Dadurch können C–Funktionen wie `printf()` oder `exit()` verwendet werden.

Es handelt sich allerdings nicht um normale C–Header–Dateien, sondern um spezielle C++–Versionen. In Abschnitt 3.2.10 wird dies genauer erläutert. Zunächst reicht es zu wissen, daß damit die Standard–C–Funktionen verwendet werden können.

3.2.3 Die Klassenstruktur

Die eigentliche Deklaration einer Klasse geschieht in einer sogenannten **Klassenstruktur**. Dort werden alle Komponenten (Attribute und Funktionen) der Klasse deklariert.

Das Schlüsselwort `class`

Die Deklaration beginnt mit dem Schlüsselwort `class`. Es folgt ein Identifier für den Namen der Klasse und der in geschweifte Klammern eingeschlossene und durch ein Semikolon abgeschlossene Klassenrumpf, in dem die Eigenschaften der Klasse deklariert werden:

```
class Bruch {
    ...
};
```

Zugriffsschlüsselworte

Innerhalb der Klassenstruktur befinden sich Zugriffsschlüsselworte, die die einzelnen Komponenten gruppieren. Damit wird festgelegt, welche Komponenten der Klasse intern sind und auf welche auch von außen, bei Anwendung der Klasse zugegriffen werden kann.

Die Komponenten `zaehler` und `nenner` sind privat:

```
class Bruch {
  private:
    int zaehler;
    int nenner;
    ...
};
```

Durch das Schlüsselwort `private` werden alle folgenden Komponenten als privat deklariert. In Klassen ist dies zwar die Defaulteinstellung, sollte zur besseren Lesbarkeit aber dennoch explizit herausgestellt werden.

Die Tatsache, daß die Komponenten privat sind, bedeutet, daß auf sie nur im Rahmen der Implementierung der Klasse Zugriff besteht. Der Anwender, der einen Bruch verwendet, hat keinen direkten Zugriff darauf. Er kann diesen nur indirekt erhalten, indem entsprechende Funktionen zur Verfügung gestellt werden.

Zugriff hat der Anwender der Klasse Bruch nur auf die öffentlichen Komponenten. Diese werden durch das Schlüsselwort `public` eingeführt. Es handelt sich typischerweise um die Funktionen, die die Schnittstelle der Objekte dieser Klasse nach außen zum Anwender bilden:

```
class Bruch {
  ...
  public:
    void print ();
};
```

Es ist nicht zwingend, daß alle Elementfunktionen öffentlich und alle anderen Komponenten privat sind. Bei größeren Klassen ist es durchaus nicht untypisch, daß es klasseninterne Hilfsfunktionen gibt, die als private Elementfunktionen deklariert werden.

Genauso ist es prinzipiell möglich, Komponenten, die keine Funktionen sind, mit einem öffentlichen Zugriff zu versehen. Dies ist aber i.a. nicht sinnvoll, da damit der Vorteil, die Objekte nur über eine wohldefinierte Schnittstelle manipulieren zu können, aufgehoben wird.

Zugriffsdeklarationen können in einer Klassendeklaration beliebig oft auftreten, wodurch der Zugriff auf die folgenden Komponenten mehrfach wechseln kann:

```
class Bruch {
  private:
    ...
  public:
    ...
  private:
    ...
};
```

Strukturen und Klassen

Aus Sicht des C–Programmierers kann eine Klasse als eine C–Struktur betrachtet werden, die einfach nur mit zusätzlichen Eigenschaften ausgestattet wurde (Zugriffskontrolle und Funktionen als Komponenten).

Es ist sogar so, daß die Eigenschaften von Klassen in C++ auch für Strukturen eingeführt werden. Statt des Schlüsselwortes `class` kann deshalb auch immer das Schlüsselwort `struct` verwendet werden. Der einzige Unterschied ist, daß mit dem Schlüsselwort `struct` alle Komponenten defaultmäßig öffentlich sind. Jede C–Struktur ist im C++–Sinne also eine Klasse mit lauter öffentlichen Komponenten.

In der Praxis empfehle ich zur Vermeidung unnötiger Verwirrung, für Klassen immer das Schlüsselwort `class` zu verwenden. Lediglich wenn in C++ Strukturen im herkömmlichen C–Sinne eingesetzt werden (ohne Funktionen als Komponenten und mit öffentlichem Zugriff auf alle Komponenten), verwende ich zur Abgrenzung das Schlüsselwort `struct`. Leider gibt es Literatur, bei der selbst für Beispiele zur Programmierung mit Klassen das Schlüsselwort `struct` verwendet wird.

3.2.4 Elementfunktionen

Eine Komponente, die in der Struktur der Klasse Bruch deklariert wird, ist die Elementfunktion `print()`:

```
class Bruch {
    ...
    void print ();           // Ausgabe eines Bruchs
    ...
};
```

Sie dient dazu, einen Bruch auszugeben. Da sie keinen Wert zurückliefert, hat sie den Rückgabetyp `void`.

Man beachte dabei, daß der Bruch, der jeweils ausgegeben werden soll, nicht als Parameter übergeben wird. Er ist in einer Elementfunktion automatisch vorhanden, da der Aufruf einer Elementfunktion immer an ein bestimmtes Objekt dieser Klasse gebunden ist:

```
Bruch x;
...
x.print();          // Elementfunktion print() fuer Objekt x aufrufen
```

Die Funktion `print()` wird mit dem Punktoperator für einen Bruch ohne (weitere) Parameter aufgerufen. Im objektorientierten Sprachgebrauch wird durch den Aufruf von `x.print()` dem Objekt `x` als Instanz der Klasse `Bruch` die Nachricht `print` ohne Parameter geschickt.

3.2.5 Konstruktoren

Die ersten drei Funktionen, die in der Klasse Bruch deklariert werden, sind spezielle Funktionen. Sie legen fest, auf welche Weise ein Bruch erzeugt ("konstruiert") werden kann. Ein solcher **Konstruktor** (englisch: **constructor**) ist daran zu erkennen, daß er als Funktionsnamen den Namen der Klasse trägt.

Aufgerufen wird ein Konstruktor immer dann, wenn eine Instanz (ein konkretes Objekt) der entsprechenden Klasse angelegt wird. Das ist z.B. beim Deklarieren einer entsprechenden Variablen der Fall. Nachdem für das Objekt der notwendige Speicherplatz angelegt wurde, werden die Anweisungen im Konstruktor ausgeführt. Sie dienen typischerweise dazu, das angelegte Objekt zu initialisieren, indem die Datenelemente des Objekts mit sinnvollen Startwerten versehen werden.

Bei der Klasse Bruch werden drei Konstruktoren deklariert:

```
class Bruch {
    ...
    // Default-Konstruktor
    Bruch ();

    // Konstruktor aus int (Zaehler)
    Bruch (int);

    // Konstruktor aus zwei int's (Zaehler und Nenner)
    Bruch (int, int);
    ...
};
```

Das bedeutet, daß ein Bruch auf dreierlei Arten angelegt werden kann:

- Ein Bruch kann ohne Argument angelegt werden.

  Der Konstruktor wird z.B. aufgerufen, wenn ein Objekt der Klasse Bruch ohne weitere Parameter deklariert wird:

  ```
  Bruch x;            // Initialisierung mit Default-Konstruktor
  ```

  Einen Konstruktor ohne Parameter nennt man auch **Default–Konstruktor**.

- Ein Bruch kann mit einem Integer als Argument erzeugt werden. Wie wir bei der Implementierung des Konstruktors noch sehen werden, wird dieser Parameter als ganze Zahl interpretiert, mit der der Bruch initialisiert wird.

  Ein solcher Konstruktor wird z.B. durch eine Deklaration aufgerufen, bei der der Bruch mit einem Objekt des passenden Typs initialisiert wird:

  ```
  Bruch y = 7;        // Initialisierung mit int-Konstruktor
  ```

  In C++ wurde aber auch eine neue Schreibweise zur Initialisierung eines Objekts eingeführt, die genauso verwendet werden kann:

  ```
  Bruch y(7);         // Initialisierung mit int-Konstruktor
  ```

- Ein Bruch kann mit zwei ganzzahligen Argumenten erzeugt werden. Diese Parameter werden zum Initialisieren von Zähler und Nenner verwendet.

Um einen solchen Konstruktor aufrufen zu können, wurde die gerade vorgestellte neue Schreibweise zur Initialisierung eines Objekts eingeführt, denn sie erlaubt es, mehrere Argumente zu übergeben:

```
Bruch a(7,3);       // Initialisierung mit int/int-Konstruktor
```

Konstruktoren haben noch eine ungewöhnliche Besonderheit: Sie besitzen keinen Rückgabetyp (auch nicht `void`). Es sind also keine Funktionen oder Prozeduren im herkömmlichen Sinne. Somit ist es auch nicht möglich, Zeiger auf Konstruktoren zu definieren.

Klassen ohne Konstruktoren

Werden für eine Klasse keine Konstruktoren definiert, können trotzdem Instanzen (konkrete Objekte) der Klasse angelegt werden. Diese Objekte werden dann allerdings nicht initialisiert. Es gibt also sozusagen einen vordefinierten Default–Konstruktor, der nichts macht.

Damit Objekte keinen undefinierten Zustand erhalten, sollte dieser Fall unbedingt vermieden werden. Wenn es den Zustand "*nicht initialisiert*" geben soll, dann sollte statt dessen eine boolesche Komponente eingeführt werden, die diesen Sachverhalt über den Konstruktor definitiv festhält. Werden dann Operationen für einen Bruch mit nicht definiertem Wert aufgerufen, können entsprechende Fehlermeldungen ausgegeben werden. Bei einem Bruch, der, da er nicht initialisiert wurde, einen beliebigen Zustand besitzen kann, ist das nicht möglich.

Sobald Konstruktoren definiert werden, können Objekte nur noch über diese angelegt werden. Wird kein Default–Konstruktor, wohl aber ein anderer Konstruktor definiert, ist ein Anlegen eines Objekts der Klasse ohne Parameter also nicht mehr möglich. Auf diese Weise kann ein Parameter zur Initialisierung erzwungen werden.

3.2.6 Überladen von Funktionen

Die Tatsache, daß, wie im Falle der Konstruktoren, mehrere Funktionen den gleichen Namen besitzen dürfen, ist eine grundsätzliche Eigenschaft von C++. Funktionen (nicht nur Elementfunktionen) dürfen beliebig "überladen" werden.

Das Überladen (englisch "overloading") von Funktionen bedeutet, daß diese den gleichen Namen tragen und sich nur in ihren Parametern unterscheiden. Welche Funktion aufzurufen ist, wird durch Anzahl und Typ der Parameter entschieden. Eine Unterscheidung nur durch den Rückgabetyp ist nicht zulässig.

Folgendes Beispiel zeigt das Überladen einer globalen Funktion zum Berechnen des Quadrats für Integer und Gleitkommawerte:

```
// Deklaration
int    quadrat (int);         // Quadrat eines int's
```

```
double quadrat (double);    // Quadrat eines double's

void f ()
{
    // Aufruf
    quadrat (713);          // ruft Quadrat eines int's auf
    quadrat (4.378);        // ruft Quadrat eines double's auf
}
```

Die Funktion ließe sich im gleichen Programm zusätzlich für die Klasse Bruch überladen:

```
// Deklaration
int    quadrat (int);       // Quadrat eines int's
double quadrat (double);    // Quadrat eines double's
Bruch  quadrat (Bruch);     // Quadrat eines Bruch's

void f ()
{
    Bruch x;
    ...
    // Aufruf
    quadrat (x);            // ruft Quadrat eines Bruch's auf
}
```

Beim Überladen von Funktionen sollte natürlich darauf geachtet werden, daß die überladenen Funktionen im Prinzip das gleiche machen. Da jede Funktion für sich implementiert wird, liegt dies in der Hand des Programmierers.

Parameter–Prototypen

Damit eine Unterscheidung der Funktionen über die Parameter überhaupt möglich ist, müssen diese mit Parameter–Prototypen deklariert werden. Das bedeutet, der Typ eines Parameters muß bei der Deklaration angegeben werden und steht bei der Definition einer Funktion direkt in der Liste der Parameter:

```
// Deklaration
int quadrat (int, int);

// Definition
int quadrat (int a, int b)
{
    return a * b;
}
```

Parameter–Prototypen sind auch schon in ANSI–C definierbar. Gegenüber ANSI–C gibt es allerdings einen wichtigen Unterschied: Die Deklaration

```
void f ();
```

definiert in ANSI–C (wie auch in C) eine Funktion mit beliebig vielen Parametern. In C++ bedeutet dies aber, daß die Funktion auf jeden Fall **keine** Parameter besitzt. Die Schreibweise von ANSI–C zur Deklaration einer Funktion ohne Parameter:

```
void f (void);
```

kann in C++ ebenfalls verwendet werden.

Falls eine Funktion eine variable Anzahl von Argumenten besitzt, kann dies in der Deklaration durch drei Punkte (mit oder ohne Komma davor) angegeben werden:

```
int printf (char*, ...);
```

Eine solche Angabe nennt man im englischen "ellipsis", was man im deutschen etwa mit "Auslassung" oder "Unvollständigkeit" übersetzen kann.[1]

3.2.7 Implementierung der Klasse Bruch

Die in der Deklaration der Klasse Bruch deklarierten Elementfunktionen müssen natürlich auch implementiert werden. Dies geschieht typischerweise in einem eigenen Modul, das für die Klasse angelegt wird. Es trägt den Namen `Bruch.cc` (oder `Bruch.cpp`).

Es ist von Vorteil, für jede Klasse eine eigene Quelldatei zu verwenden. Damit müssen Programme nur die Module der Klassen, die auch verwendet werden, dazubinden. Zusätzlich unterstützt es natürlich auch die Idee der objektorientierten Programmierung, da jede Art von Objekt für sich betrachtet wird (es gibt natürlich auch gute Gründe, von dieser Regel abzuweichen, etwa wenn zwei Klassen zusammengehören).

Die Quelldatei der ersten Version der Klasse Bruch sieht wie folgt aus:

```
// Header-Datei mit der Klassen-Deklaration einbinden
#include "Bruch.h"

/* Default-Konstruktor
 */
Bruch::Bruch ()
{
    // Bruch mit 0 initialisieren
    zaehler = 0;
    nenner  = 1;
}
```

[1]In vielen Büchern wird der Begriff "ellipsis" auch als "Ellipse" übersetzt, womit offensichtlich nicht das mathematische Objekt, sondern die sprachwissenschaftliche Bezeichnung für eine "Ersparung von Redeteilen" gemeint ist (ein Duden ist manchmal eine wirklich interessante Sache).

```
/* Konstruktor aus ganzer Zahl
 */
Bruch::Bruch (int z)
{
    // Bruch mit z 1tel initialisieren
    zaehler = z;
    nenner  = 1;
}

/* Konstruktor aus Zaehler und Nenner
 */
Bruch::Bruch (int z, int n)
{
    /* Zaehler und Nenner, wie uebergeben, initialisieren
     * - 0 als Nenner ist allerdings nicht erlaubt
     */
    if (n == 0) {
        // Programm mit Fehlermeldung beenden
        fprintf (stderr, "Fehler: Nenner ist 0\n");
        exit (1);
    }
    zaehler = z;
    nenner  = n;
}

/* print
 */
void Bruch::print ()
{
    printf ("%d/%d\n", zaehler, nenner);
}
```

Am Anfang wird die Deklaration der Klasse eingebunden, deren Elementfunktionen hier definiert werden:

```
#include "Bruch.h"
```

Dies ist notwendig, damit der Compiler z.B. weiß, welche Komponenten die Klasse Bruch besitzt.

Der Bereichsoperator

Beim Betrachten der Funktionen fällt zunächst auf, daß vor sämtlichen Funktionsnamen der Ausdruck

```
Bruch::
```

steht. Der Operator `::` ist der **Bereichsoperator**. Er ordnet einem nachfolgenden Identifier den Gültigkeitsbereich der davorstehenden Klasse zu. Er besitzt höchste Priorität.

In diesem Fall wird damit zum Ausdruck gebracht, daß es sich jeweils um eine Elementfunktion der Klasse Bruch handelt. Das bedeutet, daß die Funktion nur für Objekte dieser Klasse aufgerufen werden kann. Damit ist aber gleichzeitig definiert, daß es innerhalb der Funktionen immer einen Bruch gibt, für den die Funktion aufgerufen wurde und auf dessen Komponenten zugegriffen werden kann.

Implementierung der Konstruktoren

Zunächst werden die Konstruktoren implementiert. Sie sind, wie schon erwähnt, daran zu erkennen, daß der Funktionsname gleich dem Klassennamen ist, also **`Bruch::Bruch`** lautet.

Der Default–Konstruktor initialisiert den Bruch mit `0` (genauer mit $\frac{0}{1}$):

```
Bruch::Bruch ()
{
    // Bruch mit 0 initialisieren
    zaehler = 0;
    nenner  = 1;
}
```

Bei jedem Erzeugen eines Bruchs ohne Argumente wird dieser Konstruktor aufgerufen. Damit wird sichergestellt, daß auch ein Bruch, der ohne Argumente zur Initialisierung angelegt wird, keinen undefinierten Wert besitzt.

Der zweite Konstruktor wird aufgerufen, wenn beim Erzeugen des Objekts ein Integer übergeben wird. Dieser Parameter wird als ganze Zahl interpretiert. Entsprechend wird der Zähler mit dem Parameter und der Nenner mit `1` initialisiert:

```
Bruch::Bruch (int z)
{
    // Bruch mit z 1tel initialisieren
    zaehler = z;
    nenner  = 1;
}
```

Der dritte Konstruktor erhält zwei Parameter, die er zum Initialisieren von Zähler und Nenner verwendet. Dieser Konstruktor wird immer dann aufgerufen, wenn beim Anlegen eines Bruchs zwei Integer übergeben werden. Falls als Nenner allerdings `0` übergeben wird, wird das Programm mit einer entsprechenden Fehlermeldung beendet:

```
Bruch::Bruch (int z, int n)
{
    /* Zaehler und Nenner, wie uebergeben, initialisieren
     *  - 0 als Nenner ist allerdings nicht erlaubt
     */
    if (n == 0) {
        // Programm mit Fehlermeldung beenden
        fprintf (stderr, "Fehler: Nenner ist 0\n");
        exit (1);
    }
    zaehler = z;
    nenner  = n;
}
```

Fehlerbehandlung in Konstruktoren

Die Tatsache, daß bei einer fehlerhaften Initialisierung das Programm beendet wird, ist sehr radikal. Es wäre besser, den Fehler zu melden und abhängig von der Programmsituation darauf zu reagieren.

Das Problem ist nur, daß Konstruktoren keine herkömmlichen Funktionen sind, die explizit aufgerufen werden und einen Rückgabewert zurückliefern können. Sie werden implizit durch Deklarationen aufgerufen. Und Deklarationen haben keinen Rückgabewert.

Das Programm wird deshalb mangels besserer Alternativen abgebrochen. Um einen solchen Programmabbruch zu vermeiden, muß also in allen Programmen, in denen die Klasse verwendet wird, darauf geachtet werden, daß als Nenner nicht 0 übergeben wird.

Es gibt natürlich noch andere Alternativen zum Abbruch. So könnte der Bruch auch einen Default–Wert erhalten. Dies erscheint aber nicht sinnvoll, da damit ein offensichtlicher Fehler (Nenner dürfen nicht 0 sein) nicht behandelt, sondern einfach nur ignoriert wird.

Es gibt auch die Möglichkeit, eine weitere Hilfskomponente für Brüche einzuführen, die festhält, daß der Bruch noch nicht korrekt initialisiert wurde. Diese Komponente müßte dann aber auch ausgewertet und bei jeder Operation beachtet werden.

Die beste Möglichkeit, mit solchen Fehlern umzugehen, stellt das C++–Konzept zur Ausnahmebehandlung, das sogenannte Exception–Handling dar, das in Abschnitt 3.15 vorgestellt wird. Dieses Konzept erlaubt es, auch bei einer Deklaration eine Fehlerbehandlung auszulösen, die aber nicht unbedingt zum Abbruch führen muß, sondern von der Programmumgebung, in der sie auftritt, abgefangen und entsprechend der aktuellen Situation behandelt werden kann.

Implementierung von Elementfunktionen

Als nächstes folgt die Definition der Elementfunktion `print()`, die einen Bruch ausgibt. Dazu gibt diese Funktion einfach Zähler und Nenner mit Hilfe der C–Funktion `printf()` auf dem Standardausgabekanal in der Form "*zähler/nenner*" aus:

```
void Bruch::print ()
{
    printf ("%d/%d\n", zaehler, nenner);
}
```

Da es sich um eine Elementfunktion handelt, muß sie immer für ein bestimmtes Objekt aufgerufen werden, damit `zaehler` und `nenner` zugeordnet werden können. Dies bedeutet, daß es bei Elementfunktionen eine neue Art von Gültigkeitsbereich gibt, der bei der Zuordnung von Identifiern berücksichtigt wird: den Gültigkeitsbereich der Klasse, zu der die Funktion gehört. Die Deklaration von einem in einer Elementfunktion verwendeten Identifier wird also zunächst im lokalen Gültigkeitsbereich der Funktion, dann in der Klassendeklaration und schließlich im globalen Gültigkeitsbereich gesucht.

Durch `a.print()` wird diese Funktion für das Objekt `a` aufgerufen. Daraus folgt, daß in diesem Fall in der Funktion mit `zaehler` der Zähler von `a`, also `a.zaehler` angesprochen wird. Bei einem Aufruf der Funktion durch `x.print()` wird entsprechend `x.zaehler` angesprochen.

Man beachte, daß die Komponente `zaehler` im Anwendungsprogramm nicht direkt angesprochen werden kann, da sie als privat deklariert ist. Nur die Elementfunktionen einer Klasse haben Zugriff auf die privaten Komponenten dieser Klasse.

3.2.8 Anwendung der Klasse Bruch

Die vorgestellte erste Version der Klasse Bruch kann bereits in einem Anwendungsprogramm eingesetzt werden.

Dazu muß in der entsprechenden Quelldatei die Header–Datei der Klasse eingebunden werden. Aufgrund der Typbindung von C++ wird ansonsten die Deklaration einer Variablen vom Typ Bruch abgelehnt. Der Compiler braucht außerdem Kenntnis über die Komponenten eines Bruchs, damit entsprechend viel Speicherplatz angelegt werden kann. Mit Hilfe der Klassendeklaration wird auch geprüft, ob alle Zugriffe auf Objekte der Klasse Bruch zulässig sind.

Unter der Annahme, daß das Anwendungsprogramm `btest.cc` heißt, ergibt sich nachfolgendes Übersetzungsschema: Die Header–Datei `Bruch.h` mit der Klassendeklaration wird von der Quelldatei mit der Klassenimplementierung und der Quelldatei mit dem Anwendungsprogramm eingebunden. Die beiden Quelldateien werden vom C++–Compiler zu Objekt–Dateien übersetzt und von einem Linker zum ausführbaren Programm `btest` (oder `btest.exe`) zusammengebunden:

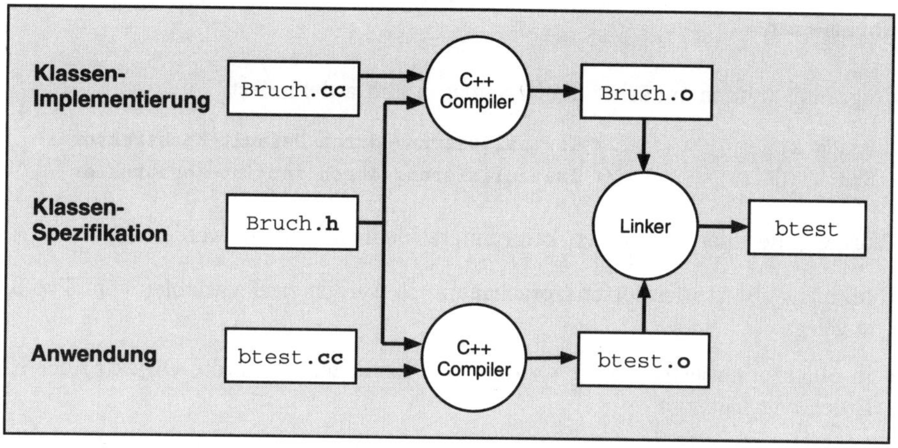

Übersetzungsschema für die Klasse **Bruch**

Das folgende Programm ist ein erstes Anwendungsbeispiel der ersten Version der Klasse Bruch und zeigt, was mit Brüchen bereits alles gemacht werden kann:

```
// Header-Dateien fuer die verwendeten Klassen einbinden
#include "Bruch.h"

main()
{
    Bruch x;              // Initialisierung durch Default-Konstruktor
    Bruch a(7,3);         // Initialisierung durch int/int-Konstruktor

    // Bruch a ausgeben
    a.print();

    // Bruch a wird an Bruch x zugewiesen
    x = a;

    // 1000 in einen Bruch umwandeln und a zuweisen
    a = Bruch(1000);

    // x und a ausgeben
    x.print();
    a.print();
}
```

Die Ausgabe des Programms lautet:

```
7/3
7/3
1000/1
```

Deklarationen

Im Programm werden zunächst die Variablen `x` und `a` deklariert:

```
Bruch x;              // Initialisierung durch Default-Konstruktor
Bruch a(7,3);         // Initialisierung durch int/int-Konstruktor
```

Der Vorgang, der hier stattfindet, kann unterschiedlich benannt werden:

- Im nicht objektorientierten Sprachgebrauch werden zwei Variablen vom Typ `Bruch` angelegt.
- In objektorientierter Lesart werden zwei Instanzen (konkrete Objekte) der Klasse Bruch angelegt.

Konkret wird sowohl für `x` als auch für `a` Speicherplatz angelegt und der entsprechende Konstruktor aufgerufen. Dies geschieht für `x` in folgenden Schritten:

- Zunächst wird der Speicherplatz für das Objekt angelegt. Dessen Zustand ist zunächst nicht definiert:

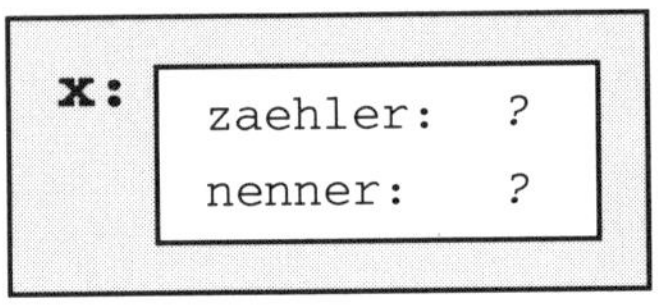

- Da `x` ohne Argument deklariert wird, wird anschließend der Default–Konstruktor aufgerufen:

```
Bruch::Bruch ()
{
    // Bruch mit 0 initialisieren
    zaehler = 0;
    nenner  = 1;
}
```

Durch dessen Anweisungen wird der Bruch `x` also mit `0` ($\frac{0}{1}$) initialisiert:

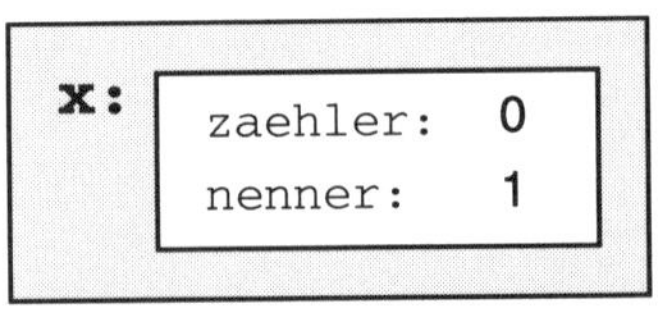

Die Initialisierung von `a` geschieht entsprechend in folgenden Schritten:

- Zunächst wird wieder der Speicherplatz für das Objekt angelegt, dessen Zustand zunächst nicht definiert ist:

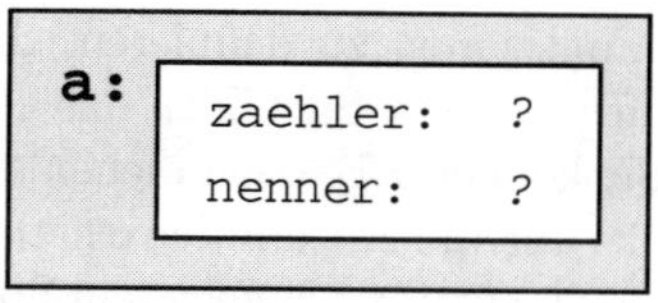

- Da a mit zwei Argumenten initialisiert wird, wird der Konstruktor aufgerufen, der für zwei Integer als Parameter definiert ist:

```
Bruch::Bruch (int z, int n)
{
    /* Zaehler und Nenner, wie uebergeben, initialisieren
     * - 0 als Nenner ist allerdings nicht erlaubt
     */
    if (n == 0) {
        // Programm mit Fehlermeldung beenden
        fprintf (stderr, "Fehler: Nenner ist 0\n");
        exit (1);
    }
    zaehler = z;
    nenner  = n;
}
```

Mit den übergebenen Parametern initialisiert er Zähler und Nenner und legt somit den Bruch $\frac{7}{3}$ an:

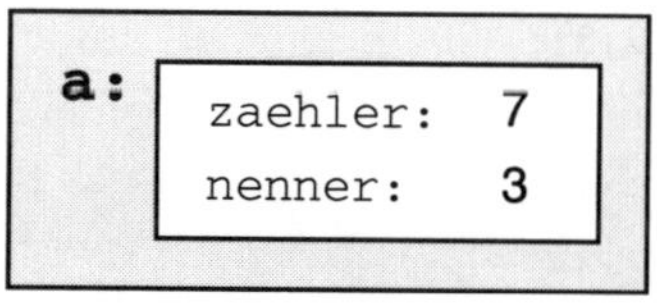

Zerstören von Objekten

Zerstört werden die angelegten Objekte automatisch, wenn vom Programm der Gültigkeitsbereich der Objekte verlassen wird. Genauso wie beim Anlegen automatisch Speicherplatz für das Objekt angelegt wird, wird er bei der Zerstörung des Objekts auch wieder automatisch freigegeben.

Bei lokalen Objekten geschieht dies, wenn der Block, in dem sie deklariert werden, wieder verlassen wird:

```
void f ()
{
    Bruch x;        // Erzeugung und Initialisierung von x
    ...
}                   // automatische Zerstoerung von x
```

Es ist allerdings möglich, Funktionen zu definieren, die unmittelbar vor der Freigabe des Speicherplatzes aufgerufen werden. Sie bilden das Gegenstück zu den Konstruktoren und heißen Destruktoren. Sie können z.B. dazu dienen, eine entsprechende Rückmeldung auszugeben oder einen Zähler für die Anzahl der existierenden Objekte zurückzusetzen. Typisch ist auch die Freigabe von explizit angelegtem Speicherplatz, der zu einem Objekt gehört. Da bei der Klasse Bruch kein Bedarf für Destruktoren besteht, werden sie erst in Abschnitt 3.9 bei der Einführung einer Klasse für Strings eingeführt.

Statische und globale Objekte

Statische oder globale Objekte werden beim Programmstart angelegt und beim Programmende zerstört. Dies hat eine wichtige Konsequenz: Die Funktion `main()` ist nicht mehr unbedingt die erste Funktion eines Programms, die aufgerufen wird. Vorher werden alle Konstruktoren für statische Objekte aufgerufen, die wiederum beliebige Hilfsfunktionen aufrufen können. Ebenso können nach Beenden von `main()` oder einem Aufruf von `exit()` noch Destruktoren für statische und globale Objekte aufgerufen werden.

Nachfolgend wird **vor** dem Aufruf von `main()` für das globale Objekt `zweiDrittel` der Konstruktor der Klasse Bruch aufgerufen:

```
/* globaler Bruch
 *  - Erzeugung und Initialisierung (ueber Konstruktor) beim Programmstart
 *  - automatische Zerstoerung (ueber Destruktor) beim Programmende
 */
Bruch zweiDrittel (2,3);

main ()
{
     ....
}
```

Da Konstruktoren beliebige Hilfsfunktionen aufrufen können, können auf diese Weise bei komplexen Klassen vor dem Aufruf von `main()` bereits erhebliche Dinge geschehen. Ein Beispiel dafür wäre eine Klasse für Objekte, die geöffnete Dateien repräsentieren. Wird ein globales Objekt dieser Klasse deklariert, wird durch Aufruf des Konstruktors noch vor Aufruf von `main()` eine entsprechende Datei geöffnet.

Arrays von Objekten

Konstruktoren werden für jedes erzeugte Objekt einer Klasse aufgerufen. Wenn ein Array von 10 Brüchen deklariert wird, wird also auch zehnmal der Default–Konstruktor aufgerufen:

```
Bruch werte [10];      // Array von 10 Bruechen
```

Dabei können auch Werte zur Initialisierung Elemente im Array angegeben werden, wie das folgende Beispiel zeigt:

```
Bruch bm [5] = { Bruch(7,2), Bruch(42), Bruch(), 13 };
```

Angelegt werden 5 Brüche (`bm[0]` bis `bm[4]`). `bm[0]` wird mit dem int/int–Konstruktor initialisiert, da zwei Parameter übergeben werden. `bm[1]` und `bm[3]` werden mit dem int–Konstruktor initialisiert, da ein Integer übergeben wird. `bm[2]` und `bm[4]` werden mit dem Default–Konstrukor initialisiert, da kein Argument angegeben wird (bei `bm[2]` wegen der leeren Klammer und bei `bm[4]`, da dafür überhaupt kein Wert zur Initialisierung mehr angegeben wird).

Auch diese fünf Brüche werden zerstört, wenn der Gültigkeitsbereich, in dem sie erzeugt werden, verlassen wird.

Aufruf von Elementfunktionen

Mit der Anweisung

```
a.print()
```

wird für `a` die Elementfunktion `print()` aufgerufen, die den Bruch ausgibt.

Für `a` wird sozusagen auf dessen Klassen–Komponente `print()` zugegriffen. Da das in diesem Fall eine Funktion ist, bedeutet das, daß diese dadurch für `a` aufgerufen wird.

In C++ kann auch ein Zeiger auf einen Bruch definiert werden. In einem solchen Fall kann der Zugriff auf eine Komponente bzw. der Aufruf einer Elementfunktion über den Operator `->` erfolgen:

```
Bruch  x;          // Bruch
Bruch* xp;         // Zeiger auf Bruch

xp = &x;           // xp zeigt auf x

xp->print();       // print() fuer das, worauf xp zeigt, aufrufen
```

Zuweisungen

Mit der Anweisung

```
x = a;
```

wird dem Bruch `x` der Bruch `a` zugewiesen.

Eine solche Zuweisung ist möglich, obwohl sie in der Klassenspezifikation nicht deklariert worden ist. Für jede Klasse ist nämlich automatisch ein **Default–Zuweisungsoperator** vordefiniert. Er ist so implementiert, daß er komponentenweise zuweist. Das bedeutet, daß dem Zähler von x der Zähler von a und dem Nenner von x entsprechend der Nenner von a zugewiesen wird.

Der Zuweisungsoperator kann für eine Klasse auch selbst definiert werden. Dies ist vor allem dann notwendig, wenn komponentenweises Zuweisen nicht korrekt wäre. Typischerweise ist das dann der Fall, wenn Zeiger als Komponenten verwendet werden. In Abschnitt 3.9.6 wird anhand der Klasse String ausführlich darauf eingegangen.

3.2.9 Explizite Typumwandlungen

In der folgenden Anweisung wird dem Bruch a der in einen Bruch umgewandelte Wert 1000 zugewiesen:

```
// 1000 in einen Bruch umwandeln und a zuweisen
a = Bruch(1000);
```

Der Ausdruck

```
Bruch(1000)
```

erzeugt einen temporären Bruch, wobei der dazugehörige Konstruktor für einen Parameter aufgerufen wird. Es handelt sich um eine erzwungene Typumwandlung der Integer–Konstante 1000 in den Typ Bruch.

Zum Aufruf einer Typumwandlung gibt es in C++ (bisher) zwei Alternativen:

- Die sogenannte "funktionale Notation" ermöglicht eine Typumwandlung mit mehreren Argumenten. Hinter dem Typ, in den umgewandelt werden soll, wird eine Liste von Argumenten übergeben. Mit diesen wird dann der entsprechende Konstruktor aufgerufen.

  Der folgende Ausdruck definiert z.B. den Bruch $\frac{77}{13}$:

  ```
  Bruch(77,13)
  ```

- Die sogenannte "Cast–Notation" erlaubt nur die Umwandlung eines Arguments in einen angegebenen Datentyp. Ist der Zieltyp eine Klasse, wird entsprechend ein Konstruktor mit nur einem Parameter aufgerufen:

  ```
  (Bruch)1000
  ```

  Diese Schreibweise hat ihre Berechtigung nicht nur aufgrund der Rückwärts–Kompatibilität zu C, sondern ist im Gegensatz zur neuen Schreibweise auch in der Lage, zusammengesetzte Typnamen zur Typumwandlung zu verwenden:

  ```
  (char*)NULL
  ```

Da Typumwandlungen verschiedenen Zwecken dienen können, wurden in der neuesten ANSI/ISO–Sprachspezifikation vier Operatoren zur genauer definierten expliziten Typumwandlung eingeführt: `static_cast`, `reinterpret_cast`, `const_cast`, `dynamic_cast`.

Bei der Umwandlung in ein Objekt einer Klasse muß ein entsprechender Konstruktor definiert sein, dem die Parameter zur Umwandlung übergeben werden. Genaugenommen wird bei der Umwandlung ein temporäres Objekt der entsprechenden Klasse angelegt, das nach seiner Verwendung sofort wieder zerstört wird.

Bei der Anweisung

```
a = Bruch(1000);
```

wird also ein temporäres Objekt der Klasse Bruch angelegt, über den entsprechenden Konstruktor mit $\frac{1000}{1}$ initialisiert, dem Objekt `a` zugewiesen und anschließend wieder zerstört.

3.2.10 Einbindung von C–Code

Sowohl im Anwendungsprogramm als auch in der Klassenimplementierung werden verschiedene C–Funktionen aufgerufen (`printf()`, `exit()`). Die Möglichkeit, C–Funktionen aus C++ heraus aufzurufen, ist ein Sprachmerkmal von C++, das grundsätzlich durch die Sprachspezifikation garantiert ist. Auch in diesem Fall muß die verwendete Funktion deklariert werden, weshalb die Header–Dateien `<stdio.h>` und `<stdlib.h>` eingebunden werden.

Dabei handelt es sich allerdings um spezielle, C++–spezifische Header–Dateien, die nur den gleichen Namen wie die entsprechenden C–Dateien tragen. Sie unterscheiden sich von diesen dadurch, daß sich alle Deklarationen in einem Kontext befinden, der zum Ausdruck bringt, daß es sich um C–Funktionen handelt:

```
extern "C" {
    int printf (char*, ...);
    void exit (int);
    ...
}
```

Die Deklaration `extern "C"` deklariert die Funktionen (auch Datentypen und Variablen) in der C++–Syntax, gibt dabei aber an, daß diese Teil der Schnittstelle zur Sprache C ist. Dabei ist es unerheblich, ob Funktionen (Typen, Variablen) im– oder exportiert werden.

Solche modifizierten Header–Dateien werden mit den meisten C++–Compilern als Standardumgebung mitgeliefert. Die Suchpfade für die Header–Dateien werden bei den C++–Compilern entsprechend so gesetzt, daß nicht die C–Versionen verwendet werden.

Sind die C++–Versionen nicht vorhanden, so kann auch eine originale C–Datei eingebunden werden. Dabei ist allerdings Voraussetzung, daß die Funktionen mit Parameter–Prototypen deklariert werden:

```
extern "C" {
#include <stdio.h>          /* C-Version mit Prototypen */
}
```

Es ist auch möglich, Header–Dateien sowohl für die Verwendung in C als auch für die Verwendung in C++ vorzusehen (ein Umstand, der in Zukunft sicher verstärkt ausgenutzt wird). Dies geschieht durch Auswertung der nur für C++ vordefinierten Konstante `__cplusplus`[2]. Eine solche Datei könnte wie folgt aussehen:

```
#ifdef __cplusplus
extern "C" {
#endif
    int printf (char*, ...);
    void exit (int);
    ...
#ifdef __cplusplus
}
#endif
```

Mit den Präprozessor–Anweisungen wird sichergestellt, daß die Anweisung

```
extern "C" {
```

und die dazugehörige schließende Klammer nur dann beim Compilieren berücksichtigt wird, wenn die Konstante `__cplusplus` definiert ist, es sich also um eine C++–Compilation handelt. Ansonsten werden die Funktionen wie in C bzw. ANSI–C mit Parameter–Prototypen deklariert. Auch die Deklaration mit Prototypen könnte an die Definition von Konstanten geknüpft werden.

Durch eine entsprechende Extern–Anweisung ist prinzipiell auch die Bindung zu anderen Sprachen möglich. Dies wird aber nicht grundsätzlich von der Sprache C++ garantiert, sondern hängt vom verwendeten Compiler und Linker ab.

3.2.11 Zusammenfassung

- **Klassen** werden durch Klassenstrukturen mit dem Schlüsselwort `class` deklariert.
- Die **Komponenten** einer Klasse besitzen **Zugriffsrechte**, die durch die Schlüsselworte `private` und `public` vergeben werden. Der Default–Zugriff ist `private`.
- Eine Struktur ist in C++ das gleiche wie eine Klasse, nur daß statt `class` das Schlüsselwort `struct` verwendet wird und der Default–Zugriff `public` ist.
- Die Komponenten der Klassen können auch Funktionen (sogenannte **Elementfunktionen**) sein. Sie bilden typischerweise die öffentliche Schnittstelle zu den Komponenten, die den Zustand des Objekts definieren (es kann aber auch private Hilfsfunktionen geben). Elementfunktionen haben Zugriff auf alle Komponenten ihrer Klasse.

[2]Um Namenskonflikte zu vermeiden, beginnen vom System vordefinierte Konstanten typischerweise mit zwei Unterstrichen.

- Für jede Klasse ist ein **Default–Zuweisungsoperator** vordefiniert, der komponentenweise zuweist.
- **Konstruktoren** sind spezielle Elementfunktionen, die beim Erzeugen von Objekten einer Klasse aufgerufen werden und dazu dienen, diese zu initialisieren. Sie tragen als Funktionsnamen den Namen der Klasse und besitzen keinen Rückgabetyp, auch nicht `void`.
- Alle Funktionen müssen mit **Parameter–Prototypen** deklariert werden.
- Funktionen können **überladen** werden. Das bedeutet, daß der gleiche Funktionsname mehrfach vergeben werden darf, solange sich die Parameter in ihrer Anzahl oder ihren Typen unterscheiden. Eine Unterscheidung nur durch den Rückgabetyp ist nicht erlaubt.
- Der **Bereichsoperator** "`::`" ordnet einem Identifier den Gültigkeitsbereich einer bestimmten Klasse zu. Er besitzt höchste Priorität.
- C–Code kann in C++ verwendet werden. Verwendete Funktionen (Typen, Variablen) müssen dazu mittels `extern "C"` deklariert werden.

3.3 Operatoren für Klassen

In C++ gibt es die Möglichkeit, Operatoren für eigene Klassen zu definieren. Dadurch ist es z.B. möglich, Brüche wie andere Zahlen zu behandeln:

```
Bruch a, b, c;
...
if (a < c) {
    c = a * b;
}
```

In diesem Abschnitt wird deshalb eine neue Version der Klasse Bruch vorgestellt, die es ermöglicht, bei der Arbeit mit Brüchen Operatoren zu verwenden.

In diesem Zusammenhang wird auch das Schlüsselwort `this` eingeführt, mit dem in einer Elementfunktion das Objekt, für das diese aufgerufen wurde, als Ganzes angesprochen werden kann.

3.3.1 Deklaration von Operator–Funktionen

Die Möglichkeit, Operatoren für Klassen zu definieren und anzuwenden, wird bei der Klasse Bruch exemplarisch an drei Operatoren aufgezeigt:

- Operator `*` zum Multiplizieren zweier Brüche
- Operator `*=` zum multiplikativen Zuweisen eines Bruchs
- Operator `<` zum Vergleichen zweier Brüche auf "kleiner als"

Die Klassenstruktur der Klasse Bruch enthält nun zusätzlich die Deklaration der neuen Operatoren und dadurch insgesamt folgenden Aufbau, der anschließend erläutert wird:

```
#ifndef _Bruch_h
#define _Bruch_h

// Standard-Header-Dateien einbinden
#include <stdio.h>
#include <stdlib.h>

/* Klasse Bruch
 */
class Bruch {
  /* privat: kein Zugriff von aussen
   */
  private:
    int zaehler;
    int nenner;
```

```
    /* oeffentliche Schnittstelle
     */
    public:
      // Default-Konstruktor
      Bruch ();

      // Konstruktor aus Zaehler (int)
      Bruch (int);

      // Konstruktor aus Zaehler und Nenner (zwei int's)
      Bruch (int, int);

      // Ausgabe
      void print ();

      // NEU: Multiplikation mit anderem Bruch
      Bruch operator * (Bruch);

      // NEU: multiplikative Zuweisung
      Bruch operator *= (Bruch);

      // NEU: Vergleich mit anderem Bruch
      bool operator < (Bruch);
};

#endif    /* _Bruch_h */
```

Hinzugekommen sind die Deklarationen für die Operatoren. Dazu wird das Schlüsselwort `operator` verwendet.

Man beachte, daß bei der Deklaration der Operatoren jeweils nur ein Operand als Parameter angegeben ist, obwohl es sich in allen Fällen um zweistellige Operatoren handelt. Denn auch bei Operator–Funktionen, die für eine Klasse definiert werden, existiert ein Objekt, für das die Operation jeweils aufgerufen wird. Dies ist immer der erste bzw. bei einstelligen Operatoren der einzige Operand und wird auch hier nicht als Parameter übergeben. Der übergebene Parameter ist also jeweils der **zweite** Operand.

Die Deklaration

```
class Bruch {
    ...
    Bruch operator * (Bruch);
    ...
};
```

ist also so zu verstehen, daß der Operator `*` für den Fall deklariert wird, daß, da die Deklaration in `class Bruch` stattfindet, der erste Operand ein Bruch und, da als Parameter der

Typ `Bruch` deklariert wird, der zweite Operand ebenfalls ein Bruch ist. Zurückgeliefert wird, da vor `operator *` der Typ `Bruch` angegeben wird, ein neuer Bruch als Ergebnis.

Entsprechend bedeutet die Deklaration

```
class Bruch {
    ...
    bool operator < (Bruch);
    ...
};
```

daß der Operator `<` für den Fall deklariert wird, daß der erste Operand und der zweite Parameter Brüche sind (Deklaration in der Klasse `Bruch` und `Bruch` als Parametertyp) und ein boolescher Wert zurückgeliefert wird.

Dies ist die konsequente Anwendung der objektorientierten Theorie, daß jede Operation eigentlich nur eine Nachricht an einen Empfänger ist, die eventuell Parameter besitzt. In objektorientierter Lesart wird nicht global die Multiplikation zweier Brüche, sondern an einen Bruch die Nachricht "bilde Produkt mit übergebenem Bruch" gesendet. Die Nachricht ist in C++ die Funktion und der Empfänger der Nachricht ist das Objekt, für das die Funktion aufgerufen wird.

Da C++ eine formatfreie Sprache ist, können die Leerzeichen bei der Deklaration von Operator–Funktionen auch wegfallen:

```
class Bruch {
    ...
    Bruch operator*(Bruch);
    bool operator<(Bruch);
    ...
};
```

Überladen von Operatoren

Auch Operatoren können überladen werden. Man könnte z.B. die Multiplikation eines Bruchs mit verschiedenen Typen für den zweiten Operanden deklarieren:

```
class Bruch {
    ...
    Bruch operator * (Bruch);    // Produkt mit Bruch
    Bruch operator * (int);      // Produkt mit int
    ...
};
```

Dies gilt aber nur für eigene Datentypen. Die Operationen der fundamentalen Datentypen, die von C++ (wie auch von C) vordefiniert werden (`char`, `int`, `float` etc.), sind fest vordefiniert und können auf diese Weise nicht erweitert werden.

3.3.2 Implementierung von Operator–Funktionen

Auch die Operator–Funktionen müssen natürlich implementiert werden. Die erste Version der Klasse Bruch muß deshalb um die deklarierten Operator–Funktionen erweitert werden und erhält folgenden Aufbau:

```
// Header-Datei mit der Klassen-Deklaration einbinden
#include "Bruch.h"

/* Default-Konstruktor
 */
Bruch::Bruch ()
{
    // Bruch mit 0 initialisieren
    zaehler = 0;
    nenner  = 1;
}

/* Konstruktor aus ganzer Zahl
 */
Bruch::Bruch (int z)
{
    // Bruch mit z 1tel initialisieren
    zaehler = z;
    nenner  = 1;
}

/* Konstruktor aus Zaehler und Nenner
 */
Bruch::Bruch (int z, int n)
{
    /* Zaehler und Nenner, wie uebergeben, initialisieren
     * - 0 als Nenner ist allerdings nicht erlaubt
     */
    if (n == 0) {
        // Programm mit Fehlermeldung beenden
        fprintf (stderr, "Fehler: Nenner ist 0\n");
        exit (1);
    }

    /* NEU: Ein negatives Vorzeichen im Nenner kommt in den Zaehler.
     *      Dies vermeidet u.a. eine Sonderbehandlung bei operator<
     */
```

```
    if (n < 0) {
        zaehler = -z;
        nenner  = -n;
    }
    else {
        zaehler = z;
        nenner  = n;
    }
}

/* print
 */
void Bruch::print ()
{
    printf ("%d/%d\n", zaehler, nenner);
}

/* NEU: operator *
 */
Bruch Bruch::operator * (Bruch b)
{
    /* Zaehler und Nenner einfach multiplizieren
     *  - kuerzen sparen wir uns
     */
    return Bruch (zaehler * b.zaehler, nenner * b.nenner);
}

/* NEU: operator *=
 */
Bruch Bruch::operator *= (Bruch b)
{
    /* Funktionalitaet: "a *= b"  ==>  "a = a * b"
     *  - entspricht:  return *this = *this * b;
     */
    zaehler *= b.zaehler;
    nenner  *= b.nenner;

    /* Objekt, fuer das die Operation aufgerufen wurde,
     * (erster Operand) wird zurueckgeliefert
     */
    return *this;
}
```

```
/* NEU: operator <
 */
bool Bruch::operator< (Bruch b)
{
    /* Ungleichung einfach mit Nennern ausmultiplizieren
     *  - da die Nenner nicht negativ sein koennen, kann
     *    der Vergleich dadurch nicht umgedreht werden
     */
    return zaehler * b.nenner < b.zaehler * nenner;
}
```

Bei allen drei Operatoren spielen zwei Brüche eine Rolle, da es sich jeweils um zweistellige Operatoren handelt, die definiert werden. Durch die Zuordnung an die Klasse Bruch über den Bereichsoperator (`Bruch::`) wird festgelegt, daß die Operator–Funktion für einen Bruch als ersten Operanden aufgerufen wird. Der Parametertyp `Bruch` legt jeweils den Typ des zweiten Operanden fest.

Der erste Operand ist also automatisch vorhanden, da die Funktion für ihn aufgerufen wird. Das bedeutet, daß seine Komponenten direkt angesprochen werden können. Mit `zaehler` und `nenner` wird also der erste Operand angesprochen. Jeder andere Zähler und Nenner muß über den Namen des dazugehörigen Objekts angesprochen werden. Beim zweiten Operanden wird der Zähler deshalb über den Namen des Parameters mit `b.zaehler` und der Nenner entsprechend mit `b.nenner` angesprochen.

Die Tatsache, daß überhaupt Zugriff auf private Komponenten eines anderen Objekts gleichen Typs möglich ist, ist nicht selbstverständlich. Die Datenkapselung ist in C++ nur typbezogen. Andere objektorientierte Sprachen wie Smalltalk definieren sie objektbezogen, was bedeutet, daß auch auf Parameter der implementierten Klasse nur über öffentliche Funktionen zugegriffen werden darf.

Da zu jeder Funktion noch spezielle Vorüberlegungen oder Anmerkungen notwendig sind, wird nach diesen allgemeinen Hinweisen nun auf die Implementierung der Operator–Funktionen im einzelnen eingegangen.

Multiplikation mit dem Operator $*$

Der Operator `*` multipliziert ein Bruch–Objekt mit einem anderen Bruch. Der erste Operand ist das Objekt, für das die Operation aufgerufen wird, der zweite Operand wird als Parameter übergeben. Zurückgeliefert wird der Ergebnis–Bruch, wozu Zähler und Nenner jeweils multipliziert werden. Auf ein Kürzen wird der Einfachheit halber verzichtet.

Im ersten Anlauf könnte die Funktion folgendermaßen implementiert werden:

```
Bruch Bruch::operator * (Bruch b)
{
    Bruch ergebnis;          // Ergebnis-Bruch anlegen

    // Produkt jeweils zuweisen
    ergebnis.zaehler = zaehler * b.zaehler;
    ergebnis.nenner  = nenner  * b.nenner;

    // Ergebnis zurueckliefern
    return ergebnis;
}
```

Diese Implementierung hat jedoch einen deutlichen Laufzeitnachteil: Es wird unnötigerweise ein zusätzliches lokales Bruch–Objekt **ergebnis** verwendet. Dieses Objekt muß angelegt und wieder freigegeben werden. Beim Anlegen wird auch noch der Default–Konstruktor aufgerufen, der das Objekt zunächst "fehlerhaft" mit $\frac{0}{1}$ initialisiert. Anschließend werden erst die "richtigen" Werte zugewiesen.

Bei der tatsächlichen Implementierung

```
Bruch Bruch::operator * (Bruch b)
{
    return Bruch (zaehler * b.zaehler, nenner * b.nenner);
}
```

entfällt die "falsche" Initialisierung des lokalen Objekts. Statt dessen erzeugt eine explizite Typumwandlung den Rückgabewert direkt.

Durch ein derartiges Vermeiden einer unnötigen Erzeugung von Objekten kann z.T. erheblich Zeit gespart werden. Vor allem bei komplexen Klassen mit zeitaufwendigen Initialisierungen macht sich dies bemerkbar.

Vergleich mit dem Operator $<$

Der Vergleichsoperator `<` stellt fest, ob ein Bruch, für den die Operation aufgerufen wurde (erster Operand), kleiner ist als der übergebene Parameter (zweiter Operand). An dieser Stelle gibt es eine kleine Falle: Um bei der Rechnung im Zahlenbereich der ganzen Zahlen zu bleiben, bietet es sich an, die Ungleichung auf beiden Seiten zunächst mit den beiden Nennern zu multiplizieren. Dabei muß allerdings beachtet werden, daß sich bei der Multiplikation mit einem negativen Nenner das Vergleichszeichen jeweils umkehrt.
Es gilt:

$$\frac{a}{b} < \frac{c}{d} \Leftrightarrow \begin{cases} a * d < c * b & \text{falls b und d beide positiv oder beide negativ} \\ a * d > c * b & \text{falls entweder b oder d negativ} \end{cases}$$

Deshalb müßte die Implementierung der Operation eigentlich eine entsprechende Fallunterscheidung enthalten:

```
int Bruch::operator< (Bruch b)
{
    if (nenner * b.nenner > 0) {
        // Multiplikation mit Nennern ist OK
        return zaehler * b.nenner < b.zaehler * nenner;
    }
    else {
        // Multiplikation mit Nennern dreht Vergleich um
        return zaehler * b.nenner > b.zaehler * nenner;
    }
}
```

Diese Fallunterscheidung läßt sich aber vermeiden, indem sichergestellt wird, daß der Nenner eines Bruchs nicht negativ sein kann. Da nicht nur sämtliche Operationen für existierende Brüche, sondern auch das Initialisieren neuer Brüche selbst definiert wird, ist dies möglich.

Die einzige Stelle, an der ein Bruch mit negativem Nenner entstehen kann, nämlich im `int/int`-Konstruktor, wird deshalb so umgeschrieben, daß ein eventuell vorhandenes negatives Vorzeichen des Nenners in den Zähler gezogen wird:

```
Bruch::Bruch (int z, int n)
{
    ...
    if (n < 0) {
        zaehler = -z;
        nenner  = -n;
    }
    else {
        zaehler = z;
        nenner  = n;
    }
}
```

Damit kann das Umdrehen des Vergleichs bei negativem Nenner entfallen und der Vergleichsoperator folgendermaßen implementiert werden:

```
bool Bruch::operator < (Bruch b)
{
    return zaehler * b.nenner < b.zaehler * nenner;
}
```

Dies ist ein gutes Beispiel für den Vorteil der Datenkapselung: Solange die Schnittstelle nicht verändert wird, kann die Verwaltung eines Bruchs intern in der Klasse beliebig implementiert und unter verschiedenen Gesichtspunkten optimiert werden. Hätte der Anwender eines Bruchs direkten Zugriff auf die Komponenten `zaehler` und `nenner`, wäre dies nicht möglich.

Multiplikative Zuweisung mit dem Operator $*=$

C++ besitzt zahlreiche Zuweisungsoperatoren. Neben der eigentlichen Zuweisung mit dem Operator `=` gibt es noch die wertverändernden Zuweisungen der Form `+=` oder `*=`.

Für die fundamentalen Datentypen sind Anweisungen der Form

x *op*= y

eigentlich jeweils nur Abkürzungen von zwei Operationen:

x = x *op* y

Eingeführt wurden solche Operatoren in C, da Compiler früher aus Ausdrücken wie

```
x = x * 8
```

Code generierten, der die beiden Operationen, Multiplikation und Zuweisung, in mehreren Schritten durchführte. Der äquivalente Ausdruck

```
x *= 8
```

wurde dagegen in einem Schritt durchgeführt. Heutzutage ist eine solche Unterscheidung fast sinnlos, da eigentlich alle Compiler derartige Optimierungen selbst vornehmen.

Nichtsdestotrotz gibt es nun aber die wertverändernden Zuweisungen, und sie können auch für eigene Klassen definiert werden. Geschieht dies nicht, gibt es keinen Automatismus, der etwa dafür sorgt, daß mit Definition der Multiplikation auch die multiplikative Zuweisung nach obigem Muster definiert ist.

Im Gegenteil, der Programmierer einer Klasse muß einen solchen Operator selbst definieren und bei der Implementierung auch selbst darauf achten, daß für seine Datentypen weiterhin gilt:

x *op*= y   entspricht   x = x *op* y

Das bedeutet also, daß für abstrakte Datentypen keineswegs mehr sichergestellt ist, daß diese Beziehung gilt.

Betrachten wir nach diesen Vorbemerkungen nun die Implementierung der multiplikativen Zuweisung. Sie ist so implementiert, daß sie sich wie eine Multiplikation mit Zuweisung verhält. Der Operator `*=` multipliziert den Bruch, für den er aufgerufen wurde (erster Operand), einfach mit dem übergebenen Bruch, der als Parameter übergeben wurde (zweiter Operand):

```
Bruch Bruch::operator*= (Bruch b)
{
    zaehler *= b.zaehler;
    nenner  *= b.nenner;

    /* Objekt, fuer das die Operation aufgerufen wurde,
     * (erster Operand) wird zurueckgeliefert
     */
    return *this;
}
```

Bemerkenswert an dieser Operation ist auch noch die Return–Anweisung. Die Operation `*=` liefert das Objekt, dem der neue Wert zugewiesen wurde, als Rückgabewert zurück. Dazu wird das Schlüsselwort `this` verwendet.

3.3.3 Das Schlüsselwort this

In jeder Elementfunktion ist **this** automatisch als **Zeiger** auf das Objekt, für das die Funktion aufgerufen wurde, definiert. Der Ausdruck

```
*this
```

bezeichnet somit immer das Objekt, für das eine Elementfunktion jeweils aufgerufen wurde. Handelt es sich dabei um eine Operator–Funktion, bezeichnet `*this` also den ersten Operanden.

Die Tatsache, daß das Objekt, für das eine Zuweisung aufgerufen wurde, zurückgeliefert wird, ist eine Eigenschaft, die in C++ wie in C grundsätzlich für alle fundamentalen Datentypen gilt. Damit kann die Zuweisung auch Teil eines größeren Ausdrucks sein. So wäre z.B. eine Bedingung

```
if ((x *= 2) < 10)
```

möglich.

Verwendet wird dies vor allem beim Zuweisungsoperator, um Ausdrücke wie

```
x = y = 10;         /* 10 an y und dann y (also 10) an x zuweisen */
```

oder

```
/* Rueckgabewert von fopen() an fp zuweisen und dann auf NULL testen */
if ((fp = fopen(...)) != NULL) {
    ....
}
```

zu ermöglichen.

Man kann über die Lesbarkeit solcher Ausdrücke sicherlich streiten. Für die einen ist das die Eleganz, für die anderen das Chaotische an C.

Der Programmierer hat in C++ den Vorteil, daß er für seine eigenen Klassen selbst definieren kann, ob die Zuweisungsoperatoren das Objekt zurückliefern sollen oder nicht.

Wer dies nicht will, kann die multiplikative Zuweisung einfach so definieren, daß kein Rückgabewert zurückgeliefert wird:

```
void Bruch::operator*= (Bruch b)
{
    zaehler *= b.zaehler;
    nenner  *= b.nenner;
}
```

Laufzeit kontra Konsistenz

Der Operator `*=` ist in der vorgestellten Version direkt implementiert. Das bedeutet, die Anweisung `x *= a` leistet dasselbe wie die Anweisung `x = x * a`, ohne daß `*=` auf `*` zurückgeführt wird. Dies hat allerdings den Nachteil, daß, wenn die Definition der Multiplikation geändert wird (z.B. weil zusätzlich gekürzt wird), auch die Definition dieser Operation geändert werden muß.

Um diese Gefahr der Inkonsistenz zu vermeiden, kann der Operator `*=` auch als Umsetzung auf die Multiplikation implementiert werden:

```
Bruch Bruch::operator*= (Bruch b)
{
    // "a *= b"  ==>  "a = a * b"
    return *this = *this * b;
}
```

Diese Implementierung birgt aber einen möglichen Laufzeitnachteil: Es wird noch eine weitere Funktion für die Multiplikation aufgerufen, die ein temporäres Objekt für den Rückgabewert erzeugt, das dann noch zugewiesen wird.

Beide Arten der Implementierung sind möglich und haben Vor– und Nachteile. In der Praxis muß hier deshalb zwischen der Gefahr von Inkonsistenzen und dem Laufzeitnachteil abgewägt werden.

Wenn man sich dafür entscheidet, den Operator direkt zu implementieren, sollte aber unbedingt darauf geachtet werden, daß die multiplikative Zuweisung der Multiplikation mit Zuweisung entspricht. Dazu gehört auch, daß der Operator `*=` das Objekt, für das er aufgerufen wird, (also den ersten Operanden) verändert, der Operator `*` dies aber nicht tut.

3.3.4 Anwendung von Operator–Funktionen

Nachdem es nun möglich ist, Brüche zu multiplizieren und zu vergleichen, kann dies auch in Anwendungsprogrammen verwendet werden. Das folgende Programm zeigt eine mögliche Anwendung der neuen Version der Klasse Bruch:

```
// Header-Dateien fuer die verwendeten Klassen einbinden
#include "Bruch.h"

main()
{
    Bruch x;                    // Bruch x deklarieren
    Bruch a(7,3);               // Bruch a deklarieren

    // Bruch a ausgeben
    a.print();

    // x das Quadrat von a zuweisen
    x = a * a;

    // solange x < 1000
    while (x < Bruch(1000)) {

        // x mit a multiplizieren
        x *= a;

        // und ausgeben
        x.print();
    }
}
```

Mit der Anweisung

```
x = a * a;
```

wird dem Bruch x das Quadrat des Bruchs a zugewiesen.

Dies sind zwei Operationen:

- Zunächst wird die Operation * mit zwei Brüchen als Operanden (jeweils a) aufgerufen. Die Operation liefert, wie in der Klasse deklariert, als Ergebnis einen neuen Bruch zurück.
- Dieser zurückgelieferte Bruch wird anschließend dem Bruch x zugewiesen. Hier wird wieder der Default–Zuweisungsoperator verwendet, der komponentenweise zuweist.

Die Schreibweise mit den Operatoren ist nur eine einfachere Art, die in der Spezifikation deklarierte Operator–Funktion aufzurufen.

Eigentlich findet folgender Aufruf statt:

```
x.operator=(a.operator*(a));        // entspricht: x = a * a;
```

Für a wird die Elementfunktion `operator*` mit dem Parameter a aufgerufen. Das Ergebnis wird als Parameter verwendet, der beim Aufruf von `operator=` für das Objekt `x` übergeben wird. Dies verdeutlicht auch nochmal den Sachverhalt, daß in objektorientierter Betrachtungsweise der erste Operand jeweils das Objekt ist, dem als Nachricht die Aufforderung zu einer Operation mit dem zweiten Operanden als Parameter gesendet wird.

Die Schreibweise mit Angabe von `operator` kann in C++ auch wirklich verwendet werden. Wenn man so will, ist die Tatsache, daß statt `a.operator*(a)` auch `a * a` geschrieben werden kann, eine Konzession an die Tatsache, daß wir es so gewöhnt sind, mit Operatoren umzugehen, und es auch als übersichtlicher empfinden.

3.3.5 Globale Operator–Funktionen

Wie alle Funktionen, können auch Operator–Funktionen als globale Funktion, also nicht als Komponente einer Klasse definiert werden. In diesem Fall ist der erste bzw. einzige Operand **nicht** das Objekt, für das die Operation aufgerufen wird, sondern alle Operanden sind Parameter. Entsprechend ist darin auch kein `this` definiert.

Die folgende Operator–Funktion könnte z.B. vom Anwender der Klasse `Bruch` als Ergänzung definiert werden:

```
/* Produkt von int mit Bruch
 *  - global definiert
 */
Bruch operator* (int i, Bruch b)
{
    return Bruch(i) * b;
}
```

Da es sich **nicht** um eine Elementfunktion handelt (erkennbar daran, daß `Bruch::` fehlt), müssen beide Operanden als Parameter angegeben werden. Es handelt sich also um die zweistellige Operation `*`, die Multiplikation, die hier für einen Integer als ersten und einen Bruch als zweiten Operanden definiert wird.

Da die Operation nicht zur Klasse Bruch gehört, besteht natürlich auch kein Zugriff auf private Komponenten des zweiten Operanden. Es kann also nicht einfach der Zähler von `b` mit `i` multipliziert werden. Deshalb wird der erste Operand `i` in einen Bruch umgewandelt und dann die in der Klasse Bruch für zwei Brüche definierte Multiplikation aufgerufen.

Ein weiteres Beispiel zeigt die folgende Definition:

```
/* Negation
 *  - global definiert
 */
Bruch operator- (Bruch b)
{
    return b * Bruch(-1);
}
```

Da es sich auch hier **nicht** um eine Elementfunktion handelt (`Bruch::` fehlt), ist der angegebene Parameter der einzige Operand. Es handelt sich also um die einstellige Operation `-`, die Negation, die hier für einen Bruch definiert wird.

Da auch diese Operation nicht zur Klasse gehört, besteht natürlich auch hier kein Zugriff auf private Komponenten des Operanden. Es kann also nicht einfach der Zähler von `b` mit `-1` multipliziert werden. Deshalb wird der ganze Bruch mit Hilfe der für Brüche öffentlich definierten Multiplikation mit einer in einen Bruch umgewandelten `-1` multipliziert.

Anwendbar wären die Operationen z.B. wie folgt:

```
Bruch x, y;
...
y = 3 * -x;
```

Der Bruch `x` wird mit der global definierten Negation negiert und als zweiter Operand mit dem Integer 3 multipliziert. Das Ergebnis wird dem Bruch `y` zugewiesen.

3.3.6 Grenzen bei der Definition eigener Operatoren

Die bisher vorgestellten Beispiele zeigten die Möglichkeit, eigene Operatoren zu definieren. Bei der Definition von Operator–Funktionen gibt es aber allerdings Einschränkungen. So ist es z.B. nicht möglich, jeden beliebigen Operator für eigene Klassen zu definieren.

Im einzelnen bleibt zu selbstdefinierten Operatoren deshalb folgendes festzuhalten:

- Die Menge möglicher Operatoren ist festgelegt und kann nicht erweitert werden. So ist es z.B. nicht möglich, einen neuen Operator "`**`" zum Potenzieren zu definieren.

  Diese Einschränkung erfolgte aus mehreren Gründen. Zum einen erleichtert sie die Arbeit der Compiler erheblich. Zum anderen hätte man eine Regelung für die Festlegung von Syntax, Priorität usw. von neuen Operatoren gebraucht, wofür es keine triviale Lösung gibt.

- Die Priorität, die Syntax und die Auswertungsreihenfolge der Operatoren sind ebenfalls festgelegt und können nicht geändert werden. So hat die Multiplikation immer eine höhere Priorität als die Addition und wird von rechts nach links ausgewertet. Ein einstelliger Operator `=` kann nicht definiert werden.

Dies ist sicherlich von Vorteil, da dadurch der Programm–Code für Objekte fremder Klassen bezüglich der Auswertung von Ausdrücken besser nachzuvollziehen ist. Außerdem werden dadurch die Anforderungen an einen Compiler vereinfacht.

- Die für die fundamentalen Datentypen vordefinierten Operationen werden nicht automatisch auf abstrakte Datentypen übertragen. So ist z.B. mit der Multiplikation und der Zuweisung nicht automatisch der Operator `*=` definiert, sondern muß, wie am Beispiel der Klasse Bruch gezeigt, explizit definiert werden.

  Das bedeutet aber auch, daß die für fundamentale Datentypen geltende Eigenschaft "`x *= a` entspricht `x = x * a`" nicht automatisch für Klassen gilt, da die Operatoren auch anders implementiert werden können. Dies sollte aus Gründen der Lesbarkeit natürlich unbedingt vermieden werden.

- Die Operatoren für die fundamentalen Datentypen (`int`, `char`, Zeiger etc.) sind festgelegt und können weder umdefiniert noch erweitert werden. Allerdings kann die Verknüpfung eines abstrakten Datentyps mit einem fundamentalen Datentyp als globale oder als Elementfunktion mit den hier angegebenen Einschränkungen frei definiert werden.

- Folgende Operatoren können nicht für eigene Datentypen überladen werden:

  ```
  .
  ::
  sizeof
  .*
  ?:
  ```

  Ein Überladen ist nicht erlaubt, da die Operatoren bereits eine vordefinierte Bedeutung für alle Objekte besitzen oder, wie im Fall vom Operator `?:`, die Möglichkeit des Überladens einfach nicht als lohnenswert erachtet wurde (es ist der einzige dreistellige Operator).

  Der Operator `.*` wird in Abschnitt 3.13 vorgestellt.

Auf Seite 519 befindet sich eine Liste aller C++–Operatoren.

3.3.7 Besonderheiten spezieller Operatoren

Für einige spezielle Operatoren gelten Besonderheiten, die im folgenden aufgezeigt werden.

Der Zuweisungsoperator =

Für jede Klasse ist ein Default–Zuweisungsoperator definiert. Ähnlich wie bei einer Strukturzuweisung in C, weist er komponentenweise zu und liefert das Objekt, dem der neue Wert zugewiesen wurde, zurück. Falls das nicht sinnvoll ist, kann der Zuweisungsoperator für eine Klasse auch selbst definiert werden.

Soll keine Zuweisung möglich sein, muß der Zuweisungsoperator einfach nur privat deklariert werden. Die folgende Deklaration würde z.B. eine Zuweisung zweier Brüche unmöglich machen:[3]

```
class Bruch {
  ...
  private:
    // Zuweisung verboten, da privat
    Bruch operator = (Bruch);
};
```

Da eine komponentenweise Zuweisung bei Klassen mit Zeigern als Komponenten meistens fehlerhaft ist, muß der Zuweisungsoperator für solche Klassen selbst definiert werden. Detailliertere Informationen und Beispiele dazu befinden sich in Abschnitt 3.9.6.

Inkrement– und Dekrement–Operatoren

Die einstelligen Inkrement– und Dekrement–Operatoren `++` und `--` gibt es für die fundamentalen Datentypen jeweils in zwei Versionen, als Präfix– und als Postfix–Notation.

In der Präfix–Notation

```
++x
```

liefert der Ausdruck `++x` bei fundamentalen Datentypen den Wert von `x` **nach** der Inkrementierung (erst wird erhöht, dann der Wert geliefert).

In der Postfix–Notation

```
x++
```

liefert der Ausdruck `x++` bei fundamentalen Datentypen den Wert von `x` **vor** der Inkrementierung (erst wird der Wert geliefert, dann wird erhöht).

Dieser Unterschied wird z.B. gerne bei einem Zugriff auf ein Element in einem Array angewendet:

```
x = elems[i++];
```

In diesem Beispiel wird der Index `i` inkrementiert und `x` das Element mit dem Wert von `i` **vor** der Inkrementierung zugewiesen.

Diese Unterscheidung kann auch für eigene Datentypen implementiert werden. Da es sich in beiden Fällen aber um einstellige Operatoren handelt, wurde zur Unterscheidung festgelegt, daß der Postfix–Operator im Gegensatz zum Präfix–Operator grundsätzlich mit einem Dummy–Parameter vom Typ `int` deklariert werden muß.

[3] Der Zuweisungsoperator sollte eigentlich mit einer anderen Syntax definiert werden, wozu uns aber hier noch das Sprachmittel der Referenz fehlt. Auf Seite 176 befindet sich die korrekte Syntax.

Die nachfolgende Deklaration definiert z.B. einen Präfix– und einen Postfix–Inkrement–Operator für die Klasse `X`:

```
class X {
  ...
  public:
    operator ++ ();       // Praefix-Notation (++x)
    operator ++ (int);    // Postfix-Notation (x++)
};
```

Analog zu fundamentalen Datentypen sollten beide Implementierungen ein Objekt in irgendeiner Weise inkrementieren. Der Unterschied sollte auch hier nur im Rückgabewert der Operation liegen.

Für den Dekrement–Operator gilt entsprechendes.

In Abschnitt 5.3.1 wird ein Beispiel für die Definition der Inkrement–Operatoren vorgestellt.

Der Index–Operator `[]`

Auch der Index–Operator[4] `[]`, mit dem über einen Index auf ein bestimmtes Element innerhalb eines Arrays zugegriffen werden kann, kann für eigene Klassen definiert werden. Dadurch erhalten solche Objekte einen Array–Charakter, obwohl es gar keine Arrays sind.

Der Index–Operator ist ein zweistelliger Operator, wobei der übergebene Index der zweite Operand ist. Bei Elementfunktionen wird der Index also als Parameter übergeben.

Ein typisches Beispiel dafür sind Klassen für Mengen, in denen dann mit `[]` auf das i-te Element in der Menge zugegriffen werden kann. Die folgende Deklaration definiert z.B. den Operator `[]` für eine Klasse, deren konkreten Objekte (Instanzen) jeweils eine Menge von Personen sind:

```
class MengeVonPersonen {
  ...
  public:
    // i-tes Element aus der Menge (also eine Person) zurueckliefern
    Person operator [] (int);
    ...
};
```

Auf ein Objekt der Klasse `MengeVonPersonen` kann dann mit dem Operator `[]` zugegriffen werden, womit dann ein Element der Menge, also eine Person angesprochen wird:

[4] Er wird auch als Indizierungsoperator oder Subscriptionsoperator bezeichnet.

```
void f (MengeVonPersonen alleAngestellte)
{
    Person p;

    // erstes Element aus Menge "alleAngestellte" an "person" zuweisen
    person = alleAngestellte[0];
    ...
}
```

Da der Typ des Parameters frei definierbar ist, kann der Index einen beliebigen Typ besitzen. Durch die Möglichkeit des Überladens kann der Operator für verschiedene Index–Typen unterschiedlich implementiert werden. Auf diese Weise können sogenannte assoziative Arrays oder Dictionaries implementiert werden. Damit bezeichnet man eine Menge von Zuordnungen, bei denen jeweils zu einem Objekt ein anderes Objekt gehört. Ein Beispiel wäre ein Wörterbuch, bei dem zu jedem deutschen Begriff eine englische Übersetzung gehört.

Damit ist es beispielsweise auch möglich, beim Zugriff auf die Menge von Personen mit dem Operator `[]` als Index keinen ganzzahligen Wert, sondern den Namen der Person, die zurückgeliefert werden soll, zu übergeben. Die entsprechende Deklaration sieht dann wie folgt aus:

```
class MengeVonPersonen {
  ...
  public:
    // i-tes Element aus der Menge (also eine Person) zurueckliefern
    Person operator [] (int);

    // Person zu uebergebenem Namen aus der Menge zurueckliefern
    Person operator [] (char*);
    ...
};
```

Damit ist folgender Aufruf möglich:

```
void f (MengeVonPersonen alleAngestellte)
{
    Person p;

    // Element "nico" aus Menge "alleAngestellte" an "person" zuweisen
    person = alleAngestellte["nico"];
    ...
}
```

In den Abschnitten 3.10.1 und 5.3.3 werden Beispiele für die Definition eines Index–Operators vorgestellt.

Der Aufruf–Operator ()

Auch der Funktionsaufruf ist ein Operator, der für eigene Klassen definiert werden kann. Diese sicherlich etwas überraschende Tatsache auszunutzen, hat allerdings seltsame Konsequenzen.

Seine Deklaration sieht wie folgt aus:

```
class X {
  ...
  public:
    void operator () ();    // Operator "()" ohne Parameter deklarieren
}
```

Mit einer solchen Deklaration ist folgender Aufruf möglich:

```
void f()
{
    X a;

    a();         // NEIN, nicht Funktion a(), sondern
                 // Operation "()" fuer Objekt a aufrufen
}
```

Es sieht so aus, als würde eine globale Funktion `a()` aufgerufen, es handelt sich aber um den Aufruf des Operators `()` für das Objekt `a`.

Dies ist sicherlich so verwirrend, daß es nicht sinnvoll erscheint, von der Möglichkeit, diesen Operator zu definieren, Gebrauch zu machen. Es geschieht aber in manchen Klassenbibliotheken, worauf auf Seite 433 noch genauer eingegangen wird.

3.3.8 Zusammenfassung

- Für die Objekte einer Klasse können **Operatoren** definiert werden. Sie werden mit dem Schlüsselwort `operator` als **Operator–Funktionen** deklariert.
- Operatoren können für Klassen **überladen** werden.
- Die Menge möglicher Operatoren, ihre Priorität, Syntax und Auswertungsreihenfolge ist fest definiert und kann nicht geändert werden.
- Operatoren sollten immer so implementiert werden, daß sie tun, was man grundsätzlich von ihnen erwartet. Das entspricht in der Regel dem, was mit ihnen bei fundamentalen Datentypen verbunden wird.

  Wenn Operatoren für eigene Klassen definiert werden, sollten z.B. folgende Beziehungen weiterhin gelten:

`x + y`	verändert weder `x` noch `y`		
`x - y`	entspricht `x + (-y)`		
`x` *op*`= y`	entspricht `x = x` *op* `y`		
`x = x + 1`	entspricht `x += 1`	entspricht	`++x`
`p->k`	entspricht `(*p).k`	entspricht	`p[0]`

- In einer Elementfunktion bezeichnet **this** einen Zeiger auf das Objekt, für das die Funktion aufgerufen wurde. ***this** ist also immer das Objekt, für das eine Elementfunktion jeweils aufgerufen wurde. Bei Operatoren, die als Elementfunktion definiert werden, ist das der erste bzw. einzige Operand.

Auf Seite 519 befindet sich eine Liste aller C++–Operatoren.

3.4 Laufzeit– und Codeoptimierungen

In den bisherigen Abschnitten wurde gezeigt, wie eine Klasse implementiert werden kann, die bestimmten Anforderungen genügen soll (Erzeugen, Multiplizieren, Ausgeben etc.). Das "Was" (*Was soll ein Klasse leisten?*) stand im Vordergrund der Überlegungen, die zu den ersten Versionen führten. In diesem und dem folgenden Abschnitt wird nun der Blick auf das "Wie" gelenkt (*Wie leistet es die Klasse?*).

Dabei steht vor allem ein Aspekt im Vordergrund, der bereits bei der Verbreitung von C eine nicht unerhebliche Rolle gespielt hat: das Laufzeitverhalten. Auch in C++ hat das Laufzeitverhalten eine sehr hohe Priorität. So gibt es einige Sprachmittel, die aus objektorientierter Sicht nicht notwendig sind und nur dazu dienen, die Laufzeit zu verbessern. Ihr Einsatz kann im Zweifelsfall auch auf Kosten objektorientierter Konzepte gehen.

Zur Verbesserung der Laufzeit wird in diesem Abschnitt zunächst auf Inline–Funktionen und Deklarationen im Block eingegangen. Im Abschnitt 3.5 wird dann ein weiteres wesentliches Sprachmittel zur Laufzeitverbesserung, Referenzen, eingeführt.

Zusätzlich werden in diesem Abschnitt Default–Argumente vorgestellt. Default–Argumente dienen allerdings weniger zur Verbesserung der Laufzeit (eher im Gegenteil), sondern zur Einsparung von Quellcode.

3.4.1 Die Klasse Bruch mit ersten Optimierungen

In der neuen Version der Klasse Bruch wird folgendes geändert:

- Die drei Konstruktoren werden mit Hilfe von Default–Argumenten für den Zähler und für den Nenner zu einer Funktion zusammengefaßt.
- Zwei Funktionen (`print()` und `operator*()`) werden als sogenannte Inline–Funktionen in der Header–Datei nicht nur deklariert, sondern auch gleich implementiert.

  Damit kann der Compiler einen Aufruf dieser Funktionen wie bei einem Makro durch deren Anweisungen ersetzen. Im Gegensatz zu einem Makro handelt es sich aber nicht um einfachen, "blinden" Textersatz, sondern um eine echte Funktion, die vom Compiler bei der Übersetzung nur anders gehandhabt wird.

Header–Datei

Die Header–Datei der Klasse Bruch erhält mit der Einführung der neuen Sprachmittel nun insgesamt folgenden Aufbau:

```
#ifndef _Bruch_h
#define _Bruch_h

// Standard-Header-Dateien einbinden
```

```
#include <stdio.h>
#include <stdlib.h>

/* Klasse Bruch
 */
class Bruch {

  private:
    int zaehler;
    int nenner;

  public:
    /* NEU: Default-Konstruktor, Konstruktor aus Zaehler und
     *      Konstruktor aus Zaehler und Nenner in einem
     */
    Bruch (int = 0, int = 1);

    /* Ausgabe
     *  - NEU: inline definiert
     */
    void print () {
        printf ("%d/%d\n", zaehler, nenner);
    }

    // Multiplikation
    Bruch operator * (Bruch);

    // multiplikative Zuweisung
    Bruch operator *= (Bruch);

    // Vergleich
    bool operator < (Bruch);
};

/* operator *
 *  - NEU: inline definiert
 */
inline Bruch Bruch::operator * (Bruch b)
{
    /* Zaehler und Nenner einfach multiplizieren
     *  - kuerzen sparen wir uns
     */
    return Bruch (zaehler * b.zaehler, nenner * b.nenner);
}

#endif    /* _Bruch_h */
```

Bevor auf die Änderungen im einzelnen eingegangen wird, soll noch die dazugehörige neue Quelldatei vorgestellt werden.

Quelldatei

In der Quelldatei der Klasse Bruch wird entsprechend den Änderungen in der Header-Datei nur noch ein Konstruktor definiert und die Definition der beiden inline definierten Operatoren entfällt:

```
// Header-Datei der Klasse einbinden
#include "Bruch.h"

/* NEU: Default-Konstruktor, Konstruktor aus ganzer Zahl und
 *      Konstruktor aus Zaehler und Nenner in einem
 *       - Default fuer z: 0
 *       - Default fuer n: 1
 */
Bruch::Bruch (int z, int n)
{
    /* Zaehler und Nenner, wie uebergeben, initialisieren
     * - 0 als Nenner ist allerdings nicht erlaubt
     * - ein negatives Vorzeichen des Nenners kommt in den Zaehler
     */
    if (n == 0) {
        // Programm mit Fehlermeldung beenden
        fprintf (stderr, "Fehler: Nenner ist 0\n");
        exit (1);
    }
    if (n < 0) {
        zaehler = -z;
        nenner  = -n;
    }
    else {
        zaehler = z;
        nenner  = n;
    }
}

/* operator *=
 */
Bruch Bruch::operator *= (Bruch b)
{
    zaehler *= b.zaehler;
```

```
        nenner  *= b.nenner;

        // Objekt (erster Operand) wird zurueckgeliefert
        return *this;
    }

    /* operator <
     */
    bool Bruch::operator < (Bruch b)
    {
        // Da die Nenner nicht negativ sein koennen reicht:
        return zaehler * b.nenner < b.zaehler * nenner;
    }
```

Die in der Deklaration und in der Implementierung erfolgten Änderungen der Klasse Bruch werden nachfolgend erläutert.

3.4.2 Default–Argumente

In der neuen Version der Klasse Bruch werden die bisher verwendeteten drei Konstruktoren in einer Funktion zusammengefaßt: Für den Fall, daß der zweite Parameter (der Nenner) nicht übergeben wird, wird der Default–Wert `1` verwendet. Wird auch der erste Parameter (der Zähler) nicht übergeben, wird dafür `0` angenommen:

```
class Bruch {
    ...
    Bruch (int = 0, int = 1);
    ...
};
```

Die angegebenen Default–Werte werden vom Compiler automatisch eingesetzt, wenn zu wenig Parameter übergeben werden. Da dies bereits beim Aufruf geschieht, ist es für die Implementierung der Funktion unerheblich, woher die Parameter kommen. Die Implementierung geht deshalb von zwei Parametern aus:

```
Bruch::Bruch (int z, int n)
{
    ...
}
```

Damit eine eindeutige Zuordnung möglich ist, dürfen Default–Werte nur am Ende einer Parameter–Liste definiert werden. Beim Aufruf werden die übergebenen Argumente den Parametern der Reihe nach zugewiesen. Das erste Argument ist in jedem Fall der erste Parameter, das zweite Argument ist der zweite Parameter und so weiter. Sind alle

Argumente aufgebraucht, erhalten die restlichen Parametern ihre Default–Werte. Es ist also eindeutig definiert, daß es sich bei der Übergabe von nur einem Argument immer um den ersten Parameter handelt. Selbstverständlich können auch globale Funktionen Default–Werte besitzen.

Die folgende globale Funktion `max()` liefert z.B. das Maximum von zwei bis vier vorzeichenfreien ganzen Zahlen:

```
unsigned max (unsigned, unsigned, unsigned = 0, unsigned = 0);
```

Beim Aufruf der Funktion mit zwei Argumenten wird für die letzten beiden Parameter jeweils der Default–Wert 0 eingesetzt.

Bei der Deklaration von Default–Argumenten muß beachtet werden, daß, sofern es sich bei einem Parameter um einen Zeiger handelt, ein Leerzeichen vor dem Zuweisungsoperator steht:

```
void f (char* = "hallo");        // OK
```

Ansonsten wird angenommen, es wird der Operator `*=` verwendet und eine entsprechende Fehlermeldung ausgegeben:

```
void f (char*= "hallo");        // FEHLER
```

Es ist nicht erlaubt, Default–Argumente in einer zweiten Deklaration neu zu definieren. Für selbstdefinierte Operatoren sind Default–Argumente nicht zugelassen.

Der Datentyp einer Funktion wird durch die Tatsache, daß manche Parameter Default–Werte besitzen, nicht beeinflußt. Ein Zeiger auf die Funktion `max()` müßte als Zeiger auf eine Funktion deklariert werden, der vier `unsigned`'s übergeben werden:

```
unsigned (* funkzeiger) (unsigned, unsigned, unsigned, unsigned);
```

Um auch hier wieder Default–Werte verwenden zu können, müssen diese wiederum definiert werden:

```
unsigned (* funkzeiger) (unsigned, unsigned, unsigned = 0, unsigned = 0);
```

Ist eine Funktion auch über einen Funktionszeiger aufrufbar, können zwar, sollten aber nie unterschiedliche Default–Werte verwendet werden. Ein direkter Aufruf von `max()` mit zwei Parametern führt sonst zu einem anderen Ergebnis als der Aufruf über den Funktionszeiger, was sehr verwirrend sein kann.

Default–Argumente können Laufzeit kosten

Eines sollte jedoch beachtet werden: Default–Argumente fassen mehrere Funktionen zusammen, ersparen Schreibarbeit, führen zu weniger Programm–Code und erhöhen die Konsistenz (Änderungen müssen nur an einer Stelle durchgeführt werden). Die Laufzeit kann sich durch Default–Argumente aber verlängern. Wird die Funktion `max()` z.B. mit zwei Argumenten aufgerufen, werden dennoch alle vier Parameter verglichen.

Die neue Version der Klasse Bruch liefert dafür ebenfalls ein Beispiel. Wird der Konstruktor ohne Argumente aufgerufen, wird der dann für den Nenner eingesetzte Default–Wert, obwohl dies nicht notwendig ist, auf `0` und einen negativen Wert geprüft.

Um einen solchen Laufzeitnachteil zu vermeiden, dürfen nur zwei Konstruktoren der Klasse Bruch zusammengefaßt werden:

```
class Bruch {
  ...
  public:
    /* Default-Konstruktor und Konstruktor aus Zaehler
     *  - inline deklariert
     */
    Bruch (int z = 0) {
        zaehler = z;
        nenner = 1;
    }

    /* Konstruktor aus Zaehler und Nenner
     *  - mit Sonderbehandlung fuer Nenner <= 0
     */
    Bruch (int, int);
    ...
};
```

3.4.3 Inline–Funktionen

Funktionen können "inline" deklariert werden. Das Wort "inline" bedeutet dabei, daß "innerhalb einer Anweisung" mit einem Funktionsaufruf, dieser durch die Anweisungen der aufgerufenen Funktion ersetzt werden kann. Damit dies möglich ist, werden bei der Deklaration in der Header–Datei auch gleich die entsprechenden Anweisungen definiert.

Inline–Funktionen können auf zweierlei Arten definiert werden:

- Entweder wird die Funktion mit dem Schlüsselwort `inline` in der Header–Datei definiert:

```
class Bruch {
    ...
    bool operator < (Bruch);
    ...
};
```

```
inline bool Bruch::operator < (Bruch b)
{
    return zaehler * b.nenner < b.zaehler * nenner;
}
```

- oder die Funktion wird bei der Deklaration in der Klassenstruktur direkt implementiert:

```
class Bruch {
    ...
    void print () {
        printf ("%d/%d\n", zaehler, nenner);
    }
    ...
};
```

In beiden Fällen wird damit dem Compiler die Möglichkeit gegeben, statt eines Funktionsaufrufs Code zu generieren, der die Anweisungen in der Funktion direkt ausführt.

Inline–Funktionen ersetzen damit die in C üblichen Makros und haben einen wichtigen Vorteil: Inlinie–Funktionen sind kein "blinder" Textersatz, sondern besitzen semantisch betrachtet keinen Unterschied zu normalen Funktionen. So findet genauso wie bei Funktionen eine Typüberprüfung statt und es existieren genau die gleichen Gültigkeitsbereiche. Auch sind keine Seiteneffekte durch fehlende Klammerung oder durch doppelten Ersatz eines Parameters wie `n++` möglich. Für die Semantik eines Programms ist es deshalb absolut unerheblich, ob Funktionen inline deklariert werden oder nicht. Lediglich die Laufzeit wird dadurch beeinflußt.

Aus diesem Grund steht es auch jedem Compiler frei, Inline–Funktionen doch nicht inline zu generieren oder Nicht–Inline–Funktionen inline zu generieren. Ein guter Compiler kann selbst entscheiden, ob es sich lohnt, für einen Funktionsaufruf Code zu generieren, der den Aufruf tatsächlich durchführt oder die Anweisungen der Funktion direkt ausführt. Oft kann dies auch über Compiler–Optionen beeinflußt werden.

Um eine Ersetzung vornehmen zu können, muß allerdings die Implementierung der Funktion bereits beim Compilieren des Funktionsaufrufs bekannt sein. Aus diesem Grund müssen Inline–Funktionen, die in mehr als einer Quelldatei verwendet werden sollen, in der Header–Datei implementiert werden. Damit erklärt sich auch, weshalb das Schlüsselwort **`inline`** überhaupt angegeben werden muß: Es verhindert die Fehlermeldung, daß eine Funktion aufgrund mehrfacher Einbindung der Header–Datei in verschiedenen Quelldateien mehrfach definiert ist.

Die Tatsache, daß Inline–Funktionen in Header–Dateien implementiert werden, bietet die Möglichkeiten zur Manipulation einer Inline–Funktion, die durch die Implementierung in einer compilierten Quelldatei unterbunden wäre. Hier zeigt sich bereits, daß in C++ der Laufzeitvorteil zu Lasten streng objektorientierter Konzepte gehen kann. Implementierungsdetails in der Klassenspezifikation unterzubringen, ist aus objektorientierter Sicht fragwürdig. Dies ist ein Punkt, der immer wieder zu heftigen Diskussionen Anlaß gibt. Für die einen disqualifiziert sich C++ damit als objektorientierte Sprache, für die anderen ist der Laufzeitvorteil das, was C++ erst interessant macht.

Das Schlüsselwort `volatile`

Um für ein Programm ungeeignete Optimierungen zu vermeiden, können Funktionen und Variablen mit dem Schlüsselwort `volatile` deklariert werden. Die genaue Bedeutung einer solchen Deklaration hängt vom Compiler ab.

Im wesentlichen geht es dabei aber immer darum, daß in Programmen Variablen oder Funktionen verwendet werden, auf die auf irgendeine für den Compiler nicht nachvollziehbare Art und Weise noch von außerhalb des Programms Zugriff besteht. Wenn diese Variablen oder Funktionen wegoptimiert würden, wäre ein solches Programm nicht mehr lauffähig.

3.4.4 Deklarationen zwischen Anweisungen

Für ein Anwendungsprogramm haben die in diesem Kapitel vorgestellten Änderungen an der Implementierung der Klasse Bruch keine Bedeutung. Es kann weiterhin die auf Seite 81 vorgestellte Version verwendet werden.

Hier soll aber dennoch ein leicht abgeändertes Anwendungsprogramm vorgestellt werden, anhand dessen die Möglichkeit aufgezeigt wird, Deklarationen inmitten von Blöcken vorzunehmen:

```
// Header-Dateien fuer die verwendeten Klassen einbinden
#include "Bruch.h"

main()
{
    Bruch a(7,3);              // Bruch a deklarieren

    a.print();                 // Bruch a ausgeben

    // NEU: x deklarieren und mit dem Quadrat von a initialisieren
    Bruch x = a * a;

    // solange x < 1000
    while (x < Bruch(1000)) {
        // x mit a multiplizieren und ausgeben
        x *= a;
        x.print();
    }
}
```

Bemerkenswert ist bei diesem Programm, daß die Deklaration von `x` nicht am Anfang, sondern erst mitten im Anweisungsblock, nachdem bereits einige Anweisungen durchgeführt wurden, stattfindet:

```
a.print();              // Anweisung

Bruch x = a * a;        // Deklaration mit Initialisierung
```

In C++ ist es möglich, daß Variablen an beliebiger Stelle in einem Block deklariert werden. Ihr Gültigkeitsbereich reicht dann von der Deklaration bis zum Blockende.

Eingeführt wurde dies, um zu vermeiden, daß Variablen u.U. zu einem Zeitpunkt deklariert werden müssen, zu dem sie noch nicht initialisiert werden können. Wenn zum Anlegen eines Objekts ein Parameter gebraucht wird, der erst noch ermittelt werden muß, kann die Deklaration aufgeschoben werden, bis die entsprechenden Anweisungen durchgeführt wurden.

Die Alternative wäre ein "falsches" Initialisieren etwa mit dem Default–Konstruktor, wodurch das Objekt zwar initialisiert wird, diese Initialisierung später aber wieder korrigiert werden muß. Dies kostet vor allem bei größeren Objekten unnötig Zeit. Und wenn kein Default–Konstruktor definiert ist, könnte gar kein Objekt angelegt werden.

Diese Art der Deklaration birgt natürlich die Gefahr, daß Programme schwerer lesbar werden, da die Deklaration von Variablen jetzt nicht mehr auf den Beginn der geöffneten Blöcke beschränkt bleibt. Aus diesem Grund sollte von der Möglichkeit, Deklarationen nicht am Anfang eines Block vorzunehmen, nur im Ausnahmefällen Gebrauch gemacht werden.

Deklarationen im Kopf der For–Schleife

Eine in die Praxis häufig vorkommende Anwendung von Deklarationen mitten im Code ist die For–Schleife. Sie läßt sich in C++ so implementieren, daß die Laufvariable erst im Schleifenkopf deklariert wird:

```
for (int i=0; i<anz; i++) {
    ...
}
```

Eine derartige Deklaration ist aber (noch) gefährlich: Hierbei muß beachtet werden, daß `i` in den bisherigen C++–Versionen noch bis zum Ende des Blocks, in dem sich die gesamte For–Schleife befindet, deklariert ist. `i` ist also auch noch nach der For–Schleife deklariert. Der Schleifenkopf zählt nämlich nicht zu dem Block, der den Schleifenkörper enthält. Eine zweite For–Schleife im gleichen Block könnte somit nicht genauso implementiert werden:

```
for (int i=0; i<anz; i++) {
    ...
}
...
```

```
for (int i=0; i<anz; i++) {     // FEHLER: i zum zweiten Mal deklariert
    ...
}
```

Statt dessen müßte die zweite Schleife ohne Deklaration von `i` oder mit `j` als Laufindex programmiert werden.

Diese sicherlich unschöne Eigenschaft wird von den Designern von C++ inzwischen als Fehler angesehen, wurde aber aus Gründen der Rückwärts–Kompatibilität lange beibehalten. Mit der Sprachspezifikation des ANSI/ISO–Komitees von Ende 1993 wird diese Eigenschaft (endlich) geändert: In Bedingungen von If–, Switch–, While– und For–Anweisungen dürfen dann Deklarationen erscheinen, die nur für den Gültigkeitsbereich der Anweisung gelten. Für die gesamte Anweisung wird sozusagen ein eigener Block eröffnet.

Die Implementierung der For–Schleife

```
for (int i=0; i<anz; i++) {
    ...
}
```

ist dann gleichbedeutend mit der Implementierung:

```
{
    for (int i=0; i<anz; i++) {
        ...
    }
}
```

`i` ist somit nach der Schleife nicht mehr bekannt. Eine zweite Schleife mit einer weiteren Deklaration von `i` wäre problemlos.

Aufgrund dieser relativen späten Änderung der Sprache wird es aber wohl noch etwas dauern, bis alle Compiler Deklarationen in Schleifen–Köpfen nur auf die Schleife beziehen, was bei der Implementierung portablen Codes beachtet werden sollte.

3.4.5 Copy–Konstruktoren

Im Beispielprogramm wird der Bruch `x` bei seiner Deklaration auch gleich mit dem temporären Bruch, der sich aus der Operation `a * a` ergibt, initialisiert:

```
Bruch a;
...
Bruch x = a * a;        // Deklaration und Initialisierung von x
```

Diese Schreibweise ist gleichbedeutend mit der Schreibweise

```
Bruch a;
...
```

```
Bruch x (a * a);          // Deklaration und Initialisierung von x
```

und bedeutet, daß x mit einem Bruch als Argument angelegt wird. Bei der Erzeugung von x wird also ein Konstruktor aufgerufen, der als Parameter wiederum einen Bruch enthält.

Einen solchen Konstruktor, der ein Objekt anhand eines existierenden Objekts gleichen Typs erzeugt, nennt man **Copy–Konstruktor**, da er im Prinzip die Kopie eines existierenden Objekts anlegt.

Wie der Zuweisungsoperator ist auch dies eine Funktion, die nicht explizit deklariert werden muß, da sie für jede Klasse automatisch definiert wird. Der Default–Copy–Konstruktor kopiert komponentenweise. Jede Komponente des zu erzeugenden Objekts wird mit der entsprechenden Komponente des als Parameter übergebenen Objekts initialisiert. Ist eine solche Komponente selbst ein Objekt einer Klasse, so wird auch dafür der Copy–Konstruktor aufgerufen. In unserem Beispiel werden also Zähler und Nenner von x mit Zähler und Nenner vom Ergebnis von a * a initialisiert.

Auch hier kann es sein, daß ein komponentenweises Kopieren zum Anlegen von Kopien nicht geeignet ist. Dies ist typischerweise bei Zeigern als Komponeten der Fall. Deshalb kann und muß der Copy–Konstruktor für bestimmte Zwecke manchmal selbst definiert werden. In Abschnitt 3.9.4 wird darauf eingegangen.

Copy–Konstruktor und Zuweisung

Man beachte, daß es in C++ einen Unterschied zwischen einer Deklaration mit gleichzeitiger Initialisierung und einer Deklaration ohne Initialisierung mit späterer Zuweisung gibt.

Die Initialisierung

```
Bruch tmp;
...
Bruch x = tmp;            // Copy-Konstruktor
```

ist etwas völlig anderes als die Zuweisung

```
Bruch tmp;
...
Bruch x;                  // Default-Konstruktor
x = tmp;                  // Zuweisung
```

Im ersten Fall wird nämlich der Copy–Konstruktor aufgerufen, während im zweiten Fall zunächst der Default–Konstruktor und danach der Zuweisungsoperator aufgerufen wird.

Prinzipiell kann es sogar sein, daß x im ersten Fall am Ende einen anderen Zustand besitzt als im zweiten Fall, da Konstruktoren und Zuweisungsoperator selbst implementiert werden und somit zu verschiedenen Ergebnissen führen können. Aus Gründen der Lesbarkeit sollte dies natürlich i.a. nicht der Fall sein.

3.4.6 Zusammenfassung

- Für die Parameter von Funktionen können **Default–Argumente** definiert werden. Diese werden verwendet, wenn die entsprechenden Parameter beim Funktionsaufruf nicht übergeben werden.
- Funktionen und Operator–Funktionen können **inline** deklariert werden. Damit erhält der Compiler die Möglichkeit, einen Funktionsaufruf durch die Anweisungen der Funktion zu ersetzen. Dies ist für die Semantik eines Programms völlig unerheblich und dient nur dazu, die Laufzeit zu verkürzen.
- **Deklarationen** müssen nicht unbedingt am Blockanfang, sondern können an beliebiger Stelle erfolgen. Ihr Gültigkeitsbereich geht von der Deklaration bis zum Blockende.
- Einen Konstruktor, der ein neues Objekt anhand eines existierenden Objekts gleichen Typs erzeugt, nennt man **Copy–Konstruktor**.
- Es existiert ein **Default–Copy–Konstruktor**, der komponentenweise kopiert.

3.5 Referenzen und Konstanten

Dieser Abschnitt führt in ein neues Sprachmittel von C++ ein, die Referenz.

Dabei muß zunächst klargestellt werden, daß es sich bei Referenzen in C++ um etwas anderes als Zeiger handelt. Die mitunter im Umfeld von C vorgenommene Gleichstellung der Begriffe Zeiger und Referenz sollte in C++ deshalb nicht beibehalten werden, um unnötige Verwirrung zu vermeiden. Beides sind allerdings Verweise auf andere Objekte. Aus diesem Grund werde ich den Begriff "Verweis" als Oberbegriff, der für "Zeiger oder Referenz" steht, verwenden.

Referenzen sind ein wesentliches Sprachmittel zur Laufzeitverbesserung. Es gibt aber auch noch andere Gründe, die ihre Einführung in C++ notwendig machten. C–Programmierer werden dabei feststellen, daß die Verwendung von Referenzen auf Kosten einer unter C bestehenden Sicherheit bei der Parameterübergabe geht.

3.5.1 Copy–Konstruktor und Parameterübergabe

In C++ gilt, daß Parameter (wenn nicht anders angegeben) immer Kopien der übergebenen Argumente sind ("call-by-value"–Mechanismus). Das bedeutet, daß mit jedem Funktionsaufruf, bei dem ein Bruch übergeben wird, automatisch der Copy–Konstruktor aufgerufen wird. Das gleiche gilt für die Übergabe eines Rückgabewerts.

Der Aufruf des Operators `*=` ist ein Beispiel dafür:
Bei dem Ausdruck

```
x *= a
```

der gleichbedeutend ist mit

```
x.operator*= (a)
```

wird von `a`, da es als Parameter übergeben wird, eine Kopie angelegt, die in der Operator–Funktion verwendet wird. Der Parameter `b` in der Implementierung der Operator–Funktion ist also eine Kopie von `a`, die mit Hilfe des Default–Copy–Konstruktors erzeugt wurde und ohne Auswirkung auf die Aufruf–Umgebung innerhalb der Funktion manipuliert werden kann:

```
Bruch Bruch::operator *= (Bruch b)
    /* b ist lokale KOPIE vom zweiten Operand  *
     * und koennte beliebig manipuliert werden */
{
    zaehler *= b.zaehler;
    nenner  *= b.nenner;

    return *this;
    /* KOPIE vom ersten Operand wird zurueckgeliefert */
}
```

Genauso wird von der Funktion eine **Kopie** von `*this` (in unserem Beispiel also eine Kopie von `x`) zurückgeliefert. Sie wird ebenfalls mit Hilfe des Copy–Konstruktors als temporäres Objekt erzeugt.

Ein Anlegen von Kopien ist für einfache Datentypen wie Integer, Floats und Zeiger zunächst akzeptabel. Bei Objekten mit vielen mehr oder weniger komplexen Komponenten kann dies aber zu einem erheblichen Laufzeitnachteil führen, da mit jeder Parameterübergabe eine Kopie des Objekts angelegt werden muß.

Die unter C übliche Alternative wäre es, Zeiger zu übergeben. Die Parameter sind dann Adressen der zu verändernden Objekte. Von diesen werden zwar ebenfalls Kopien angelegt, doch zeigt auch eine Kopie einer Adresse auf dasselbe Objekt und ermöglicht es so, auf dessen Wert zuzugreifen.[5]

Wenn die Laufzeitnachteile, die durch das Anlegen von Kopien bei der Parameterübergabe entstehen, nur mit Zeigern umgangen werden könnten, wäre die Möglichkeit, mit eigenen Datentypen so rechnen zu können, wie mit fundamentalen Datentypen, aufgehoben. Eine Multiplikation von Brüchen müßte dann mit einem Zeiger als zweitem Operanden deklariert und aufgerufen werden. Im Anwendungsprogramm hätte eine Multiplikation dann die Form:

```
x * &a          // x mit a (ohne Kopie) multiplizieren
```

Aus diesem Grund wurden Referenzen eingeführt. Sie ermöglichen es, Argumente zu übergeben, ohne daß Kopien angelegt oder Zeiger verwendet werden müssen.

Es gibt nun aber zwei Probleme:

- Da die Möglichkeit besteht, daß das Objekt, das als Parameter übergeben wurde, verändert wird, kann keine Konstante mehr übergeben werden. Dies betrifft z.B. temporäre Objekte, die grundsätzlich konstant sind.
- Es droht die Gefahr, daß Objekte, die zur Laufzeitersparnis als Referenz übergeben werden, in der aufgerufenen Funktion versehentlich geändert werden.

Hier kommt uns jedoch die Möglichkeit zugute, Objekte als Konstanten deklarieren zu können. Damit wird per Deklaration ausgeschlossen, daß der Wert eines übergebenen Parameters verändert werden kann.

3.5.2 Referenzen

Eine als Referenz deklarierte Variable ist nichts weiter als ein **zweiter Name**, der **für ein existierendes Objekt** vergeben wird. Deklariert wird eine Referenz durch ein zusätzliches `&`. Die folgende Anweisung deklariert z.B. `r` als Referenz (zweiter Name) für a:

```
int& r = a;          // r ist Referenz (zweiter Name) fuer a
```

[5] Zeiger emulieren damit das Gegenstück zu “call-by-value”, nämlich “call-by-reference”.

Obwohl die Schreibweise es suggeriert, sollte man sich unbedingt von der Vorstellung lösen, daß es sich um einen Zeiger handelt. Eine Referenz ist vom Typ her **kein Zeiger**, sondern hat den gleichen Typ wie das Objekt, für das sie steht. Ihre Anwendung unterscheidet sich in keiner Weise von der für das Objekt, für das sie einen zweiten Namen definiert. Nach obiger Deklaration ist es völlig unerheblich, ob im folgenden `r` oder `a` verwendet wird.

Die Deklaration einer Referenz erzeugt also kein neues Objekt, sondern definiert für ein existierendes Objekt eine alternative Bezeichnung. Das Objekt, für das sie steht, muß bei der Deklaration angegeben werden und kann nicht gewechselt werden.

Das folgende Beispiel soll dies verdeutlichen:

```
int  a = 7;         // normale Variable mit 7 initialisiert
int  b = 13;        // normale Variable mit 13 initialisiert
int& r = a;         // Referenz (zweiter Name) fuer a
```

Mit der Deklaration der Referenz `r` wird diese auch gleich mit `a` initialisiert:

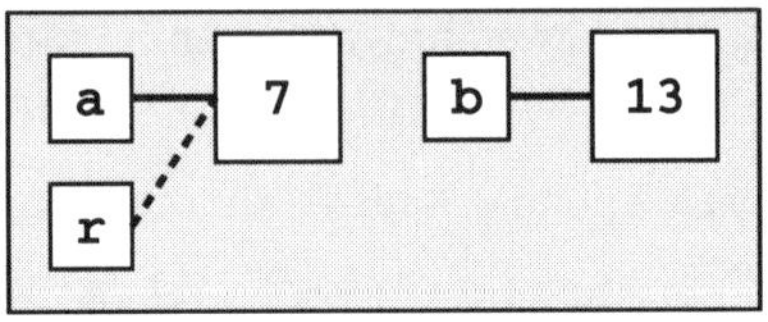

Wenn hier nun `r` verwendet wird, ist dies gleichbedeutend mit der Verwendung von `a`:

```
r = b;              // r bzw. a wird der Wert von b zugewiesen
```

Eine Zuweisung an `r` entspricht somit einer Zuweisung an `a`. Im Gegensatz zur Initialisierung wird hier `r` also kein neues Objekt zugeordnet, sondern ein neuer Wert zugewiesen, den somit auch `a` erhält:

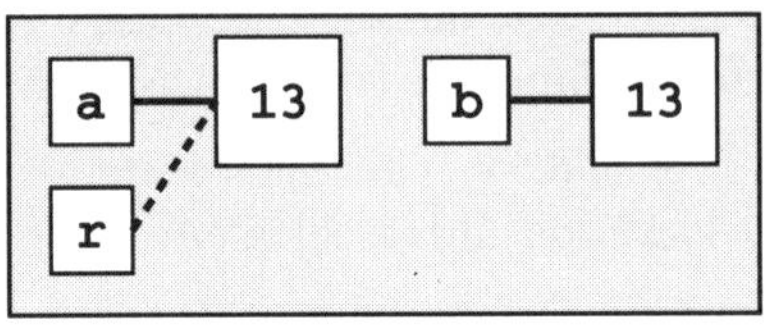

Referenzen als Parameter

Wenn man Parameter als Referenzen deklariert, werden diese bei einem Funktionsaufruf mit den übergebenen Argumenten initialisiert. Es handelt sich dann aber um keine Kopie, sondern um einen zweiten Namen für das übergebene Argument. Jede Änderung, die in der Funktion am Parameter durchgeführt wird, wird damit auch am Argument, das übergeben wurde, durchgeführt ("call-by-reference"-Mechanismus).[6]

[6] Pascal-Programmierer kennen Referenzen als Parameter bereits. Sie werden dort durch das Schlüsselwort `var` bei der Parameterdeklaration realisiert.

Auf diese Weise läßt sich eine Funktion, die zwei Argumente vertauscht, ohne Zeiger implementieren:

```
void swap (int& a, int& b)
{
    int tmp;

    tmp = a;
    a = b;
    b = tmp;
}
```

Durch Aufruf mit zwei Integer–Variablen werden wirklich deren Werte vertauscht:

```
main ()
{
    int x = 7;
    int y = 13;

    printf ("x: %d  y: %d\n", x, y);  // x: 7  y: 13

    swap (x, y);                      // vertauscht Werte von x und y

    printf ("x: %d  y: %d\n", x, y);  // x: 13  y: 7
}
```

`a` ist bei Aufruf von `swap()` ein zweiter Name für `x` und `b` ein zweiter Name für `y`. Eine Zuweisung an `a` ändert also `x` und eine Zuweisung an `b` ändert `y`.

Für manche ist dies die Erfüllung eines Traums, für andere die Erfüllung eines Alptraums:

- Vorteil ist, daß ab sofort zum Verändern von Argumenten keine Zeiger mehr übergeben werden müssen. Für die obige Funktion reicht der Aufruf "`swap (x, y)`", und die Werte werden vertauscht.
- Nachteil ist, daß es ab sofort keine Sicherheit mehr gibt, daß bei einem Funktionsaufruf die übergebenen Argumente nicht verändert werden können, wenn nicht Zeiger übergeben werden. Dies hängt jetzt nämlich von der Deklaration der Funktion ab.

Man beachte, daß die Tatsache, daß es sich um Referenzen und nicht um Kopien handelt, wirklich nur von der **Deklaration** der Parameter abhängt. Die Anweisungen in der Funktion verwenden `a` und `b`, als wären sie als einfache Integer definiert.

Anwendung von Referenzen bei Klassen

Bei der Klasse Bruch bietet es sich z.B. an, die Operator–Funktion *= mit Referenzen zu deklarieren, um das Anlegen von Kopien zu vermeiden:

```
Bruch& Bruch::operator *= (Bruch& b)
{
    zaehler *= b.zaehler;
    nenner  *= b.nenner;

    // Objekt (erster Operand) wird zurueckgeliefert
    return *this;
}
```

Durch die Deklaration von b als Referenz ist b nun keine Kopie mehr vom zweiten Operanden, sondern ein zweiter Name für ihn.

Auch der Rückgabewert ist nun eine Referenz, also ein zweiter Name für das Objekt, das zurückgeliefert wird. Es wird also der geänderte erste Operand selbst und keine Kopie von ihm zurückgeliefert.

Man beachte, daß die Anweisungen in der Funktion nicht geändert wurden. Wer zunächst Schwierigkeiten beim Lesen der Dcklaration hat, sollte sich zum Umgang mit Referenzen einfach vorstellen, die Zeichen für die Referenz–Deklaration & wären nicht vorhanden.

3.5.3 Konstanten

Referenzen als Konstanten

Bei der Operator–Funktion *= gibt es nun allerdings noch ein Problem: Da es per Deklaration möglich ist, daß der Wert des übergebenen Parameters geändert wird, muß es sich um ein Objekt handeln, dem etwas zugewiesen werden darf. Damit aber scheiden sowohl Konstanten als auch temporäre Objekte als Parameter aus.
Ein Aufruf wie

```
x *= Bruch(2,3);
```

oder

```
x *= a * a;
```

wäre nicht möglich.

Aus diesem Grund sollte ein als Referenz übergebener Parameter, wenn er nicht verändert wird, unbedingt als Konstante deklariert werden.

Es ergibt sich die folgende Definition des Operators *=:

```
Bruch& Bruch::operator *= (const Bruch& b)
//                         ^^^^^
{
    zaehler *= b.zaehler;
    nenner  *= b.nenner;

    // Objekt (erster Operand) wird zurueckgeliefert
    return *this;
}
```

Damit kann als zweiter Operand auch eine Konstante oder ein temporäres Objekt verwendet werden.

In diesem Fall empfiehlt es sich außerdem, den Rückgabewert als konstante Referenz zu deklarieren:

```
const Bruch& Bruch::operator *= (const Bruch& b)
//^^^
{
    zaehler *= b.zaehler;
    nenner  *= b.nenner;

    // Objekt (erster Operand) wird zurueckgeliefert
    return *this;
}
```

Damit wird vermieden, daß dem zurückgelieferten Wert noch etwas zugewiesen werden kann. Der Aufruf

```
if ((x *= 2) < 7)
```

ist also möglich, der Aufruf

```
(x *= 2) = 7
```

ergibt aber eine Fehlermeldung, die ohne die Deklaration des Rückgabewerts als Konstante nicht entsteht.

Konstanten allgemein

Jeder Identifier kann in C++ als Konstante definiert werden. Bei seiner Deklaration muß einfach zusätzlich das Schlüsselwort "`const`" angegeben werden. Compiler testen in diesem Fall ab, ob der Wert auch wirklich nicht verändert wird.

Beispiele:

```
const int MAX = 3;
const double pi = 3.141592654;
```

Konstanten ersetzen die in C übliche Praxis, für den Programm–Code geltende Konstanten über die Präprozessor–Anweisung `#define` zu definieren. Die "blinde" Ersetzung durch den Präprozessor wird durch eine Deklaration eines Identifiers ersetzt, für den genau wie bei Variablen eine strenge Typprüfung durchgeführt wird und ein Gültigkeitsbereich vorgegeben ist. Der einzige aber entscheidende Unterschied zu Variablen ist, daß ihr Wert nicht verändert werden darf. Daraus folgt, daß ihr Wert bei der Deklaration festgelegt werden muß. Jede Konstante muß also bei der Deklaration initialisiert werden.

Auf diese Weise läßt sich auch ein Bruch als Konstante deklarieren:

```
const Bruch a (17,7);
```

Wenn für die Operation `*=` als zweiter Operand eine Konstante zugelassen ist, ist dafür auch der Aufruf `x *= a` erlaubt.

3.5.4 Konstanten–Elementfunktionen

Was ist aber mit dem ersten Operanden? Bei der Operation `*=` wird dieser verändert und es macht somit Sinn, daß als Operand keine Konstante verwendet werden kann. Bei der reinen Multiplikation (`a * a`) macht es hingegen Sinn, daß auch der erste Operand, für den der Operator aufgerufen wird, eine Konstante sein kann. Er wird dadurch schließlich nicht verändert.

Damit dies möglich ist, muß die Operator–Funktion als Elementfunktion deklariert werden, die für konstante Objekte aufgerufen werden kann. Eine solche **Konstanten–Elementfunktion** (englisch: **constant member function**) wird durch das Schlüsselwort `const` zwischen Parameterliste und Funktionskörper deklariert.

Die Multiplikation muß dazu wie folgt deklariert werden:

```
Bruch Bruch::operator * (const Bruch& b) const
//                                       ^^^^^
{
    return Bruch (zaehler*b.zaehler, nenner*b.nenner);
}
```

Man beachte, daß hier bei der Multiplikation keine Referenz zurückgeliefert werden darf, da es sich beim Rückgabewert um ein lokales Objekt handelt. Ansonsten wird ein zweiter Name für etwas zurückgeliefert, das mit Beendigung der Funktion gar nicht mehr existiert (die meisten Compiler erkennen das und geben entsprechende Warnungen aus).

Da eine Kopie und keine Referenz zurückgeliefert wird, muß der Rückgabewert nicht mit `const` deklariert werden. Temporäre Objekte sind grundsätzlich konstant.

3.5.5 Die Klasse Bruch mit Referenzen

Nun ist es an der Zeit, sich die neue Version der Klasse Bruch mit einem entsprechend geänderten Anwendungsprogramm anzusehen.

Header–Datei

Die Header–Datei deklariert nun die Funktionen, soweit sinnvoll, mit Referenzen und Konstanten und hat folgenden Aufbau:

```
#ifndef _Bruch_h
#define _Bruch_h

// Standard-Header-Dateien einbinden
#include <stdio.h>
#include <stdlib.h>

class Bruch {

  private:
    int zaehler;
    int nenner;

  public:
    /* Default-Konstruktor, Konstruktor aus Zaehler und
     * Konstruktor aus Zaehler und Nenner
     */
    Bruch (int = 0, int = 1);

    // Ausgabe (inline definiert)
    void print () const {
        printf ("%d/%d\n", zaehler, nenner);
    }

    // Multiplikation
    Bruch operator * (const Bruch&) const;

    // multiplikative Zuweisung
    const Bruch& operator *= (const Bruch&);

    // Vergleich
    bool operator < (const Bruch&) const;
};
```

```
/* operator *
 *  - inline definiert
 */
inline Bruch Bruch::operator * (const Bruch& b) const
{
    /* Zaehler und Nenner einfach multiplizieren
     *  - kuerzen sparen wir uns
     */
    return Bruch (zaehler * b.zaehler, nenner * b.nenner);
}

#endif  /* _Bruch_h */
```

Die Elementfunktionen `print()`, `operator*()` und `operator<()` verändern das Objekt, für das sie aufgerufen werden (bzw. den ersten Operanden), nicht und werden deshalb als Konstanten–Elementfunktionen deklariert. Bei allen drei Operator–Funktionen wird der Parameter jetzt außerdem als Referenz übergeben. Durch die Deklaration als Konstante kann es sich dabei ebenfalls um Konstanten oder temporäre Objekte handeln.

Quelldatei

In der Quelldatei werden die Deklarationen entsprechend angepaßt. Die Implementierung der Funktionen mußte aber nirgendwo geändert werden:

```
// Header-Datei der Klasse einbinden
#include "Bruch.h"

/* Default-Konstruktor, Konstruktor aus ganzer Zahl,
 * Konstruktor aus Zaehler und Nenner
 *  - Default fuer z: 0
 *  - Default fuer n: 1
 */
Bruch::Bruch (int z, int n)
{
    /* Zaehler und Nenner, wie uebergeben, initialisieren
     *  - 0 als Nenner ist allerdings nicht erlaubt
     *  - ein negatives Vorzeichen des Nenners kommt in den Zaehler
     */
    if (n == 0) {
        fprintf (stderr, "Fehler: Nenner ist 0\n");
        exit (1);
    }
```

```
        if (n < 0) {
            zaehler = -z;
            nenner  = -n;
        }
        else {
            zaehler = z;
            nenner  = n;
        }
}

/* operator *=
 */
const Bruch& Bruch::operator *= (const Bruch& b)
{
    zaehler *= b.zaehler;
    nenner  *= b.nenner;

    // Objekt (erster Operand) wird zurueckgeliefert
    return *this;
}

/* operator <
 */
bool Bruch::operator < (const Bruch& b) const
{
    // Da die Nenner nicht negativ sein koennen reicht:
    return zaehler * b.nenner < b.zaehler * nenner;
}
```

Anwendung

Die geänderten Deklarationen haben auf das Anwendungsprogramm überhaupt keinen Einfluß. Allerdings können auch hier nun, soweit sinnvoll, konstante Objekte verwendet werden:

```
// Header-Dateien fuer die verwendeten Klassen einbinden
#include "Bruch.h"

main()
{
    // NEU: Bruch a als Konstante deklarieren
```

```
    const Bruch a(7,3);

    a.print();                    // Bruch a ausgeben

    // x deklarieren und mit dem Quadrat von a initialisieren
    Bruch x = a * a;

    // solange x < 1000
    while (x < Bruch(1000)) {
        // x mit a multiplizieren und ausgeben
        x *= a;
        x.print();
    }
}
```

`print()` ist für die Bruch–Konstante `a` nur aufrufbar, weil die Funktion als Konstanten–Elementfunktion deklariert wird.

Man beachte außerdem, daß der Vergleich `x < Bruch(1000)` nur deshalb möglich ist, weil der als zweite Operand an die Operator–Funktion `<` übergebene Parameter eine Konstante sein darf. Der Ausdruck `Bruch(1000)` liefert nämlich ein temporäres Objekt, das wie alle temporären Objekte grundsätzlich konstant ist.

3.5.6 Zeiger auf Konstanten und Zeiger–Konstanten

Zum Schluß dieses Abschnitts noch einige Anmerkungen zu der Arbeit mit Konstanten: Auch für Konstanten können Zeiger definiert werden. Für diese muß allerdings schon bei der Deklaration festgelegt werden, daß das, auf was sie zeigen, nicht verändert werden darf. Solche Zeiger auf Konstanten dürfen dann allerdings auch auf Variablen zeigen (aber natürlich nicht umgekehrt).

Beispiel:

```
int i;                  // int-Variable
const int c = 77;       // int-Konstante

const int* ip;          // Zeiger auf int-Konstante

ip = &c;                // ip zeigt auf c

ip = &i;                // ip zeigt jetzt auf i

// FEHLER:
*ip = 33;
```

Im Gegensatz dazu wird ein konstanter Zeiger, also ein Zeiger, der immer auf das gleiche Objekt zeigt, wie folgt deklariert:

```
int i;                    // int-Variable
const int c = 77;         // int-Konstante

int* const ip = &i;       // konstanter Zeiger auf int i

*ip = 33;                 // i wird 33 zugewiesen

// FEHLER:
ip = &c;
```

Selbstverständlich ist auch beides möglich. Dies ist vor allem bei Stringkonstanten sinnvoll. Im folgenden Beispiel zeigt `s` konstant auf eine Zeichenfolge, deren Inhalt ebenfalls konstant ist:

```
const char* const s = "hallo";
```

Konstanten werden zu Variablen

Eine Warnung soll in Verbindung mit Konstanten noch ausgesprochen werden: Konstanten bieten keine absolute Sicherheit vor Veränderung, da es über eine explizite Typumwandlung prinzipiell möglich ist, Konstanten zu Variablen zu machen. Sofern sich die Konstante nicht im Read–Only–Bereich eines Programms befindet, wird das funktionieren. Es gibt sogar Beispiele, in denen die Umwandlung einer Konstanten in eine Variable sinnvoll sein kann. Abschnitt 3.10.4 geht genauer darauf ein.

3.5.7 Zusammenfassung

- Durch Angabe von `&` im Typ einer Deklaration wird eine **Referenz** deklariert. Eine Referenz ist ein (temporärer) “zweiter Name” für ein existierendes Objekt.
- Durch Verwendung von Referenzen bei der Deklaration von Parametern und Rückgabewerten kann das Anlegen von Kopien verhindert werden (“call-by-reference” statt “call-by-value”).
- Referenzen müssen bei der Deklaration initialisiert werden und können das Objekt, für das sie stehen, nicht wechseln.
- Durch das Schlüsselwort `const` können **Konstanten** deklariert werden.
- Ein `const` hinter der Parameterliste einer Elementfunktion definiert eine sogenannte **Konstanten–Elementfunktion**. In ihr darf das Objekt, für das sie aufgerufen wurde, nicht verändert werden. Damit kann dieses Objekt auch eine Konstante sein.

3.6 Ein– und Ausgabe mit Streams

Dieser Abschnitt behandelt einen wichtigen Aspekt von C++, der allerdings nicht direkt zur Sprache gehört. Die Ein– und Ausgabe ist in C++ bereits eine Anwendung der Sprache, die mit den zur Verfügung stehenden Sprachmitteln realisiert wird. Als Standardumgebung gibt es I/O–Bibliotheken, deren Datentypen und Operationen in C++–Programmen einfach angewendet werden.

Leider ist diese Standard–Umgebung noch nicht offiziell standardisiert. Das ANSI/ISO–Komitee arbeitet daran (siehe Seite 24). Es existiert eigentlich nur ein Quasi–Standard, der sich aus der De–facto–Situation von C++ ergibt und für alle Compiler im wesentlichen einheitlich ist. Vereinzelt kann es aber noch unterschiedliche Definitionen innerhalb der Stream–Bibliotheken geben.

In diesem Abschnitt werden nur die grundsätzlichen Eigenschaften der Ein– und Ausgabe mit Streams vorgestellt. Da zum vollen Verständnis der Stream–Bibliotheken wichtige Sprachmittel bekannt sein müssen, die noch nicht vorgestellt wurden (vor allem die Vererbung), wird in Abschnitt 5.8 genauer darauf eingegangen und auch hinter die Kulissen der Stream–Bibliothek geschaut. Dort werden dann auch Techniken für formatierte Ein– und Ausgaben sowie den Zugriff auf Dateien mit Hilfe von Streams vorgestellt.

3.6.1 Streams

Die Ein– und Ausgabe wird in C++ mit Hilfe von Streams durchgeführt. Ein Stream ist sozusagen ein "Datenstrom", in dem Zeichenfolgen "entlangfließen". Als konsequente Anwendung der objektorientierten Idee sind Streams Objekte, deren Eigenschaften in Klassen definiert werden. Für die Standard–Kanäle zur Ein– und Ausgabe sind verschiedene globale Objekte vordefiniert.

Stream–Klassen

Da es verschiedene Arten von I/O gibt (Eingabe, Ausgabe, Dateizugriff etc.), gibt es auch verschiedene Klassen dafür. Die beiden wichtigsten sind:

- **istream**

  Die Klasse `istream` ist ein "Eingabestrom" (input stream), von dem Daten gelesen werden können.

- **ostream**

  Die Klasse `ostream` ist ein "Ausgabestrom" (output stream), auf den Daten ausgegeben werden können.

Es existieren zahlreiche weitere Klassen. In Abschnitt 5.8 werden sie im einzelnen vorgestellt und ihre Anwendungsmöglichkeiten aufgezeigt.

Globale Stream–Objekte

Zu den Klassen `istream` und `ostream` existieren drei globale Objekte, die eine zentrale Rolle bei der Ein– und Ausgabe spielen und die von der Stream–Bibliothek definiert werden:

- **cin**

  `cin` (Klasse `istream`) ist der Standard–Eingabekanal, von dem ein Programm i.a. die Eingaben einliest. Er entspricht der C–Variablen `stdin` und wird von den Betriebssystemen typischerweise der Tastatur zugeordnet.

- **cout**

  `cout` (Klasse `ostream`) ist der Standard–Ausgabekanal, auf den ein Programm i.a. die Ausgaben schreibt. Er entspricht der C–Variablen `stdout` und wird von den Betriebssystemen typischerweise dem Bildschirm zugeordnet.

- **cerr**

  `cerr` (Klasse `ostream`) ist der Standard–Fehlerausgabekanal, auf den ein Programm i.a. die Fehlermeldungen schreibt. Er entspricht der C–Variablen `stderr` und wird von den Betriebssystemen typischerweise ebenfalls dem Bildschirm zugeordnet. Die Ausgaben auf `cerr` werden nicht gepuffert.

  Durch die Trennung der Ausgaben in "normale" Ausgaben und Fehlermeldungen ist es möglich, diese in der Betriebssystemumgebung, durch die das Programm aufgerufen wird, unterschiedlich zu behandeln. Dies resultiert aus dem UNIX–Konzept der Ein– und Ausgabeumlenkung, für das C ursprünglich geschrieben wurde. Die normalen Ausgaben eines Programms können damit in eine Datei gelenkt werden. Die Fehlermeldungen werden aber weiterhin auf dem Bildschirm ausgegeben.

Es gibt noch ein viertes global vordefiniertes Objekt, `clog`, das allerdings keine so wesentliche Rolle spielt. Es ist für Protokollausgaben vorgesehen und gibt seine Ausgaben ebenfalls auf dem Standard–Fehlerausgabekanal, allerdings gepuffert, aus.

3.6.2 Umgang mit Streams

Die Verwendung dieser Objekte für Ein– und Ausgaben wird nachfolgend an einem einfachen Programm verdeutlicht. Dieses Programm liest zwei ganze Zahlen ein, teilt die erste durch die zweite und gibt das Ergebnis dieser Division aus:

```
// allgemeine Header-Datei
#include <stdlib.h>

// Header-Datei fuer I/O mit Streams
#include <iostream.h>

main()
{
    int x, y;

    // Start-String ausgeben
    cout << "Ganzzahlige Division (x/y)\n\n";

    // x einlesen
    cout << "x: ";
    if (! (cin >> x)) {
        /* Fehler beim Einlesen
         * => Fehlermeldung und Programmabbruch mit Fehlerstatus
         */
        cerr << "Fehler beim Einlesen eines Integers" << endl;
        exit (1);
    }

    // y einlesen
    cout << "y: ";
    if (! (cin >> y)) {
        /* Fehler beim Einlesen
         * => Fehlermeldung und Programmabbruch mit Fehlerstatus
         */
        cerr << "Fehler beim Einlesen eines Integers" << endl;
        exit (1);
    }

    // Fehler, falls y Null ist
    if (y == 0) {
        cerr << "Fehler: Division durch 0" << endl;
        exit (1);      // Abbruch mit Fehlerstatus
    }

    // Operanden und Ergebnis ausgeben
    cout << x << " durch " << y << " ergibt " << x / y << endl;
}
```

Header–Datei für I/O

Statt der Header–Datei für den I/O–Mechanismus von C, `<stdio.h>`, wird nun die Header–Datei für den Stream–Mechanismus, `<iostream.h>`, eingebunden:[7]

```
// Header-Datei fuer I/O mit Streams
#include <iostream.h>
```

Darin werden die Klassen für den I/O–Mechanismus mit ihren Operationen und die globalen Objekte `cin`, `cout` und `cerr` deklariert.

Der Ausgabe–Operator <<

In der Zeile

```
cout << "Ganzzahlige Division (x/y):\n\n";
```

wird zunächst ein konstanter String auf den Standard–Ausgabekanal ausgegeben. Dies geschieht, indem für das Objekt `cout` die Operation `<<` mit einem String als zweitem Operanden aufgerufen wird. Der Operator `<<` ist der Ausgabe–Operator für Streams und wird so definiert, daß das, was jeweils als zweiter Operand übergeben wird, in den Stream geschrieben wird (die Daten werden sozusagen in Richtung des Pfeiles geschickt).

Das besondere an diesem Operator ist, daß er nicht nur für alle Standard–Datentypen überladen ist, sondern auch für beliebige eigene Datentypen überladen werden kann. Der zweite Operand kann damit jeden beliebigen Datentyp besitzen. Abhängig vom Datentyp wird automatisch die dazugehörige Funktion aufgerufen, die den zweiten Operanden (umgewandelt in eine Zeichenfolge) ausgibt.

Beispiele:

```
int i = 7;
cout << i;                // gibt "7" aus

float f = 4.5;
cout << f;                // gibt "4.5" aus

Bruch b = Bruch(3,7);
cout << b;                // gibt, sofern so definiert, "3/7" aus
```

Dies ist eine wesentliche Verbesserung zur Ein– und Ausgabe in C mit `printf()`:

- Das Format des auszugebenden Objekts muß nicht extra angegeben werden, sondern ergibt sich automatisch aus dessen Datentyp.

[7] In den ersten Versionen der Stream–Bibliothek wurde die Header–Datei `<stream.h>` genannt. Diese alte Bibliothek besitzt nicht alle im folgenden vorgestellten Eigenschaften und sollte eigentlich nicht mehr verwendet werden.

- Der Mechanismus ist nicht auf Standard–Datentypen beschränkt und somit universell einsetzbar.

Mit dem Operator << können mehrere Objekte in einer Anweisung ausgegeben werden. Die Ausgabe–Operation liefert jeweils den ersten Operanden (also den Stream) zur weiteren Verwendung zurück. Dies ermöglicht dann einen verketteten Aufruf des Ausgabe–Operators, was in der letzten Zeile des Beispiels gezeigt wird:

```
cout << x << " durch " << y << " ergibt " << x / y << endl;
```

Da der Operator << von links nach rechts ausgewertet wird, wird zunächst

```
cout << x
```

ausgeführt. Da dieser Ausdruck `cout` wieder zurückliefert, wird anschließend

```
cout << " durch "
```

ausgeführt. Entsprechend werden anschließend der Integer `y`, gefolgt von der Stringkonstante `" ergibt "` und dem Ergebnis der Operation `x / y` (der Divisions–Operator hat eine höhere Priorität) ausgegeben.

Besitzen `x` und `y` z.B. die Werte 91 und 7, wird folgendes ausgegeben:

```
91 durch 7 ergibt 13
```

Manipulatoren

Am Ende der meisten Ausgabe–Anweisungen wird ein sogenannter Manipulator ausgegeben:

```
cout << endl
```

Manipulatoren sind spezielle Objekte, deren Ausgabe, wie der Name schon sagt, eine Manipulation am Stream durchführt. Damit können z.B. Ausgabe–Formate definiert oder Puffer geleert werden. Es wird damit also nicht unbedingt etwas ausgegeben.

Der Manipulator `endl` steht für "endline" und macht zwei Dinge:

- Er gibt ein Newline (Zeichen `'\n'`) aus und
- leert anschließend den Ausgabepuffer (schickt die Ausgabe also auch wirklich mit `flush()` ab).

Die wichtigsten vordefinierten Manipulatoren sind:

Manipulator	Klasse	Bedeutung
`flush`	`ostream`	Ausgabepuffer leeren
`endl`	`ostream`	`'\n'` ausgeben und Ausgabepuffer leeren
`ends`	`ostream`	`'\0'` ausgeben und Ausgabepuffer leeren
`ws`	`istream`	Trennzeichen (Whitespaces) überlesen

Was Manipulatoren genau sind, welche es noch gibt und wie man eigene definieren kann, wird in Abschnitt 5.8.5 erläutert.

Der Eingabe-Operator >>

In der Zeile

```
if (! (cin >> x)) {
```

wird der Integer `x` eingelesen. Dies geschieht mit dem Gegenstück zum Ausgabe-Operator, dem Eingabe-Operator `>>`:

```
cin >> x
```

Der Operator `>>` ist für Streams so definiert, daß das, was als zweiter Operand übergeben wird, eingelesen wird (auch hier werden die Daten sozusagen in Richtung des Pfeiles geschickt). Man beachte, daß hier der zweite Operand ein Parameter ist, der manipuliert wird, ohne daß Zeiger übergeben werden. Der zweite Operand muß also als Referenz übergeben werden.

Auch der Eingabe-Operator kann für beliebige Datentypen überladen und verkettet aufgerufen werden:

```
float f;
Bruch b;

cin >> f >> b;
```

Dabei gilt grundsätzlich, daß führende Trennzeichen (Whitespaces) jeweils überlesen werden.

Streams und boolesche Bedingungen

Im obigen Beispiel wird der Eingabe-Operator allerdings nicht verkettet aufgerufen, da anschließend sofort getestet wird, ob das Einlesen gelungen ist (Einlesen kann immer schiefgehen). Dies geschieht durch Aufruf des Operators `!`. Der Operator ist so definiert, daß er zurückliefert, ob das Einlesen fehlerhaft war. In unserem Beispielprogramm führt das zu einer entsprechenden Fehlermeldung und zu einem Programmabbruch mit Fehlerstatus:

```
if (! (cin >> x)) {
    cerr << "Fehler beim Einlesen eines Integers" << endl;
    exit (1);
}
```

Was hier eigentlich geschieht, ist recht trickreich: Der Ausdruck

```
cin >> x
```

liefert **keinen** booleschen Wert, sondern, damit ein verketteter Aufruf möglich ist, zunächst wieder `cin`. Erst der Operator `!`, angewendet auf das Stream–Objekt `cin`, liefert einen booleschen Wert, der angibt, ob dieses Objekt einen fehlerhaften Zustand besitzt.

Der Ausdruck

```
if (! (cin >> x)) {
    ...
}
```

entspricht also eigentlich

```
cin >> x;
if (! cin) {
    ...
}
```

Für Stream–Objekte ist also der Operator `!` so definiert, daß er jeweils einen booleschen Wert zurückliefert, der aussagt, ob sich der Stream in einem fehlerhaften Zustand befindet.

Über einen ähnlichen Trick ist auch der positive Test möglich: Boolesche Bedingungen in **if**– oder **while**–Anweisungen verlangen in C++ nämlich entweder einen integralen Typ (sämtliche Formen von `int` oder `char`) oder eine eindeutige Typumwandlung eines Objekts einer Klasse in einen arithmetischen Typ oder einen Zeiger.

Da für Streams eine solche Konvertierungsfunktion definiert wird, ist auch der positive Test möglich:

```
if (cin >> x) {
    // Einlesen hat geklappt
    ...
}
```

Auch hier steckt dahinter eigentlich:

```
cin >> x;
if (cin) {
    ...
}
```

Durch die Definition einer Funktion zur impliziten Typumwandlung wird die boolesche Verwendung des Objekts erst möglich. Was hier genau passiert, wird in den Abschnitten über Konvertierungsfunktionen (Abschnitt 3.7.3) und deren Anwendung bei Klassen mit dynamischen Komponenten (Abschnitt 3.10.3) erläutert.

Ein typisches Anwendungsbeispiel für diese Technik ist eine Schleife, die Objekte einliest und verarbeitet:

```
// solange obj eingelesen werden kann
while (cin >> obj) {
    // obj verarbeiten (in diesem Fall ausgeben)
    cout << obj << endl;
}
```

Dies ist das klassische Filtergerüst von C für C++–Objekte. Dabei muß aber beachtet werden, daß der Operator `>>` führende Trennzeichen überliest. Die Version mit `char` als `obj` muß deshalb auf eine andere Art implementiert werden (siehe Seite 497).

So schön die Anwendung dieser speziellen Operatoren in booleschen Ausdrücken auch ist, eines muß beachtet werden: Die doppelte Verneinung hebt sich hier **nicht** auf:

- "`cin`" ist ein Stream–Objekt der Klasse `istream`
- "`!! cin`" ist ein Integer, der als boolescher Wert den Zustand von `cin` beschreibt.

Dieses Beispiel zeigt, daß der Mechanismus mit Vorsicht verwendet werden muß (und auch als fragwürdig betrachtet werden kann). Der Ausdruck in der If–Bedingung ist zunächst nicht das, was normalerweise erwartet wird, nämlich ein boolescher Wert. Erst eine implizite Typumwandlung, deren Vorhandensein und Bedeutung zum Verständnis des Codes bekannt sein muß, macht den Ausdruck sinnvoll.

Wie schon in C, kann man auch hier ohne Ende streiten, ob das nun guter Programmierstil ist oder nicht. Unzweifelhaft ist aber sicherlich, daß die Verwendung der Elementfunktion `good()` (sie liefert zurück, ob ein Stream in einem fehlerfreien Zustand ist) das Programm lesbarer machen würde:

```
cin >> x;
if (! cin.good()) {
    ...
}
```

3.6.3 Zustand von Streams

Die Verwendung des Operators `!` zeigt, daß sich ein Stream in verschiedenen Zuständen befinden kann.

Für die Darstellung des prinzipiellen Zustands eines Streams werden verschiedene Bitkonstanten als Flags definiert, die in einer internen Stream–Komponente verwaltet werden:

Flag	Bedeutung
`ios::goodbit`	alles in Ordnung
`ios::eofbit`	End–Of–File (Ende der Daten)
`ios::failbit`	Fehler: letzter Vorgang nicht korrekt abgeschlossen
`ios::badbit`	fataler Fehler: Zustand nicht definiert
`ios::hardbit`	Hardware–Fehler

Der Unterschied zwischen `failbit` und `badbit` ist im wesentlichen, daß `badbit` fataler ist:

- `failbit` wird i.a. gesetzt, wenn ein Vorgang nicht korrekt durchgeführt werden konnte, der Stream aber prinzipiell in Ordnung ist.
- `badbit` wird i.a. gesetzt, wenn der Stream prinzipiell nicht mehr in Ordnung ist oder Daten verlorengegangen sind.

Der genaue Unterschied ist allerdings von Compiler zu Compiler verschieden. Es kann passieren, daß ein Fehler in einem Compiler `failbit` und in einem anderen Compiler `badbit` setzt.

Der Zustand der Flags kann mit dazugehörgen Elementfunktionen ermittelt werden. Zurückgeliefert wird jeweils als boolescher Wert, ob ein oder mehrere Flags gesetzt sind:

Elementfunktion	Bedeutung
`good()`	alles in Ordnung (`ios::goodbit` gesetzt)
`eof()`	End-Of-File (`ios::eofbit` gesetzt)
`fail()`	Fehler (`ios::failbit` oder `ios::badbit` gesetzt)
`bad()`	fataler Fehler (`ios::badbit` gesetzt)

Daneben gibt es noch zwei generelle Elementfunktionen zum Setzen und Abfragen dieser Flags:

Elementfunktion	Bedeutung
`rdstate()`	liefert die aktuell gesetzten Flags
`clear()`	löscht oder setzt einzelne Flags

Beim Aufruf von `clear()` ohne Parameter werden alle Fehlerflags (auch `ios::eofbit`) bis auf das eventuell vorhandene `ios::hardfail` gelöscht (daher kommt auch der Name "clear"):

```
// alle Fehlerflags (einschliesslich eofbit) zuruecksetzen
strm.clear();
```

Wird aber ein Parameter übergeben, werden die darin übergebenen Flags gesetzt und die anderen zurückgesetzt. Das folgende Beispiel testet für den Stream `strm`, ob das Failbit–Flag gesetzt ist und löscht es gegebenenfalls:

```
if (strm.rdstate() & ios::failbit) {
```

```
        cout << "Failbit war gesetzt" << endl;

        // alles ausser ios::failbit wieder setzen
        strm.clear (strm.rdstate() & ~ios::failbit);
    }
```

Hier werden die Bit–Operatoren `&` und `~` angewendet:

- Der Operator `&` verknüpft die Bits über die UND–Funktion. Nur die Bits, die bei beiden Operanden gesetzt sind, bleiben stehen. Da im zweiten Operanden nur das Failbit gesetzt ist, ist der Ausdruck nur dann ungleich 0 (und damit erfüllt), wenn im ersten Operanden auch das Failbit gesetzt ist.
- Der Operator `~` liefert das Bit–Komplement. Der Ausdruck `~ios::failbit` liefert also ein Ergebnis, in dem alle Flags bis auf das Failbit gesetzt sind. Durch UND–Verknüpfung mit allen derzeit gesetzten Flags (`rdstate()`) bleiben also alle gesetzten Flags bis auf das Failbit stehen.

Neben den Zustands–Flags und den Elementfunktionen zum Setzen und Abfragen existieren zahlreiche weitere Komponenten und Funktionen für Streams. Mit der Elementfunktion `get()` kann z.B. zeichenweise gelesen werden, ohne daß führende Leerzeichen überlesen werden. Mit anderen Funktionen kann das Ausgabeformat beeinflußt werden. In Abschnitt 5.8 wird detailliert darauf eingegangen.

3.6.4 I/O–Operatoren für eigene Datentypen

Wie bereits angesprochen, liegt ein wesentlicher Vorteil von Streams darin, daß der Ein– und Ausgabe–Mechanismus auf eigene Datentypen ausgedehnt werden kann. Dazu müssen die Operatoren `<<` und `>>` für eigene Datentypen überladen werden. Wie dies geschieht, wird anhand der folgenden neuen Version der Klasse Bruch verdeutlicht.

Header–Datei der Klasse Bruch mit Stream–I/O

Die Header–Datei der Klasse Bruch erhält nun folgenden Aufbau:

```
#ifndef _Bruch_h
#define _Bruch_h

// Standard-Header-Dateien einbinden
#include <stdlib.h>
#include <iostream.h>

class Bruch {

  private:
```

```
    int zaehler;
    int nenner;

  public:
    /* Default-Konstruktor, Konstruktor aus Zaehler und
     * Konstruktor aus Zaehler und Nenner
     */
    Bruch (int = 0, int = 1);
    // Multiplikation
    Bruch operator * (const Bruch&) const;

    // multiplikative Zuweisung
    const Bruch& operator *= (const Bruch&);

    // Vergleich
    bool operator < (const Bruch&) const;

    // NEU: Ausgabe mit Streams
    void printOn (ostream& = cout) const;

    // NEU: Eingabe mit Streams
    void scanFrom (istream& = cin);
};

/* operator *
 *  - inline definiert
 */
inline Bruch Bruch::operator * (const Bruch& b) const
{
    /* Zaehler und Nenner einfach multiplizieren
     *  - kuerzen sparen wir uns
     */
    return Bruch (zaehler * b.zaehler, nenner * b.nenner);
}

/* NEU: Standard-Ausgabeoperator
 *  - global ueberladen und inline definiert
 */
inline ostream& operator << (ostream& strm, const Bruch& b)
{
    b.printOn (strm);       // Elementfunktion zur Ausgabe aufrufen
    return strm;            // Stream zur Verkettung zurueckliefern
}

/* NEU: Standard-Eingabeoperator
 *  - global ueberladen und inline definiert
```

```
*/
inline istream& operator >> (istream& strm, Bruch& b)
{
    b.scanFrom (strm);        // Elementfunktion zur Eingabe aufrufen
    return strm;              // Stream zur Verkettung zurueckliefern
}

#endif  /* _Bruch_h */
```

Die bisherige Elementfunktion `print()` wurde durch `printOn()` ersetzt. Als Parameter wird nun ein Output–Stream übergeben, auf den der Bruch ausgegeben werden soll. Als Default–Argument wird dabei der Standard–Ausgabekanal verwendet:

```
class Bruch {
    ...
    // Ausgabe mit Streams
    void printOn (ostream& = cout) const;
    ...
};
```

Neu hinzugekommen ist eine Funktion zum Einlesen eines Bruchs: Ihr Parameter ist ein Input–Stream, der als Default–Argument den Standard–Eingabekanal besitzt:

```
class Bruch {
    ...
    // Eingabe mit Streams
    void scanFrom (istream& = cin);
    ...
};
```

Für diese Elementfunktionen wird jeweils der entsprechende Ein– bzw. Ausgabe–Operator (<< bzw. >>) global überladen. Dies ist nur global möglich, da die Operatoren als Elementfunktion in der jeweiligen Stream–Klasse definiert werden müßten, da der erste Operand ein Stream ist. Die Stream–Klassen sind aber Teil einer geschlossenen Klassenbibliothek.

Daß die Operatoren als globale Funktionen definiert werden, hat für den Aufruf allerdings keine Konsequenzen, da die Aufrufsyntax von Operatoren nicht zwischen globalen und Elementfunktionen unterscheidet. Damit kann also auch ein Bruch wie jedes andere Objekt zur Ein– und Ausgabe verwendet werden:

```
Bruch a;
...
cout << "Bruch a: " << a << endl;
```

Um den Operator implementieren zu können, wird allerdings Zugriff auf private Komponenten des auszugebenden Bruchs (nämlich **zaehler** und **nenner**) benötigt. Aus diesem Grund rufen die globalen Operator–Funktionen, die darauf keinen Zugriff haben, die entsprechenden Elementfunktionen auf, die den Zugriff besitzen.

Bei der Implementierung der globalen Operator–Funktionen ist unbedingt darauf zu achten, daß **nie** Kopien des manipulierten Streams angelegt werden. Dies würde nämlich nicht nur Zeit kosten, sondern auch zu Fehlern führen: Der Stream wird durch die Operation manipuliert (Puffer ändern sich, der Status kann in den Fehlerzustand wechseln usw.). Diese Manipulationen würden in einer Kopie aber verlorengehen und können zu Inkonsistenzen führen. Wenn in einem späteren Ausdruck wieder das Original verwendet wird, ist dessen Zustand nicht geändert und entspricht somit nicht der Realität. Aus diesem Grund müssen Stream–Parameter und –Rückgabewerte **immer** als Referenzen deklariert werden.

Quelldatei der Klasse Bruch mit Stream–I/O

In der Quelldatei der Klasse `Bruch` wurden entsprechende Änderungen vorgenommen.

Zunächst muß der Konstruktor dahingehend geändert werden, daß die Fehlermeldung, die ausgegeben wird, wenn der Nenner 0 ist, mit dem Stream–Mechanismus auf den Standard–Fehlerausgabekanal **cerr** ausgegeben wird:

```
if (n == 0) {
    cerr << "Fehler: Nenner ist 0" << endl;
    exit (1);
}
```

Dann muß die bisherige Ausgabe–Funktion **print()** durch die Elementfunktion **printOn()** ersetzt werden. Sie gibt Zähler und Nenner des Bruchs auf dem übergebenen Ausgabe–Stream **strm** in der Form "*zähler/nenner*" aus:

```
void Bruch::printOn (ostream& strm) const
{
    strm << zaehler << '/' << nenner;
}
```

Schließlich kommt die Elementfunktion **scanFrom()** hinzu, die den Bruch vom übergebenen Eingabe–Stream **strm** einliest, indem nacheinander Zähler und Nenner als Integer eingelesen werden:

```
/* NEU: scanFrom
 *  - Bruch von Stream strm (default: cin) einlesen
 */
void Bruch::scanFrom (istream& strm)
{
    int z, n;
```

```
        // Zaehler einlesen
        strm >> z;

        // optionales Trennzeichen '/' einlesen
        if (strm.peek() == '/') {
            strm.get();
        }

        // Nenner einlesen
        strm >> n;

        // Lesefehler ?
        if (! strm) {
            return;
        }

        // Nenner == 0 ?
        if (n == 0) {
            // Fail-Bit setzen
            strm.clear (strm.rdstate() | ios::failbit);
            return;
        }

        /* OK, eingelesene Zahlen zuweisen
         *  - ein negatives Vorzeichen des Nenners kommt in den Zaehler
         */
        if (n < 0) {
            zaehler = -z;
            nenner  = -n;
        }
        else {
            zaehler = z;
            nenner  = n;
        }
    }
```

Damit das Eingabe– zum Ausgabeformat paßt, kann zwischen Zähler und Nenner das Zeichen `'/'` stehen. Die Stream–Funktion `peek()` liefert das nächste Zeichen ohne es auszulesen und die Stream–Funktion `get()` liest es dann aus (vgl. Seite 494).

Die einzulesenden Integerwerte werden zunächst in Hilfsvariablen eingelesen. Dahinter steckt die Absicht, daß ein Objekt nur nach einem erfolgreichen Einlesen verändert werden soll (eine gängige C++–Konvention). Hier können aber mehrere Fehler auftreten:

- Zum einen kann es sein, daß die Integer nicht eingelesen werden können, weil z.B. das nächste Zeichen ein Buchstabe ist. In dem Fall wechselt der Stream in einen Fehlerzustand, der durch die folgende If–Abfrage abgeprüft wird:

  ```
  // Lesefehler ?
  if (! strm) {
      return;
  }
  ```

  Wie darauf reagiert werden sollte, hängt eigentlich von der Situation ab. Man könnte z.B. das Programm mit einer Fehlermeldung beenden oder versuchen, den Wert nach Ausgabe einer Fehlermeldung neu einzulesen. Je nach Situation kann das eine, das andere oder auch beides nicht sinnvoll sein. Durch die Möglichkeit der Eingabeumlenkung kann der Wert z.B. auch aus einer Datei oder von einem anderen Prozeß kommen. Deshalb sollte der Fehler **immer** von der Aufrufumgebung behandelt werden. Da der Stream in einen Fehlerzustand wechselt, kann dieser auch von der Aufrufumgebung erkannt und ausgewertet werden.

  Genau das wird in diesem Fall auch gemacht. Damit ist das Verhalten beim Einlesen eines Bruchs äquivalent zum Einlesen einer ganzen Zahl. Der Vorteil dabei ist, daß das Anwendungsprogramm die Umstände kennt, unter denen die Funktion aufgerufen wurde und entsprechend reagieren kann. Der Nachteil ist, daß, wenn das Anwendungsprogramm diesen Test nicht durchführt, der Lesefehler zunächst unbemerkt bleibt.

  Mit dem Konzept des Exception–Handlings wird ein besserer Mechanismus für die Fehlerbehandlung eingeführt. In Abschnitt 3.15 wird darauf eingegangen und eine entsprechend modifizierte Version dieser Einlese–Funktion vorgestellt.

- Zum anderen kann auch bei erfolgreichem Einlesen ein Fehler auftreten: Der Nenner kann 0 sein.

  Auch dieser Fall wird hier als Formatfehler beim Einlesen behandelt: Es wird das Fehlerflag des Streams gesetzt, das einen Formatfehler anzeigt:[8]

  ```
  // Nenner == 0 ?
  if (n == 0) {
      // Fail-Bit setzen
      strm.clear (strm.rdstate() | ios::failbit);
      return;
  }
  ```

  Auch diesen Fall muß das Anwendungsprogramm behandeln.

Insgesamt ergibt sich folgender Aufbau der Quelldatei der Klasse Bruch:

[8] Der Bitoperator | verknüpft die Bits mit der Oder–Funktion und liefert damit alle Bits, die in beiden Operanden gesetzt sind.

```
// Header-Datei der Klasse einbinden
#include "Bruch.h"

/* Default-Konstruktor, Konstruktor aus ganzer Zahl,
 * Konstruktor aus Zaehler und Nenner
 *  - Default fuer z: 0
 *  - Default fuer n: 1
 */
Bruch::Bruch (int z, int n)
{
    /* Zaehler und Nenner, wie uebergeben, initialisieren
     *  - 0 als Nenner ist allerdings nicht erlaubt
     *  - ein negatives Vorzeichen des Nenners kommt in den Zaehler
     */
    if (n == 0) {
        // NEU:
        cerr << "Fehler: Nenner ist 0" << endl;
        exit (1);
    }
    if (n < 0) {
        zaehler = -z;
        nenner  = -n;
    }
    else {
        zaehler = z;
        nenner  = n;
    }
}

/* operator *=
 */
const Bruch& Bruch::operator *= (const Bruch& b)
{
    zaehler *= b.zaehler;
    nenner  *= b.nenner;

    // Objekt (erster Operand) wird zurueckgeliefert
    return *this;
}

/* operator <
 */
bool Bruch::operator < (const Bruch& b) const
```

```
{
    // Da die Nenner nicht negativ sein koennen reicht:
    return zaehler * b.nenner < b.zaehler * nenner;
}

/* NEU: printOn
 *  - Bruch auf Stream strm (default: cout) ausgeben
 */
void Bruch::printOn (ostream& strm) const
{
    strm << zaehler << '/' << nenner;
}

/* NEU: scanFrom
 *  - Bruch von Stream strm (default: cin) einlesen
 */
void Bruch::scanFrom (istream& strm)
{
    int z, n;

    // Zaehler einlesen
    strm >> z;

    // optionales Trennzeichen '/' einlesen
    if (strm.peek() == '/') {
        strm.get();
    }

    // Nenner einlesen
    strm >> n;

    // Lesefehler ?
    if (! strm) {
        return;
    }

    // Nenner == 0 ?
    if (n == 0) {
        // Fail-Bit setzen
        strm.clear (strm.rdstate() | ios::failbit);
        return;
    }
```

```
        /* OK, eingelesene Zahlen zuweisen
         *  - ein negatives Vorzeichen des Nenners kommt in den Zaehler
         */
        if (n < 0) {
            zaehler = -z;
            nenner  = -n;
        }
        else {
            zaehler = z;
            nenner  = n;
        }
    }
```

Anwendung der Klasse Bruch mit Stream-I/O

Das Testprogramm verwendet nun auch die Header-Datei für Streams und führt seine Ausgaben mit Hilfe der Stream-Mechanismen aus:

```
// Standard-Header-Dateien einbinden
#include <stdlib.h>
#include <iostream.h>

// Header-Dateien fuer die verwendeten Klassen einbinden
#include "Bruch.h"

main()
{
    const Bruch a(7,3);         // Bruch-Konstante a deklarieren
    Bruch x;                    // Bruch-Variable x deklarieren

    // Bruch a (NEU: mit Stream-Operator) ausgeben
    cout << a << endl;

    // NEU: Bruch x einlesen
    cout << "Bruch eingeben (zaehler/nenner): ";
    if (! (cin >> x)) {
        // Eingabefehler: Programmabbruch
        cerr << "Fehler beim Bruch-Eingeben" << endl;
        exit (1);
    }
    cout << "Eingabe war: " << x << endl;
```

```
        // solange x < 1000
        while (x < Bruch(1000)) {
            // x mit a multiplizieren und (NEU: mit Stream-Operator) ausgeben
            x = x * a;
            cout << x << endl;
        }
    }
```

Der Aufruf

```
    cout << a << endl;
```

ruft zunächst für `cout` und `a` den für die Klasse Bruch global überladenen Ausgabe-Operator `<<` auf. Dieser ruft dann für `a` die Elementfunktion `printOn()` auf, die den Bruch schließlich ausgibt.

Hinzu kommt, daß hier geprüft wird, ob das Einlesen des Bruchs erfolgreich war. Falls der Stream nach dem Einlesen nicht in einem fehlerfreien Zustand ist, wird eine entsprechende Fehlermeldung ausgegeben und das Programm beendet:

```
    if (! (cin >> x)) {
        // Eingabefehler: Programmabbruch
        cerr << "Fehler beim Bruch-Eingeben" << endl;
        exit (1);
    }
```

An dieser Stelle könnte auch zunächst die Art des Fehlers untersucht und entsprechend reagiert werden:

```
    while (! (cin >> x)) {
        char c;

        if (cin.bad()) {
            // fataler Eingabefehler: Programmabbruch
            cerr << "fataler Fehler bei Bruch-Eingabe" << endl;
            exit (1);
        }
        if (cin.eof()) {
            // End-Of-File: Programmabbruch
            cerr << "EOF bei Bruch-Eingabe" << endl;
            exit (1);
        }
        /* nicht fataler Fehler:
         * - Failbit zuruecksetzen
         * - alles bis Zeilenende auslesen und
```

```
     *    nochmal probieren (Schleife !)
     */
    cin.clear();
    while (cin.get(c) && c != '\n') {
    }
    cerr << "Fehler bei Bruch-Eingabe, probier es nochmal: " << endl;
}
```

Falls beim Einlesen ein Fehler auftritt, der nicht fatal ist, wird mit

```
cin.clear();
```

das Fehlerflag zurückgesetzt und mit

```
while (cin.get(c) && c != '\n') {
}
```

der Rest der Zeile ausgelesen. Die Elementfunktion `get()` liest dabei jeweils ein Zeichen ein und weist es dem übergebenen Parameter `c` zu.

Wie das Beispiel zeigt, ist die Fehlerbehandlung beim Einlesen eine Aufgabe, die für eine fehlertolerante Anwendung beliebig kompliziert werden kann. Hier bietet es sich an, Hilfsfunktionen zu schreiben, die bestimmte Datentypen mit der dazugehörigen Fehlerbehandlung einlesen.

3.6.5 Zusammenfassung

- Die Ein- und Ausgabe (I/O) ist nicht Teil der Sprache C++, sondern wird durch eine Standard-Klassenbibliothek realisiert.
- Es existieren verschiedene Stream-Klassen. Die wichtigsten sind `istream`, für Objekte von denen gelesen werden kann, und `ostream`, für Objekte auf die etwas ausgegeben werden kann.
- Streams besitzen einen Zustand der durch Ein/Ausgabe-Operationen geändert und abgefragt werden kann.
- Die globalen Objekte `cin`, `cout` und `cerr` sind als Standard-Ein/Ausgabe-Kanäle vordefiniert.
- Zur Ein- und Ausgabe werden typischerweise die Operatoren `>>` und `<<` verwendet. Sie können verkettet aufgerufen werden.
- Manipulatoren erlauben es, Streams in einer Ein- oder Ausgabe-Operation zu manipulieren.
- Durch globales Überladen der I/O-Operatoren kann das Ein/Ausgabe-Konzept auch auf eigene Datentypen übertragen werden.
- Streams sollten immer als Referenzen übergeben werden.

3.7 Freunde und andere Typen

Dieses Kapitel beschäftigt sich mit dem Thema der (automatischen) Typumwandlungen. Es geht darum, wie sie definiert werden und wann sie stattfinden.

In diesem Zusammenhang wird auch eines der umstrittensten Sprachmittel von C++, das Schlüsselwort `friend`, eingeführt.

3.7.1 Automatische Typumwandlungen

Das bisherige Anwendungsprogramm kann ohne Änderung der Klasse Bruch noch etwas lesbarer gemacht werden:

```
// Standard-Header-Dateien einbinden
#include <stdlib.h>
#include <iostream.h>

// Header-Dateien fuer die verwendeten Klassen einbinden
#include "Bruch.h"

main()
{
    const Bruch a(7,3);         // Bruch-Konstante a deklarieren
    Bruch x;                    // Bruch-Variable x deklarieren

    cout << a << endl;          // Bruch a ausgeben

    // Bruch x einlesen
    cout << "Bruch eingeben (zaehler/nenner): ";
    if (! (cin >> x)) {
        // Eingabefehler: Programmabbruch
        cerr << "Fehler beim Bruch-Eingeben" << endl;
        exit (1);
    }
    cout << "Eingabe war: " << x << endl;

    // solange x < 1000
    while (x < 1000) {          // NEU: statt "while (x < Bruch(1000))"
        // x mit a multiplizieren und ausgeben
        x = x * a;
        cout << x << endl;
    }
}
```

Der kleine aber feine Unterschied ist der direkte Vergleich eines Bruchs mit der Zahl 1000:

```
while (x < 1000) {        // statt:  while (x < Bruch(1000))
```

Dies ist möglich, da jeder Konstruktor, der mit genau einem Argument aufgerufen werden kann, automatisch eine entsprechende automatische Typumwandlung definiert. Dazu zählen auch Konstruktoren mit mehr als einem Parameter, die aber jeweils Default–Argumente besitzen.

Der `int`–Konstruktor der Klasse Bruch ermöglicht also eine automatische Typumwandlung eines `int`s in einen Bruch:

```
class Bruch {
    ...
    // Konstruktor aus ganzer Zahl definiert automatische Typumwandlung
    Bruch (int = 0, int = 1);
    ...
};

main()
{
    Bruch x;
    ...
    while (x < 1000) {  // automatische Typumwandlung: 1000 => Bruch(1000)
    ...
}
```

Das bedeutet, daß immer dann, wenn als Parameter ein Bruch verlangt wird, statt dessen ein Integer verwendet werden kann. Um dies auch für andere Datentypen zu ermöglichen, brauchen also nur entsprechende Konstruktoren definiert zu werden. So wäre es z.B. denkbar, für Brüche eine automatische Typumwandlung für Gleitkommazahlen zu definieren:

```
class Bruch {
    ...
    // Konstruktor fuer automatische Typumwandlung von float nach Bruch
    Bruch (float);
};

main()
{
    Bruch x;
    ...
    if (x < 3.7) {        // automatische Typumwandlung: 3.7 => Bruch(3.7)
    ...
}
```

Eine automatische Typumwandlung kann durch eine direkte Implementierung der Operation mit den richtigen Datentypen vermieden werden. Eine überladene Funktion, bei der die Parametertypen genau passen, hat höhere Priorität gegenüber einer Version, für die eine Typumwandlung notwendig ist. Damit kann ein durch die Typumwandlung entstandener Laufzeitnachteil vermieden werden:

```
bool Bruch::operator < (int i) const
{
    // Da die Nenner nicht negativ sein koennen, reicht:
    return zaehler < i * nenner;
}
```

Hier muß wieder zwischen Implementierungsaufwand und Laufzeitnachteil abgewogen werden.

3.7.2 Friend–Funktionen

Bei der automatischen Typumwandlung für Elementfunktionen gibt es allerdings ein Problem: Der Vergleich `x < 1000` ist zwar möglich, der Vergleich `1000 < x` aber nicht:

```
class Bruch {
    ...
    bool operator < (const Bruch&) const;
    ...
};

main ()
{
    Bruch x;
    ...
    if (x < 1000)       // geht
    ...
    if (1000 < x)       // FEHLER
    ...
}
```

Der Vergleich

```
x < 1000
```

wird als

```
x.operator< (1000)
```

interpretiert. Da es sich bei `1000` um einen Parameter handelt und es eine eindeutige Typumwandlung gibt, wird daraus automatisch:

```
x.operator< (Bruch(1000))
```

Der Vergleich

```
1000 < x
```

wird hingegen als

```
1000.operator< (x)       // Fehler
```

interpretiert, was ein Fehler ist, da ein fundamentaler Datentyp wie `int` keine Elementfunktionen haben kann.

Das Problem liegt also darin, daß automatische Typumwandlung nur für Parameter möglich ist. Da der erste Operand bei Implementierung der Operation als Elementfunktion kein Parameter ist, ist sie für diesen also nicht möglich. Eine explizite Typumwandlung durch den Aufruf

```
Bruch(1000) < x          // OK
```

ist aber möglich.

Es gibt allerdings die Möglichkeit, auch den ersten Operator zu einem Parameter zu machen. Die Operation muß dazu global und nicht als Elementfunktion deklariert werden:

```
bool operator < (const Bruch&, const Bruch&)
```

Damit die Funktion aber weiterhin Zugriff auf private Klassenkomponenten besitzt, wird sie mit Hilfe des Schlüsselworts `friend` als "Freund" der Klasse deklariert. Alle "Freunde" einer Klasse besitzen auch Zugriff auf die privaten Komponenten ("vor Freunden gibt es keine Geheimnisse").

Über eine Deklaration als globale Friend–Funktion ist eine automatische Typumwandlung also sowohl für den ersten als auch für den zweiten Parameter möglich:

```
class Bruch {
    ...
    friend bool operator < (const Bruch&, const Bruch&);
    ...
};

main ()
{
    Bruch x;
    ...
    if (x < 1000)        // geht
    ...
    if (1000 < x)        // geht auch !
    ...
}
```

Die Klasse Bruch mit Friend–Funktionen zur automatischen Typumwandlung

Um eine automatische Typumwandlung bei der Klasse Bruch an den sinnvollen Stellen zu ermöglichen, sollte die Deklaration der Klasse wie folgt verändert werden:

```
#ifndef _Bruch_h
#define _Bruch_h

// Standard-Header-Dateien einbinden
#include <stdlib.h>
#include <iostream.h>

class Bruch {

  private:
    int zaehler;
    int nenner;

  public:
    /* Default-Konstruktor, Konstruktor aus Zaehler und
     * Konstruktor aus Zaehler und Nenner
     */
    Bruch (int = 0, int = 1);

    /* Multiplikation
     *  - NEU: globale Friend-Funktion, damit automatische
     *         Typumwandlung des ersten Operanden moeglich ist
     */
    friend Bruch operator * (const Bruch&, const Bruch&);

    // multiplikative Zuweisung
    const Bruch& operator *= (const Bruch&);

    /* Vergleich
     *  - NEU: globale Friend-Funktion, damit automatische
     *         Typumwandlung des ersten Operanden moeglich ist
     */
    friend bool operator < (const Bruch&, const Bruch&);

    // Ausgabe mit Streams
    void printOn (ostream& = cout) const;

    // Eingabe mit Streams
    void scanFrom (istream& = cin);
};
```

```
/* operator *
 *  - NEU: globale Friend-Funktion
 *  - inline definiert
 */
inline Bruch operator * (const Bruch& a, const Bruch& b)
{
    /* Zaehler und Nenner einfach multiplizieren
     *  - kuerzen sparen wir uns
     */
    return Bruch (a.zaehler * b.zaehler, a.nenner * b.nenner);
}

/* Standard-Ausgabeoperator
 *  - global ueberladen und inline definiert
 */
inline ostream& operator << (ostream& strm, const Bruch& b)
{
    b.printOn (strm);       // Elementfunktion zur Ausgabe aufrufen
    return strm;            // Stream zur Verkettung zurueckliefern
}

/* Standard-Eingabeoperator
 *  - global ueberladen und inline definiert
 */
inline istream& operator >> (istream& strm, Bruch& b)
{
    b.scanFrom (strm);      // Elementfunktion zur Eingabe aufrufen
    return strm;            // Stream zur Verkettung zurueckliefern
}

#endif  /* _Bruch_h */
```

Hier wird nicht nur der Operator <, sondern auch der Operator `*` als globale Friend-Funktion deklariert. Dabei liegt die entsprechende Überlegung zugrunde, daß, wenn der Ausdruck `x * 1000` durch eine automatische Typumwandlung für den zweiten Operanden möglich ist, auch `1000 * x` möglich sein sollte.

Dies bedeutet nun aber nicht, daß alle Operatoren als globale Friend–Funktionen definiert werden sollten. Kandidaten für Friend–Funktionen sind vielmehr i.a. nur zweistellige Operatoren, bei denen der erste Operand nicht verändert wird.

- Für einstellige Operatoren macht es keinen Sinn, da es sich um eine Funktion der Klasse Bruch handelt und somit zumindest ein Bruch beteiligt sein sollte.
- Für zweistellige Operatoren, deren Aufruf den ersten Operanden verändert (dies sind i.a. die Zuweisungsoperatoren), soll das originale Objekt und nicht ein durch eine automatische Typumwandlung temporär erzeugtes Objekt manipuliert werden.

Implementierung von Friend–Funktionen für Klassen

Die geänderte Version der Header–Datei zeigt auch, daß die Friend–Funktionen nun anders implementiert werden müssen. Es gibt kein implizit übergebenes Objekt mehr, dessen Komponenten direkt angesprochen werden können. Die in der Header–Datei inline definierte Multiplikation erhält somit einen anderen Aufbau.

Statt der bisherigen Implementierung:

```
/* Bruch-Multiplikation als Elementfunktion
 */
inline Bruch Bruch::operator * (const Bruch& b) const
{
    return Bruch (zaehler * b.zaehler, nenner * b.nenner);
}
```

lautet die Implementierung nun:

```
/* Bruch-Multiplikation als globale Friend-Funktion
 */
inline Bruch operator * (const Bruch& a, const Bruch& b)
{
    return Bruch (a.zaehler * b.zaehler, a.nenner * b.nenner);
}
```

Es gibt nun also zwei Parameter `a` und `b`, von denen jeweils Zähler und Nenner angesprochen werden. Dieser Zugriff ist erlaubt, da es sich um eine Friend–Funktion der Klasse Bruch handelt. Da es kein Objekt gibt, für das die Funktion aufgerufen werden kann, darf darin weder **`this`** noch **`zaehler`** oder **`nenner`** ohne Zuordnung an ein Objekt angesprochen werden.

Entsprechend muß, da aus der Definition des Vergleichsoperators als Elementfunktion nun eine Definition als globale Funktion geworden ist, auch deren Implementierung in der Quelldatei geändert werden:

```
// Header-Datei der Klassen einbinden
#include "Bruch.h"
...
/* operator <
 *  - NEU: globale Friend-Funktion
 */
bool operator < (const Bruch& a, const Bruch& b)
{
    // Da die Nenner nicht negativ sein koennen, reicht:
    return a.zaehler * b.nenner < b.zaehler * a.nenner;
}
...
```

Auch hier werden jetzt beide Operanden als Parameter übergeben, deren Komponenten jeweils nur über den Namen des Parameters angesprochen werden können.

Man beachte, daß man an der Implementierung einer Funktion nicht erkennen kann, ob und, wenn ja, für welche Klassen sie eine Friend–Funktion ist. Entscheidend ist einzig und allein die entsprechende Deklaration in der Klasse.

"Normale" Elementfunktionen als Friend–Funktionen

Die hier vorgestellte Lösung, Operatoren global zu definieren, um eine automatische Typumwandlung für den ersten Operator zu ermöglichen, wird in kommerziellen Klassen sehr häufig verwendet, da die meisten zweistelligen Operatoren den ersten Operanden nicht verändern. Eine globale Definition kann aber auch für "normale" Elementfunktionen, die keine Operatoren definieren, sinnvoll sein. Dabei muß allerdings beachtet werden, daß sich dadurch die Aufruf–Syntax ändert.

Betrachten wir das am Beispiel einer Funktion, die zu einem Bruch seinen Kehrwert ausgibt. Als Elementfunktion deklariert, sieht ihre Anwendung wie folgt aus:

```
class Bruch {
    ...
    Bruch kehrwert () const;        // Kehrwert liefern
    ...
};

main ()
{
    Bruch x, y;
    ...
    y = x.kehrwert();             // Aufruf als Elementfunktion
                                  //  - keine Typumwandlung moeglich
}
```

Durch eine Deklaration als globale Friend–Funktion wird die Funktion nicht mehr für ein bestimmtes Objekt, sondern global aufgerufen und es ist eine automatische Typumwandlung möglich:

```
class Bruch {
    ...
    friend Bruch kehrwert (const Bruch&);      // Kehrwert liefern
    ...
};

main ()
{
    Bruch x, y;
```

```
    ...
    y = kehrwert(x);            // Aufruf als globale Funktion

    y = kehrwert(7);            // automatische Typumwandlung ueber
                                //  - int-Konstruktor moeglich (=> 1/7)
}
```

Spätestens hier sollte aber darauf hingewiesen werden, daß eine automatische Typumwandlung aus Sicht der objektorientierten Programmierung als fragwürdig betrachtet werden kann. Objekte erhalten dadurch Fähigkeiten, die anhand der Schnittstelle nicht ausdrücklich vorgesehen werden und deshalb auch zu unerwarteten Ergebnissen führen können. Außerdem können Friend–Funktionen bei der Vererbung zu einem Problem werden. Auf diese Aspekte wird u.a. in den Abschnitten 3.7.4 und 3.7.6 noch genauer eingegangen.

3.7.3 Konvertierungsfunktionen

Konstruktoren, die mit einem Parameter aufgerufen werden, definieren, wie ein Objekt der dazugehörigen Klasse **aus** einem Objekt eines fremden Typs erzeugt werden kann. Es gibt auch die Möglichkeit einer umgekehrten Konvertierung, also die Umwandlung des Objekts **in** einen fremden Datentyp zu definieren. Dies geschieht mit Hilfe sogenannter **Konvertierungsfunktionen** (engl.: **conversion functions**).

Die Deklaration einer Konvertierungsfunktion geschieht mit dem Schlüsselwort `operator`, gefolgt von dem Typ, in den umgewandelt werden soll.

Bei der Klasse Bruch ist es z.B. möglich, eine Typumwandlung eines Bruchs in einen Gleitkommawert zu definieren, indem als "`operator double`" eine Funktion definiert wird, die den Wert des Bruchs in den Typ `double` umwandelt und diesen zurückliefert:[9]

```
class Bruch {
    ...
    operator double () const;
    ...
};

inline Bruch::operator double () const
{
    // Quotient aus Zaehler und Nenner zurueckliefern
    return (double)zaehler / (double)nenner;
}
```

[9] Man beachte, daß bei der Bildung des Quotienten ohne die expliziten Typumwandlungen von Zähler und Nenner in den Datentyp double die ganzzahlige Division aufgerufen würde.

Eine Konvertierungsfunktion wird wie ein Konstruktor ebenfalls ohne Rückgabetyp (auch nicht `void`) deklariert. Die Funktion liefert aber einen Rückgabewert, nämlich ein Objekt des Typs, in den sie konvertieren soll, zurück. Insofern wird der Typ des Rückgabewerts implizit durch den Namen der Konvertierungsfunktion definiert.

Der Typ, in den konvertiert wird, kann (analog zu Konstruktoren) auch ein Typ einer anderen Klasse sein. Weder Konstruktoren noch Konvertierungsfunktionen können aber Friend–Funktionen sein, weshalb es in den Funktionen keinen direkten Zugriff auf private Komponenten der fremden Klasse geben kann (dazu kann es jedoch Hilfsfunktionen geben).

Durch die Konvertierungsfunktion der Klasse Bruch kann ein Bruch immer dann verwendet werden, wenn ein Objekt vom Typ `double` gebraucht wird. Zum Beispiel kann die Wurzelfunktion der mathematischen C–Biliothek aufgerufen werden:

```
#include <iostream.h>
#include <math.h>
#include "Bruch.h"

main()
{
    Bruch x(1,4);
    ...
    cout << sqrt(x);      // Wurzel aus x (als double) ausgeben
}
```

3.7.4 Probleme bei der automatischen Typumwandlung

Mit der Möglichkeit, Integer in Brüche und Brüche in Gleitkommawerte umwandeln zu können, läßt sich die Klasse Bruch gleich viel besser verwenden – sollte man meinen. Doch bereits das bisherige Anwendungsbeispiel zeigt die Schattenseiten der automatischen Typumwandlung auf.

Das Anwendungsprogramm, das am Anfang dieses Abschnitts vorgestellt wurde, kann damit nämlich nicht mehr compiliert werden:[10]

```
// Standard-Header-Dateien einbinden
#include <stdlib.h>
#include <iostream.h>

// Header-Dateien fuer die verwendeten Klassen einbinden
```

[10] Die Aussage, daß das Programm nicht mehr compiliert werden kann, bezieht sich auf korrekte Compiler. In der Praxis ist das Programm häufig trotzdem übersetzbar. Offensichtlich sind die hier aufgezeigten Probleme bei der automatischen Typumwandlung und die dazu existierenden Sprachspezifikationen auch für Compilerbauer nur schwer verständlich bzw. umsetzbar.

```
#include "Bruch.h"

main()
{
    const Bruch a(7,3);          // Bruch-Konstante a deklarieren
    Bruch x;                     // Bruch-Variable x deklarieren

    cout << a << endl;           // Bruch a ausgeben

    // Bruch x einlesen
    cout << "Bruch eingeben (zaehler/nenner): ";
    if (! (cin >> x)) {
        // Eingabefehler: Programmabbruch
        cerr << "Fehler beim Bruch-Eingeben" << endl;
        exit (1);
    }
    cout << "Eingabe war: " << x << endl;

    // solange x < 1000
    while (x < 1000) {           // NEU: statt "while (x < Bruch(1000))"
        // x mit a multiplizieren und ausgeben
        x = x * a;
        cout << x << endl;
    }
}
```

Das Problem ist der am Anfang dieses Abschnitts eingeführte Ausdruck

```
x < 1000
```

Er ist mit der aktuellen Klassendeklaration nun mehrdeutig geworden:

- Auf der einen Seite kann er wie besprochen als

  ```
  x < Bruch(1000)
  ```

  interpretiert werden.

- Die Tatsache, daß nun eine Konvertierungsfunktion zum Typ `double` existiert, ermöglicht aber auch eine Interpretation als:

  ```
  (double)x < (double)1000
  ```

Beide Interpretationen sind möglich und gleichwertig. Dies liegt daran, daß jede Interpretation über selbstdefinierte Konvertierungen (seien es über Konstruktoren oder über Konvertierungsfunktionen) unabhängig von weiteren Standard–Konvertierungen wie von `int` nach `double` die gleiche Priorität besitzt. Wenn es zwei verschiedene gleichwertige Interpretationsmöglichkeiten gibt, ist der Ausdruck immer mehrdeutig.

Die genauen Regeln zur automatischen Typumwandlung gehören zu den schwierigsten Themen in C++ und werden in Abschnitt 6.3 erläutert.

"Vermeide automatische Typumwandlungen!"

Dieses Beispiel lehrt eines: Funktionen zur automatischen Typumwandlung sollten vermieden werden. Insbesondere Zyklen sind bei Funktionen zur automatischen Typumwandlung unbedingt zu vermeiden.

Das bedeutet vor allem, daß es zu einem Konstruktor, der mit einem Argument aufrufbar ist, keine Konvertierungsfunktion geben sollte, die die entsprechende umgekehrte Umwandlung vornimmt. Genauso muß darauf geachtet werden, daß, wenn eine Klasse einen Konstruktor für Objekte einer anderen Klasse definiert, diese nicht den umgekehrten Konstruktor definiert.

Mit der Vermeidung von Funktionen zur automatischen Typumwandlung wird nicht nur die Gefahr der Mehrdeutigkeit minimiert. Gleichzeitig wird der objektorientierten Idee mehr Rechnung getragen. Eigene Datentypen werden ja dazu geschaffen, um eine feste Menge von erlaubten Operationen zu besitzen. Automatische Typumwandlungen weichen dieses Konzept auf.

Dies bedeutet nicht, daß grundsätzlich keine Typumwandlungen mehr möglich sind. Sie sollten nur nach Möglichkeit durch explizite Funktionsaufrufe realisiert werden.

Gängige Praxis dazu ist es, Elementfunktionen wie "**as***Typ*`()`" zu definieren. Im Beispiel der Klasse Bruch sollte also statt der Konvertierungsfunktion `operator double()` besser die Elementfunktion `asDouble ()` definiert werden:

```
class Bruch {
    ...
    // Konvertierung nach double
    double asDouble () const;
};
```

Damit wird auch die Anwendung einer solchen Konvertierung deutlicher:

```
#include <iostream.h>
#include <math.h>
#include "Bruch.h"

main()
{
    Bruch x(1,4);
    ...
    cout << sqrt(x.asDouble());    // Wurzel aus x (als double) ausgeben
}
```

3.7.5 Andere Anwendungen des Schlüsselworts friend

Mit dem Schlüsselwort `friend` kann im Prinzip jeder Funktion Zugriff auf die Interna einer Klasse gewährt werden. Eine Ausnahme bilden nur die Operatoren `=`, `()`, `[]` und `->` (die Tabelle auf Seite 522 liefert einen genauen Überblick, welche Funktionen Friend–Funktionen sein dürfen).

Es ist aber auch möglich, eine andere Klasse vollständig zum Freund zu erklären. Durch die Deklaration:

```
class X {
    friend class Y;
    ...
};
```

bzw.

```
class Y;

class X {
    friend Y;
    ...
};
```

erhalten alle Funktionen der Klasse Y Zugriff auf die Klasse X. Das überträgt sich aber nicht auf Friend–Funktionen von Y ("der Freund meines Freundes ist nicht automatisch mein Freund"). Eine Friend–Beziehung ist also nicht transitiv.

Eine Klasse zum Freund zu erklären, wird mitunter dazu verwendet, um zwei Klassen, die sehr eng zusammengehören, effektiver implementieren zu können (ein typisches Beispiel wären die Klassen Matrix und Vektor).

3.7.6 Friend kontra objektorientierte Programmierung

Einer der Lieblingsstreitpunkte über C++ ist die Frage, ob die Verwendung des Schlüsselworts `friend` mit der Idee der objektorientierten Programmierung zu vereinbaren ist. Dazu ist folgendes zu bemerken:

C++ ist eine Sprache, die nicht zu objektorientierter Programmierung zwingt, sondern sie nur unterstützt. Diese Unterstützung kann auf vielfältige Weise umgangen werden. Die Frage, ob das Schlüsselwort `friend` mit objektorientierter Programmierung zu vereinbaren ist, kann somit, wie die Frage, ob C++ objektorientiert ist, weder mit nein, noch mit ja beantwortet werden. Es hängt davon ab, wie man es verwendet.

Zunächst kann das Schlüsselwort `friend` dazu verwendet werden, durch globale Deklaration einer Funktion die Aufrufmöglichkeiten einer Elementfunktion zu erweitern. Das zeigen die in diesem Abschnitt besprochenen Beispiele der Multiplikation oder der Kehrwert–Funktion. In diesem Fall ist die Verwendung von `friend` zunächst unkritisch, da es sich nur um eine andere Form der Implementierung der Operationen für eine Klasse handelt. Da diese Funktionen mit der Klasse definiert werden, wird insbesondere der Zugriff auf interne Daten in keiner Weise erweitert. In solch einem Fall ist die Verwendung der Friend–Funktion eine Konzession an die Tatsache, daß einiges in C++ (aus Gründen der Effizienz oder der Kompatibilität zu C) über "Hintertürchen" zu programmieren ist. Letztlich ist es dann auch Geschmackssache, ob man Funktionen mit der globalen oder mit Hilfe der Syntax für Elementfunktionen aufrufen will.

Friend–Funktionen können allerdings bei Vererbung und Polymorphie Probleme bereiten. Darauf wird in Abschnitt 4.3.3 noch eingegangen. Insofern stehen Friend–Funktionen den Konzepten der objektorientierten Idee im Wege.

Eine andere Möglichkeit von Friend–Deklarationen ist es, den Zugriff auf private Daten einer Klasse generell auf eine andere Klasse zu übertragen. An dieser Stelle weicht das Prinzip der strengen Datenkapselung auf. Der Zugriff auf die privaten Daten einer Klasse ist damit nicht mehr ausschließlich auf die Funktionen beschränkt, die als Elementfunktion oder als globale Friend–Funktion in der Klassenstruktur deklariert werden.

Es hat sich aber gezeigt, daß damit u.U. ein erheblicher Laufzeitvorteil zu erreichen ist. Wenn z.B. das Produkt eines Vektors mit einer Matrix gebildet werden soll, muß auf Interna beider Klassen zugegriffen werden. Ohne einen direkten Zugriff müßte jeder Zugriff auf ein Element im Vektor bzw. in der Matrix über eine Elementfunktion durchgeführt werden.

Eine solche Verwendung der Friend–Funktionen weicht also das Konzept der strengen Datenkapselung zugunsten eines Laufzeitvorteils auf. Da die Laufzeit immer noch ein wichtiges Kriterium von Programmen ist, wird dies in der Praxis oft (und gern) in Kauf genommen.

Jeder sollte sich klar machen, daß die Verwendung einer Friend–Funktion die Überprüfung und Wartung einer Klasse erheblich erschweren kann, da der Zugriff auf außenliegende Funktionen übertragen wird. Am besten verwendet man eine Friend–Deklaration immer mit einem schlechten Gewissen, damit man nicht irgendwann anfängt, das Schlüsselwort `friend` nur aus Bequemlichkeit einzuführen.

Unstrittig ist auf jeden Fall, daß man mit dem Schlüsselwort `friend` jede Menge Unsinn anstellen kann. Aber jeder kennt die Erfahrung, wenn man die falschen Personen, pardon Klassen, zum Freund macht. Aus diesem Grund sollte eine Deklaration von Friend–Klassen immer deutlich gekennzeichnet werden.

Um Mißverständnissen vorzubeugen, sei ausdrücklich darauf hingewiesen, daß es auch mit `friend` nicht möglich ist, den Zugriff auf die privaten Komponenten einer Klasse nachträglich zu erweitern. Die Klasse selbst entscheidet in ihrer Deklaration, wen sie zum Freund hat. Es kann sich niemand zum Freund erklären.

3.7.7 Zusammenfassung

- Ein Konstruktor, der mit nur einem Parameter aufrufbar ist, definiert automatisch die Möglichkeit einer automatischen oder expliziten **Typumwandlung** von dem Typ des Parameters in ein Objekt der Klasse.
- **Konvertierungsfunktionen** bieten eine Möglichkeit, ein Objekt einer Klasse implizit oder explizit in einen anderen Typ umzuwandeln. Sie werden durch "`operator` *typ*`()`" deklariert und besitzen eine Return–Anweisung, werden aber ohne Rückgabetyp deklariert.
- Bei Funktionen zur automatischen Typumwandlung drohen Mehrdeutigkeiten. Konvertierungsfunktionen sollten deshalb vermieden und Konstruktoren mit nur einem Parameter mit Vorsicht eingesetzt werden.
- Durch das Schlüsselwort **friend** können einzelne Operationen oder ganze Klassen Zugriff auf alle privaten Komponenten erhalten.
- Um eine automatische Typumwandlung für den ersten Operanden einer als Elementfunktion implementierten Operator–Funktion zu ermöglichen, muß diese global deklariert werden. Durch die Deklaration als `friend` kann deren Implementierung trotzdem Zugriff auf private Komponenten erhalten.
- `friend` ist nicht transitiv ("der Freund meines Freundes ist nicht unbedingt mein Freund").

3.8 Dynamische Speicherverwaltung

Dieser Abschnitt führt in das Konzept der Speicherverwaltung unter C++ ein. Dabei werden die in C++ dafür vorhandenen Operatoren `new` und `delete` vorgestellt und deren Anwendung erläutert. Dazu wird auch auf die Möglichkeit eingegangen, ihr Verhalten zu überwachen und neu zu definieren.

Die Operatoren zur Speicherverwaltung

Für die dynamische Speicherverwaltung werden in C++ die Operatoren **new** und **delete** eingeführt. Mit `new` wird ein neues Objekt explizit angelegt, mit `delete` wird es zerstört.

Die mit `new` und `delete` verwalteten Objekte können sowohl zu einer Klasse gehören als auch einen fundamentalen Datentyp besitzen. Genauso ist es möglich, Arrays von Objekten beliebiger Art anzulegen. Falls es sich um konkrete Objekte von Klassen (Instanzen) handelt, werden die dafür definierten Konstruktoren aufgerufen.

Abgrenzung zu C–Funktionen

Die neuen Operatoren ersetzten die in C bekannten Speicherplatz–Funktionen `malloc()` und `free()`. Dies hat mehrere Vorteile:

- Als Operatoren sind `new` und `delete` Teil der Sprache C++ und gehören nicht zu einer Standard–Umgebung.
- Aus diesem Grund kann der Typ der anzulegenden Objekte als Operand direkt angegeben werden und muß nicht als Parameter geklammert und mit `sizeof` versehen werden.
- Außerdem liefert `new` im Gegensatz zu `malloc()` immer einen Zeiger auf den richtigen Typ zurück. Sein Rückgabewert muß also nicht erst explizit in den richtigen Typ umgewandelt werden.
- Der zurückgelieferte Speicherplatz ist bereits ein vollständiges Objekt, da auch die entsprechenden Konstruktoren aufgerufen werden, die den Speicherplatz initialisieren (fundamentale Datentypen sind, wie in C, nach Aufruf von `new` aber weiterhin nicht initialisiert).
- Der Rückgabewert muß nicht unbedingt auf `NULL` getestet werden, da für den Fall, daß es nicht möglich ist, Speicherplatz anzulegen, von Programmen eine Funktion definiert werden kann, die diesen Fehlerfall geeignet behandelt.
- Schließlich kann der Operator `new` für eigene Datentypen selbst implementiert werden. Dadurch ist eine beliebige Optimierung bei der Speicherverwaltung möglich.

Durch diese Vorteile kann viel Code gespart werden.

Aus C–Code wie:

```
bruchPointer = (Bruch*) malloc (sizeof(Bruch));
if (bruchPointer == NULL) {
    /* Fehler */
    ...
}
initBruch (bruchPointer, 77, 3);
```

wird in C++ einfach nur noch:

```
bruchPointer = new Bruch(77,3);
```

3.8.1 Der Operator `new`

Mit dem Operator **new** kann explizit Speicherplatz für ein Objekt eines bestimmten Typs angelegt werden.

Als Operand hinter `new` wird einfach der Typ des Objekts angegeben, das explizit angelegt werden soll. Zurückgeliefert wird ein Zeiger auf dieses Objekt:

```
float* fp = new float;              // legt float an
Bruch* bp = new Bruch;              // legt Bruch an
```

Sofern es sich bei dem Typ um eine Klasse handelt und ein entsprechender Konstruktor definiert ist, wird dieser aufgerufen. Zu diesem Zweck können in Klammern Argumente an den Konstruktor übergeben werden:

```
Bruch* bp1 = new Bruch;             // ruft Default-Konstr. von Bruch auf
Bruch* bp2 = new Bruch(42);         // ruft int-Konstr. von Bruch auf
Bruch* bp3 = new Bruch(77,3);       // ruft int/int-Konstr. von Bruch auf
```

Rückgabewert 0

Normalerweise muß ein Aufruf von `new` jedesmal getestet werden. Konnte kein Speicherplatz angelegt werden, wird von dem Operator, sofern nichts anderes eingerichtet wurde, `0` bzw. `NULL` zurückgeliefert:

```
Bruch* bp = new Bruch;
if (bp == NULL) {
    /* FEHLER: new hat nicht geklappt
     */
    ...
}
```

Durch Installation einer speziellen Funktion zur Behandlung von Fehlern beim Aufruf von `new` (sogenannte "New–Handler") entfällt diese Notwendigkeit allerdings. New–Handler werden in Abschnitt 3.8.4 eingeführt und sollten von jedem Programm installiert werden, um den Test für das erfolgreiche Aufrufen von **new** zu vermeiden. Nachfolgend wird davon ausgegangen, daß ein solcher New–Handler installiert ist, und der Rückgabewert deshalb nicht jedesmal überprüft.

3.8.2 Der Operator delete

Der Operator **delete** dient dazu, mit **new** allokierten Speicherplatz wieder freizugeben.

Als Operand muß der von **new** zurückgelieferte Zeiger auf das Objekt (die Adresse des Objekts) übergeben werden:

```
float* fp = new float;                  // Float anlegen
Bruch* bp = new Bruch;                  // Bruch anlegen
...
delete fp;                              // Float freigeben
delete bp;                              // Bruch freigeben

Bruch* bp1 = new Bruch(77,3);           // Bruch anlegen (bp1 zeigt darauf)
...
Bruch* bp2 = bp1;                       // bp2 zeigt nun auch darauf
...
delete bp2;                             // Bruch freigeben
```

Der Aufruf von `delete` für ein nicht mit **new** erzeugtes Objekt ist nicht definiert und kann beliebig fatale Folgen haben. Insbesondere ist es falsch, einen mit `malloc()` angelegten Speicherplatz mit `delete` bzw. einen mit **new** angelegten Speicherplatz mit `free()` freizugeben. Dies funktioniert zwar manchmal, da **new** und `delete` oft über `malloc()` und `free()` implementiert werden, ein solches Pogramm ist allerdings nicht mehr portabel, da **new** und `delete` auch beliebig anders definiert sein können.

Ein `delete` für 0 (bzw. `NULL`) ist erlaubt und hat keinen Effekt. Auf diese Weise kann beim Aufräumen ein `delete` für einen mit `NULL` initialisierten Zeiger aufgerufen werden, unabhängig davon, ob er in der Zwischenzeit auf mit **new** angelegten Speicherplatz zeigt.

3.8.3 Dynamische Speicherverwaltung für Arrays

Durch Verwendung von Array–Klammern können auch Arrays von Objekten angelegt und wieder freigegeben werden.

Beim Anlegen mit **new** wird ein Zeiger auf das erste Objekt zurückgeliefert:

```
char*   s = new char [len+1];             // len+1 char's
Bruch*  brueche = new Bruch [42];         // 42 Brueche
float** werte = new float* [10];          // 10 Zeiger auf float's
```

Auch in diesem Fall werden, falls vorhanden, für jedes damit angelegte Objekt die entsprechenden Konstruktoren aufgerufen. Im vorherigen Beispiel wird also zum Anlegen von `brueche` 42mal der Default–Konstruktor von Bruch aufgerufen. Bei mit `new` angelegten Arrays ist es nicht möglich, Argumente an die Konstruktoren zu übergeben.

Für die Freigabe von Arrays gibt es eine eigene Syntax des Operators `delete`, die verlangt, daß ebenfalls Array–Klammern angegeben werden müssen:

```
char*   s = new char [len+1];         // len+1 char's
Bruch*  brueche = new Bruch [42];     // 42 Brueche
float** werte = new float* [10];      // 10 Zeiger auf float's
...
delete [] s;                          // char's freigeben
delete [] brueche;                    // Brueche freigeben
delete [] werte;                      // float's freigeben
```

Ein Programmierer muß selbst darauf achten, ob ein Zeiger auf ein einzelnes oder ein Array von Objekten zeigt, um die richtige Syntax zur Freigabe verwenden zu können:

```
void freigeben (Bruch* bp)
{
    // Was ist gemeint ????:
    delete bp;          // bei:  bp = new Bruch;
    delete [] bp;       // bei:  bp = new Bruch [10];
}
```

Wird die falsche Syntax verwendet, so ist der Effekt nicht definiert.

Diese etwas unschöne Eigenschaft der Sprache liegt darin begründet, daß in C++ anhand des Datentyps nicht zwischen einem Zeiger auf ein Objekt und einem Array von Objekten unterschieden werden kann (eine Folge der Kompatibilität zu C). Die Unterscheidung ist aber wesentlich, da u.U. verschiedene Operationen aufgerufen werden:

- `delete [] bp`
  ruft in jedem Fall den global vordefinierten Delete–Operator auf
- `delete bp`
  ruft dagegen nicht unbedingt den global vordefinierten Delete–Operator auf. Ist nämlich für die Klasse eine spezielle Speicherverwaltung implementiert und somit ein eigener Delete–Operator definiert (darauf wird in Abschnitt 3.8.5 eingegangen), wird dieser aufgerufen.

Da der Compiler also nicht in jedem Fall entscheiden kann, ob ein einzelnes oder ein Array von Objekten zerstört werden soll (`new` und `delete` können in völlig verschiedenen Modulen übersetzt werden), muß dies vom Programmierer angegeben werden.[11]

[11] Die Spezifikation von C++ bzgl. der Syntax beim Aufruf des Delete–Operators für Arrays hat sich zweimal geändert und ihre jetzige Form ist relativ neu. Es kann daher sein, daß manche Compiler der aktuellen Definition noch hinterherhinken.

Mehrdimensionale Arrays

Mit new können auch mehrdimensionale Arrays angelegt werden: Auch hier wird beim Anlegen ein Zeiger auf das erste Objekt zurückgeliefert:

```
Bruch (*zweidim) [7] = new Bruch [10][7];     // 10*7 Brueche
...
delete [] zweidim;                            // Brueche freigeben
```

Durch den Aufruf von new werden 70 Brüche angelegt und im Default–Konstruktor der Klasse jeweils initialisiert. Die Delete–Anweisung gibt diese Brüche wieder frei.

Arrays ohne Elemente

Es ist erlaubt, mit new Arrays mit 0 Elementen anzulegen. Damit muß für den Fall, daß dynamische Arrays auch leer sein können, keine Sonderbehandlung durchgeführt werden:

```
int size = 0;
...
// size kann immer noch 0 sein
int* zahlen = new int [size];
...
delete [] zahlen;
```

3.8.4 New–Handler

Bisher sind wir beim Aufruf des Operators new immer davon ausgegangen, daß der angeforderte Speicherplatz geliefert werden kann. Was passiert aber, wenn new aufgrund von Speicherplatzmangel nicht durchgeführt werden kann?

Wenn nichts anderes vorbereitet ist, wird von new jeweils der Wert 0 zurückgeliefert. Der Rückgabewert von new müßte also eigentlich jedesmal auf 0 bzw. NULL getestet werden.

Um dies zu vermeiden, bietet C++ die Möglichkeit, eine Funktion zu definieren, die automatisch aufgerufen wird, wenn new fehlschlägt. Ein solcher sogenannter **New–Handler** kann mit der Funktion set_new_handler() installiert werden. Diese Funktion wird in der speziellen C++–Header–Datei <new.h> deklariert.

Der New–Handler ist als globale Funktion zu deklarieren, die ohne Parameter aufgerufen wird und auch keinen Rückgabewert zurückliefert. Das folgende Beispiel zeigt einen solchen New–Handler und seine Verwendung:

```
// Header-Datei fuer den New-Handler
#include <new.h>

// Standard-Header-Dateien
```

```
#include <iostream.h>
#include <stdlib.h>

/* eigenerNewHandler
 *  - gibt Fehlermeldung aus und beendet Programm
 */
void eigenerNewHandler ()
{
    // Fehlermeldung auf Standard-Fehlerkanal ausgeben
    cerr << "Speicherplatz alleeeeeeeee..." << endl;

    // Programm mit Fehlerstatus beenden
    exit (1);
}

main()
{
    // eigenen New-Handler installieren
    set_new_handler (&eigenerNewHandler);

    // und testen
    char* p = new char [1000000000];

    // kein Rechner kann soviel Speicherplatz uebrig haben
    cout << "Rechnerkonzept ueberpruefen" << endl;
}
```

Am Anfang des Programms wird durch Aufruf von `set_new_handler()` die Funktion `eigenerNewHandler()` als New–Handler installiert:[12]

```
set_new_handler (&eigenerNewHandler);
```

Da es in C keinen Unterschied zwischen einer Funktion und der Adresse einer Funktion gibt (der Name einer Funktion wird als ihre Adresse betrachtet), kann der Operator `&` dabei auch wegfallen:

```
set_new_handler (eigenerNewHandler);
```

Anschließend wird versucht, Speicher für 1.000.000.000 Zeichen anzulegen:

```
char* p = new char [1000000000];
```

Da im Normalfall keinem Programm so viel Speicher zur Verfügung steht, wird der Aufruf von `new` mit ziemlicher Sicherheit zum Aufruf des installierten New–Handlers führen, der den Sachverhalt meldet und das Programm beendet.

[12] Wie `set_new_handler()` intern implementiert ist, wird in Abschnitt 3.13.1 noch genauer erläutert.

Dieser erste New–Handler sollte allerdings noch ein wenig umgeschrieben werden. Es kann nämlich passieren, daß über den New–Handler selbst versucht wird, neuen Speicherplatz zu allokieren. Es ist nicht ausgeschlossen, daß im Rahmen des Operators `<<` für Streams `new` aufgerufen wird. Außerdem werden durch `exit()` für alle statischen Objekte noch die Destruktoren aufgerufen, was ebenfalls dazu führen kann, daß **`new`** aufgerufen wird. Dies würde eine rekursive Schleife von New–Handler–Aufrufen zur Folge haben und schließlich zum Absturz eines Programms führen.

Um dies zu vermeiden, sollten besser LowLevel–I/O–Funktionen und statt `exit()` die Funktion `_exit()` verwendet werden. Der gleiche New–Handler sähe also besser wie folgt aus:

```
// Header-Datei fuer den New-Handler
#include <new.h>

// Standard-Header-Dateien
#include <stdio.h>
#include <stdlib.h>
#include <unistd.h>

/* eigenerNewHandler
 *  - gibt Fehlermeldung aus und beendet Programm
 */
void eigenerNewHandler ()
{
    char s [] = "Speicherplatz alleeeeeeeee...";

    // Fehlermeldung auf Standard-Fehlerkanal ausgeben
    write (2, s, sizeof(s));

    // Programm mit Fehlerstatus beenden
    _exit (1);
}
```

Manche Standard–C++–Bibliotheken installieren solche New–Handler von sich aus. Dies entbindet ein portables Programm aber nicht von der Notwendigkeit, einen New–Handler zu installieren, da dies nicht überall sichergestellt ist.

Temporäre New–Handler

Die Funktion `set_new_handler()` liefert jeweils den vorher installierten New–Handler zurück. Dies kann dazu verwendet werden, New–Handler nur für einen begrenzten Programmabschnitt zu installieren. Der zurückgelieferte New–Handler wird dazu später wieder installiert:

```
void f ()
{
    void (*alterNewHandler) ();    // Zeiger auf New-Handler

    // neuen New-Handler installieren und alten merken
    alterNewHandler = set_new_handler (&eigenerNewHandler);
    ...
      // Operation mit new aufrufen
    ...
    // alten New-Handler wieder installieren
    set_new_handler (alterNewHandler);
}
```

New–Handler mit Datensicherung

In kommerziellen Programmen genügt es in der Regel nicht, bei Fehlern das Programm einfach zu beenden. Vor dem Beenden müssen typischerweise noch Sicherungsarbeiten durchgeführt werden. Dabei ist es nicht selten der Fall, daß dazu noch Speicherplatz gebraucht wird.

In dem Fall empfiehlt es sich, am Anfang des Programms Speicher zu allokieren, der freigegeben wird, wenn der New–Handler aufgerufen wird. Dies könnte zum Beispiel in einem eigenen Modul implementiert werden:

```
// Header-Datei fuer den New-Handler
#include <new.h>

// Standard-Header-Dateien
#include <iostream.h>
#include <stdlib.h>

// Vorwaerts-Deklaration
static void eigenerNewHandler();

// allokierter Speicherplatz fuer den Aufruf des New-Handlers
static char* speicherplatzFuerNewHandler;

/* initNewHandler
 *  - Speicherplatz fuer New-Handler reservieren
 *  - New-Handler installieren
 */
void initNewHandler ()
{
    // je nach Bedarf Speicherplatz allokieren
```

```
    speicherplatzFuerNewHandler = new char [10000];

    // New-Handler installieren
    set_new_handler (&eigenerNewHandler);
}

/* eigenerNewHandler
 *  - gibt Fehlermeldung aus, sichert Daten und beendet Programm
 */
static void eigenerNewHandler ()
{
    // Speicherplatz fuer New-Handler freigeben
    delete [] speicherplatzFuerNewHandler;

    // Fehlermeldung auf Standard-Fehlerkanal ausgeben
    cerr << "Speicherplatz alle" << endl;

    // Daten sichern
    save ();

    // Programm mit Fehlerstatus beenden
    exit (1);
}
```

Im Programm muß am Anfang nur `initNewHandler()` aufgerufen und `save()` definiert werden.

New–Handler, die das Programm nicht unbedingt beenden

Noch besser ist es natürlich, wenn bei Speicherplatzmangel zunächst versucht wird, das Programm weiterlaufen zu lassen. Dazu kann der New–Handler so implementiert werden, daß das Programm nicht beendet wird, sondern nach Aufruf des New–Handlers versucht, weiterzulaufen.

Wenn der mangels Speicherplatz aufgerufene New–Handler das Programm nicht beendet, wird typischerweise nochmal versucht, den angeforderten Speicherplatz zu allokieren. Der Operator `new` ist normalerweise so vordefiniert, daß, wenn kein Speicherplatz allokiert werden kann, entweder 0 zurückgeliefert wird oder, falls ein New–Handler installiert ist, in einer Schleife dieser immer wieder aufgerufen wird, bis der angeforderte Speicherplatz verfügbar ist oder das Programm im New–Handler beendet wird:

```
/* Typische Implementierung des vordefinierten globalen
 * Operators new
 */
```

```
void* operator new (size_t size)
{
    void* p;            // Zeiger fuer neuen Speicher

    /* solange es nicht klappt, neuen Speicher zu bekommen
     *  - New-Handler aufrufen oder 0 zurueckliefern
     */
    while ((p = holSpeicher (size)) == 0) {
        // kein Speicherplatz der Groesse verfuegbar
        if (_new_handler) {
            // New-Handler aufrufen
            (* _new_handler)();
        }
        else {
            // 0 zurueckliefern
            return 0;
        }
    }

    /* holSpeicher() lieferte neuen Speicher (Rueckgabewert != 0)
     *  => Speicherplatz zurueckliefern
     */
    return p;
}
```

Der Funktionszeiger `_new_handler` zeigt entweder auf einen installierten New–Handler oder besitzt den Wert `NULL`. Solange kein Speicher verfügbar ist (`holSpeicher()` den Wert 0 zurückliefert) und ein New–Handler installiert ist, wird dieser aufgerufen. Die Funktion `holSpeicher()` könnte z.B., muß aber nicht `malloc()` sein.

Eine derartige Implementierung des Operators `new` ist allerdings nicht vorgeschrieben. Beim Testen des folgenden Beispiels mit dem GNU–C++–Compiler habe ich z.B. festgestellt, daß nach Aufruf des New–Handlers kein erneuter Versuch unternommen wurde, den Speicher anzulegen.[13]

Unter der Voraussetzung, daß der Operator wie beschrieben als Schleife implementiert ist, könnte ein Programm einen New–Handler installieren, der das Programm nicht beendet, sondern aufräumt und dadurch Speicherplatz freigibt. Genauso ist es möglich, daß der erste Aufruf des New–Handlers reservierten Speicherplatz freigibt und eine Warnung ausgibt, daß der Speicher fast verbraucht ist. Das Programm läuft aber weiter und wird erst wenn der "Reserve–Speicher" verbraucht ist, endgültig beendet:

[13] Nach einem entsprechenden Hinweis bekam ich aber die Antwort, daß der vordefinierte globale Operator `new` in neuen Versionen entsprechend umgeschrieben werden soll.

```
// Header-Datei fuer den New-Handler
#include <new.h>

// Standard-Header-Dateien
#include <iostream.h>
#include <stdlib.h>

// Vorwaerts-Deklaration
static void eigenerNewHandler();

// allokierter Speicherplatz fuer den Aufruf des New-Handlers
static char* speicherplatzFuerNewHandler1;
static char* speicherplatzFuerNewHandler2;

/* initNewHandler
 *  - Speicherplatz fuer New-Handler reservieren
 *  - New-Handler installieren
 */
void initNewHandler ()
{
    // je nach Bedarf Speicherplatz allokieren
    speicherplatzFuerNewHandler1 = new char [50000];
    speicherplatzFuerNewHandler2 = new char [10000];

    // New-Handler installieren
    set_new_handler (&eigenerNewHandler);
}

/* eigenerNewHandler
 *  - beim ersten Mal:  Rest-Speicher bereitstellen
 *  - beim zweiten Mal: Programm beenden
 */
static void eigenerNewHandler ()
{
    static bool ersteMal = true;

    if (ersteMal) {
        // ersten Speicherplatz fuer New-Handler freigeben
        delete [] speicherplatzFuerNewHandler1;

        // Warnung auf Standard-Fehlerkanal ausgeben
```

```
            cerr << "Warnung: Speicherplatz bald alle" << endl;

            // Programm laeuft weiter bis zum zweiten Aufruf
            ersteMal = false;
        }
        else {
            // zweiten Speicherplatz fuer New-Handler freigeben
            delete [] speicherplatzFuerNewHandler2;

            // Fehlermeldung auf Standard-Fehlerkanal ausgeben
            cerr << "Speicherplatz alle" << endl;

            // Daten sichern
            save ();

            // Programm mit Fehlerstatus beenden
            exit (1);
        }
    }
```

3.8.5 Überladen von `new` und `delete`

Die Operatoren `new` und `delete` werden in C++ als globale Funktion implementiert. Es besteht aber die Möglichkeit, für eigene Klassen die Operatoren selbst zu implementieren. Dadurch kann die dynamische Speicherverwaltung für eigene Datentypen beliebig optimiert oder es können Sonderfälle eingebaut werden.

Denkbar ist zum Beispiel:

- die dynamische Speicherverwaltung mit Hilfe von Ausgabe–Anweisungen zu verifizieren
- den Zeitaufwand für das Allokieren von Speicherplatz für viele kleine Objekte durch Allokieren von großen Blöcken im voraus zu verringern
- eine automatische Speicherverwaltung (Garbage Collection) zu implementieren

Überladen von `new`

Der Operator `new` erhält als Parameter die Größe des Objekts, das angelegt werden soll. Dafür wird der Typ `size_t` verwendet, der in `<stddef.h>` implementierungsabhängig definiert wird.

Auf folgende Weise kann z.B. für jede Klasse der Operator `new` mit einer Ausgabe–

Anweisung implementiert werden:

```
#include <stddef.h>

void* KLASSE::operator new (size_t size)
{
    // Meldung ausgeben
    cout << "klassenspezifisches new aufgerufen" << endl;

    // globales new fuer Speicher der Groesse size aufrufen
    return  ::new char [size];
}
```

Man beachte, daß der Rückgabetyp immer `void*` (und nicht `KLASSE*`) sein muß. Es wird noch kein Objekt der Klasse angelegt, sondern erst Speicher dafür bereitgestellt.

Bei der Implementierung des Operators wird durch Verwendung des Bereichsoperators `::` sichergestellt, daß innerhalb der Implementierung der globale New–Operator aufgerufen wird. Sofern die eigene Implementierung nicht dazu dient, die Speicherverwaltung völlig umzustellen, ist es immer von Vorteil, sie auf den globalen New–Operator zurückzuführen. Damit wird sichergestellt, daß im Fehlerfall, wie es vom Anwender auch erwartet wird, der installierte New–Handler aufgerufen wird.

Zum Anfordern des Speichers muß immer `size` verwendet werden. Da der Operator `new` vererbt wird, kann er nämlich auch für größere Objekte aus abgeleiteten Klassen aufgerufen werden. Es ist also ein Fehler, Speicher nur für ein Objekt der entsprechenden Klasse bereitzustellen:

```
return  ::new char [sizeof(KLASSE)];      // FEHLER
```

Genauso falsch ist es, einfach explizit das globale `new` für ein Objekt der Klasse aufzurufen:

```
return  ::new KLASSE;                     // FEHLER
```

Hier wird ebenfalls ggf. zu wenig Speicher angelegt und außerdem der Konstruktor der Klasse bereits aufgerufen (was eigentlich erst nach Aufruf von `new` passieren sollte).

Wer den Operator `new` wirklich nur für Objekte dieser Klasse implementieren will, kann für abgeleitete Klassen das globale `new` direkt aufrufen. Dazu wird einfach geprüft, ob sich die Größe des angeforderten Speichers mit der Größe der Objekte dieser Klasse deckt:

```
void* KLASSE::operator new (size_t size)
{
    // fuer abgeleitete Klassen globales new aufrufen
    if (size != sizeof(KLASSE)) {
        return  ::new char [size];
    }
    ...
}
```

Bei abgeleiteten Klassen ohne neue Komponenten wird der Test allerdings fehlschlagen.

Überladen von `delete`

Auf entsprechende Art und Weise kann für jede Klasse der Operator `delete` mit Ausgabe–Anweisung implementiert werden:

```
#include <stddef.h>

void KLASSE::operator delete (void* p, size_t size)
{
    // Meldung ausgeben
    cout << "klassenspezifisches delete aufgerufen" << endl;

    // globales delete aufrufen
    ::delete p;
}
```

Wie das Beispiel zeigt, erhält der Operator `delete` als Parameter die Adresse des freizugebenden Speicherplatzes und ebenfalls die Größe des Objekts, das freigegeben werden soll. Der zweite Parameter kann allerdings auch entfallen (es gibt damit zwei alternative Möglichkeiten, den Delete–Operator für eine Klasse zu definieren):

```
void KLASSE::operator delete (void* p)
{
    ...
}
```

Der Rückgabetyp muß immer `void` sein.

Operator `new` mit Parametern

Der Operator `new` kann durch Deklaration zusätzlicher Parameter überladen werden. Die Argumente für diese Parameter müssen dann beim Aufruf des Operators in Klammern zwischen `new` und dem Datentyp angegeben werden.

Die Deklaration

```
void* KLASSE::operator new (size_t, float, int)
```

ermöglicht z.B. den Aufruf

```
new (3.5, 42) KLASSE
```

Die beiden Argumente werden dabei nach dem ohnehin vorhandenen ersten Parameer übergeben. Aufgerufen wird also:

```
KLASSE::operator new (sizeof(Klasse), 3.5, 42)
```

Für `delete` ist die Verwendung zusätzlicher Parameter nicht zugelassen.

Globales Überladen von `new` und `delete`

Auch das globale `new` und `delete` kann durch eine eigene Implementierung ersetzt werden. Damit kann z.B. die Speicherverwaltung für alle Objekte umgestellt werden. Der globale Delete–Operator muß dann allerdings mit nur einem Parameter definiert werden.

Dieser Operator gilt dann auch für Arrays, die grundsätzlich über die globalen Speicherplatz–Operatoren verwaltet werden. In der letzten ANSI/ISO–Sprachspezifikation zu C++ wird allerdings zwischen den Operatoren `new` und `new[]` sowie `delete` und `delete[]` unterschieden. Damit ist es dann möglich, für Klassen eine eigene Speicherverwaltung zu definieren, die sich sowohl auf einzelne Objekte als auch auf Arrays bezieht.

`new` und `realloc()`

Es gibt in C++ keinen Operator zum Verkleinern und Vergrößern von Speicherplatz. Diese Funktionalität muß i.a. über `new` und `delete` realisiert werden. Auf C übertragen bedeutet das, daß ein `realloc()` durch `malloc()`und `free()` implementiert werden muß.

Wenn aber durch eigene Definition sichergestellt wird, daß `new` und `delete` über `malloc()` und `free()` implementiert sind, kann für mit `new` angelegte Objekte auch `realloc()` aufgerufen werden. Dazu sollte allerdings eine Funktion wie `renew()` definiert werden, damit C– und C++–Techniken nicht durcheinandergewürfelt werden. Außerdem sollte darauf geachtet werden, daß auch diese Funktion im Fehlerfall den New–Handler aufruft. Dazu kann die Variable `_new_handler` verwendet werden, die jeweils auf den aktuellen New–Handler zeigt (siehe die mögliche Implementierung von `new` auf Seite 157).

Ich warne ausdrücklich davor, `realloc()` direkt für mit `new` angelegte Objekte aufzurufen. Es funktioniert zwar meistens, da `new` typischerweise über `malloc()` implementiert ist, ist aber nicht portabel und sehr gefährlich, da zum einen `new()` auch anders definiert sein kann und zum anderen der New–Handler dann nicht verwendet wird.

3.8.6 Zusammenfassung

- Zur Speicherverwaltung werden in C++ die Operatoren `new` und `delete` eingeführt.
- Für Arrays müssen `new` und `delete` jeweils mit eckigen Klammern aufgerufen werden.
- Für den Fall, daß mit `new` kein Speicherplatz allokiert werden kann, kann ein New–Handler definiert werden, der dann automatisch aufgerufen wird und die entsprechende Fehlerbehandlung durchführt.
- Die Operatoren `new` und `delete` können überladen werden, wobei `new` zusätzliche Parameter erhalten kann. Beim Überladen von `new` sollte darauf geachtet werden, daß im Fehlerfall ein installierter New–Handler aufgerufen wird.
- Die Speicherverwaltung von C++ mit `new` und `delete` sollte **nie** mit den C–Funktionen `malloc()`, `free()` usw. durcheinandergewürfelt werden.

3.9 Dynamische Komponenten

Dieser Abschnitt stellt die Verwaltung und Anwendung von Klassen mit dynamischen Komponenten vor. Anhand einer Klasse für Strings werden die Besonderheiten vorgestellt, die bei Verwendung dynamischer Komponenten beachtet werden müssen.

Damit wird der Traum eines jeden C–Programmierers wahr, denn Strings können in C++ mit Hilfe einer entsprechenden Klasse wie fundamentale Datentypen behandelt werden.

3.9.1 Motivation

In C müssen für Strings jeweils spezielle Funktionen zum Zuweisen, Vergleichen, Hintereinanderhängen (Konkatenieren) aufgerufen werden. Dies liegt daran, daß ein C–String ein Zeiger auf das erste Element eines Arrays von Zeichen ist. Werden die Operatoren zum Zuweisen, Vergleichen etc. verwendet, werden nur die Zeiger (also die Adressen der Strings), nicht aber die Zeichen, auf die sie zeigen, zugewiesen, verglichen oder hintereinandergehängt (vergleiche Seite 12). Hinzu kommt, daß der C–Programmierer immer selbst darauf achten muß, daß genügend Speicherplatz für die Strings vorhanden ist.

Ein C–Programmcode, der mit Strings operiert, könnte z.B. folgendermaßen aussehen:

```
/* C-Header-Datei fuer I/O */
#include <stdio.h>

/* C-Header-Datei fuer String-Behandlung */
#include <string.h>

void f()
{
    char* k = "Eingabe: "; /* String-Konstante */
    char  text [81];       /* String-Variable fuer 80 Zeichen */
    char  s [81];          /* String-Var. fuer Eingabe (bis 80 Zeichen) */

    /* String s einlesen
     *  - aus Platzgruenden nicht mehr als 80 Zeichen
     */
    if (scanf ("%80s", s) != 1) {
        /* Einlesefehler */
        ...
    }

    /* String mit Leerstring vergleichen */
```

```
        if (strcmp(s,"") == 0) {
            /* Stringkonstante an String text zuweisen
             *  - text muss ausreichend gross sein
             */
            strcpy (text, "keine Eingabe");
        }
        else {
            /* Stringkonstante k gefolgt von eingelesenem String
             * an text zuweisen
             *  - text muss ausreichend gross sein
             */
            if (strlen(k)+strlen(s) <= 80) {
                strcpy (text, k);
                strcat (text, s);
            }
        }
        ...
    }
```

Die Probleme, die schon dieses kleine Programm aufzeigt, sind allen C–Programmierern bekannt:

- Für eine Zuweisung muß die Funktion `strcpy()` verwendet werden. Dabei muß der Programmierer sicherstellen, daß der Speicherplatz des Strings, dem ein neuer Wert zugewiesen wird, groß genug ist.
- Zum Anhängen eines Strings an einen anderen dient die Funktion `strcat()`, wobei auch hier ausreichend Speicherplatz sicherzustellen ist.
- Zum Vergleichen zweier Strings muß die Funktion `strcmp()` verwendet werden.
- Beim Einlesen eines Strings muß angegeben werden, daß nur für eine bestimmte Anzahl von Zeichen Platz vorhanden ist.

Die String–Verarbeitung ist in C also nicht nur umständlich, sondern birgt auch erhebliche Gefahren, speziell bei der Speicherverwaltung.

Diese Probleme lassen sich mit C++ beheben. In C++ gibt es zwar keinen neuen vordefinierten Datentyp für Strings, aber es kann eine entsprechende Klasse definiert werden. Diese kann dann die dynamische Speicherverwaltung übernehmen und die String–Operationen einfach über die entsprechenden Operatoren ermöglichen. Das obige Programm könnte in C++ z.B. wie folgt aussehen:

```
// C++-Header-Datei fuer I/O
#include <iostream.h>

// C++-Header-Datei fuer Klasse String
```

```
#include "String.h"
main ()
{
    const String k = "Eingabe: ";    // String-Konstante
    String text;                     // String-Variable
    String s;                        // String-Variable fuer Eingabe

    // String s einlesen
    if (! (cin >> s)) {
        /* Einlesefehler */
        ...
    }

    /* String mit Leerstring vergleichen */
    if (s == "") {
        // Stringkonstante an String text zuweisen
        text = "keine Eingabe";
    }
    else {
        /* Stringkonstante k gefolgt von eingelesenem String
         * an text zuweisen
         */
        text = k + s;
    }
    ...
}
```

Durch die Verwendung der von den fundamentalen Datentypen bekannten Operatoren kann das Programm deutlich vereinfacht und lesbarer gestaltet werden. Außerdem kann sich der Programmierer darauf verlassen, daß die Strings immer ausreichend Speicherplatz für ihren Inhalt besitzen. Falls erforderlich, wird z.B. bei Zuweisungen oder beim Einlesen automatisch mehr Speicherplatz angefordert.

3.9.2 Implementierung der Klasse String

Im folgenden wird eine Implementierung der Klasse String vorgestellt, mit der obiges Programm lauffähig wäre. Es handelt sich hier wieder um eine erste Version der Klasse String, die sich noch verbessern läßt. In Abschnitt 3.9.9 wird darauf eingegangen.

Der Ansatz für die Implementierung führt alle Operationen der Klasse String auf die String–Funktionen von C zurück. Die Zuweisung wird z.B. auf die Funktion `strcpy()` zurückgeführt. Der entscheidende Vorteil dabei ist, daß der Anwendungsprogrammierer bei der Zuweisung nichts mehr von der dahinterliegenden Problematik sieht. Dies gilt auch für die Probleme der Speicherverwaltung, die ebenfalls intern durch die Implementierung der Klasse String gelöst werden. Dies geschieht allerdings nicht mit C–Funktionen, sondern mit Hilfe der dazu vorhandenen C++–Operatoren.

Header–Datei der Klasse String

Die Header–Datei der Klasse String hat insgesamt folgenden Aufbau, auf den nachfolgend im einzelnen eingegangen wird:

```
#ifndef _String_h
#define _String_h

// Header-Datei fuer I/O
#include <iostream.h>

class String {

  private:
    char*    cstring;      // Zeichenfolge als dynamischer C-String
    unsigned len;          // Anzahl Zeichen (ohne '\0')
    unsigned size;         // Speicherplatzgroesse von "cstring"

  public:
    // Default- und char*-Konstruktor
    String (const char* = "");

    // Vergleichen von Strings
    friend bool operator== (const String&, const String&);
    friend bool operator!= (const String&, const String&);

    // Hintereinanderhaengen von Strings
    friend String operator+ (const String&, const String&);

    // Ausgabe mit Streams
    void printOn (ostream& = cout) const;

    // Eingabe mit Streams
    void scanFrom (istream& = cin);

    // Aufgrund dynamischer Komponenten
    String (const String&);                     // Copy-Konstruktor
    const String& operator= (const String&);    // Zuweisung
```

```
        ~String ();                           // Destruktor

      private:
        /* Konstruktor fuer uninitialisierten String bestimmter Laenge
         * (intern fuer operator+())
         */
        String (unsigned);
};

// Standard-Ausgabeoperator
inline ostream& operator<< (ostream& strm, const String& s)
{
    s.printOn (strm);      // String auf Stream ausgeben
    return strm;           // Stream zurueckliefern
}

// Standard-Eingabeoperator
inline istream& operator>> (istream& strm, String& s)
{
    s.scanFrom (strm);     // String von Stream einlesen
    return strm;           // Stream zurueckliefern
}

/* Operator !=
 *  - als Umsetzung auf Operator == inline implementiert
 */
inline bool operator!= (const String& s1, const String& s2) {
    return !(s1==s2);
}

#endif  /* _String_h */
```

Betrachten wir zunächst die Komponenten, die den Aufbau eines Strings beschreiben:

```
private:
  char*    cstring;      // Zeichenfolge als dynamischer C-String
  unsigned len;          // Anzahl Zeichen (ohne '\0')
  unsigned size;         // Speicherplatzgroesse von "cstring"
```

Ein String-Objekt besteht aus einem dynamischen Zeiger auf dessen Zeichenfolge als C-String (`cstring`) sowie den Angaben über die aktuelle Anzahl seiner Zeichen und der Größe des Speicherplatzes, der für die Zeichenfolge jeweils zur Verfügung steht.

Die Zeichenfolge selbst gehört nicht direkt zum Objekt. Ein String-Objekt kann nämlich verschiedene Zeichenfolgen enthalten, je nachdem, was ihm zugewiesen wurde. Aus diesem

Grund kann das Objekt nicht mit einer statischen Zeichenfolge für eine feste Anzahl von Zeichen deklariert werden, sondern muß mit dynamischem Speicherplatz operieren.

Dieser dynamische Speicherplatz gehört nicht automatisch zum Objekt, sondern muß explizit beim Erzeugen des Objekts angelegt werden. Entsprechend muß der Speicherplatz bei Änderungen gegebenenfalls angepaßt und beim Zerstören des Objekts wieder freigegeben werden. Dies ist möglich, da die Implementierung sämtlicher Operationen in der Hand des Programmierers liegt.

Jeder Konstruktor muß also explizit Speicherplatz anlegen, um diesen für die Zeichenfolge verwenden zu können. Dazu gehört auch der Copy–Konstruktor (Copy–Konstruktoren wurden in Abschnitt 3.4.5 eingeführt), der aus diesem Grund selbst implementiert werden muß. Der Default–Copy–Konstruktor würde, da er komponentenweise kopiert, nämlich nur den Zeiger kopieren, anstatt ein neues Array anzulegen und die Zeichenfolge der Vorlage wirklich zu kopieren.

Aus dem gleichen Grund muß nun auch der Zuweisungsoperator implementiert werden. Der Default–Zuweisungsoperator, der komponentenweise zuweist, würde nur die Zeiger und nicht die Zeichenfolgen, auf die diese zeigen, zuweisen.

Schließlich muß der Speicherplatz, der explizit zu jedem Objekt angelegt wird, auch wieder freigegeben werden, wenn das Objekt zerstört wird. Aus diesem Grund muß das Gegenstück zu den Konstruktoren, der Destruktor, definiert werden. Ein Destruktor wird aufgerufen, wenn ein Objekt zerstört wird, und bietet die Möglichkeit, vorher noch "aufzuräumen". Man erkennt ihn daran, daß er als Funktionsnamen den Klassennamen mit vorgestelltem ~ trägt:

```
class String {
    ...
    ~String ();                        // Destruktor
};
```

Quelldatei der Klasse String

Mit dem im vorigen Abschnitt vorgestellten Sprachmitteln zur dynamischen Speicherverwaltung wird im folgenden die Implementierung der Klasse String gezeigt. Die Quelldatei hat bis auf die Einlesefunktion (sie wird erst in Abschnitt 3.9.8 erläutert) folgenden Aufbau:

```
// Header-Datei der eigenen Klasse
#include "String.h"

// C-Header-Dateien fuer String-Funktionen
#include <string.h>
#include <ctype.h>
```

```
/* Konstruktor aus C-String (char*)
 *  - Default fuer s: ""
 */

String::String (const char* s)
{
    len = strlen (s);             // Anzahl Zeichen
    size = len + 1;               // Size ist Anzahl Zeichen plus '\0'
    cstring = new char [size];    // Speicherplatz anlegen
    strcpy (cstring, s);          // Zeichen in Speicherplatz kopieren
}

/* Copy-Konstruktor
 */
String::String (const String& s)
{
    len = s.len;                    // Anzahl Zeichen uebernehmen
    size = len + 1;                 // Size ist Anzahl Zeichen plus '\0'
    cstring = new char [size];      // Speicherplatz anlegen
    strcpy (cstring, s.cstring);    // Zeichen kopieren
}

/* Destruktor
 */
String::~String ()
{
    // Mit new angelegten Speicherplatz wieder freigeben
    delete [] cstring;
}

/* operator =
 *  - Zuweisung
 */
const String& String::operator= (const String& s)
{
    // Zuweisung eines Strings an sich selbst macht nichts
    if (this == &s) {
        return *this;                 // String zurueckliefern
    }

    len = s.len;               // Anzahl Zeichen uebernehmen

    // falls Platz nicht reicht, vergroessern
    if (size < len + 1) {
```

```
        delete [] cstring;            // alten Speicherplatz freigeben
        size = len + 1;               // Anzahl Zeichen plus '\0'
        cstring = new char [size];    // Speicherplatz anlegen
    }

    strcpy (cstring, s.cstring);      // Zeichen kopieren

    return *this;            // geaenderten String zurueckliefern
}

/* operator ==
 *  - vergleicht zwei Strings
 *  - globale Friend-Funktion, damit automatische
 *    Typumwandlung des ersten Operanden moeglich ist
 */
bool operator== (const String& s1, const String& s2)
{
    return strcmp(s1.cstring,s2.cstring) == 0;
}

/* operator +
 *  - haengt zwei Strings hintereinander
 *  - globale Friend-Funktion, damit automatische
 *    Typumwandlung des ersten Operanden moeglich ist
 */
String operator+ (const String& s1, const String& s2)
{
    // uninitialisierten Summen-String erzeugen
    String sum (s1.len + s2.len + 1);

    // Summen-Zeichenfolge darin initialisieren
    strcpy (sum.cstring, s1.cstring);
    strcat (sum.cstring, s2.cstring);

    // Kopie von Summen-String zurueck
    return sum;
}

/* Konstruktor fuer uninitialisierten String bestimmter Laenge
 *  - intern fuer operator+
 */
String::String (unsigned l)
{
```

```
        len = 1;                      // Anzahl Zeichen uebernehmen
        size = len + 1;               // Size ist Anzahl Zeichen plus '\0'
        cstring = new char [size];    // Speicherplatz anlegen
    }

    /* Ausgabe auf Stream
     */
    void String::printOn (ostream& strm) const
    {
        // Zeichenfolge einfach ausgeben
        strm << cstring;
    }
```

Wie bereits erwähnt, wird intern eine dynamische Speicherverwaltung implementiert, die dafür sorgt, daß die Strings intern immer ausreichend viel Speicherplatz für die jeweilige Zeichenfolge besitzen. Aus diesem Grund muß bei den Funktionen, die den Speicherplatz anlegen oder manipulieren, besonders viel Sorgfalt verwendet werden.

3.9.3 Konstruktoren bei dynamischen Komponenten

Sehen wir uns dazu zunächst den Konstruktor mit einem C–String (Typ `char*`) als Argument an:

```
String::String (const char* s)
{
    len = strlen (s);             // Anzahl Zeichen
    size = len + 1;               // Size ist Anzahl Zeichen plus '\0'
    cstring = new char [size];    // Speicherplatz anlegen
    strcpy (cstring, s);          // Zeichen in Speicherplatz kopieren
}
```

Dieser wird aufgerufen, wenn das neue String–Objekt angelegt wurde. Dies geschieht z.B. durch eine entsprechende Deklaration:

```
String s = "hallo";
```

Angelegt wird nur Speicherplatz für die ganzzahligen Werte `len` und `size` sowie für den Zeiger `cstring`. Die Werte sind, wie immer bei fundamentalen Datentypen, zunächst nicht definiert:

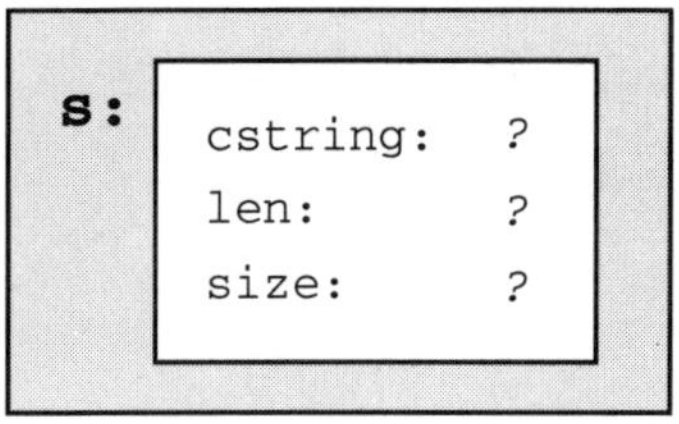

Nach der Initialisierung von **len** und **size** wird durch die Anweisung

```
cstring = new char [size];
```

Speicherplatz angelegt, der groß genug für die Zeichenfolge ist und dessen Adresse dem String–Objekt in **cstring** zugewiesen wird. Auch der Inhalt dieses Speicherplatzes ist zunächst nicht definiert:

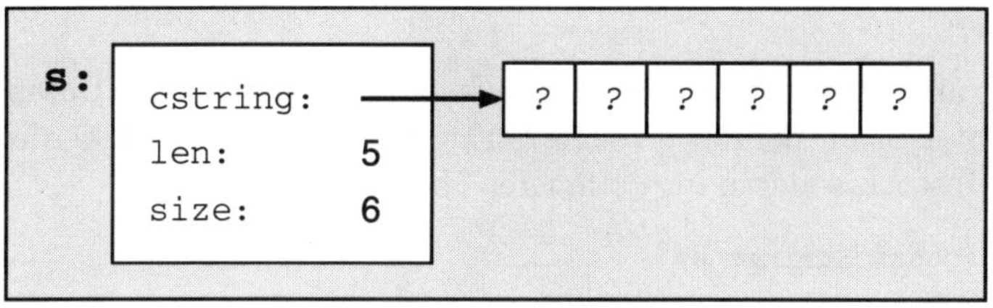

Mit der Anweisung

```
strcpy (cstring, s);
```

werden die einzelnen Zeichen der Zeichenfolge schließlich kopiert. Die Standard–C–Funktion **strcpy()** kopiert die Zeichenfolge, auf die **s** zeigt, bis einschließlich **'\0'** in den Speicherbereich, auf den **cstring** zeigt:

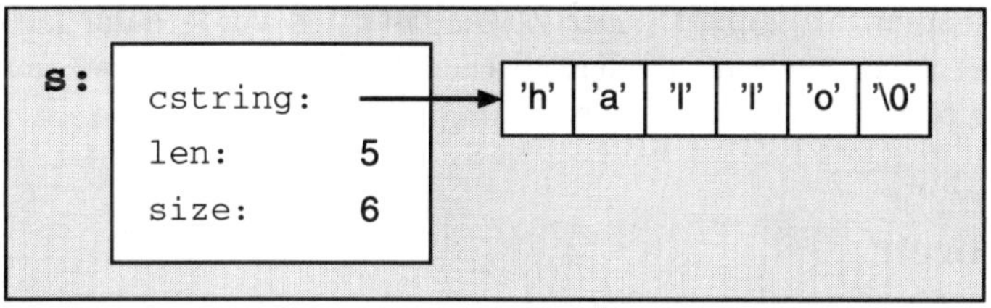

Das String–Objekt ist nun als eigenständiges Objekt initialisiert.

Verwendung als Default–Konstruktor

Als Default–Konstruktor wird der C-String–Konstruktor mit dem Default–Argument **""** aufgerufen. Das bedeutet, daß auf entsprechende Weise ein Objekt angelegt wird, in dem **cstring** auf den Leerstring zeigt:

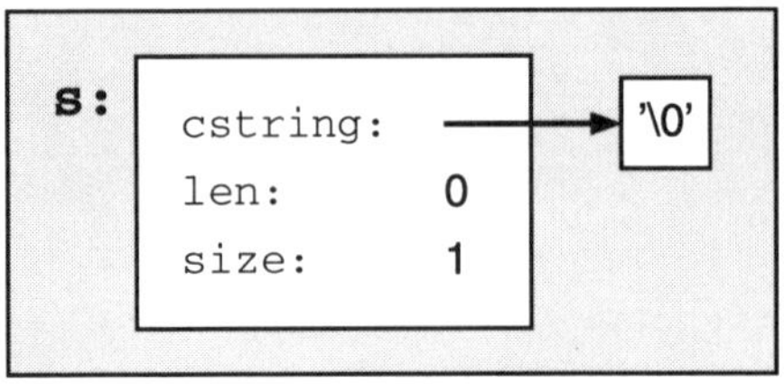

Man beachte, daß als Default–Argument für den String–Konstruktor nicht `NULL` verwendet werden kann, da die Stringfunktionen nicht mit `NULL` als Parameter aufgerufen werden dürfen (`strlen(NULL)` würde zum Absturz führen). Bei Verwendung von `NULL` wäre eine Sonderbehandlung notwendig (die man natürlich auch machen kann).

3.9.4 Implementierung eines Copy–Konstruktors

Der Copy–Konstruktor arbeitet im Prinzip wie der einfache Konstruktor. Der Unterschied ist nur, daß die Zeichenfolge, mit der das erzeugte String–Objekt initialisiert werden soll, nicht der Parameter selbst ist, sondern im Parameter übergeben wird:

```
String::String (const String& s)
{
    len = s.len;                    // Anzahl Zeichen uebernehmen
    size = len + 1;                 // Size ist Anzahl Zeichen plus '\0'
    cstring = new char [size];      // Speicherplatz anlegen
    strcpy (cstring, s.cstring);    // Zeichen kopieren
}
```

Auch hier der Hinweis, daß der Default–Copy–Konstruktor nicht verwendet werden kann, da dieser nur komponentenweise kopiert. Der Zeiger `cstring` würde dann nicht auf eigenständigen Speicherplatz, sondern auf den gleichen Speicherplatz zeigen, auf den `cstring` in dem String zeigt, der kopiert wurde.

3.9.5 Destruktoren

Der Destruktor dient bei der Klasse String dazu, den explizit angelegten Speicherplatz mit der Zerstörung des Strings freizugeben. Da es sich um ein Array von Zeichen handelt, muß die Array–Syntax des Delete–Operators verwendet werden:

```
String::~String ()
{
    // Mit new angelegten Speicherplatz wieder freigeben
    delete [] cstring;
}
```

Aufgerufen wird der Destruktor unmittelbar bevor der Speicherplatz für das eigentliche Objekt freigegeben wird. Dies ist z.B. der Fall, wenn der Gültigkeitsbereich eines lokal angelegten Objekts verlassen wird:

```
void f ()
{
    String s = "hallo";        // Konstruktor fuer s
    ...
    // Am Blockende: Destruktor fuer s
}
```

Der Destruktor wird für jedes angelegte Objekt aufgerufen. Das gilt auch für statische, temporäre und explizit angelegte Objekte:

```
static String s;          // Konstruktor zum Programm-Start
                          // Destruktor zum Programm-Ende

void f ()
{
    String namen [10];    // 10 * Default-Konstruktor

    namen[0] = neuerString ("hallo");
        // Zuweisung des temporaeren Rueckgabewerts an namen[0]
        // Destruktor fuer temporaeren Rueckgabewert

}   // Am Blockende: 10 * Destruktor

String neuerString (char* s)
{
    String neu = s;     // char*-Konstruktor

    return neu;
    // Copy-Konstruktor fuer temporaeren Rueckgabewert
}   // Am Blockende: Destruktor fuer "neu"
```

3.9.6 Implementierung des Zuweisungsoperators

Der Zuweisungsoperator ist im Prinzip eine Kombination aus Destruktor und Copy-Konstruktor. Ein existierender String wird durch eine Kopie eines anderen ersetzt. Dabei kann allerdings oft optimiert werden, indem z.B. nur dann der bisherige Speicherplatz freigegeben und neuer reserviert wird, wenn der bisherige Speicherplatz nicht mehr ausreicht:

```
const String& String::operator= (const String& s)
```

```
{
    // Zuweisung eines Strings an sich selbst macht nichts
    if (this == &s) {
        return *this;          // String zurueckliefern
    }

    len = s.len;              // Anzahl Zeichen uebernehmen

    // falls Platz nicht reicht, vergroessern
    if (size < len + 1) {
        delete [] cstring;              // alten Speicherplatz freigeben
        size = len + 1;                 // Anzahl Zeichen plus '\0'
        cstring = new char [size];      // Speicherplatz anlegen
    }

    strcpy (cstring, s.cstring);        // Zeichen kopieren

    return *this;             // geaenderten String zurueckliefern
}
```

Bei der Implementierung eines eigenen Zuweisungsoperators sollte folgendes beachtet werden:

- Ein Zuweisungsoperator sollte immer das Objekt, für das die Operation aufgerufen wurde, als Referenz zurückliefern. Dies ermöglicht verkettete Zuweisungen oder Tests nach Zuweisungen, wie sie schon in C üblich sind:

  ```
  String a, b, c;
  ...
  a = b = c;
  ...
  if ((a = b) != (String)"") {
      ...
  }
  ```

  Allgemein lautet der typische Funktionskopf eines Zuweisungsoperators also:

  Klasse& *Klasse*::operator = (const *Klasse*& obj)

- Da es i.a. keinen Sinn macht, am Rückgabewert im gleichen Ausdruck weitere Manipulationen durchzuführen, empfiehlt es sich, den Rückgabewert als Konstante zu deklarieren.

  Der typische Funktionskopf eines Zuweisungsoperators lautet deshalb besser:

  const *Klasse*& *Klasse*::operator = (const *Klasse*& obj)

- Im Zuweisungsoperator sollte als erstes getestet werden, ob ein Objekt sich selbst zugewiesen wird. Dies kann in einem Anwendungsprogramm über Zeiger immer passieren:

```
String  s;       // String
String* sp;      // Zeiger auf String
...
sp = &s;         // sp zeigt auf s
...
*sp = s;         // s wird ueber sp an sich selbst zugewiesen
```

  Wird der Test nicht durchgeführt, kann es nicht nur passieren, daß unnötigerweise Rechenzeit verbraucht wird, das Programm kann u.U. fehlerhaft weiterlaufen. Dies geschieht z.B., wenn beim Zuweisungsoperator Speicherplatz freigegeben wird. Damit würde nämlich gleichzeitig der Speicherplatz des Objekts freigegeben, dessen Daten anschließend zugewiesen werden.

  Alle Implementierungen von Zuweisungsoperatoren sollten deshalb mit den folgenden Zeilen beginnen:

```
// Zuweisung an sich selbst ?
if (this == &obj) {
    return *this;        // Objekt unveraendert zurueckliefern
}
```

  Man beachte, daß hier nicht verglichen wird, ob zwei Objekte gleich, sondern ob sie **identisch** sind. Es werden nämlich die Adressen verglichen. Bei einem derartigen Vergleich gibt es allerdings ein Problem: Bei Mehrfachvererbung können Objekte identisch sein, obwohl ihre Adressen verschieden sind. In Abschnitt 4.5.3 wird darauf genauer eingegangen.

3.9.7 Weitere Operatoren

Die anderen Operatoren und Funktionen der Klasse String sind einfach nur Umsetzungen in die entsprechenden C–Funktionen für Strings.

Test auf Gleichheit

Zwei Strings sind dann gleich, wenn die Zeichenfolgen gleich sind. Zum Vergleich kann die Funktion `strcmp()` verwendet werden (sie liefert bei Gleicheit 0 zurück):

```
bool operator== (const String& s1, const String& s2)
{
    return strcmp(s1.cstring,s2.cstring) == 0;
}
```

Die Funktion ist als globale Friend–Funktion deklariert, um eine automatische Typumwandlung für den ersten Operanden zu ermöglichen.

```
String s;
...
if ("hallo" == s)       // =>  if (String("hallo") == s)
```

Der Test auf Ungleichheit wird als Inline–Funktion einfach auf den Test auf Gleichheit zurückgeführt:

```
class String {
    ...
    friend bool operator== (const String&, const String&);
    friend bool operator!= (const String&, const String&);
};
...
inline bool operator!= (const String& s1, const String& s2) {
    return !(s1==s2);
}
```

Hintereinanderhängen durch den Operator +

Der Operator + wird zum Hintereinanderhängen von zwei Strings verwendet (manche Klassenbibliotheken verwenden dazu den Operator &). Auch er ist, um automatische Typumwandlung für den ersten Operanden zu ermöglichen, als Friend–Funktion global definiert:

```
class String {
    ...
    friend String operator+ (const String&, const String&);
};
```

Bei der Implementierung muß ein Objekt für den Summenstring erzeugt werden. Eine erste Implementierung könnte den Summenstring zunächst als C–String aufbauen und damit den Rückgabewert initialisieren:

```
String operator+ (const String& s1, const String& s2)
{
    // Speicherplatz fuer Summen-String anlegen
    char* sumstring = new char [s1.len + s2.len + 1];

    // Summen-Zeichenfolge darin initialisieren
    strcpy (sumstring, s1.cstring);
    strcat (sumstring, s2.cstring);
```

```
        // Summen-String als String zurueck
        String sum (sumstring);          // String daraus machen
        delete [] sumstring;             // char*-Speicherplatz freigeben
        return sum;                      // String zurueckliefern
    }
```

Diese Implementierung enthält aber einen Laufzeitnachteil: Die Zeichenfolge wird zunächst aufgebaut und dann im `char*`–Konstruktor, der daraus ein Objekt der Klasse String macht, nochmal kopiert. Dies führt dazu, daß der Speicherplatz für die Summen–Zeichenfolge zweimal angelegt und einmal wieder freigegeben wird.

Da es besser ist, den Speicherplatz nur einmal anzulegen und direkt zu verwenden, wird ein spezieller Konstruktor definiert, der einen String anlegt, der zwar schon die richtige Größe für die Zeichenfolge hat, diese aber noch nicht initialisiert:

```
String::String (unsigned l)
{
    len = l;                        // Anzahl Zeichen uebernehmen
    size = len + 1;                 // Size ist Anzahl Zeichen plus '\0'
    cstring = new char [size];      // Speicherplatz anlegen
}
```

Da mit diesem Speicherplatz uninitialisierte Strings angelegt werden können, wird er für die Außenwelt gesperrt:

```
class String {
  ...
  private:
    String (unsigned);
};
```

Der Operator + kann damit so implementiert werden, daß gleich ein Summenstring mit der richtigen Größe für die Summenzeichenfolge angelegt wird, die dann nur noch gefüllt werden muß:

```
String operator+ (const String& s1, const String& s2)
{
    // uninitialisierten Summen-String erzeugen
    String sum (s1.len + s2.len + 1);

    // Summen-Zeichenfolge darin initialisieren
    strcpy (sum.cstring, s1.cstring);
    strcat (sum.cstring, s2.cstring);

    // Kopie von Summen-String zurueck
```

```
        return sum;
    }
```

3.9.8 Einlesen eines Strings

Das Einlesen eines Objekts mit dynamischen Komponenten ist i.a. nicht ganz einfach. Ein Problem ist, daß beim Beginn des Einlesens noch nicht klar ist, wie groß der Speicherplatz wird, den das Objekt braucht. Auch muß definiert werden, wann das Einlesen eines Strings beginnt und wodurch es beendet wird. Der nachfolgend vorgestellten Implementierung der Einlese–Funktion liegen also einige Überlegungen zugrunde, auf die anschließend eingegangen wird.

Die Einlese–Funktion der Klasse String hat folgenden Aufbau:

```
void String::scanFrom (istream& strm)
{
    char c;

    len = 0;            // zunaechst ist der gelesene String leer

    strm >> ws;         // fuehrende Trennzeichen ueberlesen

    /* solange Input-Stream "strm" nach Einlesen
     * eines Zeichens in "c" in Ordnung ist
     */
    while (strm.get(c)) {        // >> wuerde Trennzeichen ueberlesen

        /* Newline schliesst Stringeingabe ab
         *  - '\n' => RETURN
         */
        if (c == '\n') {
            cstring [len] = '\0';
            return;
        }

        /* falls der Platz nicht mehr ausreicht,
         * muss mehr geschaffen werden
         */
        if (len+1 >= size) {
            char* tmp = cstring;        // Zeiger auf alten Speicherplatz
            size += 80;                 // 80 Zeichen mehr Platz
            cstring = new char[size];   // neuen Speicherplatz anlegen
            strcpy (cstring, tmp);      // Zeichen kopieren
            delete [] tmp;              // alten Speicherplatz freigeben
```

```
        }

        // neues Zeichen eintragen
        cstring [len] = c;
        len ++;
    }

    /* Einlese-Ende durch Fehler oder EOF
     * - Stringende-Kennzeichen eintragen
     */
    cstring [len] = '\0';
}
```

Grundsätzlich ist die Einlese–Funktion so implementiert, daß sie einen String von einer Zeile einliest, wobei führende Trennzeichen überlesen werden. Abgeschlossen wird die Eingabe also durch ein Newline oder `EOF` (End-Of-File).

Nachdem die Länge des einzulesenden Strings auf 0 gesetzt wurde, werden deshalb zunächst führende Trennzeichen überlesen:

```
strm >> ws;
```

Der Manipulator `ws` übernimmt diese Arbeit. Der Name steht für "Whitespace", womit die typischen Trennzeichen Newline, Tabulator und Leerzeichen gemeint sind.

Anschließend wird eine Schleife durchlaufen, die jeweils ein Zeichen liest und verarbeitet:

```
while (strm.get(c)) {
    // c verarbeiten
    ...
}
```

Die Elementfunktion `get()` dient dabei dazu, das jeweils nächste Zeichen einzulesen. Der Operator `>>` kann hier nicht verwendet werden, da er, selbst wenn er nur ein Zeichen einliest, führende Trennzeichen überliest. Wir müssen aber wissen, ob ein Trennzeichen gelesen wurde, da dies möglicherweise das Ende der Stringeingabe angibt (es ja wird bis zum ersten Newline gelesen).

Die Funktion `get()` liefert jeweils den Stream zurück, von dem gelesen wurde. Dieser wird dann als Bedingung verwendet, ob die Schleife weiterlaufen soll. Wie in Abschnitt 3.6.2 bereits erläutert wurde, ist die Bedingung dann erfüllt, wenn sich der Stream in einem korrekten Zustand befindet (weder End-Of-File noch Fehler). Die Schleife läuft also zunächst solange, wie ein einzelnes Zeichen erfolgreich eingelesen werden konnte.

In der Schleife wird zunächst getestet, ob ein Newline eingegeben wurde. Wenn dies der Fall ist, wird es als Eingabeende betrachtet, die eingelesene Zeichenfolge `cstring` mit dem Endekennzeichen versehen und die Funktion beendet:

```
if (c == '\n') {
    cstring [len] = '\0';
    return;
}
```

Wurde kein Newline eingegeben, muß das neue Zeichen eingetragen werden. Hierbei muß aber sichergestellt werden, daß noch genug Platz für das neue Zeichen vorhanden ist.[14] Wenn der Platz nicht mehr ausreicht, wird deshalb ein neuer, 80 Zeichen größerer Speicherplatz allokiert und die bisherigen Zeichen werden dorthin kopiert (ein `realloc()` gibt es in C++ nicht):

```
if (len+1 >= size) {
    char* tmp;

    tmp = cstring;                // Zeiger auf alten Speicherplatz
    size += 80;                   // 80 Zeichen mehr Platz
    cstring = new char[size];     // neuen Speicherplatz anlegen
    strcpy (cstring, tmp);        // Zeichen kopieren
    delete [] tmp;                // alten Speicherplatz freigeben
}
```

Nun kann das neue Zeichen eingetragen und die Anzahl der Zeichen entsprechend erhöht werden:

```
cstring [len] = c;
len ++;
```

Für den Fall, daß die Schleife durch End-Of-File (EOF) oder einen Fehler beendet wird, wird nach der Schleife noch das Endekennzeichen in die Zeichenfolge eingetragen.

3.9.9 Kommerzielle String–Klassen

Jede Klassenbibliothek und jede C++–Umgebung, die nur einzelne Hilfsklassen zur Verfügung stellt, bietet eine Klasse String an. Da die String–Verarbeitung in kommerziellen Programmen zur Datenverarbeitung meistens in erheblichem Umfang verwendet wird, lohnt es sich, diese Klassen im Bezug auf das Laufzeitverhalten zu optimieren.

Eine Konsequenz der Optimierung ist, daß die meisten Funktionen Inline–Funktionen sind. Da Header–Dateien lesbar sind (sie müssen ja eingebunden werden können), empfehle ich, einmal einen Blick in eine derartige Header–Datei zu werfen.

Eine Optimierungsmöglichkeit, die auch die Mächtigkeit von Klassen an sich verdeutlicht, ist die Auslagerung der eigentlichen Zeichenfolge in eine Hilfsklasse:

[14] Schon in C ist es ein verbreiteter Fehler, anzunehmen, eine Zeile könne nur 80 Zeichen lang sein. Tatsache ist, daß eine Zeile beliebig lang werden kann (z.B. weil die Eingabe von einem Datenstrom gelesen wird, der erst nach 10.000 Zeichen ein Newline sendet).

```
class StringData {
  private:
    char*    cstring;      // Zeichenfolge als dynamischer C-String
    unsigned len;          // Anzahl Zeichen (ohne '\0')
    unsigned size;         // Speicherplatzgroesse von "cstring"
    unsigned references;   // Anzahl Strings, die die Zeichenf. verwenden
  ...
};
```

Die Objekte der Hilfsklasse verwalten die eigentlichen Zeichenfolgen und können von mehreren Strings, die alle den gleichen Wert haben, gemeinsam verwendet werden. Die Komponente `references` hält jeweils fest, wieviele Strings ein solches Objekt verwenden.

Mit jedem String, der erzeugt wird, wird ein entsprechendes Hilfsobjekt erzeugt, auf das der String zeigt:

```
class String {
  private:
    StringData* string;     // Zeiger auf eigentliche Zeichenfolge
  ...
};
```

Wenn Strings zugewiesen werden, reicht es, die Zeiger zuzuweisen. Zwei Strings zeigen dann zeitweise auf dieselbe Zeichenfolge. Erst wenn einer der Strings verändert wird, wird eine Kopie der Zeichenfolge angelegt und dem geänderten String zugeordnet. Wenn ein String zerstört wird, wird in dessen zugeordneter Zeichenfolge die Anzahl der Strings, die diese verwenden, entsprechend herabgesetzt. Ist die Anzahl damit 0, wird auch das Hilfsobjekt zerstört.

Da das Kopieren von Strings typischerweise weitaus häufiger als das Ändern geschieht, werden mit diesem Mechanismus Speicherplatz-Funktionen, die vergleichsweise viel Zeit kosten, vermieden.

Andere typische Optimierungen sind spezielle Funktionalitäten für Substrings, die ebenfalls über interne Hilfsklassen verwaltet werden.

In Abschnitt 3.10.1 wird für Strings der Operator `[]` eingeführt.

3.9.10 Weitere Anwendungsmöglichkeiten dynamischer Komponenten

Der Begriff dynamische Komponente kann weit mehr bedeuten als nur eine Komponente, die mit `new` und `delete` verwaltet wird. Eine der faszinierendsten Eigenschaften von C++ ist, daß beliebig komplizierte Anweisungen aufgerufen werden können, um ein Objekt in seinen Startzustand zu bringen.

So kann z.B. eine Dateiverwaltung komplett in einem abstrakten Datentyp versteckt werden. Der Konstruktor öffnet die als Argument übergebene Datei und der Destruktor schließt sie wieder:

```
class Datei {
  private:
    FILE* fp;           // Zeiger auf geoeffnete Datei

  public:
    Datei (char*);      // char*-Konstruktor fuer Dateiname
    ~Datei ();          // Destruktor
    ...
};

Datei::Datei (char* dateiname)
{
    // Datei oeffnen
    fp = fopen (dateiname, ...);
    ...
}

Datei::~Datei ()
{
    // Datei schliessen
    fclose (fp);
}
```

Im Anwendungsprogramm wird die Datei dann automatisch mit der Deklaration eines Objekts geöffnet und am Blockende automatisch wieder geschlossen:

```
void f ()
{
    Datei d ("testprog.cc");    // Konstruktor oeffnet Datei

    ...

    // Destruktor am Blockende schliesst Datei automatisch
}
```

Die in der Standard–I/O–Bibliothek definierten Stream–Klassen zum Zugriff auf Dateien arbeiten nach diesem Prinzip. Sie werden in Abschnitt 5.8.7 vorgestellt.

Auf entsprechende Art und Weise können Datenbankzugriffe, Pipes, Prozesse und andere beliebig komplexe Objekte oder Vorgänge so abstrahiert werden, daß ihre Anwendung erheblich vereinfacht wird.

Bei der Implementierung solcher Klassen muß man allerdings mit äußerster Vorsicht vorgehen. Speziell die Implementierung von Copy–Konstruktor und Zuweisungsoperator muß sehr gut überlegt werden (Werden die Inhalte von Dateien kopiert oder gibt es mehrfachen Zugriff auf eine Datei? Was passiert bei mehrfachem Zugriff, wenn der Destruktor aufgerufen wird? Was macht der Copy–Konstruktor?). In jedem Fall darf man sich hier nicht auf die Default–Implementierung verlassen. Die arbeitet in der Regel nicht korrekt.

Als erste einfache Lösung kann man Copy–Konstruktor und Zuweisungsoperator als private Elementfunktion, die eventuell eine Fehlermeldung ausgibt, deklarieren. Damit ist das Problem zunächst so gelöst, daß keine Kopie angelegt bzw. keine Zuweisung durchgeführt werden kann. Eine Parameterübergabe ist dann nur noch mit Hilfe von Referenzen möglich.

3.9.11 Zusammenfassung

- Klassen können dynamische Komponenten besitzen. Das sind Komponenten, die nicht einfach durch Zuweisung kopiert werden können (typischerweise Zeiger).
- Klassen mit dynamischen Komponenten brauchen eine eigene Implementierung des Copy–Konstruktors, des Zuweisungsoperators und eines Destruktors.
- Ein Destruktor ist eine Funktion, die bei Zerstörung des Objekts aufgerufen wird.
- Ein Zuweisungsoperator sollte mit einem Test beginnen, der feststellt, ob ein Objekt sich selbst zugewiesen wird.
- Ein Zuweisungsoperator sollte das Objekt, dem etwas zugewiesen wurde (`*this`), zurückliefern.
- Durch dynamische Komponenten können beliebig komplexe Vorgänge zu einem einfach handhabbaren Objekt abstrahiert werden.

3.10 Weitere Aspekte dynamischer Komponenten

Klassen mit dynamischen Komponenten zeigen eine wesentliche Stärke des Konzepts der objektorientierten Programmierung auf: Komplizierte dynamische Vorgänge können in das Verhalten einer Klasse verlagert werden, so daß das Anwendungsprogramm sich nur noch auf das Wesentliche konzentrieren kann. Dabei gibt es verschiedene, teilweise gefährliche Aspekte, die in diesem Abschnitt angesprochen werden.

3.10.1 Dynamische Komponenten bei konstanten Objekten

Die im vorigen Abschnitt vorgestellte Klasse String wird in diesem Abschnitt um einige sinnvolle Operationen erweitert. Dabei wird ein Problem angesprochen, das für die Implementierung von Klassen mit dynamischen Komponenten von großer Wichtigkeit ist: der Umgang mit konstanten Objekten, die dynamische Komponenten besitzen. Es ist besondere Sorgfalt notwendig, um die Konstantheit der Objekte nicht zu unterlaufen.

Strings mit dem Operator `[]`

Da Strings als Array von Zeichen betrachtet werden, ist es üblich, auch für die Klasse String mit dem Operator `[]` den Zugriff auf ein einzelnes Zeichen zu ermöglichen.

Eine Tatsache ist dabei allerdings bemerkenswert: Bei nichtkonstanten Strings bietet der Operator Zugriff auf ein Zeichen im Objekt, wodurch es sogar verändert werden kann. Nach den Anweisungen:

```
String s = "Tasse";

s[0] = 'K';
```

sollte in `s` der String `"Kasse"` stehen. Dazu muß der im Ausdruck `s[0]` aufgerufene Operator `[]` einen **internen** Teil des Objekts zurückliefern, so daß es manipuliert werden kann.

Dies ist nur möglich, wenn der Operator `[]` nicht eine Kopie, sondern das Original–Zeichen des Strings liefert, damit es manipuliert werden kann. Das bedeutet, daß die Operator–Funktion eine Referenz zurückliefern muß.

Der Operator muß deshalb wie folgt deklariert werden:

```
class String {
  private:
    char*    cstring;    // Zeichenfolge als dynamischer C-String
    unsigned len;        // Anzahl Zeichen (ohne '\0')
    unsigned size;       // Speicherplatzgroesse von "cstring"
    ...
```

```
    ...
    public:
      char& operator [] (unsigned);
};
```

Die Implementierung könnte dann wie folgt aussehen:

```
/* Operator [] fuer Variablen
 */
char& String::operator [] (unsigned i)
{
    // Index nicht im erlaubten Bereich ?
    if (i >= len) {
        cerr << "unerlaubter Index " << i << " in String "
             << *this << endl;
        exit(1);
    }

    return cstring[i];
}
```

Nach dem Test, ob der übergebene Index überhaupt im erlaubten Bereich liegt, wird das i–te Zeichen des Strings als Referenz zurückgeliefert. Das zurückgelieferte Zeichen der Funktion ist also keine Kopie, sondern das Original–Zeichen des Strings und kann damit auch manipuliert werden.

Der Operator `[]` für konstante Strings

Die soeben vorgestellte Implementierung des Operators `[]` für Strings ist für konstante Strings nicht geeignet, da der Operator eine Manipulation am String ermöglichen würde.

Es wäre aber dennoch möglich, sie als Konstanten–Elementfunktion zu deklarieren und damit auch für Konstanten aufrufbar zu machen:

```
class String {
    ...
    public:
      char& operator [] (unsigned) const;
      //                           ^^^^^
};
```

Dies führt aber dazu, daß eine Konstante manipuliert werden kann:

```
const String s = "Tasse";

s[0] = 'K';     // wird NICHT als Fehler erkannt
```

Nun mag der Einwand kommen, daß doch eigentlich schon der Compiler erkennen kann, daß auf ein konstantes Objekt zugegriffen wird und somit eine Manipulation über den Operator [] sowieso nicht möglich ist. Dies ist aber falsch! Das Problem liegt darin, daß das eigentliche Objekt gar nicht verändert wird. Seine Komponente **cstring** ist ja nur der Zeiger auf die Zeichenkette, und der bleibt konstant. Das, worauf der Zeiger zeigt, ist aber nicht konstant. Wenn der Operator [] in seiner bisherigen Implementierung auch für konstante Objekte erlaubt würde, könnten diese deshalb den Inhalt des Strings verändern.

Der Operator sollte aber für konstante Objekte definiert sein. Es wäre recht uneinsichtig, wenn es nur bei variablen Strings möglich wäre, ein Zeichen über den Operator [] abzufragen. Das folgende sollte also möglich sein:

```
const String s = "Tasse";
...
char c = s[0];
```

Das bedeutet, daß zwei Implementierungen des Operators [] notwendig sind: eine für konstante und eine für variable Strings. Eine solche unterschiedliche Implementierung ist möglich. Eine Funktion kann sowohl für variable als auch für konstante Objekte überladen werden (nur wenn es keine eigene Funktion für variable Objekte gibt, wird die Funktion für konstante Objekte verwendet).

Aus diesem Grund sollte die Klasse String eine zweite Deklaration für den Operator [] erhalten:

```
class String {
  private:
    char*    cstring;     // Zeichenfolge als dynamischer C-String
    unsigned len;         // Anzahl Zeichen (ohne '\0')
    unsigned size;        // Speicherplatzgroesse von "cstring"
    ...
  public:
    // operator [] fuer Variablen
    char& operator [] (unsigned);

    // operator [] fuer Konstanten
    const char operator [] (unsigned) const;
};
```

Die Anweisungen im Funktionskörper unterscheiden sich nicht von der Version für variable Strings:

```
/* Operator [] fuer Konstanten
 */
const char String::operator [] (unsigned i) const
```

```
{
    // Index nicht im erlaubten Bereich ?
    if (i >= len) {
        cerr << "unerlaubter Index " << i << " in String "
             << *this << endl;
        exit(1);
    }

    return cstring[i];
}
```

Entscheidend ist nur, daß eine Konstante zurückgeliefert wird. Diese Konstante ist eine Kopie, keine Referenz. Handelt es sich bei dem Rückgabewert um ein größeres Objekt, wäre aus Zeitgründen eine Referenz vorzuziehen, die dann aber natürlich auch konstant sein muß.

3.10.2 Konvertierungsfunktionen für dynamische Komponenten

Eine ähnliche Sorgfalt verlangt die Implementierung von Konvertierungsfunktionen. Dabei spielt es keine Rolle, ob es sich um Funktionen zur automatischen oder zur expliziten Typumwandlung handelt.

Die Klasse String liefert wieder ein schönes Beispiel. Es macht sicher Sinn, aus einem Objekt der Klasse String wieder einen C–String zu machen, da zahlreiche Funktionen dies als Parameter verlangen.

Aufgrund der Überlegungen aus Abschnitt 3.7.4, daß Funktionen zur automatischen Typumwandlung vermieden werden sollten, wird das Problem anhand einer Funktion zur expliziten Typumwandlung betrachtet.

Auch hier muß darauf geachtet werden, daß über die Konvertierungsfunktion kein Zugriff auf ein internes Objekt entsteht. Dies sollte sowohl für konstante als auch für variable Objekte gelten, da sonst beliebige Manipulationen am String–Objekt möglich werden. Die Schnittstelle der Funktionen, die den Zugriff auf das Objekt kontrollieren und verifizieren, würde aufgehoben und es könnten Inkonsistenzen entstehen.

Der Zugriff auf die internen Elemente des Strings kann auf zweierlei Arten vermieden werden:

- es kann eine Kopie verwendet werden
- es kann eine Konstante verwendet werden

Kopien als Rückgabewerte

Wenn eine Kopie zurückgeliefert wird, sehen Deklaration und Implementierung z.B. wie folgt aus:

```
class String {
  private:
    char*    cstring;     // Zeichenfolge als dynamischer C-String
    unsigned len;         // Anzahl Zeichen (ohne '\0')
    unsigned size;        // Speicherplatzgroesse von "cstring"
    ...
  public:
    char* asCharPtr() const;
};

char* String::asCharPtr() const
{
    // Speicherplatz fuer Kopie anlegen
    char* p = new char [len+1];

    // Zeichen kopieren
    strcpy (p, cstring);

    // und zurueckliefern
    return p;
}
```

Diese Lösung hat allerdings mehrere Nachteile:

- Zum einen kostet das explizite Anlegen von Speicherplatz Zeit.
- Zum anderen muß, da extra Speicherplatz angelegt wird, das Anwendungsprogramm darauf achten, diesen auch wieder freizugeben. Eine Forderung, die früher oder später sicherlich zu einem Speicherplatzproblem führen wird.

  Falls eine solche Implementierung zur Konvertierung verwendet wird, sollte diese deshalb zumindest im Namen den Hinweis enthalten, daß Speicherplatz angelegt wird, der freizugeben ist (etwa durch den Namen `asNewCharPtr()`).

Konstanten als Rückgabewerte

Besser ist es daher meistens, Konstanten zu verwenden:

```
class String {
  private:
    char*    cstring;     // Zeichenfolge als dynamischer C-String
    unsigned len;         // Anzahl Zeichen (ohne '\0')
    unsigned size;        // Speicherplatzgroesse von "cstring"
    ...
  public:
    const char* asCharPtr() const;
};

const char* String::asCharPtr() const
{
    // Zeichenfolge zurueckliefern
    return cstring;
}
```

In diesem Fall wird einfach die Zeichenfolge des Strings als konstante Zeichenfolge zurückgeliefert. Auch hier kann es allerdings Probleme geben:

- Zum einen wird eine Adresse zurückgeliefert, die ungültig werden kann. Da das String–Objekt bei einer Wertänderung eventuell einen neuen Speicherplatz für die Zeichenfolge erhält, besteht die Gefahr, daß die hier zurückgelieferten Zeichen dann nicht mehr definiert sind (ein Problem, das beim Anlegen einer Kopie nicht entsteht).
- Es kann aber auch noch etwas anderes Unschönes entstehen: Wenn vergessen wurde, eine Funktion, die C–Strings nicht verändert, auch für Konstanten zuzulassen, ist sie mit dem Rückgabewert der Konvertierung nicht aufrufbar.

  Dies gilt z.B. wenn die Funktion `strlen()` nicht für Konstanten deklariert wird:

  ```
  int strlen (char*);        /* waere besser fuer: const char*  */
  ```

  Für diesen Fall gibt es allerdings eine Notlösung: Die Konstante kann durch eine Typumwandlung zu einer Variablen gemacht werden:

  ```
  const String s = "Tasse";

  int len = strlen ((char*)s.asCharPtr());
  ```

  Jedem ist hoffentlich klar, daß es sich hierbei wirklich um eine Notlösung handelt (die am besten heftige Bauchschmerzen bereitet). Normalerweise sollte die Deklaration entsprechend in

  ```
  int strlen (const char*);
  ```

  verbessert werden.

3.10.3 Konvertierungsfunktionen für Bedingungen

Bei Klassen mit dynamischen Komponenten verwendet man oft die automatische Typumwandlung zum Testen von Bedingungen.

In Anlehnung an traditionellen C–Code wie:

```
FILE* fp;          // Zeiger auf geoeffnete Datei

fp = fopen ("hallo", "r");

if (fp) {
    /* Daten lesen */
    ...
}
else {
    /* Fehler: fp ist NULL */
    ...
}
```

wird z.B. bei einer Klasse für geöffnete Dateien entsprechendes ermöglicht:

```
Datei f ("hallo");          // Konstruktor oeffnet Datei (hoffentlich)

if (f) {
    /* Daten lesen */
    ...
}
else {
    /* Fehler: f ist nicht in Ordnung */
    ...
}
```

Diese Technik basiert in C auf dem Sachverhalt, daß `NULL` bei Zeigern oft einen Fehlerstatus anzeigt. `NULL` ist aber nichts anderes als der Wert 0, welcher wiederum für `false` steht. Der Test

```
if (fp)
```

ist also eigentlich eine Abkürzung für:

```
if (fp != NULL)
```

Man kann hierbei streiten, ob dadurch die Lesbarkeit der Programme erhöht wird, da dies dazu führt, daß in Bedingungen nicht mehr nur boolesche Ausdrücke oder Werte stehen können.

Die Übertragung auf C++ kann man nun unter dem gleichen Blickwinkel betrachten. Extra dafür wurde definiert, daß Bedingungen in Kontrollstrukturen auch dann möglich sind, wenn für ein Objekt einer Klasse eine automatische Typumwandlung in einen ganzzahligen Typ oder einen Zeigertyp definiert ist. Besitzt der ganzzahlige Typ oder der Zeigertyp den Wert 0, ist die Bedingung nicht erfüllt.

Um also die obige If–Abfrage zu ermöglichen, muß z.B. eine Typumwandlung in einen Zeiger–Typ implementiert werden. Dies könnte bei einer Klasse für geöffnete Dateien z.B. wie folgt aussehen:

```
class Datei {
  private:
    FILE* fp;          // Zeiger auf geoeffnete Datei

  public:
    ...
    operator FILE* () {
        return fp;
    }
};
```

Nach der Deklaration

```
Datei f ("hallo");
```

entspricht der Aufruf

```
if (f)
```

damit

```
if ((f.operator FILE*()) != NULL)
```

Diese Umsetzung birgt aber die Gefahr, die ganzen Vorteile einer sicheren Schnittstelle zu verlieren. Mit einer so definierten Typkonvertierung besteht die Möglichkeit, Zugriff auf eine private Komponente zu erhalten und diese zu modifizieren.

Eine erste Verbesserung wäre deshalb die Umwandlung des Zeigers in den Datentyp `void*`:

```
class Datei {
  private:
    FILE* fp;          // Zeiger auf geoeffnete Datei

  public:
    ...
    operator void* () {
        return (void*)fp;
    }
};
```

Doch auch damit wird eine interne Komponente nach außen gegeben. Noch besser ist es daher, sicherzustellen, daß keine interne Adresse nach außen gegeben wird:

```
class Datei {
  private:
    FILE* fp;          // Zeiger auf geoeffnete Datei

  public:
    ...
    operator void* () {
        return  fp != NULL ? (void*)1 : (void*)0;
    }
};
```

Dies ist zwar kein sehr guter Programmier–Stil, da der Wert 1 zu einer Adresse gemacht wird, aber er funktioniert.

Das beste ist, man vermeidet Funktionen zur automatischen Typumwandlung. Eine Elementfunktion zur expliziten Typumwandlung wie `istOK()` funktioniert ebenfalls und führt zudem zu lesbarerem Anwendungscode:

```
if (f.istOK())
```

Die Standard–Klassen für I/O verwenden allerdings die gerade vorgestellte Technik mit der automatischen Typumwandlung. Dabei wird auch der Operator `!` überladen, um so etwas wie

```
if (! f)
```

zu ermöglichen. In Abschnitt 3.6.2 wurde bereits genauer darauf eingegangen.

3.10.4 Konstanten werden zu Variablen

Bei komplexen Klassen lohnt es sich mitunter, nicht jede Komponente, die von Interesse sein könnte, mit der Initialisierung des Objekts zu berechnen. Erst wenn die Information zum ersten mal gebraucht wird, kann eine entsprechende Berechnung durchgeführt werden.

Ein Beispiel liefert wieder die Klasse für geöffnete Dateien: Um festzustellen, wieviel Zeilen eine Datei besitzt, muß die ganze Datei durchlaufen werden und die Anzahl der Zeilentrenner aufsummiert werden. Dies kostest bei großen Dateien nicht unerheblich Zeit. Aus diesem Grund bietet es sich an, die Anzahl der Zeilen zwar in einer internen Komponente festzuhalten, aber erst dann zu ermitteln, wenn sie zum ersten Mal gebraucht wird:

```
class Datei {
  private:
    FILE* fp;          // Zeiger auf geoeffnete Datei
    int   zeilen;      // Anzahl Zeilen (-1: nicht bekannt)
```

```
    public:
      // Konstruktor
      Datei (...) {
          zeilen = -1;          // Anzahl Zeilen zunaechst nicht bekannt
          ...
      }

      int zeilenanzahl ();
      ...
};

int Datei::zeilenanzahl ()
{
    if (zeilen == -1) {
        zeilen = zeilenanzahlErmitteln();
    }
    return zeilen;
}
```

Hier entsteht allerdings ein Problem: Die Zeilenanzahl kann nicht für konstante Objekte der Klasse ermittelt werden:

```
const Datei f ("prog.dat");

cout << f.zeilenanzahl();      // FEHLER: keine Konstanten-Elementfunktion
```

Das Problem ist, daß `zeilenanzahl()` keine Konstanten–Elementfunktion sein kann, da das Objekt intern durch deren Aufruf manipuliert wird. Eigentlich handelt es sich aber um eine Funktion für ein konstantes Objekt, denn das, was es repräsentiert, wird durch den Funktionsaufruf ja nicht verändert.

Hier hilft nur eine explizite Typumwandlung, die in der Elementfunktion aus der Konstanten eine Variable macht:

```
class Datei {
  private:
    FILE* fp;          // Zeiger auf geoeffnete Datei
    int   zeilen;      // Anzahl Zeilen (-1: nicht bekannt)

  public:
    // Konstruktor
    Datei (...) {
        zeilen = -1;          // Anzahl Zeilen zunaechst nicht bekannt
        ...
    }
```

```
        // NEU: Elementfunktion fuer Konstanten
        int zeilenanzahl () const;
        ...
};

int Datei::zeilenanzahl () const
{
    if (zeilen == -1) {
        /* NEU: "zeilen" durch Typumwandlung von this auch
         *      bei Konstanten veraenderbar
         */
        Datei* varThis = (Datei*)this;
        varThis->zeilen = zeilenanzahlErmitteln();
    }
    return zeilen;
}
```

Mit

```
Datei* varThis = (Datei*)this;
```

wird `this`, auch wenn es sich um eine Konstante handelt, zur Variablen. Besser wäre noch die Deklaration

```
Datei* const varThis = (Datei* const)this;
```

um sicherzustellen, daß die Adresse `varThis` (nicht das Objekt, auf das sie zeigt) konstant ist.

Damit ist die Ermittlung der Zeilenanzahl auch bei als konstant deklarierten Dateien möglich:

```
const Datei f ("prog.dat");

cout << f.zeilenanzahl();     // OK
```

Ein entsprechendes Beispiel wäre ein Lesezeiger, der als Komponente auch bei einer konstanten Datei über die Datei wandert und somit immer eine andere Adresse als Wert annimmt. Auch der Status in einer konstanten Datei muß änderbar sein, um einen fehlerhaften Zugriff als solchen zu vermerken. Letzteres gilt generell für viele andere Klassen: Bei Funktionen, die für konstante Objekte aufgerufen werden können, muß immer ein Fehlerflag als Komponente setzbar sein.

Das Schlüsselwort `mutable`

In der neuesten ANSI/ISO–Sprachspezifikation wird für solche Komponenten das Schlüsselwort `mutable` eingeführt. Das Schlüsselwort bedeutet, daß eine Komponente auch durch eine Konstanten–Elementfunktion modifiziert werden darf.

Damit könnte die Klasse Datei wie folgt deklariert werden:

```
class Datei {
  private:
    FILE* fp;                 // Zeiger auf geoeffnete Datei
    mutable int zeilen;       // Anzahl Zeilen (-1: nicht bekannt)
                              //  - NEU: auch fuer Konstanten variable

  public:
    // Konstruktor
    Datei (...) {
        zeilen = -1;           // Anzahl Zeilen zunaechst nicht bekannt
        ...
    }

    // Elementfunktion fuer Konstanten
    int zeilenanzahl () const;
    ...
};

int Datei::zeilenanzahl () const
{
    if (zeilen == -1) {
        // OK: "zeilen" auch fuer Konstanten aenderbar
        zeilen = zeilenanzahlErmitteln();
    }
    return zeilen;
}
```

3.10.5 Default–Funktionen verbieten

Die Klasse für geöffnete Dateien ist ein gutes Beispiel für einen weiteren wichtigen Punkt, der bei Klassen mit dynamischen Komponenten immer beachtet werden sollte.

Wie im vorherigen Abschnitt erläutert wurde, sind die Operatoren, die als Default für jede Klasse vorhanden sind, für Klassen mit dynamischen Komponenten ungeeignet. So muß in der Regel ein eigener Copy–Konstruktor und ein eigener Zuweisungsoperator implementiert werden.

Wenn nun das Anlegen einer Kopie oder eine Zuweisung nicht sinnvoll sind, sollte nicht einfach auf die Implementierung der Operatoren verzichtet werden, da dann die Gefahr besteht, daß sie trotzdem verwendet werden. Besser ist es, die Operationen zu verbieten. Dies geschieht recht einfach, indem sie privat deklariert werden.

Für die Klasse von geöffneten Dateien könnte eine Zuweisung auf folgende Weise unmöglich gemacht werden:

```
class Datei {
  private:
    FILE* fp;
  ...
  private:
    void operator= (const Datei&) {
        /* nicht erlaubt */
    }
};
```

3.10.6 Zusammenfassung

- Funktionen können für variable und konstante Objekte unterschiedlich überladen werden.
- Liefert eine Elementfunktion schreibenden Zugriff auf interne Komponenten, muß sichergestellt werden, daß die Funktion nicht für Konstanten aufgerufen werden kann.
- Funktionen, die dynamische Komponenten in einen anderen Typ konvertieren, können mit unterschiedlichen Vor- und Nachteilen eine Kopie oder eine Konstante zurückliefern.
- Für Bedingungen in Kontrollstrukturen können automatische Typumwandlungen definiert werden, die es erlauben, ein Objekt direkt als Bedingung zu verwenden. Dies sollte mit Vorsicht eingesetzt werden. Insbesondere sollte damit kein Zugriff auf interne Komponenten möglich sein.
- Das Schlüsselwort `mutable` erlaubt die Modifikation einer Komponente auch durch Konstanten-Elementfunktionen.
- Default-Funktionen, die nicht sinnvoll sind, sollten ausdrücklich verboten werden.

3.11 Klassen verwenden Klassen

In diesem Abschnitt wird eine Klasse für eine einfache Personenverwaltung eingeführt, anhand derer hier und im folgenden Abschnitt einige weitere Eigenschaften von Klassen vorgestellt werden.

In diesem Abschnitt werden Initialisierungslisten eingeführt, im nachfolgenden Abschnitt sind es statische Klassenkomponenten.

3.11.1 Objekte als Komponenten anderer Klassen

In den bisherigen Beispielen waren die Komponenten einer Klasse i.a. fundamentale Datentypen wie `int` und `char`. Klassen können aber natürlich auch selbst wieder in anderen Klassen Verwendung finden. Die im vorigen Abschnitt vorgestellte Klasse String ist das beste Beispiel dafür, da Komponenten von Objekten sehr häufig Strings sind.

In einem solchen Fall werden mit der Initialisierung eines Objekts auch Teilobjekte (Sub–Objekte) initialisiert, aus denen das Objekt besteht. Das bedeutet, daß mehrere Konstruktoren aufgerufen werden. Dieser Umstand soll nachfolgend genauer behandelt werden.

Konstruktoren rufen Konstruktoren auf

Wenn Objekte einer Klasse aus Objekten anderer Klassen bestehen, werden bei der Initialisierung solcher Objekte gleich mehrere Konstruktoren aufgerufen. Zusätzlich zum Konstruktor des Gesamtobjekts müssen die Objekte, aus denen dieses besteht, initialisiert werden.

Dabei gilt:

- Bevor die Anweisungen im Rumpf eines Konstruktors ausgeführt werden, werden erst die Konstruktoren für die Komponenten des Objekts aufgerufen.

Diese Reihenfolge ist auch vernünftig, da nur der Konstruktor des Gesamtobjekts die Bedeutung der Teilobjekte kennt und somit die Möglichkeit haben muß, die Startzustände der Teilobjekte auszuwerten oder gegebenenfalls zu korrigieren.

- Die Reihenfolge beim Aufruf der Konstruktoren für die Komponenten, aus denen ein Objekt besteht, entspricht der Deklarationsreihenfolge.

Die Reihenfolge, in der Komponenten deklariert werden, definiert also die Reihenfolge ihrer Initialisierung. Diese Tatsache sollte allerdings nicht ausgenutzt werden, da sonst völlig unlesbare Programme entstehen. Es würde bedeuten, daß durch ein Vertauschen der Deklarationsreihenfolge das Programmverhalten geändert wird. Die Reihenfolge wird nur definiert, um sicherzustellen, daß die Destruktoren immer in umgekehrter Reihenfolge aufgerufen werden, was z.B. für die Implementierung einer eigenen Speicherverwaltung wichtig sein kann.

3.11.2 Implementierung der Klasse Person

Die Verwendung von Objekten anderer Klassen wird am Beispiel der Klasse Person betrachtet. Eine Person soll dabei zunächst nur aus Vor– und Nachname bestehen, die jeweils Objekte der Klasse String sind:

```
#ifndef _Person_h
#define _Person_h

// allgemeine Header-Dateien
#include <iostream.h>
#include <stdlib.h>

// Header-Dateien fuer Hilfsklassen
#include "String.h"

class Person {
  private:
    String vname;          // Vorname der Person
    String nname;          // Nachname der Person

  public:
    // Konstruktor aus Nachname und optional Vorname
    Person (const String&, const String& = "");

    // Abfragen von Eigenschaften
    const String& nachname () const {      // Nachname liefern
        return nname;
    }
    const String& vorname () const {       // Vorname liefern
        return vname;
    }

    // Vergleichen
    bool operator == (const Person& p) const {
        return vname == p.vname && nname == p.nname;
    }
    bool operator != (const Person& p) const {
        return vname != p.vname || nname != p.nname;
    }
};

#endif  /* _Person_h */
```

Der Konstruktor ist in der Quelldatei definiert und initialisiert die Person einfach mit den übergebenen Parametern:

```
// Header-Datei der Klasse
#include "Person.h"

/* Konstruktor aus Nachname und Vorname
 * - Default fuer Vorname: ""
 */
Person::Person (const String& nn, const String& vn)
{
    // Person anhand uebergebener Parameter initialisieren
    nname = nn;
    vname = vn;
}
```

An dieser Stelle sei darauf hingewiesen, daß es sich bei der Klasse Person um keine Klasse mit dynamischen Komponenten handelt, obwohl sie aus Teilobjekten besteht, die dynamische Komponenten besitzen. Die Probleme dynamischer Komponenten sind nämlich erfolgreich auf die Teilobjekte abgewälzt worden. Dort wurde dafür gesorgt, daß die Zuweisung, der Copy–Konstruktor und der Destruktor korrekt arbeiten. Die Klasse String kann nun wie der Datentyp `int` verwendet werden. Wenn eine Person einer anderen Person zugewiesen wird, kann deshalb die Default–Implementierung, die komponentenweise zuweist, verwendet werden. Das gleiche gilt für das Anlegen einer Kopie. Und bei der Zerstörung eines Objekts der Klasse Person werden automatisch die Destruktoren der Teilobjekte aufgerufen.

Anlegen einer Person

Das Anlegen eines Objekts der Klasse Person kann jedoch noch optimiert werden.

Wenn z.B. eine Person durch

```
Person nico ("Josuttis", "Nicolai");
```

angelegt wird, passiert nämlich im einzelnen folgendes:

- Zunächst wird der Speicherplatz für das Objekt angelegt:

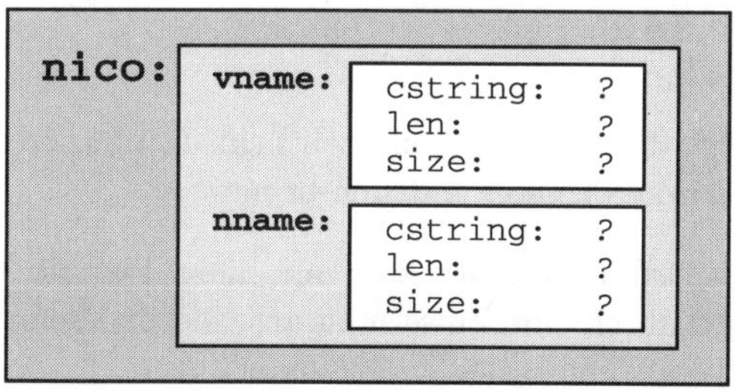

- Dann wird für die Komponente **vname** der Default–Konstruktor der Klasse String aufgerufen (es wird ja kein Argument übergeben). Dieser initialisiert den Vornamen mit dem Leerstring (siehe Abschnitt 3.9.3):

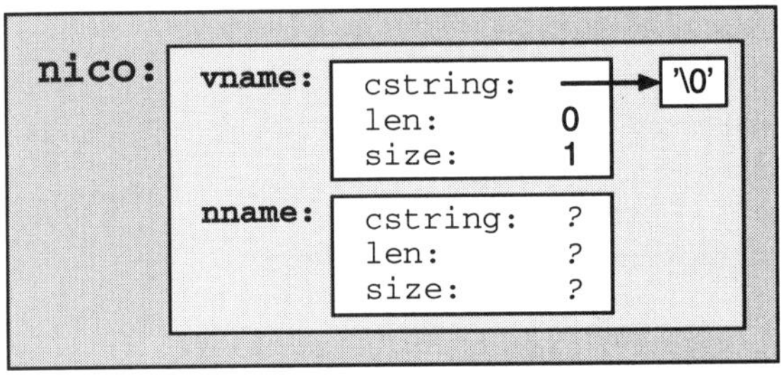

- Danach wird die Komponente **nname** ebenfalls durch den Default–Konstruktor der Klasse String mit dem Leerstring initialisiert:

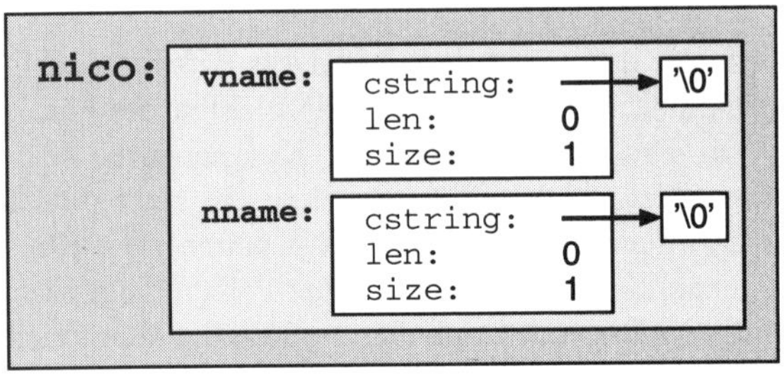

- Schließlich werden die Anweisungen des Konstruktors der Klasse Person ausgeführt, die den Komponenten **vname** und **nname** die richtigen Werte zuweisen:

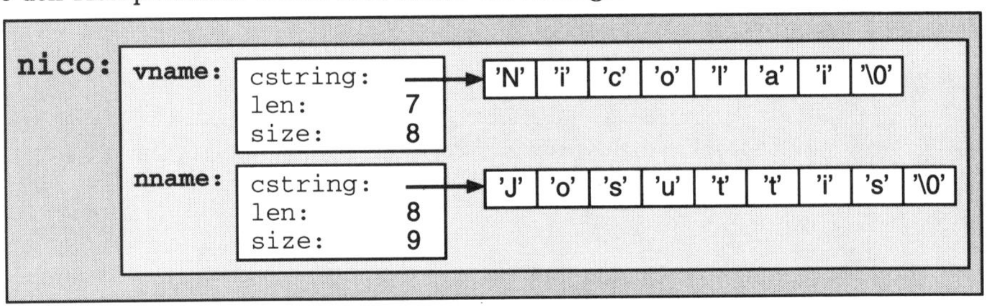

  Dazu wird der Zuweisungsoperator der Klasse String aufgerufen, der den Speicherplatz für den eben initialisierten Leerstring wieder freigibt, sowie neuen allokiert und initialisiert (siehe Abschnitt 3.9.6).

Dieses Beispiel zeigt, daß die Tatsache, daß für Komponenten beim Initialisieren jeweils der Default–Konstruktor aufgerufen wird, Nachteile mit sich bringt:

- Die Komponente wird über den Default–Konstruktor mit einem Default–Wert belegt, der u.U. aber falsch ist und durch eine Zuweisung anschließend sofort ersetzt werden muß.

Im vorliegenden Beispiel bedeutete dies, daß völlig unnötigerweise Speicherplatz angelegt und sofort wieder freigegeben wird, da er zur Initialisierung der übergebenen Namen nicht ausreicht. Dies bedeutet einen erheblichen Laufzeitnachteil (Speicherplatzverwaltung ist zeitaufwendig), der sich bei Objekten, die mehr oder komplexere Komponenten besitzen, noch vergrößert.

- Eine solche fehlerhafte Initialisierung mit dem Default–Wert kann aber nicht nur sehr viel Zeit kosten, sondern auch irreparable Schäden anrichten. Man denke z.B. an eine Klasse für geöffnete Dateien, die zunächst eine verkehrte Default–Datei öffnet.
- Schließlich kann es auch sein, daß für Klassen kein aufrufbarer Default–Konstruktor existiert. Dies ist typischerweise dann der Fall, wenn zur Initialisierung mindestens ein Argument gebraucht wird. Solche Objekte könnten dann nicht mehr als Teilobjekte in einer anderen Klasse dienen.

  Die Klasse Person hat z.B. keinen Default–Konstruktor, da es nach ihrer Spezifikation keinen Sinn macht, eine Person anzulegen, ohne zumindest den Namen zu übergeben. Die Klasse könnte dann nicht mehr in anderen Klassen verwendet werden (man denke z.B. an eine Klasse Projekt, in der als Person ein Projektleiter eingetragen wird).

3.11.3 Initialisierungslisten

Es wird also eine Möglichkeit gebraucht, Konstruktoren, die zur Initialisierung einer Komponente eines Objekts aufgerufen werden, Argumente zu übergeben. C++ hat dazu die **Initialisierungslisten** eingeführt.

Eine Initialisierungsliste kann nur für Konstruktoren verwendet werden und dient dazu, den Konstruktoren für die Komponenten eines erzeugten Objekts Parameter zur Initialisierung zu übergeben. Sie wird bei der Definition des Konstruktors hinter dessen Parameter–Liste durch einen Doppelpunkt getrennt angegeben und besteht aus durch Kommata getrennten Ausdrücken der Form "*komponente*(*argumente*)".

Beispiel für die Verwendung von Initialisierungslisten

Wenn der Konstruktor der Klasse Person mit einer Initialisierungsliste definiert wird, werden Vor– und Nachname gleich mit den richtigen Werten initialisiert.

Der Konstruktor muß dazu wie folgt implementiert werden:

```
/* Konstruktor aus Nachname und Vorname
 *  - Default fuer Vorname: ""
 *  - NEU: Vor- und Nachname werden mit Initialisierungsliste
 *         direkt an die Konstruktoren fuer nname und vname uebergeben
 */
```

```
Person::Person (const String& nn, const String& vn)
  : nname(nn), vname(vn)
{
    // damit ist Alles getan
}
```

Wenn nun eine Person durch

```
Person nico ("Josuttis", "Nicolai");
```

angelegt wird, passiert durch die Verwendung der Initialisierungsliste folgendes:

- Zunächst wird wie immer Speicherplatz für das Objekt angelegt:

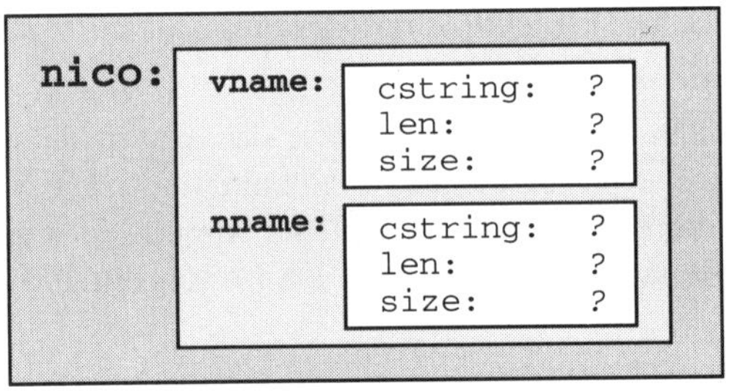

- Dann wird für die Komponente **vname** aber nicht der Default–, sondern der Copy–Konstruktor der Klasse String aufgerufen, da zur Initialisierung jetzt der String **vn** übergeben wird. Dieser initialisiert den Vornamen mit dem übergebenen String (siehe Abschnitt 3.9.4):

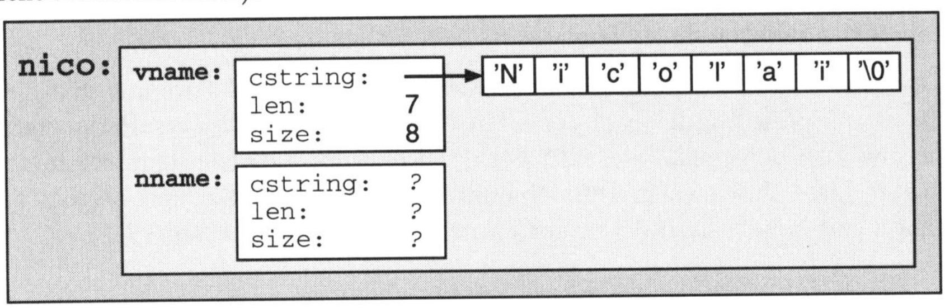

- Anschließend wird für die Komponente **nname** ebenfalls der Copy–Konstruktor der Klasse String aufgerufen, da zur Initialisierung der String **nn** übergeben wird:

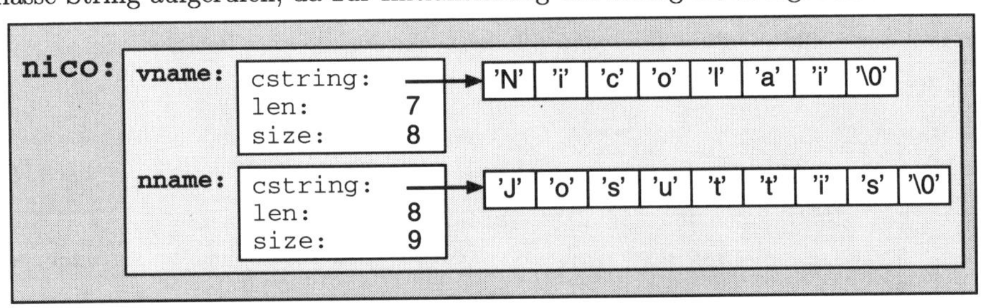

- Schließlich werden die Anweisungen des Konstruktors der Klasse Person ausgeführt. Doch da die Komponenten bereits vollständig initialisiert sind, ist in diesem Fall gar nichts mehr zu tun (was durchaus nicht untypisch ist).

Man beachte, daß eine Initialisierungsliste nicht Teil der Deklaration, sondern Teil der Implementierung einer Funktion ist.

Da oft nach der Initialisierung gar keine Anweisungen mehr durchgeführt werden müssen, wird der Konstruktor in der Praxis häufig gleich als Inline–Funktion in der Header–Datei definiert:

```
class Person {
  ...
  public:
    Person (const String& nn, const String& vn = "")
        : nname(nn), vname(vn) {
    }
    ...
};
```

Initialisierung von Konstanten und Referenzen als Komponenten

Durch die Initialisierungslisten ist es nun auch möglich, die Komponente für den Nachnamen als Konstante zu deklarieren, da sie vom Konstruktor initialisiert und später nicht mehr verändert wird:

```
#ifndef _Person_h
#define _Person_h

// allgemeine Header-Dateien
#include <iostream.h>
#include <stdlib.h>

// Header-Dateien fuer Hilfsklassen
#include "String.h"

class Person {
  private:
          String vname;       // Vorname der Person
    const String nname;       // Nachname der Person (NEU: Konstante)

  public:
    // Konstruktor aus Nachname und optional Vorname
    Person (const String&, const String& = "");
```

```
        // Abfragen von Eigenschaften
        const String& nachname () const {        // Nachname liefern
            return nname;
        }
        const String& vorname () const {         // Vorname liefern
            return vname;
        }
        ...
    };

    #endif  /* _Person_h */
```

Doch Vorsicht: Komponenten als Konstanten zu deklarieren, bedeutet, daß sie wirklich nicht verändert werden können, solange das Objekt existiert. Das bedeutet insbesondere, daß keine Zuweisung mit dem Default–Zuweisungsoperator möglich ist, der allen Komponenten neue Werte zuweist. Insofern ist die Deklaration des Nachnamens für die Klasse Person nicht sinnvoll.

Genauso ist es aber möglich, daß eine Klasse Referenzen als Komponenten besitzt, die beim Erzeugen der Objekte jeweils auf die gleiche Art und Weise initialisiert werden.

Initialisierung von fundamentalen Datentypen

Auch fundamentale Datentypen können mit Initialisierungslisten initialisiert werden. In diesem Fall ergibt sich zwar kein Laufzeitvorteil, da fundamentale Datentypen ansonsten nicht erst fehlerhaft, sondern einfach gar nicht initialisiert werden, es wird aber das Prinzip unterstützt, fundamentale Datentypen auch als vordefinierte Klassen zu betrachten.

Ein Konstruktor der Klasse Bruch kann deshalb wie folgt definiert werden:

```
class Bruch {
  private:
    int zaehler;
    int nenner;
  public:
    // Konstruktor, dem nur Zaehler uebergeben wird
    Bruch (int z) : zaehler(z), nenner(1) {
    }
    ...
};
```

Die Komponente `zaehler` wird mit dem übergebenen Parameter und der Nenner mit `1` initialisiert. Dies zeigt auch, daß die Argumente in Initialisierungslisten beliebige Ausdrücke sein können.

3.11.4 Zusammenfassung

- Komponenten einer Klasse können einen beliebigen Datentyp besitzen. Ob es sich dabei um einen Datentyp mit dynamischen Komponenten handelt, spielt für die Implementierung der Klasse keine Rolle.
- Sofern nicht anders angegeben, wird für Teilobjekte abstrakter Datentypen jeweils der Default–Konstruktor aufgerufen. Ist dieser nicht definiert oder aufrufbar, kann kein Objekt der Klasse angelegt werden.
- **Initialisierungslisten** ermöglichen es, den Konstruktoren für Teilobjekte Argumente zu übergeben, wodurch statt des Default–Konstruktors ein entsprechend anderer Konstruktor aufgerufen wird.

3.12 Statische Komponenten und Hilfstypen

Anhand der im vorigen Abschnitt vorgestellten Beispielklasse Person wird hier nun gezeigt, daß Klassen einen eigenen Gültigkeitsbereich besitzen. Das kann dazu verwendet werden, klassenspezifische Variablen zu definieren, die keinem bestimmten Objekt zugeordnet sind. In dem Zusammenhang wird auch aufgezeigt, wie innerhalb von Klassen Typen und Hilfsklassen definiert werden können.

3.12.1 Statische Klassenkomponenten

Eine Personenverwaltung bietet ein typisches Beispiel für zwei Eigenschaften von Klassen, die immer wieder gebraucht werden:

- eine eindeutige ID für die Objekte
- eine Information über die Anzahl der existierenden Objekte

Beide Eigenschaften lassen sich allerdings nur über Variablen implementieren, die nicht zu einem konkreten Objekt, sondern allgemein zur Klasse gehören. Solche sogenannte "Klassenvariablen"[15] sind globale Variablen, die aber, um Namenskonflikte zu vermeiden, nur zum Gültigkeitsbereich der Klasse gehören.

In C++ können Klassenvariablen durch die Deklaration von statischen Klassenkomponenten implementiert werden. Statische Klassenkomponenten werden mit dem Schlüsselwort `static` in der Klassenstruktur deklariert. Die Variablen gehören damit zum Gültigkeitsbereich der Klasse und müssen von außen über den Bereichsoperator angesprochen werden (was natürlich nur möglich ist, wenn sie als öffentliche Komponente deklariert werden).

Es handelt sich aber im Gegensatz zu nicht–statischen Komponenten um Variablen, die nur einmal für die gesamte Programmlaufzeit und nicht für jedes einzelne Objekt der Klasse angelegt werden. Jedes Objekt der Klasse hat aber Zugriff auf diese Variablen.

Die folgende Spezifikation deklariert für die im vorigen Abschnitt vorgestellte Klasse Person die statischen Klassenkomponenten **`personenMaxID`** als Zähler zur Vergabe von eindeutigen Personen–ID's und **`personenAnzahl`** als Variable, in der die aktuelle Anzahl von existierenden Personen verwaltet wird:

```
#ifndef _Person_h
#define _Person_h

// Header-Dateien einbinden
#include <iostream.h>
#include <stdlib.h>
#include "String.h"
```

[15] Die Bezeichnung "Klassenvariable" kommt von Smalltalk.

```
class Person {
  /* NEU: statische Klassenkomponenten
   */
  private:
    static long personenMaxID;    // hoechste ID aller Personen
    static long personenAnzahl;   // aktuelle Anzahl aller Personen
  public:
    // aktuelle Anzahl aller Personen liefern
    static long anzahl () {
        return personenAnzahl;
    }

  // nicht-statische Klassenkomponenten
  private:
    String     vname;          // Vorname der Person
    String     nname;          // Nachname der Person
    const long pid;            // NEU: eindeutige ID der Person

  public:
    // Konstruktor aus Nachname und optional Vorname
    Person (const String&, const String& = "");

    // NEU: Copy-Konstruktor
    Person (const Person&);

    // NEU: Destruktor
    ~Person ();

    // NEU: Zuweisung
    const Person& operator = (const Person&);

    // Abfragen von Eigenschaften
    const String& nachname () const {       // Nachname liefern
        return nname;
    }
    const String& vorname () const {        // Vorname liefern
        return vname;
    }
    const long id () const {                // NEU: ID liefern
        return pid;
    }
    ...
};

#endif  /* _Person_h */
```

Entscheidend für die Tatsache, daß es sich bei **personenMaxID** und **personenAnzahl** nicht um Komponenten handelt, die jedes Objekt der Klasse für sich verwaltet, ist die Deklaration der Komponenten als statische Komponenten:

```
class Person {
  private:
    static long personenMaxID;    // hoechste ID aller Personen
    static long personenAnzahl;   // aktuelle Anzahl aller Personen
  ...
};
```

Das bedeutet, diese Variablen existieren nur genau einmal für die Klasse Person und werden von allen Objekten der Klasse gemeinsam verwendet.

Auf statische Komponenten kann nicht nur mit "normalen" Elementfunktionen, sondern auch mit speziellen **statischen Elementfunktionen** zugegriffen werden:

```
class Person {
  ...
  public:
    // aktuelle Anzahl aller Personen liefern
    static long anzahl () {
        return personenAnzahl;
    }
  ...
};
```

Auch hier handelt es sich im Prinzip um globale Funktionen, die allerdings nur zum Gültigkeitsbereich der Klasse Person gehören. Sie haben damit Zugriff auf private Komponenten der Klasse Person und besitzen im Gegensatz zu nicht-statischen Elementfunktionen den Vorteil, auch ohne Bindung an ein Objekt dieser Klasse aufgerufen werden zu können.

Das folgende Anwendungsprogramm soll dies verdeutlichen:

```
#include <iostream.h>
#include "Person.h"

main ()
{
    cout << "Personenanzahl: " << Person::anzahl() << endl;

    Person nico ("Josuttis", "Nicolai");

    cout << "Personenanzahl: " << Person::anzahl() << endl;
}
```

Die Personenanzahl wird hier ohne Bindung an ein konkretes Objekt der Klasse ermittelt, indem die statische Funktion **anzahl()** des Gültigkeitsbereichs **Person** aufgerufen wird. Auf diese Weise kann die Anzahl auch ermittelt werden, ohne daß überhaupt eine Person existiert.

Im objektorientierten Sinne bedeuten statische Komponenten, daß die Klassen selbst als Objekt betrachtet werden können, die Attribute und Operationen besitzen. Eine statische Elementfunktion ist die Methode einer Klasse. Der Aufruf der statischen Elementfunktion ist eine Nachricht an diese Klasse, auf die mit der Methode reagiert wird.

Wenn ein konkretes Objekt der Klasse Person existiert, dann ist auch der Aufruf über ein solches Objekt möglich:

```
cout << "Personenanzahl: " << nico.anzahl() << endl;
```

Da dies allerdings dazu führt, anzunehmen, es sei eine bestimmte Eigenschaft einer konkreten Person angesprochen, ist von einem solchen Aufruf in der Regel abzuraten.

Initialisierung von statischen Klassen–Komponenten

Statische Klassen–Komponenten werden in Klassenstrukturen nur deklariert und müssen, wie jede statische Variable, einmal definiert und gegebenenfalls initialisiert werden. Dies muß **außerhalb der Klassenstruktur** in einer Quelldatei (sinnvollerweise in der Quelldatei der Klasse) geschehen. Eine Initialisierung in der Klassenstruktur ist falsch (wird allerdings nicht von allen Compilern als Fehler erkannt).

Betrachten wir dazu die Implementierung der Klasse Person:

```
// Header-Datei der Klasse einbinden
#include "Person.h"

/* NEU: statische Klassen-Komponenten initialisieren
 */
long Person::personenMaxID = 0;
long Person::personenAnzahl = 0;

/* Konstruktor aus Nachname und Vorname
 *  - Default fuer Vorname: ""
 *  - Vor- und Nachname werden mit Initialisierungsliste
 *    direkt an die Konstruktoren fuer nname und vname uebergeben
 *  - NEU: Die ID wird ebenfalls direkt initialisiert
 */
Person::Person (const String& nn, const String& vn)
  : nname(nn), vname(vn), pid(++personenMaxID)
{
    // Anzahl der existierenden Personen erhoehen
    personenAnzahl++;
}
```

```
/* NEU: Copy-Konstruktor
 */
Person::Person (const Person& p)
  : nname(p.nname), vname(p.vname), pid(++personenMaxID)
{
    // Anzahl der existierenden Personen erhoehen
    personenAnzahl++;
}

/* NEU: Destruktor
 */
Person::~Person ()
{
    // Anzahl der existierenden Personen herabsetzen
    personenAnzahl--;
}

/* NEU: Zuweisung
 */
const Person& Person::operator = (const Person& p)
{
    if (this == &p) {
        return *this;
    }

    // alles ausser ID zuweisen
    nname = p.nname;
    vname = p.vname;

    return *this;
}
```

Auch hier gilt, daß die Variable für den entsprechenden Gültigkeitsbereich über den Bereichsoperator angesprochen wird:

```
long Person::personenMaxID = 0;
long Person::personenAnzahl = 0;
```

Selbstverständlich darf jede statische Klassenkomponente nur an einer Stelle im Programm initialisiert werden.

Der Konstruktor initialisiert die Komponenten der Klasse Person über die Initialisierungsliste:

```
Person::Person (const String& nn, const String& vn)
  : nname(nn), vname(vn), pid(++personenMaxID)
{
    // Anzahl der existierenden Personen erhoehen
    personenAnzahl++;
}
```

Die Komponente nname wird mit dem ersten Parameter, nn, die Komponente vname mit dem zweiten Parameter, vn, und die Komponenten pid mit der aktuellen höchsten Personen–ID, die zuvor inkrementiert wird, initialisiert. Außerdem wird der Zähler für die Anzahl der existierenden Personen entsprechend erhöht.

Damit die Anzahl jeweils stimmt, muß der Zähler für die Anzahl existierender Personen bei Zerstörung eines Objekts der Klasse Person auch wieder herabgesetzt werden. Aus diesem Grund ist nun auch ein entsprechender Destruktor definiert:

```
Person::~Person ()
{
    // Anzahl der existierenden Personen herabsetzen
    personenAnzahl--;
}
```

Der Destruktor wird für jedes Objekt, das existierte und zerstört wird, aufgerufen und setzt den Zähler entsprechend herab. Entsprechend muß auch wirklich für jedes Objekt, das angelegt wird, der Zähler heraufgesetzt werden. Insbesondere darf man nicht vergessen, auch den Copy–Konstruktor zu definieren, damit auch, wenn ein Objekt der Klasse als Kopie eines existierenden Objekts angelegt wird, eine neue Objekt–ID vergeben und die Personenanzahl entsprechend erhöht wird.

```
Person::Person (const Person& p)
  : nname(p.nname), vname(p.vname), pid(++personenMaxID)
{
    // Anzahl der existierenden Personen erhoehen
    personenAnzahl++;
}
```

Ohne Implementierung des Copy–Konstruktors wird beim Kopieren eines Objekts die ID kopiert (damit hätten zwei Objekte die gleiche ID) und die Anzahl nicht erhöht (wohl aber bei Zerstörung des Objekts vermindert).

Außerdem muß der Zuweisungsoperator implementiert werden, damit nicht auch die ID zugewiesen wird. Er muß also so implementiert werden, daß alle Komponenten bis auf die ID zugewiesen werden:

```
const Person& Person::operator = (const Person& p)
{
    if (this == &p) {
```

```
            return *this;
        }

        // alles ausser ID zuweisen
        nname = p.nname;
        vname = p.vname;

        return *this;
    }
```

Da die ID als Konstante deklariert wurde, wäre eine Zuweisung ansonsten gar nicht möglich. Der Default-Zuweisungsoperator würde auch die ID zuweisen, was aber ein Fehler ist.

3.12.2 Typdeklarationen innerhalb von Klassen

Die im vorigen Abschnitt vorgestellte Möglichkeit, in Klassen statische Komponenten und Funktionen zu definieren, deutet schon darauf hin, daß Klassen einen eigenen Gültigkeitsbereich besitzen.

Dies kann auch dazu verwendet werden, klassenspezifische Typen zu definieren, die auf den Gültigkeitsbereich der Klasse beschränkt sind. Das hat im wesentlichen den Vorteil, daß globale Deklarationen vermieden werden. Der globale Namensbereich wird nicht unnötig mit Identifiern belastet, die zu Namenskonflikten führen könnten. Es trägt auch dem objektorientierten Ansatz Rechnung, eine Klasse als vollständigen, in sich abgeschlossenen Bereich zu betrachten.

Bei einer Klasse zur Personenverwaltung kann dies z.B. dazu verwendet werden, einen klassenspezifischen Aufzählungstyp für die Anrede zu definieren.

Die Klasse zur Personenverwaltung hätte dann z.B. folgende Spezifikation:

```
#ifndef _Person_h
#define _Person_h

// Header-Dateien einbinden
#include <iostream.h>
#include <stdlib.h>
#include "String.h"

class Person {
  // statische Klassenkomponenten
  private:
    static long personenMaxID;    // hoechste ID aller Personen
    static long personenAnzahl;   // aktuelle Anzahl aller Personen
```

```
public:
  // aktuelle Anzahl aller Personen liefern
  static long anzahl () {
      return personenAnzahl;
  }

/* NEU: spezielle Datentypen
 */
public:
  // Aufzaehlungstyp fuer die Anrede
  enum Anrede { herr, frau, firma, leer };

// nicht-statische Klassenkomponenten
private:
  Anrede     anr;           // NEU: Anrede (kann auch leer sein)
  String     vname;         // Vorname der Person
  String     nname;         // Nachname der Person
  const long pid;           // eindeutige ID der Person

public:
  /* Konstruktor aus Nachname, optional Vorname
   * und (NEU:) optional Anrede
   */
  Person (const String&, const String& = "", const Anrede& = leer);

  // Copy-Konstruktor
  Person (const Person&);

  // Destruktor
  ~Person ();

  // Zuweisung
  const Person& operator = (const Person&);

  // Abfragen von Eigenschaften
  const String& nachname () const {       // Nachname liefern
      return nname;
  }
  const String& vorname () const {        // Vorname liefern
      return vname;
  }
  const long id () const {                // ID liefern
      return pid;
  }
```

```
        const Anrede& anrede () const {          // NEU: Anrede liefern
            return anr;                          // (eigener Aufzaehlungstyp)
        }

        // Vergleichen
        bool operator == (const Person& p) const {
            return vname == p.vname && nname == p.nname;
        }
        bool operator != (const Person& p) const {
            return vname != p.vname || nname != p.nname;
        }
};

#endif  /* _Person_h */
```

Der Aufzählungstyp `Anrede` wird einfach in der Klassendeklaration definiert und auch verwendet. Dies hat den Vorteil, daß für die verwendeten Identifier `Anrede`, `herr`, `frau`, `firma` und `leer` keine globalen Namenskonflikte drohen.

Die öffentliche Deklaration ermöglicht es aber dennoch, sie außerhalb der Klasse anzusprechen. Dies geschieht mit dem Bereichsoperator, wie das folgende Anwendungsbeispiel zeigt:

```
#include <iostream.h>
#include "Person.h"

main ()
{
    Person nico ("Josuttis", "Nicolai");

    /* Variable vom Typ "Anrede" der Klasse Person deklarieren
     * und mit Wert "leer" der Klasse Person initialisieren
     */
    Person::Anrede keineAnrede = Person::leer;
    ...
    if (nico.anrede() == keineAnrede) {
        cout << "Anrede von Nico wurde nicht gesetzt" << endl;
    }
}
```

Wie die Deklaration von `keineAnrede` zeigt, muß sowohl bei Verwendung des Datentyps als auch bei Verwendung eines Werts der Bereichsoperator verwendet werden, da beides zum Gültigkeitsbereich der Klasse Person gehört.

Auf die gleiche Art und Weise können in Klassen eigene Datentypen mit `typedef` angelegt werden.

3.12.3 Aufzählungstypen als statische Klassen–Konstanten

Mit Aufzählungstypen läßt sich ein Problem umgehen, das bei der Deklaration statischer Arrays als Komponenten einer Klasse auftritt: In der Klasse kann eine statische Konstante nicht zur Definition der Arraygröße verwendet werden.

Da die Initialisierung einer statischen Komponente nicht in der Klassendeklaration stattfinden darf, ist folgende Deklaration fehlerhaft:

```
class KLASSE {
  private:
    static const MAXANZ = 100;    // FEHLER: Initialisierung verboten
    int elems [MAXANZ];
    ...
};
```

Andererseits muß der Wert der Konstanten beim Compilieren bekannt sein, damit entsprechend Speicherplatz angelegt werden kann:

```
class KLASSE {
  private:
    static const MAXANZ;
    int elems [MAXANZ];           // FEHLER: Wert von MAXANZ unbekannt
    ...
};
```

Um hier nicht eine Präprozessor–Konstante einführen zu müssen, hilft ein Trick: Es kann ein Aufzählungstyp definiert werden:

```
class KLASSE {
  private:
    enum { MAXANZ = 100 };        // OK
    int elems [MAXANZ];           // OK
    ...
};
```

Der Wert für einen Aufzählungstyp ist nämlich kein konstantes Objekt, sondern nur ein symbolischer Name, für den bei der Deklaration auch ein bestimmter Wert festgelegt werden darf.

3.12.4 Eingebettete und lokale Klassen

Die Tatsache, daß Klassen einen eigenen Gültigkeitsbereich besitzen, ermöglicht es auch, Klassen (oder Strukturen) auf den Gültigkeitsbereich einer Klasse einzuschränken.

Eine solche **eingebettete Klasse** wird z.B. wie folgt definiert:

```
class Klasse {
  public:
    /* eingebettete Hilfsklasse
     */
    class Hilfsklasse {
      private:
        int x;
      public:
        void f();
        ...
    };
  ...
};
```

Auf die Komponenten einer eingebetteten Klasse wird von ganz außen durch doppelte Verwendung des Bereichsoperators zugegriffen. Die Funktion `f()` müßte z.B. wie folgt definiert werden:

```
void Klasse::Hilfsklasse::f ()
{
    ...
}
```

Dies ist vor allem bei komplexen Klassen nützlich, um bei der Definition dazugehöriger Hilfsklassen nicht den globalen Namensbereich mit Hilfsklassen zu belegen. Es vermeidet somit Namenskonflikte und unterstützt die Datenkapselung (die Hilfsklassen können auch als `private` deklariert werden).

Ein typisches Beispiel für eingebettete Klassen sind Fehlerklassen, wie sie beim Exception–Handling in Abschnitt 3.15 vorgestellt werden.

Es ist sogar möglich, daß Klassen lokal für den Gültigkeitsbereich einer Funktion deklariert werden. Dies wird nur selten gebraucht. Man mache sich aber klar, daß eine Struktur in C++ nichts anderes als eine Klasse ist, die als Default öffentliche Komponenten besitzt. Vor diesem Hintergrund bedeutet das also, daß innerhalb von Funktionen lokale Strukturen deklariert werden können, was schon etwas sinnvoller klingt.

Vorwärts–Deklaration von eingebetteten Klassen

Nach der neuesten ANSI/ISO–Sprachspezifikation ist es möglich, eingebettete Klassen auch vorwärts zu deklarieren. Dadurch können eingebettete Klassen in anderen Modulen definiert werden.

Das obige Beispiel sieht dann wie folgt aus:

```
class Klasse {
  public:
    /* eingebettete Hilfsklasse
     */
    class Hilfsklasse;
  ...
};

class Klasse::Hilfsklasse {
  private:
    int x;
  public:
    void f();
    ...
};
```

3.12.5 Namensbereiche

Nach der neuesten ANSI/ISO–Sprachspezifikation können **Namensbereiche** (englisch: namespaces) definiert werden. Damit wird das Dilemma gelöst, daß verschiedene globale Identifier wie Klassen, die den gleichen Namen besitzen, sich gegenseitig ausschließen.

Wenn z.B. zwei Klassen verwendet werden müssen, die beide den Namen `String` besitzen, aber verschiedenen Zwecken dienen, können die Klassen unterschiedlichen Namensbereichen zugeordnet werden:

```
namespace A {
    class String {
        ...
    };
    void f (const String&);
}

namespace B {
    class String {
        ...
    };
    void f (const String&);
}
```

Das Schlüsselwort **namespace** ordnet die darin definierten Identifier einem bestimmten eigenen Gültigkeitsbereich zu. Damit können die Identifier nicht mehr kollidieren.

In der Praxis schließen Namespace–Deklarationen typischerweise Include–Anweisungen von Header–Dateien mit kollidierenden Identifieren ein:

```
namespace A {
#include <String.h>       // class String
}

namespace B {
#include "toolxy.h"       // typedef char* String
}
```

Die Header–Datei `<String.h>` könnte z.B. eine C++–Klasse `String` definieren, während in der Header–Datei `"toolxy.h"` zur besseren Lesbarkeit für `char*` der Typ `String` definiert wird.

Zur Zuordnung bei der Verwendung der Identifier wird dann der Bereichsoperator verwendet:

```
A::String s1;          // String aus Namensbereich A anlegen
B::String s2;          // String aus Namensbereich B anlegen

A::f(s1);              // f() aus Namensbereich A aufrufen
B::f(s2);              // f() aus Namensbereich B aufrufen
```

Das Schlüsselwort `using`

Da in einer konkreten Situation zumeist ein bestimmter Namensbereich bevorzugt wird, ist es möglich, einen Default–Namensbereich zu definieren. Dazu dient das Schlüsselwort `using`.

Mit seiner Hilfe können einzelne Identifier einem Default–Namensbereich zugeordnet werden:

```
using A::String;       // String wird als Default-Namensbereich A zugeordnet
using A::f;            // f() wird als Default-Namensbereich A zugeordnet

String s1;             // String aus Namensbereich A anlegen
B::String s2;          // String aus Namensbereich B anlegen

f(s1);                 // f() aus Namensbereich A aufrufen
B::f(s2);              // f() aus Namensbereich B aufrufen
```

Damit kann aber auch ein Default–Namensbereich für alle Identifier definiert werden:

```
using namespace A;     // Default-Namensbereich ist A

String s1;             // String aus Namensbereich A anlegen
B::String s2;          // String aus Namensbereich B anlegen

f(s1);                 // f() aus Namensbereich A aufrufen
B::f(s2);              // f() aus Namensbereich B aufrufen
```

3.12.6 Zusammenfassung

- Klassen können **statische Komponenten** besitzen. Dabei handelt es sich um Objekte, die pro Klasse nur einmal existieren und von allen Objekten der Klasse gemeinsam verwendet werden.
- Statische Klassenkomponenten müssen **außerhalb** der Klassendeklaration genau einmal definiert und gegebenenfalls initialisiert werden.
- **Statische Elementfunktionen** erlauben es, auf statische Komponenten zuzugreifen, ohne daß ein dazugehöriges Objekt der Klasse angegeben werden muß. Sie entsprechen globalen Funktionen, die auf den Namens– und Gültigkeitsbereich einer Klasse beschränkt sind.
- Mit Aufzählungstypen lassen sich statische Klassen–Konstanten definieren, die auch zur Deklaration anderer Komponenten verwendet werden können.
- Klassen bilden einen eigenen Gültigkeitsbereich, in dem es möglich ist, eigene Datentypen wie Aufzählungstypen oder Hilfsklassen ("eingebettete Klassen") zu definieren.
- Kollidierende Identifier können durch Namespace–Definitionen gemeinsam in einem Programm verwendet werden.
- Für Objekt–IDs müssen alle Konstruktoren (auch der Copy–Konstruktor) und der Zuweisungsoperator einer Klasse selbst definiert werden. Die Komponente für die ID sollte als Konstante deklariert werden.
- Für Objekt–Zähler müssen alle Konstruktoren (auch der Copy–Konstruktor) und der Destruktor einer Klasse selbst definiert werden.

3.13 Funktions– und Komponentenzeiger

In diesem Abschnitt wird gezeigt, wie Zeiger auf Funktionen und Zeiger auf Komponenten von Klassen definiert und angewendet werden können. In dem Zusammenhang werden auch spezielle Operatoren eingeführt, mit denen auf Klassen–Komponenten zugegriffen werden kann.

3.13.1 Funktionszeiger

Schon in C ist es möglich, Zeiger auf Funktionen zu definieren. Auf diese Weise werden z.B. häufig Error–Handler verwaltet.

Error–Handler ("Fehler–Behandler") sind Funktionen, die irgendwo installiert werden, um dann aufgerufen zu werden, wenn Fehler auftreten. Dazu wird ein Error–Handler einem Funktionszeiger zugewiesen. Wenn dann ein Fehler auftritt, wird die Funktion, auf die der Funktionszeiger zeigt, aufgerufen.

Ein Beispiel für derartige Error–Handler sind die in Abschnitt 3.8.4 vorgestellten New–Handler. Ein Funktionszeiger zeigt als globale Variable jeweils auf die Funktion, die im Fehlerfall aufzurufen ist:

```
/* Datentyp fuer Zeiger auf New-Handler definieren
 */
typedef void (* NewHandlerTyp) ();

/* Zeiger auf aktuellen New-Handler
 */
NewHandlerTyp _new_handler;
```

Diesem Funktionszeiger kann mit der Funktion `set_new_handler()` ein New–Handler übergeben werden:

```
NewHandlerTyp set_new_handler (NewHandlerTyp neuerNewHandler)
{
    NewHandlerTyp alterNewHandler;

    /* alten New-Handler zum Zurueckliefern merken */
    alterNewHandler = _new_handler;

    /* uebergebene Funktion als neuen New-Handler installieren */
    _new_handler = neuerNewHandler;

    /* alten New-Handler zurueckliefern */
    return alterNewHandler;
}
```

Wenn beim Aufruf von **new** kein Speicher reserviert werden kann, wird, sofern ein New-Handler installiert ist, dieser aufgerufen:

```
/* Typische Implementierung des vordefinierten globalen
 * Operators new
 */
void* operator new (size_t size)
{
    void* p;          // Zeiger fuer neuen Speicher

    /* solange es nicht klappt, neuen Speicher zu bekommen
     *  - New-Handler aufrufen oder 0 zurueckliefern
     */
    while ((p = holSpeicher (size)) == 0) {
        // kein Speicherplatz der Groesse verfuegbar
        if (_new_handler) {
              // New-Handler aufrufen
              (* _new_handler)();
        }
        else {
              // 0 zurueckliefern
              return 0;
        }
    }

    /* holSpeicher() lieferte neuen Speicher (Rueckgabewert != 0)
     *  => Speicherplatz zurueckliefern
     */
    return p;
}
```

Nach dem gleichen Muster können Funktionen für beliebige Situationen installiert werden. Sie werden einfach in einem Funktionszeiger festgehalten und, wenn die entsprechende Situation eintritt, aufgerufen.

3.13.2 Komponentenzeiger

Sollen Elementfunktionen als Parameter verwendet werden, werden Zeiger auf Elementfunktionen benötigt. C++ führt dazu Komponentenzeiger ein. Komponentenzeiger sind Zeiger auf Komponenten einer bestimmten Klasse. Durch Verwendung des Bereichsoperators bei der Deklaration sind sie an eine bestimmte Klasse gebunden. Der Zugriff geschieht mit speziellen Operatoren, die nur für diesen Zweck eingeführt werden.

Komponentenzeiger für einfache Datentypen

Zur Deklaration eines Komponentenzeigers muß der Bereichsoperator verwendet werden, der den Zeiger dem Gültigkeitsbereich einer Klasse zuordnet:

```
// Zeiger auf int-Komponente der Klasse Bruch
int KLASSE::* intPtr;
```

Dem Zeiger kann dann die Adresse einer Integer–Komponente der Klasse zugewiesen werden:

```
intPtr = & KLASSE::xyz;
```

Dazu muß aber natürlich Zugriff auf die Komponente bestehen (sei es, daß sie öffentlich ist oder sei es, daß sich die Anweisung im Gültigkeitsbereich einer Element– oder Friend–Funktion befindet).

Mit dem C++–Operator `.*` kann dann darauf zugegriffen werden:

```
KLASSE obj;
...
// fuer obj auf die Komponente zugreifen, auf die intPtr zeigt
obj.*intPtr = 7;
```

Der C++–Operator `->*` kann verwendet werden, wenn ein Zeiger auf ein Objekt der Klasse zeigt:

```
KLASSE  obj;
KLASSE* op = &obj;
...
/* fuer das Objekt, auf das op zeigt, auf die
 * die Komponente zugreifen, auf die intPtr zeigt
 */
op->*intPtr = 7;
```

Komponentenzeiger für Elementfunktionen

Komponentenzeiger werden vor allem zur Parametrisierung von Elementfunktionen verwendet. Es handelt sich dann um Funktionszeiger für Klassen.

Zur Deklaration eines Zeigers auf eine Elementfunktion muß ebenfalls der Bereichsoperator verwendet werden, der den Zeiger dem Gültigkeitsbereich einer Klasse zuordnet:

```
void (KLASSE::*funcPtr) ();
```

In diesem Fall wird `funcPtr` als Zeiger auf eine Elementfunktion der Klasse `KLASSE` deklariert, die ohne Parameter aufgerufen wird und als Rückgabetyp `void` besitzt.

Hier empfiehlt es sich, wie meistens bei Funktionszeigern, einen eigenen Datentyp zu definieren, damit die verschiedenen Deklarationen einfacher und übersichtlicher werden:

```
typedef void (KLASSE::*KlassenFunktion) ();

KlassenFunktion funcPtr;
```

Nach der Zuweisung einer Komponente muß zum Zugriff auf die Komponente ebenfalls der C++–Operator `.*` verwendet werden:

```
KLASSE obj;
...
// Elementfunktion, auf die "funcPtr" zeigt, fuer Objekt obj aufrufen
(obj.*funcPtr) ();
```

Da der Funktionsaufruf eine höhere Priorität hat, muß der Ausdruck mit dem Operator `.*` geklammert werden.

Entsprechend wird für Zeiger auf Objekte der Operator `->*` verwendet:

```
KLASSE  obj;
KLASSE* objPtr = &obj;
...
/* Elementfunktion, auf die "funcPtr" zeigt, fuer Objekt, auf das
 * "objPtr" zeigt, aufrufen
 */
(objPtr->*funcPtr)();
```

Auf diese Art und Weise kann z.B. eine Elementfunktion als Parameter übergeben und in einer Variablen verwaltet werden.

Das folgende Beispiel verdeutlicht die Verwendung von Komponentenzeigern:

```
#include <iostream.h>

class BspKlasse {
  public:
    void func1() {
        cout << "Aufruf von func1()" << endl;
    }
    void func2() {
        cout << "Aufruf von func2()" << endl;
    }
};

/* Datentyp: Zeiger auf Elementfunktion der Klasse BspKlasse
 *           ohne Parameter und Rueckgabewert
 */
```

```
typedef void (BspKlasse::*BspKlassenFunktion) ();

main ()
{
    /* Funktionszeiger auf Elementfunktion der Klasse BspKlasse
     */
    BspKlassenFunktion funcPtr;

    BspKlasse x;

    // Zeiger zeigt auf func1()
    funcPtr = & BspKlasse::func1;

    // Funktion, auf die der Zeiger zeigt, fuer Objekt x aufrufen
    (x.*funcPtr) ();

    // Zeiger zeigt auf func2()
    funcPtr = & BspKlasse::func2;

    // Funktion, auf die der Zeiger zeigt, fuer Objekt x aufrufen
    (x.*funcPtr) ();
}
```

Dem Komponentenzeiger `funcPtr` werden nacheinander die Elementfunktionen `func1()` und `func2()` zugewiesen und über diesen aufgerufen.

Komponentenzeiger für Schnittstellen nach außen

Ein Anwendungsbeispiel für die Verwendung von Komponentenzeigern sind Schnittstellen zu anderen Prozessen oder Sprachumgebungen, in denen Elementfunktionen von Objekten aufrufbar sein sollen.

Von C++ werden sowohl die Objekte als auch deren Elementfunktionen nach außen als Adressen exportiert:

```
BspKlasse x;
BspKlassenFunktion funcPtr;
...
exportObjectAndFunction ((void*)&x, (void*)funcPtr);
```

In den anderen Prozessen bzw. Sprachumgebungen können diese Adressen beliebig durchgereicht und verwaltet werden.

Wenn nun für ein solches Objekt von außen die übergebene Funktion aufgerufen werden soll, wird von dort eine globale Schnittstellen–Funktion aufgerufen, der das Objekt und die aufzurufende Funktion als Parameter übergeben wird.

Die Schnittstellen–Funktion sorgt dann über den Operator `->*` für den Aufruf:

```
void callBspKlassenFunc (void* objAdr, void* funcAdr)
{
    BspKlasse* objPtr = (BspKlasse*)objAdr;
    BspKlassenFunktion funcPtr = (BspKlassenFunktion) funcAdr;

    (objPtr->*funcPtr) ();
}
```

In der Praxis lassen sich solche Schnittstellen noch für mehrere Klassen und verschiedene Parameter parametrisieren.

3.13.3 Zusammenfassung

- In C++ lassen sich Zeiger auf Klassenkomponenten definieren.
- Die C++–Operatoren `.*` und `->*` erlauben es, von Objekten oder Objektzeigern darauf zuzugreifen.
- Über Zeiger auf Elementfunktionen lassen sich Elementfunktionen parametrisieren oder für einen Aufruf von außerhalb exportieren.

3.14 Templates

In Programmiersprachen mit typgebundenen Variablen kommt es relativ oft vor, daß Funktionen, die das gleiche machen, mehrfach definiert werden müssen, da sich die Datentypen der Parameter unterscheiden. Ein typisches Beispiel ist eine Funktion, die das Maximum zweier Werte zurückliefert. Sie muß für jeden Datentyp, für den das Maximum zweier Werte gebraucht wird, implementiert werden. Durch Definition als Makro kann dieser Zwang in C zwar umgangen werden, da ein Makro aber ein einfacher Textersatz ist, kann die Verwendung des Makros zu Problemen führen (überhaupt keine Typprüfung mehr, Seiteneffekte usw.).

Der Aufwand für eine mehrfache Implementierung existiert nicht nur bei Funktionen, sondern auch bei speziellen Datentypen mit den dazugehörigen Funktionen, wie bei etwa bei Containerklassen. **Containerklassen** sind Klassen, deren Objekte andere Objekte verwalten. Dazu gehören insbesondere Mengenklassen, also Klassen, die eine Menge von Objekten verwalten. Wenn die Verwaltung für eine Menge von Objekten implementiert wird, muß immer festgelegt werden, welchen Datentyp diese Objekte haben. Wenn eine im Prinzip gleiche Mengenverwaltung für verschiedene Datentypen genötigt wird, muß also jedesmal alles neu implementiert werden.

Ein typisches Beispiel für die mehrfache Implementierung bei der Verwaltung unterschiedlicher Objekte ist die Implementierung eines Stacks (Kellers). Bei einem Stack müssen Elemente eines bestimmten Typs ein– und wieder ausgekellert werden. Mit den bisherigen Sprachmitteln muß dies für jeden einzelnen Datentyp, für den ein Stack gebraucht wird, neu implementiert werden, da bei der Deklaration des Kellers der Datentyp der Objekte, die verwaltet werden, angegeben werden muß. Aus diesem Grund werden immer wieder Stacks neu implementiert, obwohl der Algorithmus eigentlich jedesmal gleich ist. Dies kostet nicht nur unnötig Zeit, sondern ist auch eine permanente Fehlerquelle.

C++ besitzt aus diesem Grund das Sprachmittel der **Templates** (deutsch: **Schablonen**). Templates sind Funktionen und Klassen, die nicht für einen bestimmten Typ, sondern für einen noch festzulegenden Typ implementiert werden. Im Anwendungsprogramm kann dann eine solche Implementierung für einen bestimmten Datentyp, für den die Funktion oder Klasse gebraucht wird, realisiert werden. Auf diese Weise muß eine Maximum–Funktion für zwei Objekte mit beliebigem Typ nur einmal exemplarisch implementiert werden. Containerklassen wie Stacks, verkettete Listen usw. müssen ebenfalls nur einmal implementiert und getestet werden und können dann für jeden beliebigen Datentyp verwendet werden.

Die Definition und Anwendung von Templates wird nachfolgend zunächst für Funktionen am Beispiel der Maximum–Funktion und dann für Klassen am Beispiel der Klasse Stack vorgestellt.

3.14.1 Template–Funktionen

Wie bereits in der Einführung zu diesem Abschnitt erwähnt, dienen Template–Funktionen dazu, mehrere Funktionen, die sich nur im Datentyp ihrer Parameter unterscheiden, nur einmal zu definieren und dann für verschiedene Datentypen zu verwenden.

Im Unterschied zu Makros sind Template–Funktionen aber kein "blinder" Textersatz, sondern Funktionen, die semantisch geprüft und ohne unerwünschte Seiteneffekte compiliert werden. Die Gefahr, daß ein Parameter `n++` wie bei einem Makro mehrfach ersetzt wird und somit aus einer einfachen eine mehrfache Inkrementierung wird, besteht nicht.

Definition von Template–Funktionen

Definiert werden Template–Funktionen wie normale Funktionen für einen angenommenen Typ, der vor der Deklaration angegeben wird. Ein Maximum–Template kann z.B. wie folgt deklariert werden:

```
template <class T>
const T& max (const T&, const T&);
```

Die erste Zeile definiert `T` für die folgende Deklaration als Typparameter:

```
template <class T>
```

Die Verwendung des Identifiers `T` für einen Template–Typ ist dabei nicht zwingend, aber sehr typisch.

In der folgenden Deklaration kann (und muß) `T` als Datentyp in einer Parameter–Deklaration verwendet werden und steht dann für den Typ des Parameters, der beim Aufruf übergeben wird. Obwohl das Schlüsselwort `class` angegeben wird, muß der Datentyp nicht unbedingt eine Klasse, sondern kann auch ein fundamentaler oder ein mit `typedef` definierter Datentyp sein.

Die Definition wird entsprechend implementiert:

```
template <class T>
const T& max (const T& a, const T& b)
{
    return (a > b ? a : b);
}
```

Die Anweisungen in der Funktion unterscheiden sich in keiner Weise von der anderer Funktionen. In diesem Fall wird also das Maximum zweier Werte eines angenommenen Typs `T` unter Anwendung des Vergleichsoperators zurückgeliefert. Wie in Kapitel 3.5 bereits erwähnt, wird durch Verwendung von konstanten Referenzen (`const T&`) das Anlegen von Kopien bei der Übergabe der Parameter und des Rückgabewerts verhindert.

Eine Template–Funktion kann auch gleich als Inline–Funktion deklariert werden, was bei kleinen Funktionen wie `max` typisch ist:

```
template <class T>
inline const T& max (const T& a, const T& b)
{
    return (a > b ? a : b);
}
```

Anwendung von Template–Funktionen

Angewendet wird eine Template–Funktion wie jede andere Funktion:

```
int   a, b;        // zwei Variablen vom Datentyp int
Bruch x, y;        // zwei Variablen der Klasse Bruch
...
max (a, b);        // max() fuer zwei int's
max (x, y);        // max() fuer zwei Brueche
```

In dem Moment, wo die Funktion `max()` für zwei Objekte eines Typs aufgerufen wird, wird die Schablone zur Realität. Das bedeutet, der Compiler verwendet die Template–Definition und realisiert sie, indem er für `T` jeweils `int` bzw. `Bruch` einsetzt und entsprechenden Code erzeugt. Ein Template wird also nicht als Code übersetzt, der mit beliebigen Typen umgehen kann, sondern nur als Schablone intern festgehalten, die dazu dient, im Anwendungsfall für die entsprechnden Typen jeweils entsprechenden Code zu realisieren. Wird `max()` für sieben Typen aufgerufen, werden also auch sieben Funktionen realisiert.

Aufruf und Realisierung ist nur möglich, wenn alle in der Template–Funktion angewendeten Operationen für den Datentyp der Parameter auch definiert sind. Um die Maximum–Funktion für Objekte der Klasse Bruch aufrufen zu können, muß für Brüche also der Vergleichsoperator `>` definiert sein.

Man beachte, daß Templates auch als Inline–Funktion kein blinder Textersatz sind. Der Aufruf

```
max (x++, z *= 2);
```

ist zwar nicht sehr sinnvoll, funktioniert aber. Es wird wirklich das Maximum der beiden als Argumente angegebenen Ausdrücke geliefert und jeder Ausdruck nur einmal ausgewertet (`x` also z.B. nur einmal inkrementiert).

Automatische Typumwandlung bei Templates

Für Template–Parameter ist keine automatische Typumwandlung definiert. Eine automatische Typumwandlung bei Template–Parametern würde die Ersetzungsmöglichkeiten vervielfachen und deshalb Zeit und Compiler–Aufwand kosten. Hinzu kommt die Gefahr der Nicht–Eindeutigkeit.

Ein Aufruf der Maximum–Funktion mit zwei Objekten verschiedenen Typs ist also nicht möglich:

```
int i;
long l;
...
max (i, l);         // Fehler: keine automatische Typumwandlung
```

Da eine automatische Typumwandlung für Funktionen, bei denen die Datentypen der Parameter feststehen, möglich ist, kann das Problem recht einfach behoben werden: Es muß nur eine entsprechende Funktion explizit deklariert werden:

```
// Template explizit fuer long realisieren
long max (long, long);

int i;
long l;
...
max (i, l);         // OK: automatische Typumwandlung findet statt
```

Implementiert werden muß die Funktion aber nicht, da mit der Deklaration

```
long max (long, long);
```

das Maximum–Template für den Typ `long` realisiert wird (die Deklaration verwendet zwei Parameter gleichen Typs).

Überladen von Templates

Template–Funktionen können für bestimmte Datentypen überladen werden. Damit ist es möglich, eine Template–Implementierung für bestimmte Datentypen durch eine andere Implementierung zu ersetzen. Daraus ergeben sich mehrere Vorteile:

- Template–Funktionen können für andere Datentyp–Kombinationen aufrufbar gemacht werden (es könnte z.B. eine Funktion für das Maximum von `float` und `Bruch` definiert werden).
- Implementierungen können für einen speziellen Datentyp optimiert werden.
- Datentypen, für die die Template–Implementierung untauglich ist, können eine korrekte Implementierung erhalten.

Beim Beispiel der Template–Funktion für das Maximum wäre beispielsweise ein Aufruf mit C–Strings (Datentyp `char*`) fehlerhaft:

```
char* s1;
char* s2;
...
char* maxstring = max (s1, s2);          // FEHLER
```

Die Implementierung des Maximum–Templates macht daraus nämlich im Prinzip:

```
char* maxstring = s1 > s2 ? s1 : s2;     // FEHLER
```

Damit werden nicht die Zeichenfolgen, sondern deren Adressen verglichen. Die Funktion liefert somit, welcher String sich an einer höheren Speicherstelle befindet (mit einer Klasse String könnte das Maximum–Template verwendet werden, da der Vergleich mit dem Vergleichsoperator durch die Implementierung der Klasse in einen Vergleich der Zeichenfolgen umgesetzt würde).

Das Problem wird durch Überladen des Templates für C–Strings behoben:

```
inline char* max (char* a, char* b)
{
    return (strcmp(a,b) > 0 ? a : b);
}
```

Da dieses Problem immer wieder auftritt, gibt es die Überlegung, C++ um die Möglichkeit zu erweitern, die Menge der für Templates zugelassenen Datentypen durch ein spezielles Sprachkonstrukt einzuschränken.

Grundsätzlich wird, wenn es für die Auswertung eines Funktionsaufrufs mehrere Möglichkeiten gibt, wie folgt vorgegangen:

1. Existiert genau eine Funktionsdefinition mit exakt passenden Parametertypen, wird diese verwendet.
2. Existiert genau eine passende Template–Funktion, die ohne Typumwandlung aufgerufen werden kann, wird diese aufgerufen.
3. Existiert eine Funktion, die über eine automatische Typumwandlung aufgerufen werden kann, wird diese aufgerufen.
4. Ansonsten ist der Aufruf fehlerhaft.

Lokale Variablen

Template–Funktionen dürfen intern beliebige Variablen des Schablonentyps besitzen. So kann z.B. eine Template–Funktion, die die Werte zweier Parameter vertauscht, wie folgt implementiert werden[16]:

[16] vgl. die Implementierung der Funktion `swap()` auf Seite 105

```
template <class T>
void swap (T& a, T& b)
{
    T tmp;

    tmp = a;
    a = b;
    b = tmp;
}
```

Die lokalen Variablen dürfen auch statisch sein. Dabei wird für jeden Typ, für den die Funktion aufgerufen wird, eine statische Variable angelegt.

Mehrere Typparameter

Templates müssen nicht auf einen Typparameter beschränkt sein. Es können beliebig viele Typen angegeben werden:

```
template <class T1, T2>
void print2 (T1 x, T2 y)
{
    cout << x << ' ' << y << endl;
}

void f ()
{
    int   a;
    Bruch b;
    ...
    print2 (a, b);          // int a und Bruch b ausgeben
}
```

3.14.2 Template–Klassen

Genauso wie Typen von Funktionen parametrisiert werden können, ist es auch möglich, ein oder mehrere Typen in Klassen zu parametrisieren. Dies ist vor allem bei Containerklassen, die dazu dienen, andere Objekte zu verwalten, sinnvoll. Template–Klassen bieten die Möglichkeit, diese zu implementieren, obwohl der Typ der verwalteten Objekte noch nicht feststeht. Typische Beispiele für Template–Klassen sind Klassen zur Mengenverwaltung, Stacks, verkettete Listen und so weiter.

Nachfolgend wird die Implementierung einer Template–Klasse am Beispiel einer Klasse für Stacks betrachtet. In Abschnitt 5.4.2 befindet sich ein weiteres Beispiel, das die Integration einer Template–Klasse in eine Klassenhierarchie zeigt.

Deklaration der Template–Klasse Stack

Die Deklaration der Template–Klasse für Stacks hat folgenden Aufbau:

```
template <class T>
class Stack {
  private:
    T*  elems;             // dynamisches Array von Elementen vom Typ T
    int size;              // aktuelle Groesse
    int numElems;          // Anzahl eingetragener Elemente

  public:
    Stack ();              // Konstruktor

    /* aufgrund dynamischer Komponenten:
     */
    Stack (const Stack<T>&);                         // Copy-Konstruktor
    const Stack<T>& operator= (const Stack<T>&); // Zuweisung
    ~Stack ();                                       // Destruktor

    void push (T&);        // Element einkellern
    T pop ();              // Element auskellern
};
```

Hier gilt zunächst das gleiche wie bei Template–Funktionen: Die Deklaration wird von einer Anweisung angeführt, in der T zum Typparameter erklärt wird (selbstverständlich können auch bei Klassen–Templates mehrere Typparameter definiert werden):

```
template <class T>
class Stack {
  ...
};
```

In der Klasse kann dann der Typ T wie jeder andere Datentyp zur Deklaration von Klassen–Komponenten und Elementfunktionen verwendet werden:
Die Komponente `elems` wird als dynamisches Array von T's verwaltet, die Funktion `push()` verwendet eine T–Referenz als Parameter und `pop()` liefert ein Objekt vom Typ T zurück.

Der Datentyp der Klasse ist `Stack<T>`. Deshalb muß, wenn ein Objekt der Klasse als Parameter oder Rückgabewert verwendet wird, `Stack<T>` als Datentyp angegeben werden. Nur bei der Angabe des Klassennamens:

```
class Stack {
```

sowie bei den Namen von Konstruktoren und Destruktor muß nur `Stack` angegeben werden, da eindeutig ist, was gemeint ist. Bei Parametern besteht diese Eindeutigkeit nicht, da auch eine bestimmte Realisierung des Templates verlangt sein könnte:

```
template <class T>
class Stack {
    ...
    // Funktion, die ausdruecklich int-Stack als Parameter verlangt
    void f (const Stack<int>&);
};
```

Die ANSI/ISO–Sprachspezifikation enthält allerdings spezielle Regeln, nach denen bei Angabe von `Stack` implizit angenommen wird, daß `Stack<T>` gemeint ist. Dies ist im Moment aber nicht portabel und manchmal auch eher verwirrend. Wenn `<T>` überall angegeben wird, ist dies zwar etwas aufwendiger, dafür aber eindeutiger und portabler.

Implementierung der Template–Klasse Stack

Bei der Definition der Elementfunktionen zu einer Template–Klasse muß ebenfalls jeweils angegeben werden, daß es sich um Template–Funktionen handelt. Auch diese Funktionen sind nur Schablonen, die bei Realisierung der Klasse zu entsprechendem Code führen:

```
// Header-Dateien
#include <stdlib.h>
#include <iostream.h>
#include "Stack.h"

/* Konstruktor
 */
template <class T>
Stack<T>::Stack ()
{
    numElems = 0;               // zunaechst keine Elemente
    size = 10;                  // Startgroesse: 10
    elems = new T [size];       // Speicherplatz anlegen
}

/* Copy-Konstruktor
 */
template <class T>
Stack<T>::Stack (const Stack<T>& s)
{
    numElems = s.numElems;      // Anzahl Elemente uebernehmen
    size = numElems;            // das ist auch die Startgroesse
    elems = new T [size];       // Speicherplatz anlegen

    // Elemente kopieren
```

```
    for (int i=0; i<numElems; i++) {
        elems[i] = s.elems[i];
    }
}

/* Destruktor
 */
template <class T>
Stack<T>::~Stack ()
{
    delete [] elems;              // Speicherplatz freigeben
}

/* Zuweisung
 */
template <class T>
const Stack<T>& Stack<T>::operator= (const Stack<T>& s)
{
    // Zuweisung an sich selbst macht nichts
    if (&s == this) {
        return *this;
    }

    numElems = s.numElems;        // Anzahl Elemente uebernehmen

    // falls nicht genug Speicherplatz, vergroessern
    if (size < numElems) {
        delete [] elems;              // alten Speicherplatz freigeben
        size = numElems;              // Anzahl Elemente ist neue Groesse
        elems = new T [size];         // neuen Speicherplatz anlegen
    }

    // Elemente kopieren
    for (int i=0; i<numElems; i++) {
        elems[i] = s.elems[i];
    }

    return *this;
}

/* push
 */
template <class T>
```

```
void Stack<T>::push (T& x)
{
    // falls nicht genug Speicherplatz, vergroessern
    if (size <= numElems) {
        T* tmp = elems;              // bisherige Elemente merken
        size *= 2;                   // Groesse verdoppeln
        elems = new T [size];        // neuen Speicherplatz anlegen
        // bisherige Elemente in neuen Speicherplatz kopieren
        for (int i=0; i<numElems; i++) {
            elems[i] = tmp[i];
        }
        delete [] tmp;               // alten Speicherplatz freigeben
    }

    elems[numElems++] = x;       // neues Element einkellern
}

/* pop
 */
template<class T>
T Stack<T>::pop ()
{
    // kein Element mehr vorhanden ?
    if (numElems == 0) {
        cerr << "Stack ist leer" << endl;
        exit (1);
    }

    return elems[--numElems];    // Element auskellern
}
```

Zu beachten ist, daß bei jeder Deklaration angegeben werden muß, daß es sich um eine Funktion für die Template–Klasse Stack handelt (Gültigkeitsbereich "`Stack<T>::`"), damit eine eindeutige Zuordnung möglich ist.

Auch hier muß bei Verwendung des Datentyps `Stack` der Typparameter `<T>` i.a. angegeben werden, wie die Deklaration des Zuweisungsoperators zeigt:

```
template <class T>
const Stack<T>& Stack<T>::operator= (const Stack<T>& s)
{
    ...
}
```

Selbstverständlich könnten die Funktionen auch in der Header–Datei inline deklariert werden:

```
template <class T>
class Stack {
    ...
    // Destruktor
    ~Stack () {
        delete [] elems;        // Speicherplatz freigeben
    }
    ...
};
```

Anwendung der Template–Klasse Stack

Wenn ein Objekt der deklarierten Template–Klasse gebraucht wird, muß jeweils angegeben werden, welcher Typ als Parameter verwendet werden soll:

```
Stack<int>    intStack;       // Stack fuer ints
Stack<float*> floatPtrStack;  // Stack fuer float-Zeiger
Stack<Bruch>  bruchStack;     // Stack fuer Brueche
Stack<String> stringStack;    // Stack fuer Strings
```

Auch hier wird mit der Deklaration die Schablone für den entsprechenden Datentyp realisiert. Mit der Deklaration von `bruchStack` wird für die Klasse und alle Elementfunktionen entsprechender Code für den Typ `Bruch` generiert. Insgesamt wird in diesem Fall also für vier Klassen Code generiert. Besitzt eine Template–Klasse statische Komponenten, werden entsprechend auch vier verschiedene statische Komponenten angelegt.

Eine Template–Klasse bildet für jeden eingesetzten Datentyp einen eigenen Typ, der überall verwendet werden kann:

```
void f (Stack<int> s)          // Parameter s ist int-Stack
{
    Stack<int> istack[10];       // istack ist Array von 10 int-Stacks
    ...
}
```

Dabei wird in der Praxis häufig eine Typedef–Anweisung verwendet, um die Anwendung von Template–Klassen lesbarer (und flexibler) zu halten:

```
typedef Stack<int> IntStack;

void f (IntStack s)            // Parameter s ist int-Stack
{
    IntStack istack[10];         // istack ist Array von 10 int-Stacks
    ...
}
```

Überladen von Template–Klassen

Auch bei Template–Klassen können einzelne Funktionen für bestimmte Datentypen überladen werden. In dem Fall muß die Funktion dem Gültigkeitsbereich der Template–Klasse mit dem bestimmten Typ zugeordnet werden.

Die Elementfunktion pop() könnte z.B. für Brüche überladen werden, damit, wenn der Stack leer ist, statt der Fehlerausgabe und des Aufrufs von exit() eine spezielle Fehlerfunktion für Brüche aufgerufen wird:

```
Bruch Stack<Bruch>::pop ()
{
    if (numElems == 0) {
        bruchError ("Bruch-Stack ist leer");
    }

    return elems[--numElems];
}
```

Sinnvoll ist dies auch hier wieder, um Implementierungen für bestimmte Datentypen zu optimieren, oder bei Datentypen, für die die Template–Implementierung fehlerhaft ist, eine korrekte Implementierung zu verwenden (siehe auch Seite 231).

Templates von Templates

Template–Klassen können im Prinzip wie alle anderen Klassen auch eingesetzt werden. Das bedeutet, daß sie bei den noch folgenden Sprachmitteln Vererbung, Polymorphie und Exception–Handling wie andere Klassen auch verwendet werden können.

Templates können auch selbst wiederum als Parameter von Templates verwendet werden. Das folgende Beispiel definiert z.B. einen Stack von Integer–Stacks:

```
Stack< Stack<int> > intStackStack;
```

Dabei ist zu beachten, daß das Leerzeichen zwischen den schließenden spitzen Klammern notwendig ist. Die Deklaration:

```
Stack<Stack<int>> intStackStack;      // FEHLER: ">>" ist Operator
```

erzeugt einen Fehler, da in diesem Fall >> als der entsprechende Operator interpretiert wird.

3.14.3 Andere Template–Argumente

Template–Argumente müssen nicht unbedingt Datentypen, sondern können auch normale Funktionsparameter sein. Dies ist recht nützlich, wenn nicht nur der Datentyp einer

Klasse parametrisiert werden soll. Das gilt auch für Template–Funktionen, ist dort aber nur selten sinnvoll.

So ließe sich z.B. ein Stack–Template definieren, bei dem der Stack eine feste Größe erhält, die beim Anlegen des Stacks angegeben wird. Dies hätte den Vorteil, daß der Aufwand für die dynamische Speicherverwaltung entfällt.

Die Klassendeklaration sieht dann wie folgt aus:

```
template <class T, int size>
class Stack {
  private:
    T elems[size];        // Array von size Elementen vom Typ T
    int numElems;         // Anzahl eingetragener Elemente

  public:
    Stack ();             // Konstruktor
    void push (T&);       // Element einkellern
    T pop ();             // Element auskellern
};
```

Der zweite Parameter des Stack–Templates, `size`, wird verwendet, um die Größe des Stacks festzulegen.

Die Funktionen dazu werden ebenfalls für beide Template–Argumente definiert, wobei der Größenparameter `size` in der Elementfunktion `push()` verwendet wird, um zu testen, ob die Größe überschritten wird:

```
// Header-Dateien
#include <stdlib.h>
#include <iostream.h>
#include "Stack.h"

/* Konstruktor
 */
template <class T, int size>
Stack<T,size>::Stack ()
{
    numElems = 0;                  // zunaechst keine Elemente
}

template <class T, int size>
void Stack<T,size>::push (T& x)
{
    // Groesse ueberschritten ?
    if (numElems == size) {
```

```
            cerr << "Stack ist voll" << endl;
            exit (1);
        }

        elems[numElems++] = x;          // neues Element einkellern
    }

    template<class T, int size>
    T Stack<T,size>::pop ()
    {
        // kein Element mehr vorhanden ?
        if (numElems == 0) {
            cerr << "Stack ist leer" << endl;
            exit (1);
        }

        return elems[--numElems];       // Element auskellern
    }
```

Bei der Anwendung dieses Stack–Templates muß sowohl der Typ der verwalteten Elemente als auch die Größe des Stacks angegeben werden:

```
Stack<int,20>     int20Stack;         // Stack fuer 20 int's
Stack<int,40>     int40Stack;         // Stack fuer 40 int's
Stack<Bruch,50>   bruchStack;         // Stack fuer 50 Brueche
Stack<String,10>  stringStack;        // Stack fuer 10 Strings
```

Zu beachten ist, daß `int20Stack` und `int40Stack` in diesem Fall verschiedene Typen besitzen und folglich einander nicht zugewiesen oder wechselseitig verwendet werden können.

Einschränkungen

Bei Verwendung anderer Template–Argumente gibt es allerdings Einschränkungen: Argumente von Templates dürfen neben Typen nur konstante Ausdrücke oder Adressen von im Programm global zugreifbaren Objekten oder Funktionen sein.

Insbesondere dürfen nach der aktuellen Sprachspezifikation String–Konstanten keine Template–Argumente sein:

```
template <class T, char* name>
class KLASSE {
  ...
};

KLASSE<int,"hallo"> x;   // FEHLER: String-Konstante "hallo" nicht erlaubt
```

String–Konstanten gelten nämlich nicht als globale Objekte, die überall im Programm verfügbar sind. Wenn in zwei verschiedenen Modulen `"hallo"` definiert wird, handelt es sich um zwei verschiedenen Strings.

Da hilft auch nicht die Verwendung eines globalen Zeigers:

```
template <class T, char* name>
class KLASSE {
   ...
};

char* s = "hallo";
KLASSE<int,s> x;      // FEHLER: "hallo" ist immer noch statisch
```

Der Zeiger `s` mag zwar ein globaler Zeiger sein, das worauf er zeigt, ist aber immer noch nicht global.

Die folgende Anwendung ist dagegen möglich:

```
template <class T, char* name>
class KLASSE {
   ...
};

char s[] = "hallo";
KLASSE<int,s> x;      // OK
```

Das globale Array `s` wird mit der Zeichenfolge `"hallo"` initialisiert, wodurch `s` die globale Zeichenfolge `"hallo"` ist.

Da nach aktueller Sprachspezifikation Gleitkomma–Literale keine Konstanten sind, ist die Verwendung von Gleitkommawerten als Template–Parameter ebenfalls nicht definiert.

Diese "Spitzfindigkeiten" erscheinen nicht sehr sinnvoll und die genaue Spezifikation erlaubter Template–Argumente ist deshalb auch noch in Arbeit. Man sollte sich aber klar machen, daß, auch wenn einige Compiler String–Konstanten in der ersten Form erlauben, die letzte Form portabler ist.

3.14.4 Templates in der Praxis

Template–Funktionen werden eigentlich zweimal geprüft: einmal syntaktisch beim Compilieren der Funktion und ein weiteres Mal bei der Realisierung durch eine Anwendung, indem geprüft wird, ob alle Aufrufe definiert sind. Da sich Template–Definition und Anwendung in verschiedenen Modulen befinden können, kann eine Fehlermeldung, daß in einem Template angewendete Operationen für den Typ gar nicht definiert sind, somit eigentlich erst beim Linken des Programms ausgegeben werden.

Damit aber spezielle Linker vermieden werden, sind Templates in der Praxis i.a. bestimmten compilerabhängigen Einschränkungen unterworfen. Letztlich läuft es immer darauf hinaus, daß die Definition von Templates beim Compilieren einer Template–Anwendung verfügbar sein muß, damit vollständiger Objekt–Code generiert werden kann.

Die einfachste und portabelste Möglichkeit, Templates zu verwenden, ist es deshalb, alle Template–Funktionen als Inline–Funktionen in Header–Dateien zu definieren, die bei Anwendung jeweils eingebunden werden müssen. Ansonsten müssen, je nach Compiler, gleiche Dateinamen verwendet, spezielle Optionen eingeschaltet oder spezielle Präprozessor–Anweisungen vorgenommen werden.

3.14.5 Zusammenfassung

- Funktionen und Klassen können als **Templates** (Schablonen) für noch nicht festgelegte Typen definiert werden.
- Durch Aufruf oder Deklaration eines Templates mit konkreten Typen werden Templates dann als Code realisiert und können für die Typen verwendet werden. Dabei wird für jeden Typ, für den ein Template verwendet wird, eigener Code generiert.
- Mit Template–Klassen können insbesondere Containerklassen, die andere Objekte verwalten, in Bezug auf den Typ der verwalteten Objekte parametrisiert werden.
- Templates können auch Parameter besitzen, die keine Datentypen sind. Hierbei gibt es allerdings, speziell bei String–Konstanten und Gleitkommawerten, Einschränkungen.

3.15 Exception–Handling

Dieser Abschnitt führt in das sogenannte **Exception–Handling** (deutsch: **Ausnahmebehandlung**) ein. Mit dem Exception–Handling wird eine neue Art der Behandlung von Fehlern realisiert. Im Gegensatz zu herkömmlichen Sprachen, in denen die Fehlerbehandlung bei Funktionsaufrufen über die normalen Schnittstellen, Parameter und Rückgabewert, stattfindet, wird hier eine Methode eingeführt, Fehler oder Ausnahmen parallel zum Datenfluß mit einem separaten Mechanismus zu behandeln. Durch diese Trennung wird das Programmverhalten überschaubarer und sicherer.

Da Exception–Handling ein völlig neues Konzept ist, mit Fehlern oder Ausnahmesituationen umzugehen, hat es relativ lange gedauert, bis es in C++ verfügbar war. Erst im letzten Stadium der Fertigstellung dieses Buchs (Ende 1993) kamen die ersten Compiler mit Exception–Handling auf den Markt.[17]

3.15.1 Motivation für Exception–Handling

In jedem Programm kann es vorkommen, daß Situationen eintreten, die normalerweise nicht vorgesehen sind. Anwender können unsinnige Werte eingeben, Verbindungen zu anderen Prozessen können unterbrochen werden, Speicherplatz kann verbraucht sein und last but not least können einfach Fehler auftreten, da bei der Implementierung nicht alle Fälle bedacht oder getestet wurden.

Damit Programme dann nicht einfach abstürzen, müssen Fehlerbehandlungen eingebaut werden. Dies gilt insbesondere für den Aufruf von Funktionen, die mit der "Außenwelt" Kontakt aufnehmen. Ein Anwender gibt nicht das ein, was er eingeben darf, eine Systemfunktion kann nicht das leisten, was sie soll. Aber auch bei internen Funktionsaufrufen und Zugriffen auf im Programm befindliche Daten können Fehler passieren.

Um mit Fehlern oder unvorhergesehenen Situationen umzugehen, werden deshalb Status–Flags, Error–Handler und spezielle Rückgabewerte definiert. Im Programm–Code müssen dann ständig diese Fehlerfälle getestet und behandelt werden. Damit gibt es keine klare Trennung von normalem Datenfluß und Fehlerbehandlung. Insbesondere bei Funktionsaufrufen werden der normale Datenfluß und die Fehlerbehandlung über ein und dieselbe Schnittstelle (Parameter und Rückgabewert) behandelt:

[17] Das war gerade rechtzeitig, um die nachfolgenden Beispiele ausführlich testen und erste Erfahrungen einbringen zu können.

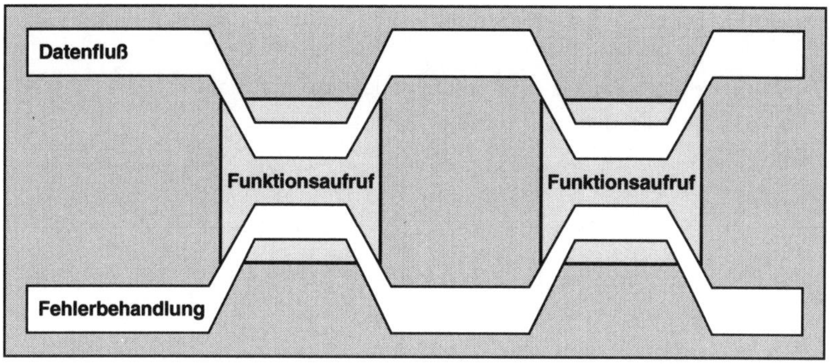

Datenfluß und Fehlerbehandlung herkömmlich

Es ist z.B. typisch, daß spezielle Rückgabewerte Fehlerfälle anzeigen. Dies führt dazu, daß für den Rückgabewert immer zusätzlich auch eine Sonderbehandlung implementiert werden muß. Wenn diese Sonderbehandlung entfällt, kann das Programm in einen undefinierten Zustand geraten, der fatale Folgen haben kann. Für die Fehlerbehandlung wird dabei sogar manchmal der Wertebereich für die Rückgabewerte erweitert. Ein Beispiel dafür ist die C–Funktion `getchar()`, die ein Zeichen liest und zurückliefert. Damit neben einem Zeichen auch ein Fehlerwert zurückgeliefert werden kann, ist der Typ des Rückgabewerts nicht `char`, sondern `int`.

In C++ kommt nun noch der Sonderfall hinzu, daß eine Funktion manchmal überhaupt keinen Rückgabewert haben kann, um einen Fehler anzuzeigen. Ein Beispiel dafür sind Konstruktoren, die nur indirekt durch Deklarationen, Typumwandlungen oder beim Erzeugen temporärer Objekte mitten in Ausdrücken aufgerufen werden. Fehlerfälle können dort nur schlecht oder gar nicht getestet und behandelt werden, denn wie soll getestet werden, ob beim Erzeugen eines temporären Objekts mitten in einem Ausdruck alles geklappt hat?

Das daraus resultierende Dilemma ist, daß der Fehler im Konstruktor erkannt **und** behandelt werden muß, da die "Außenwelt" das nicht kann. Im Konstruktor ist aber nicht die Situation bekannt, in der das Problem aufgetreten ist. Damit bleibt eigentlich nur die Möglichkeit, eine Warnung auszugeben und irgendwie weiterzumachen oder das Programm mit einer Fehlermeldung zu beenden.

Dieses Dilemma wird schon bei der ersten Implementierung der Klasse Bruch (siehe auch Abschnitt 3.2.7) deutlich: Bei der Implementierung der Klasse Bruch kann im Konstruktor zwar der Fehler, daß 0 zum Initialisieren des Nenners übergeben wird, erkannt werden, eine vernünftige Fehlerbehandlung ist aber nicht möglich. Dies liegt daran, daß bei der Implementierung der Klasse über die Umstände, unter denen sie angewendet wird, i.a. keine Annahmen gemacht werden können. Entsprechend ist auch nicht bekannt, in welcher Situation 0 zur Initialisierung des Nenners übergeben wurde. In der Praxis ist es sogar so, daß es verschiedene Umstände für einen fehlerhaften Aufruf geben kann und somit gar keine sinnvolle einheitliche Reaktion möglich ist. Aus diesem Grund wurde das Programm bisher einfach mit einer entsprechenden Fehlermeldung beendet:

```
Bruch::Bruch (int z, int n)
{
    /* Zaehler und Nenner wie uebergeben initialisieren
     * 0 als Nenner ist allerdings nicht erlaubt
     */
    if (n == 0) {
        cerr << "Fehler: Nenner ist 0" << endl;
        exit (1);
    }
    ...
}
```

Das Problem beschränkt sich aber nicht nur auf Konstruktoren. Ein ähnliches Problem existiert für die Klasse String, wenn mit dem Operator `[]` auf ein Zeichen im String zugegriffen wird (siehe Abschnitt 3.10.1). In der Funktion kann zwar erkannt werden, wenn ein fehlerhafter Index übergeben wird, es besteht aber keine Möglichkeit, den Fehler sinnvoll zu behandeln, da die Aufrufumstände nicht bekannt sind und keine geeigneten Möglichkeiten zur Fehlermeldung bestehen. Wie soll im Ausdruck

```
s[i] = 'q';          // hoffentlich ist Index i nicht zu gross
```

getestet werden, ob der Index `i` für `s` zu groß ist? Deshalb wird auch in diesem Fall das Programm bisher mit einer Fehlermeldung abgebrochen:

```
/* Operator [] fuer Variablen
 */
char& String::operator [] (unsigned i)
{
    // Index nicht im erlaubten Bereich ?
    if (i >= len) {
        cerr << "unerlaubter Index " << i << " in String "
             << *this << endl;
        exit(1);
    }

    return cstring[i];
}
```

Das Grundproblem ist in beiden Fällen gleich: Es treten Ausnahmesituationen auf, die zwar erkannt, nicht aber sinnvoll behandelt werden können, da der Kontext, aus dem heraus der Fehler verursacht wird, nicht bekannt ist. Andererseits kann der Fehler auch nicht an die Aufrufumgebung zurückgemeldet werden, da Rückgabewerte entweder gar nicht definiert sind oder anderen Zwecken dienen.

Es wird also ein Mechanismus benötigt, der eine Trennung von Fehlererkennung und Fehlerbehandlung ermöglicht und dabei nicht die Übergabe von Parametern oder Rückgabewerten verwendet. Die Fehlerbehandlung sollte vom normalen Datenfluß komplett entkoppelt werden:

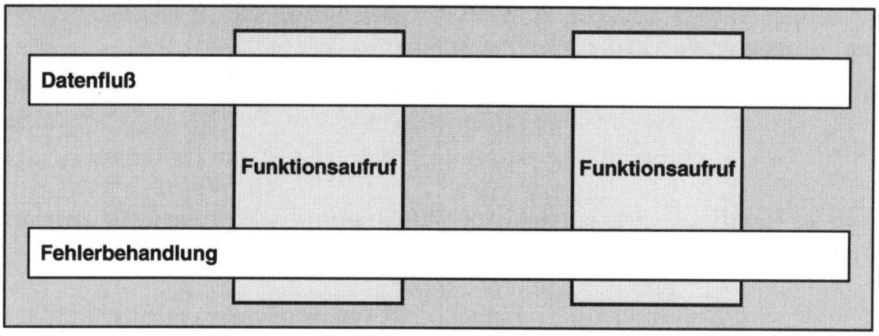

Datenfluß und Fehlerbehandlung mit Exception–Handling

Das Exception–Handling bietet diesen Mechanismus: An beliebiger Stelle im Code können Fehler erkannt und über einen eigenen Mechanismus an die jeweilige Aufrufumgebung gemeldet werden. In dieser Umgebung kann der Fehler dann abgefangen und entsprechend der aktuellen Situation sinnvoll behandelt werden. Geschieht dies nicht, wird der Fehler nicht einfach ignoriert, sondern führt zu einem (definierbaren) geregelten Programmende (kein Programmabbruch).

Um eine mögliche Fehlinterpretation zu vermeiden, sei darauf hingewiesen, daß der Begriff Exception–Handling (Ausnahmebehandlung) in C++ bedeutet, daß Fehler oder Situationen behandelt werden, die ausnahmsweise **im normalen Programmablauf** auftreten. Es ist **kein** Mechanismus für Interrupts oder Signale, also Nachrichten, die von außen das laufende Programm unterbrechen und zur Folge haben, daß mitten im Programm an eine ganz andere Stelle zur Unterbrechungsbehandlung gesprungen wird. Die Ausnahmen, die für das Exception–Handling eine Rolle spielen, werden im Programm durch spezielle C++–Anweisungen ausgelöst und innerhalb der aktuellen Gültigkeitsbereiche verarbeitet.

Die Ausnahmen müssen auch nicht unbedingt Fehler sein. Der Mechanismus kann allgemein dazu verwendet werden, in außergewöhnlichen Situationen spezielle Sonderbehandlungen auszulösen. Auch hier gibt es den Vorteil, daß die Erkennung einer Ausnahme von deren Behandlung getrennt wird.

3.15.2 Konzept des Exception–Handlings

Das Exception–Handling verarbeitet Ausnahmen (Fehler) nach folgendem Konzept:

- Wenn bei der Implementierung einer Funktion eine außergewöhnliche Situation auftritt, wird dies der Aufrufumgebung mit einer speziellen Anweisung mitgeteilt. Es wird sozusagen vom normalen Datenfluß auf die Fehlerbehandlung umgeschaltet.

  Diese Fehlerbehandlung sieht so aus, daß nach und nach alle aufgerufenen Blöcke bzw. Funktionen verlassen werden, bis ein Block gefunden wird, in dem es für die Ausnahme eine Behandlung gibt.

- Bei Aufruf von Funktionen kann definiert werden, was passieren soll, wenn innerhalb der Funktionen oder davon aufgerufener Funktionen eine Ausnahmesituation auftritt. Ein eigener Block von Anweisungen kann dann festlegen, wie mit der Situation umgegangen wird.

Fehlerklassen

Beim Exception-Handling wird konsequenterweise ein objektorientierter Ansatz verwendet:

- Ein Fehler wird als Objekt betrachtet. Tritt ein Fehler auf, wird ein entsprechendes Fehlerobjekt erzeugt.
- Fehlerklassen beschreiben mögliche Fehlerobjekte. Für verschiedene Fehlerarten gibt es entsprechend auch verschiedene Fehlerklassen. Jede Fehlerklasse beschreibt also einen bestimmten Typ von Fehler.

Tritt ein Fehler auf, wird einfach ein Objekt der entsprechenden Fehlerklasse erzeugt. Diese Objekte können, wie alle Objekte, auch Komponenten besitzen, die den Fehler oder die Umstände, unter denen er auftrat, beschreiben. Es handelt sich sozusagen um die Parameter eines Fehlers.

Durch Vererbung können sogar Hierarchien von Fehlerklassen gebildet werden. Damit ist es z.B. möglich, eine Fehlerklasse für "mathematische Fehler" noch in speziellere Klassen für "Division durch 0" oder "Wurzel aus negativer Zahl" zu unterteilen. Ein Anwendungsprogramm besitzt dann die Freiheit, mathematische Fehler im allgemeinen oder speziell eine Division durch 0 als Fehler behandeln zu können. Dies kann auch wieder situationsabhängig passieren.

Schlüsselworte

Für das Exception-Handling wurden drei Schlüsselworte eingeführt.

- **throw** dient dazu, ein entsprechendes Fehlerobjekt in die Programmumgebung zu "werfen", wenn ein Fehler auftritt. Damit wird vom normalen Datenfluß auf die Fehlerbehandlung umgeschaltet.
- **catch** dient dazu, ein solches Fehlerobjekt zu "fangen" und den Fehler zu behandeln. Damit wird also implementiert, was bei Umschaltung auf die Fehlerbehandlung passieren soll.
- **try** dient dazu, einen Gültigkeitsbereich anzugeben, innerhalb dessen etwaige Fehler mit `catch` abgefangen und behandelt werden. Es wird "versucht", die darin enthaltenen Anweisungen fehlerfrei durchzuführen. Mit `try` wird also der Gültigkeitsbereich für eine Fehlerbehandlung definiert.

3.15.3 Exception–Handling am Beispiel der Klasse Bruch

Da es zu jeder Fehlerart eine Klasse geben muß, müssen bei der Deklaration einer Klasse, die das Exception–Handling verwendet, auch die dazugehörigen Fehlerklassen deklariert werden. Wenn Fehlerklassen nicht für mehrere Klassen verwendet werden, geschieht dies sinnvollerweise, indem die Fehlerklassen als eingebettete Klassen innerhalb des Gültigkeitsbereichs deklariert werden, zu dem die Fehler gehören (eingebettete Klassen werden in Abschnitt 3.12.4 vorgestellt).

Die folgende Version der Klasse Bruch definiert für die Fehlerbehandlung die Fehlerklasse `NennerIstNull`:

```
class Bruch {
  private:
    int zaehler;
    int nenner;

  public:
    /* NEU: Fehlerklasse
     */
    class NennerIstNull {
    };

    /* Default-Konstruktor, Konstruktor aus Zaehler und
     * Konstruktor aus Zaehler und Nenner
     */
    Bruch (int = 0, int = 1);

    /* Ein- und Ausgabe mit Streams
     */
    void printOn (ostream& = cout) const;
    void scanFrom (istream& = cin);
    ...
};
```

Wie zu sehen ist, wird die Fehlerklasse `NennerIstNull` innerhalb der Klasse Bruch deklariert:

```
class Bruch {
  ...
  public:
    class NennerIstNull {
    };
  ...
};
```

Dabei handelt es sich um die kürzeste Deklaration, die für Klassen überhaupt möglich ist: Es werden überhaupt keine Komponenten deklariert. Aufgrund des vordefinierten Default–Konstruktors kann ein Objekt der Klasse aber dennoch erzeugt werden. Der ganze Sinn des Objekts besteht nur in seiner Existenz.

Bei der Implementierung wird nun, wenn der Nenner 0 ist, ein entsprechendes Fehlerobjekt erzeugt:

```
// Header-Datei der Klasse einbinden
#include "Bruch.h"

/* Default-Konstruktor, Konstruktor aus ganzer Zahl,
 * Konstruktor aus Zaehler und Nenner
 *  - Default fuer z: 0
 *  - Default fuer n: 1
 */
Bruch::Bruch (int z, int n)
{
    /* Zaehler und Nenner, wie uebergeben, initialisieren
     *  - 0 als Nenner ist allerdings nicht erlaubt
     *  - ein negatives Vorzeichen des Nenners kommt in den Zaehler
     */
    if (n == 0) {
        /* NEU: EXCEPTION: Fehlerobjekt fuer 0 als Nenner in das
         *                 Programm werfen
         */
        throw NennerIstNull();
    }
    if (n < 0) {
        zaehler = -z;
        nenner  = -n;
    }
    else {
        zaehler = z;
        nenner  = n;
    }
}

/* scanFrom
 *  - Bruch von Stream strm (default: cin) einlesen
 */
void Bruch::scanFrom (istream& strm)
{
```

```
        int z, n;

        // Zaehler einlesen
        strm >> z;

        // optionales Trennzeichen '/' einlesen
        if (strm.peek() == '/') {
            strm.get();
        }

        // Nenner einlesen
        strm >> n;

        // Lesefehler ?
        if (! strm) {
            return;
        }

        // Nenner == 0 ?
        if (n == 0) {
            /* NEU: EXCEPTION: Fehlerobjekt fuer 0 als Nenner in das
             *                 Programm werfen
             */
            throw NennerIstNull();
        }

        // OK, eingelesene Zahlen zuweisen
        if (n < 0) {
            zaehler = -z;
            nenner  = -n;
        }
        else {
            zaehler = z;
            nenner  = n;
        }
    }
```

Dies geschieht nicht nur im Konstruktor, sondern auch, wenn beim Einlesen eines Bruchs in `scanFrom()` für den Nenner der Wert 0 eingelesen wird. Anstatt ein entsprechendes I/O–Flag zu setzen, wird jetzt also auch hier das Exception–Handling verwendet (vgl. die Implementierung auf Seite 126ff.).

Tritt der Fehler auf, wird das Fehlerobjekt erzeugt und "in die Umgebung des Programms geworfen":

```
    if (n == 0) {
        /* EXCEPTION: Fehlerobjekt fuer 0 als Nenner in das
         *            Programm werfen
         */
        throw NennerIstNull();
    }
```

Die Anweisung `throw` entspricht im Programmablauf einer Folge von Return–Anweisungen, die in allen Blöcken, in denen sich das Programm zur Zeit befindet, unmittelbar aufgerufen werden. Sämtliche Gültigkeitsbereiche, in denen sich ein Programm zu dem Zeitpunkt befindet, werden also sofort verlassen, bis der Fehler entweder in irgendeinem Block abgefangen und behandelt oder das Programm beendet wird.

Es handelt sich allerdings um keinen Sprung zum nächsten übergeordneten `catch`, das den Fehler behandelt, sondern um einen "geordneten Rückzug". In allen Blöcken werden für die darin angelegten lokalen Objekte die Destruktoren aufgerufen. Objekte, die explizit mit `new` angelegt wurden, bleiben aber erhalten und müssen im Catch–Bereich gegebenenfalls explizit zerstört werden. Dieser Vorgang wird auch als "Stack–Rewinding" bezeichnet. Der Programm–Stack wird abgearbeitet, bis eine Fehlerbehandlung definiert ist.

Selbst wenn der Fehler nicht behandelt wird und zum Programmende führt, wird das Programm also nicht einfach verlassen, sondern geordnet beendet. Im Gegensatz zu `exit()` werden alle Destruktoren aufgerufen (`exit()` ruft nur die Destruktoren der statischen Objekte auf). Angesichts der Tastsache, daß ein lokales Objekt eine geöffnete Datei oder eine laufende Datenbankanfrage repräsentieren kann, ist dies ein wichtiger Unterschied.

Fehlerbehandlung

Die Behandlung des Fehlers geschieht in der Programmumgebung, die den Fehler direkt oder indirekt verursacht hat. Das folgende Anwendungsprogramm zeigt, wie dies möglich ist:

```
// Standard-Header-Dateien einbinden
#include <stdlib.h>
#include <iostream.h>

// Header-Dateien fuer die verwendeten Klassen einbinden
#include "Bruch.h"

main()
{
    Bruch x;                    // Bruch-Variable

    /* Versuche, den Bruch x einzulesen, und fange
```

```
         * Fehler vom Typ NennerIstNull ab
         */
        try {
            cout << "Bruch eingeben (zaehler/nenner): ";
            cin >> x;
            cout << "Eingabe war: " << x << endl;
        }
        catch (Bruch::NennerIstNull) {
            /* Programm mit einer entsprechenden
             * Fehlermeldung beenden
             */
            cout << "Eingabefehler: Nenner darf nicht Null sein" << endl;
            exit (1);
        }

        /* diese Stelle wird nur erreicht, wenn x erfolgreich
         * eingelesen wurde
         */
        ...
    }
```

Für den durch `try` eingeschlossenen Bereich wird eine spezielle Fehlerbehandlung installiert, die durch die folgende Catch–Anweisung definiert wird:

```
try {
    cout << "Bruch eingeben (zaehler/nenner): ";
    cin >> x;
    cout << "Eingabe war: " << x << endl;
}
catch (Bruch::NennerIstNull) {
    ...
}
```

Tritt irgendwo im Try–Bereich der Fehler `NennerIstNull` der Klasse `Bruch` auf (oder anders formuliert: trifft das Programm irgendwo innerhalb des Bereichs auf eine Throw–Anweisung für ein Objekt der Klasse `Bruch::NennerIstNull`), werden sofort sämtliche dazwischenliegenden Blöcke verlassen und die Anweisungen des zu dem Fehler gehörigen Catch–Bereichs durchgeführt.

Das bedeutet, daß wenn beim Einlesen des Bruchs durch die Anweisung

```
cin >> x;
```

eine 0 als Nenner eingegeben wird, die nachfolgende Ausgabeanweisung

```
cout << "Eingabe war: " << x << endl;
```

nicht mehr durchgeführt wird.

Wie schon angesprochen, werden alle in den zwischen Erkennung und Behandlung liegenden Blöcke verlassen und deren angelegten lokalen Objekte zerstört. Handelt es sich um Objekte von Klassen, die Destruktoren besitzen, werden diese auch aufgerufen. Das folgende Beispiel zerstört beim Auftreten einer Exception beim Einlesen des Bruchs `x` in `f1()` sowohl diesen Bruch als auch den angelegten String `s` und ruft deren Destruktoren auf:

```
void f ()
{
    try {
        f1 ();
        f2 ();      // wird bei Exception in f1() nicht aufgerufen
    }
    catch (Bruch::NennerIstNull) {
        cout << "Exception: Nenner ist Null" << endl;
    }
}

void f1 ()
{
    /* lokale Objekte, die bei einer Exception
     * automatisch zerstoert werden
     */
    Bruch x;
    String s;
    ...
    cin >> x;       // koennte Exception ausloesen
    ...
}
```

Da die Behandlung für den gesamten Try–Bereich mit dem Aufruf von `f1()` und dem Aufruf von `f2()` gilt, wird bei einer Exception in `f1()` die Funktion `f2()` nicht mehr aufgerufen. Soll dies nicht der Fall sein, müssen sich beide Funktionen in einem eigenen Try–Bereich mit dazugehöriger Catch–Anweisung befinden.

Tritt kein Fehler auf, werden die Anweisungen des Catch–Bereichs vollständig ignoriert. Nach der letzten Anweisung im Try–Bereich wird mit der Anweisung hinter dem Catch–Bereich fortgefahren. Es findet insbesondere kein Rücksprung zur auslösenden Anweisung statt. In diesem Fall wird also die Funktion `f()` verlassen.

Fehlerbehandlung durch wiederholtes Versuchen

Im vorliegenden Beispiel wird bei einem Einlesefehler eine entsprechende Fehlermeldung ausgegeben und das Programm beendet. Im allgemeinen ist es sinnvoller, wenn nach einer entsprechenden Fehlermeldung erneut versucht wird, den Bruch einzulesen.

Allgemein formuliert, sollte in einer Schleife solange der Bruch `x` eingelesen werden, bis ein korrekter Wert eingegeben wurde. Dies kann z.B. in einer iterativen Schleife geschehen:

```
Bruch liesBruch ()
{
    Bruch x;                    // Bruch-Variable
    bool  fehler;               // Fehler aufgetreten ?

    do {
        fehler = false;         // zunaechst einmal kein Fehler

        /* Versuche, den Bruch x einzulesen, und fange
         * Fehler vom Typ NennerIstNull ab
         */
        try {
            cout << "Bruch eingeben (zaehler/nenner): ";
            cin >> x;
            cout << "Eingabe war: " << x << endl;
        }
        catch (Bruch::NennerIstNull) {
            /* Fehlermeldung ausgeben und Schleife nochmal
             */
            cout << "Eingabefehler: Nenner darf nicht Null sein" << endl;
            fehler = true;
        }
    } while (fehler);

    /* diese Stelle wird nur erreicht, wenn x erfolgreich
     * eingelesen wurde
     */
    return x;           // eingelesenen Bruch zurueckliefern
}
```

Eine andere Möglichkeit ist eine rekursive Schleife:

```
Bruch liesBruchRekursiv ()
{
    Bruch x;

    /* Versuche, einen Bruch einzulesen, und fange
     * Fehler vom Typ NennerIstNull ab
     */
    try {
        cout << "Bruch eingeben (zaehler/nenner): ";
```

```
            cin >> x;
            cout << "Eingabe war: " << x << endl;
        }
        catch (Bruch::NennerIstNull) {
            /* Fehlermeldung ausgeben und das
             * Einlesen rekursiv wiederholen
             */
            cout << "Eingabefehler: Nenner darf nicht Null sein" << endl;
            x = liesBruchRekursiv ();
        }

        /* diese Stelle  wird nur erreicht, wenn x erfolgreich
         * eingelesen wurde
         */
        return x;         // eingelesenen Bruch zurueckliefern
    }
```

Diese rekursive Schleife hat allerdings gegenüber der iterativen Version einen Laufzeitnachteil: Sie erzeugt für jeden neuen Durchgang immer wieder einen Bruch `x`, der eingelesen werden soll, und muß diesen jedesmal wieder freigeben. Dies könnte vermieden werden, indem der einzulesende Bruch jeweils als Referenz–Parameter übergeben wird.

3.15.4 Behandlung unterschiedlicher Exceptions

Grundsätzlich können beliebig viele Fehlerklassen definiert und verwendet werden. Beim Beispiel der Funktion `scanFrom()` kann das dazu genutzt werden, auch für einen Einlesefehler eine entsprechende Ausnahmebehandlung auszulösen:

```
/* scanFrom
 *  - Bruch von Stream strm (default: cin) einlesen
 */
void Bruch::scanFrom (istream& strm)
{
    int z, n;

    // Zaehler einlesen
    strm >> z;

    // optionales Trennzeichen '/' einlesen
    if (strm.peek() == '/') {
        strm.get();
    }
```

```
        // Nenner einlesen
        strm >> n;

        // Lesefehler ?
        if (! strm) {
            /* NEU: EXCEPTION: Fehlerobjekt fuer Lesefehler in das
             *                 Programm werfen
             */
            throw Lesefehler();
        }

        // Nenner == 0 ?
        if (n == 0) {
            /* EXCEPTION: Fehlerobjekt fuer 0 als Nenner in das
             *            Programm werfen
             */
            throw NennerIstNull();
        }

        // OK, eingelesene Zahlen zuweisen
        if (n < 0) {
            zaehler = -z;
            nenner  = -n;
        }
        else {
            zaehler = z;
            nenner  = n;
        }
    }
```

Beim Abfangen der Fehler können dann mehrere Catch–Bereiche einfach hintereinander angegeben werden:

```
    Bruch liesBruch ()
    {
        Bruch x;                    // Bruch-Variable
        bool  fehler;               // Fehler aufgetreten ?

        do {
            fehler = false;         // zunaechst einmal kein Fehler

            // Versuche, den Bruch x einzulesen, und fange Fehler ab
            try {
                cout << "Bruch eingeben (zaehler/nenner): ";
```

```
            cin >> x;
            cout << "Eingabe war: " << x << endl;
        }
        catch (Bruch::NennerIstNull) {
            /* Fehlermeldung ausgeben und Schleife nochmal
             */
            cout << "Eingabefehler: Nenner darf nicht Null sein" << endl;
            fehler = true;
        }
        catch (Bruch::Lesefehler) {
            if (cin.rdstate() & ios::failbit) {
                /* nichtfataler Lesefehler:
                 *  - Fehlermeldung ausgeben, Fehlerflag loeschen,
                 *    Zeile auslesen und Schleife nochmal
                 */
                cout << "Eingabefehler: falsches Format" << endl;
                cin.clear();
                while (cin.get(c) && c != '\n') {
                }
                fehler = true;
            }
            else {
                /* Fehlermeldung ausgeben und Programm abbrechen
                 */
                cerr << "Fataler Eingabefehler" << endl;
                exit (1);
            }
        }
    } while (fehler);

    return x;         // eingelesenen Bruch zurueckliefern
}
```

Wie bei Funktionen kann auch bei Catch-Argumenten eine Punktfolge angegeben werden, die "beliebig" bedeutet. In dem Fall bedeutet das, daß beliebige Exceptions abgefangen werden. Sollen bestimmte Exceptions speziell behandelt werden, müssen deren Catch-Bereiche allerdings vorher angegeben werden, da grundsätzlich der erste passende Catch-Bereich zur Behandlung verwendet wird:

```
main()
{
    try {
        ...
    }
```

```
        catch (Bruch::NennerIstNull) {
            cerr << "FEHLER: Nenner in Bruch ist 0" << endl;
            exit (1);
        }
        catch (Bruch::Lesefehler) {
            cerr << "FEHLER: Lesefehler bei Bruch" << endl;
            exit (1);
        }
        catch (...) {
            /* eine beliebige andere Exception ist aufgetreten
             *  - muss am Ende aller Catch-Bereiche stehen
             */
            cerr << "FEHLER: Unerwartete unbekannte Exception" << endl;
            exit (1);
        }
    }
```

3.15.5 Fehlerklassen mit Komponenten

Fehlerklassen sind Klassen wie alle anderen auch. Das bedeutet, sie können Komponenten und Elementfunktionen besitzen. Prinzipiell kann jede Klasse als Fehlerklasse dienen. Die besondere Bedeutung erhalten die Klassen erst dadurch, daß sie bei `throw` oder `catch` verwendet werden.

Wenn Fehlerklassen Komponenten besitzen, sind dies die Attribute des Fehlerobjekts. Damit können Fehler parametrisiert werden. Selbstverständlich werden dann auch Konstruktoren benötigt, um diese Komponenten zu initialisieren. Werden dynamische Komponenten verwendet, kann auch ein Destruktor definiert werden. Dieser wird nach der Fehlerbehandlung bei Zerstörung des Fehlerobjekts aufgerufen.

Beispiel für Fehlerbehandlung mit Parametern

Die Verwendung eines unerlaubten Index in einem Array ist ein klassisches Beispiel für die Verwendung von Parametern in Fehlerobjekten. Wenn auf einen String mit einem unerlaubten Index zugegriffen wird, ist für die Fehlerbehandlung i.a. von Interesse, welcher Wert fälschlicherweise als Index verwendet wurde.

Die Klasse String (sie wird in Abschnitt 3.9 eingeführt und in Abschnitt 3.10.1 um den Operator `[]` erweitert) verwendet dazu eine Fehlerklasse, in der die Fehlerobjekte den fehlerhaften Index als Komponente besitzen:

```
class String {
  /* Fehlerklasse:
   */
```

```
    public:
      class RangeError {
        public:
          int    index;          // fehlerhafter Index

          /* Konstruktor (initialisiert index)
           */
          RangeError (int i) : index(i) {
          }
      };
      ...
      // operator [] fuer Variablen
      char& operator [] (unsigned);

      // operator [] fuer Konstanten
      const char operator [] (unsigned) const;
  };
```

Der Konstruktor der Klasse RangeError stellt über die angegebene Initialisierungsliste[18] sicher, daß die Komponente `index` beim Erzeugen eines Fehlerobjekts mit dem als Parameter `i` übergebenen fehlerhaften Index initialisiert wird.

In der Quelldatei der Klasse String muß bei einer Bereichsüberschreitung dann nur noch ein entsprechendes Objekt als Exception erzeugt werden, dem der fehlerhafte Index übergeben wird:

```
/* Operator [] fuer Variablen
 */
char& String::operator [] (unsigned i)
{
    // Index nicht im erlaubten Bereich ?
    if (i >= len) {
        /* EXCEPTION:
         */
        throw RangeError(i);
    }

    return cstring[i];
}

/* Operator [] fuer Konstanten
 */
```

[18]Initialisierungslisten werden in Abschnitt 3.11.3 eingeführt.

```
const char String::operator [] (unsigned i) const
{
    // Index nicht im erlaubten Bereich ?
    if (i >= len) {
        /* EXCEPTION:
         */
        throw RangeError(i);
    }

    return cstring[i];
}
```

Wenn nun der Fehler auftritt, kann das Anwendungsprogramm nicht nur feststellen, daß der Fehler aufgetreten ist, sondern auch den fehlerhaften Index auswerten. In `main()` wäre eine sinnvolle Auswertung z.B. eine entsprechende Ausgabe:

```
main()
{
    try {
        ...
    }
    catch (String::RangeError error) {
        cerr << "FEHLER: fehlerhafter Index " << error.index
             << " bei Zugriff auf String" << endl;
        exit (1);
    }
}
```

In speziellen Programmsituationen kann der Fehler aber auch dazu führen, daß anderweitig fortgefahren wird.

Wie zu sehen ist, muß für das Objekt beim Auffangen ein Name deklariert werden, um auf die Komponenten zugreifen zu können. Zu beachten ist außerdem, daß im Catch-Bereich direkt auf die Komponente `index` im Fehlerobjekt zugegriffen wird. Aus diesem Grund wird sie `public` deklariert. Es ist nicht sinnvoll, die Komponente `private` zu deklarieren und für den Zugriff eine Elementfunktion zu definieren, da das Fehlerobjekt nach der Auswertung ohnehin zerstört wird.

Informationen über das Objekt, das einen Fehler auslöst

Wenn eine Exception durch einen Zugriff auf ein Objekt einer Klasse ausgelöst wird, ist es oft sinnvoll, einem Fehlerobjekt als Parameter Daten über dieses Objekt oder sogar das Objekt als Ganzes zu übergeben. Bei der Klasse String könnte dies z.B. verwendet werden, um auch den String zu übergeben, auf den mit einem fehlerhaften Index zugegriffen wurde.

Dabei muß allerdings beachtet werden, daß von dem Objekt, auf das fehlerhaft zugegriffen wurde, bzw. von dessen Daten **Kopien** angelegt werden. Der String, auf den fehlerhaft zugegriffen wurde, muß bei der Fehlerbehandlung nämlich nicht mehr unbedingt existieren, da die in den dazwischenliegenden Blöcken angelegten Objekte zerstört werden. Fehlerklassen müssen also grundsätzlich von allen zur Auswertung relevanten Daten interne Kopien anlegen.

Die Fehlerklasse für die Klasse String kann dazu wie folgt deklariert werden:

```
class String {
  /* Fehlerklasse:
   */
  public:
    class RangeError {
      public:
        int     index;          // fehlerhafter Index
        String* string;         // String dazu

        /* Konstruktor
         *  - NEU: Kopie vom uebergebenen String anlegen
         */
        RangeError (const String& s, int i)
          : string(new String(s)), index(i) {
        }

        /* NEU: Destruktor
         *  - Kopie wieder freigeben
         */
        ~RangeError () {
            delete string;
        }
    };
    ...
};
```

Die Fehlerklasse `RangeError` erhält nun zusätzlich die Komponente `string` für den String, auf den fehlerhaft zugegriffen wurde. Diese Komponente muß allerdings als Zeiger deklariert werden, da wir uns innerhalb der Deklaration der Klasse `String` befinden. Der Datentyp der Klasse, die gerade deklariert wird, darf in einer Klassendeklaration grundsätzlich nicht direkt, sondern nur als Zeiger oder Referenz deklariert werden.

Im Konstruktor wird dem Zeiger dann eine Kopie des als ersten Parameter übergebenen Strings zugewiesen:

```
class String {
    ...
```

```
        class RangeError {
            ...
            RangeError (const String& s, int i)
              : string(new String(s)), index(i) {
            //          ^^^^^^^^^^^^^
            }
            ...
        };
        ...
    };
```

Der Ausdruck

```
    new String(s)
```

ruft dabei explizit den Copy–Konstruktor der Klasse String auf.

Wird der Fehler entdeckt, kann nun also neben dem fehlerhaften Index auch der dazugehörige String, selbst wenn es sich dabei um ein lokales Objekt handelt, übergeben werden:

```
    /* Operator [] fuer Variablen
     */
    char& String::operator [] (unsigned i)
    {
        // Index nicht im erlaubten Bereich ?
        if (i >= len) {
            /* EXCEPTION:
             *  - NEU: String selbst und fehlerhaften Index uebergeben
             */
            throw RangeError(*this,i);
        }

        return cstring[i];
    }

    /* Operator [] fuer Konstanten
     */
    const char String::operator [] (unsigned i) const
    {
        // Index nicht im erlaubten Bereich ?
        if (i >= len) {
            /* EXCEPTION:
             *  - NEU: String selbst und fehlerhaften Index uebergeben
             */
            throw RangeError(*this,i);
        }
```

```
        return cstring[i];
    }
```

Bei der Auswertung können dann beide Komponenten zur Auswertung verwendet werden. Dabei muß beachtet werden, daß auf den String zur Auswertung mit dem Operator * zugegriffen werden muß, da die Komponente `string` ein Zeiger ist:

```
main()
{
    try {
        ...
    }
    catch (String::RangeError error) {
        cerr << "FEHLER: fehlerhafter Index " << error.index
             << " bei Zugriff auf String \"" << *error.string
             << "\"" << endl;
        exit (1);
    }
}
```

Um auch auf die Komponente `string` nur mit dem Punktoperator zugreifen zu können, könnte man im Fehlerobjekt auch statt des Zeigers eine Referenz verwenden. Damit ergeben sich allerdings etwas ungewöhnliche Aufrufe von `new` und `delete`:

```
class String {
  public:
    class RangeError {
      public:
        int     index;          // fehlerhafter Index
        String& string;         // String dazu

        /* Konstruktor (Kopie vom uebergebenen String anlegen)
         */
        RangeError (const String& s, int i)
          : string(* new String(s)), index(i) {
        }

        /* Destruktor (Kopie wieder freigeben)
         */
        ~RangeError () {
            delete &string;
        }
    };
    ...
};
```

Der Ausdruck

```
* new String(s)
```

legt mit **new** eine Kopie an und dereferenziert den Rückgabewert von **new**, da keine Adresse, sondern ein zweiter Name für den mit **new** angelegten String selbst als Komponente verwaltet wird. Im Destruktor wird die Kopie wieder freigegeben, wobei vom String wieder die Adresse gebraucht wird und deshalb **&string** übergeben werden muß.

Die Auswertung sieht dann allerdings etwas einfacher aus:

```
main()
{
    try {
        ...
    }
    catch (String::RangeError error) {
        cerr << "FEHLER: fehlerhafter Index " << error.index
             << " bei Zugriff auf String \"" << error.string
             << "\"" << endl;
        exit (1);
    }
}
```

Wichtig ist, daß auf jeden Fall eine Kopie angelegt wird. Ansonsten kann es passieren, daß bei der Auswertung auf ein Objekt zugegriffen wird, das nicht mehr existiert.

Das Anlegen der Kopie bedeutet allerdings, daß auch die Identität des Objekts, das den Fehler verursacht hat, verlorengegangen ist. Es kann somit nicht durch einen Adreßvergleich geprüft werden, ob der String des Fehlers mit einem anderen String identisch ist:

```
String s;

try {
    ...
}
catch (String::RangeError error) {
    // s mit Fehlerstring identisch ?
    if (&error == &s) {    // FUNKTIONIERT NICHT
        ...
    }
}
```

Die Bedingung kann nie erfüllt sein.

Hier helfen nur Objekt–IDs. In Abschnitt 5.7 wird dies am Beispiel der Fehlerbehandlung für eine Klassenbibliothek erläutert.

3.15.6 Weitergabe von Fehlern

Es ist möglich, einen Fehler, der in einem Catch–Bereich behandelt wird, wieder auszuwerfen, um dafür eine übergeordnete Fehlerbehandlung anzustoßen. Dies ist vor allem sinnvoll, wenn auf einen Fehlerfall zwar reagiert werden muß, der Fehler aber nicht behandelt werden kann.

Ein typisches Beispiel dafür ist das Schließen von geöffneten Dateien oder Freigeben von angelegtem Speicher, sofern dies nicht von Destruktoren übernommen wird. Das folgende Beispiel gibt auf diese Weise im Fehlerfall explizit angelegten Speicher frei, ohne den Fehler zu behandeln:

```
String* f()
{
    String* newString = NULL;     // Zeiger auf angelegten String

    try {
        newString = new String ("Tasse");  // String explizit anlegen
        ...                                // und modifizieren
    }
    catch (...) {
        /* in jedem Fehlerfall Strings freigeben, und Fehlerbehandlung
         * weiter nach aussen reichen
         */
        delete newString;
        throw;
    }

    // Zeiger auf angelegten String (normalerweise) zurueckliefern
    return newString;
}
```

Die Anweisung `throw` ohne Angabe einer Klasse sorgt bei der Fehlerbehandlung dafür, daß der Fehler erneut ins Programm geworfen wird, um von weiter außerhalb behandelt zu werden.

3.15.7 Behandlung nicht aufgefangener Exceptions

In einem korrekten Programm sollte es nicht passieren, daß eine Exception nicht abgefangen wird. Falls es doch vorkommt, führt eine nicht abgefangene Exception i.a. zu einem außergewöhnlichen Programmabbruch. Dazu wird die Funktion `terminate()` aufgerufen, die wiederum `abort()` aufruft.

Die Funktion `abort()` veranlaßt einen außergewöhnlichen Programmabbruch in der Art eines Notfalls. Im Gegensatz zu `exit()` wird mit deren Aufruf ein Programm sofort beendet, ohne daß Destruktoren für statische Objekte aufgerufen werden und ohne daß eine mit `atexit()` übergebene Funktion aufgerufen wird. Statt dessen können in Abhängigkeit vom Betriebssystem Laufzeitinformationen, wie etwa ein Core–Dump, ausgegeben werden.

Um zu verhindern, daß `terminate()` die Funktion `abort()` aufruft, kann mit der Funktion `set_terminate()` eine neue Terminate–Funktion definiert werden. Die bisherige Terminate–Funktion wird jeweils zurückgeliefert. Die Terminate–Funktion darf weder Parameter noch Rückgabewert besitzen.

Exceptions in Destruktoren

Die Terminate–Funktion wird auch aufgerufen, wenn in einem Destruktor, der aufgrund einer Exception aufgerufen wird, wieder eine Exception ausgelöst wird. Eine Überlagerung zweier Ausnahmen ist also nicht möglich.

3.15.8 Exceptions in Schnittstellen–Deklarationen

Die Menge möglicher Exceptions gehört zu einer Funktionsbeschreibung wie Parameter und Rückgabewerte. Um dies zu unterstützen, kann für eine Funktion deklariert werden, welche Exceptions nach außen gereicht werden können. Dazu wird nach der Parameterliste mit `throw` eine Liste von Exceptions angegeben.

Dies kann z.B. wie folgt aussehen:

```
void f () throw (Bruch::NennerIstNull, String::RangeError);
```

Die Deklaration legt fest, daß von der Funktion nur die angegebenen Exceptions ausgeworfen werden können. Wird keine Exceptionsliste deklariert, können alle möglichen Exceptions auftreten. Eine leere Liste zeigt an, daß keine Exceptions ausgelöst werden können:

```
void f () throw ();
```

Die Exceptionsliste beschreibt nur, welche Exceptions nach außen gereicht werden können. Intern können andere Exceptions auftreten und behandelt werden. Tritt innerhalb der Funktion eine Exception auf, die weder behandelt wird noch in der Liste nach außen gereichter Exceptions angegeben ist, wird die Funktion `unexpected()` aufgerufen. Diese Funktion ist so vordefiniert, daß sie wiederum `terminate()` (und damit i.a. `abort()`) aufruft.

Auch hier kann mit `set_unexpected()` eine neue Unexpected–Funktion definiert werden, die weder Parameter noch Rückgabewerte besitzen darf. Die bisherige Unexpected–Funktion wird jeweils zurückgeliefert.

3.15.9 Hierarchien von Fehlerklassen

Fehlerklassen können in Hierarchien organisiert werden. Damit können allgemeine Fehlerarten spezialisiert bzw. verschiedene Fehlerarten unter einem Oberbegriff zusammengefaßt werden. Ein Anwendungsprogramm besitzt dann eine einfache Möglichkeit, je nach Situation alle Fehler gemeinsam oder spezielle Fehler einzeln zu behandeln.

Zum Bilden von Fehlerklassen–Hierarchien wird das Konzept der Vererbung verwendet, das allerdings erst in Kapitel 4 eingeführt wird. Insofern ist das folgende ein Vorgriff auf Themen, die eigentlich erst später behandelt werden. Die hier verwendeten Beispiele sollten aber dennoch verständlich sein.

Beispiel für eine Fehlerklassen–Hierarchie

Als Aufhänger für eine Fehlerklassen–Hierarchie soll wieder die Klasse Bruch verwendet werden. Bei der Verwendung der Klasse können unterschiedliche Fehler auftreten. Um die Fehler unterschiedlich behandeln zu können, wird eine entsprechende Hierarchie definiert:

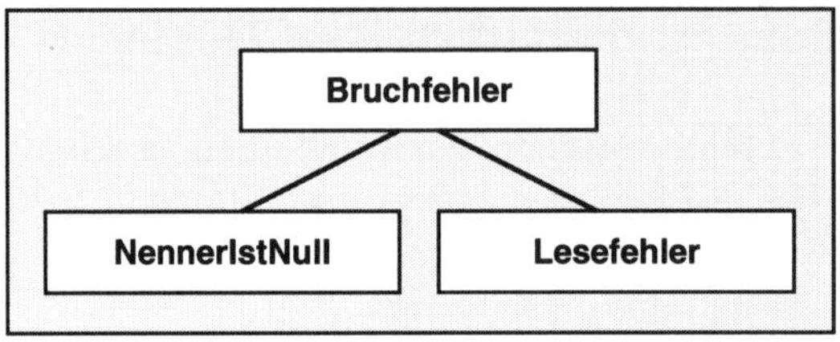

Einfache Hierarchie von Fehlerklassen

Unter der allgemeinen Fehlerart `Bruchfehler` gibt es die Spezialfälle `NennerIstNull` und `Lesefehler`. Entsprechend werden drei Klassen deklariert, wobei die Spezialfälle von dem allgemeinen Fall abgeleitet werden.

Die Deklaration der Klasse Bruch erhält dazu folgenden Aufbau:

```
class Bruch {
  private:
    int zaehler;
    int nenner;

  public:
    /* Fehlerklassen:
     *  - NEU: allgemeine Basisklasse mit zwei abgeleiteten Klassen
     */
    class Bruchfehler {
    };
    class NennerIstNull: public Bruchfehler {
    };
```

```
        class Lesefehler : public Bruchfehler {
        };

        /* Default-Konstruktor, Konstruktor aus Zaehler und
         * Konstruktor aus Zaehler und Nenner
         */
        Bruch (int = 0, int = 1);

        /* Ein- und Ausgabe mit Streams
         */
        void printOn (ostream& = cout) const;
        void scanFrom (istream& = cin);
        ...
    };
```

In der Quelldatei werden im Fehlerfall die entsprechenden speziellen Fehlerobjekte generiert:

```
    /* Default-Konstruktor, Konstruktor aus ganzer Zahl,
     * Konstruktor aus Zaehler und Nenner
     *  - Default fuer z: 0
     *  - Default fuer n: 1
     */
    Bruch::Bruch (int z, int n)
    {
        /* Zaehler und Nenner wie uebergeben initialisieren
         * 0 als Nenner ist allerdings nicht erlaubt
         * Negatives Vorzeichen des Nenners kommt in den Zaehler
         */
        if (n == 0) {
            /* EXCEPTION: Fehlerobjekt fuer 0 als Nenner in das
             *            Programm werfen
             */
            throw NennerIstNull();
        }
        if (n < 0) {
            zaehler = -z;
            nenner  = -n;
        }
        else {
            zaehler = z;
            nenner  = n;
        }
    }
```

```
/* scanFrom
 *  - Bruch von Stream strm (default: cin) einlesen
 */
void Bruch::scanFrom (istream& strm)
{
    int z, n;

    // Zaehler einlesen
    strm >> z;

    // optionales Trennzeichen '/' einlesen
    if (strm.peek() == '/') {
        strm.get();
    }

    // Nenner einlesen
    strm >> n;

    // Lesefehler ?
    if (! strm) {
        /* EXCEPTION: Fehlerobjekt fuer Lesefehler in das
         *            Programm werfen
         */
        throw Lesefehler();
    }

    // Nenner == 0 ?
    if (n == 0) {
        /* EXCEPTION: Fehlerobjekt fuer 0 als Nenner in das
         *            Programm werfen
         */
        throw NennerIstNull();
    }

    // OK, eingelesene Zahlen zuweisen
    if (n < 0) {
        zaehler = -z;
        nenner  = -n;
    }
    else {
        zaehler = z;
        nenner  = n;
    }
}
```

Im Anwendungsprogramm kann nun in `main()` mit einer Catch-Anweisung jede Art von Fehler der Klasse Bruch behandelt werden, indem die allgemeine Basisklasse der Hierarchie verwendet wird:

```
main()
{
    try {
        Bruch x;
        ...
        x = liesBruch ();
        ...
    }
    catch (Bruch::Bruchfehler) {
        cerr << "FEHLER in Klasse Bruch" << endl;
        exit (1);
    }
}
```

Speziell beim Einlesen kann ein Eingabefehler, der in `scanFrom()` auftritt, als Anlaß zum erneuten Einlesen behandelt werden:

```
Bruch liesBruch ()
{
    Bruch x;                    // Bruch-Variable
    bool  fehler;               // Fehler aufgetreten ?

    do {
        fehler = false;             // zunaechst mal kein Fehler

        /* Versuche, den Bruch x einzulesen, und fange
         * Fehler vom Typ NennerIstNull ab
         */
        try {
            cout << "Bruch eingeben (zaehler/nenner): ";
            cin >> x;
            cout << "Eingabe war: " << x << endl;
        }
        catch (Bruch::NennerIstNull) {
            /* Fehlermeldung ausgeben und Schleife nochmal
             */
            cout << "Eingabefehler: Nenner darf nicht Null sein" << endl;
            fehler = true;
        }
    } while (fehler);

    return x;          // eingelesenen Bruch zurueckliefern
}
```

3.15.10 Design von Fehlerklassen

Nach dem gleichen Muster sollte für zusammengehörenden Fehlerarten immer eine allgemeine Fehlerklasse als Basisklasse deklariert werden, von der alle speziellen Fehlerklassen abgeleitet werden:

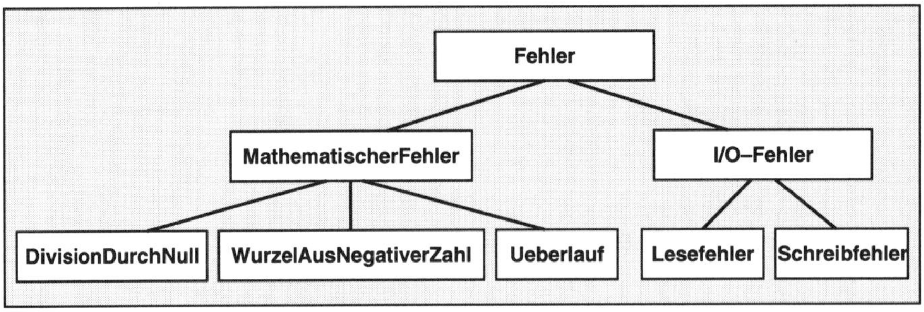

Beispiel für eine Fehlerklassen–Hierarchie

Zum einen ergibt sich daraus der Vorteil, daß verschiedene Fehler mit nur einer Catch–Anweisung abgefangen werden können. Zum anderen müssen in einer Exceptionsliste einer Funktion, die mehrere Exceptions zurückliefern kann, nicht alle Exceptions deklariert werden. Statt

```
void f () throw (DivisionDurchNull,
                 WurzelAusNegativerZahl,
                 Ueberlauf);
```

reicht die Angabe der gemeinsamen Basisklasse:

```
void f () throw (MathematischerFehler);
```

Soll für mehrere Klassen mit dem Exception–Handling eine gemeinsame Fehlerbehandlung implementiert werden, empfiehlt es sich ebenfalls, dafür eine gemeinsame Basisklasse für alle Exceptions zu definieren.

Fehlermeldung als Komponente

Eine gemeinsame Basisklasse für alle Fehlerklassen sollte eine Komponente für eine Fehlermeldung definieren, die dann zu jedem Fehlerobjekt gehört und ausgegeben werden kann, wenn der Fehler nicht anderweitig behandelt wird:

```
class Fehler {
  public:
    char* message;          // Default-Fehlermeldung

    /* Konstruktor: Fehlermeldung als Kopie(!) initialisieren
     */
```

```
        Fehler (char* s) {
            message = new char [strlen(s)+1];     // Speicher anlegen
            strcpy (message, s);                  // Zeichen kopieren
        }

        /* Destruktor: Kopie wieder freigeben
         */
        ~Fehler () {
            delete [] message;                    // Speicher freigeben
        }
        ...
    };
```

In main() könnte dann die Fehlermeldung einfach ausgegeben werden:

```
    main ()
    {
        try {
            ...
        }
        catch (Fehler fehler) {
            cerr << "FEHLER: " << fehler.message << endl;
            exit (1);
        }
        catch (...) {
            cerr << "FEHLER: unbekannte Exception" << endl;
            exit (1);
        }
    }
```

In Abschnitt 5.7 wird darauf genauer eingegangen.

3.15.11 Zusammenfassung

- **Exception–Handling** ist ein Sprachmittel zur Behandlung von Fehlern und Ausnahmen, die im Programmverlauf auftreten.
- Es bietet die Möglichkeit, den normalen Datenfluß von der Fehlerbehandlung zu trennen.
- Da dabei keine Parameter oder Rückgabewerte verwendet werden, kann es insbesondere zur Fehlerbehandlung in Konstruktoren eingesetzt werden.
- Exceptions sind Objekte, für die entsprechende Klassen deklariert werden.

- Tritt eine Exception auf, wird ein entsprechendes Objekt erzeugt und es werden alle übergeordneten Blöcke geordnet verlassen, bis das Objekt zur Fehlerbehandlung empfangen und damit die Ausnahme behandelt wird.
- Wird eine Exception nicht behandelt, ist das ein Programmfehler, der mit einem außergewöhnlichen Abbruch durch `terminate()` und `abort()` behandelt wird.
- Funktionen können deklarieren, welche Exceptions sie generieren.
- Fehlerklassen für das Exception-Handling können hierarchisch angeordnet werden, um allgemeine Fehlerarten durch spezielle Fehlerarten verfeinern oder verschiedene Fehlerarten zusammenfassen zu können.

Kapitel 4

Vererbung und Polymorphie

Dieses Kapitel stellt nach der Programmierung mit Klassen und der Datenkapselung zwei weitere wesentliche Merkmale der objektorientierten Programmierung vor: die **Vererbung** und die **Polymorphie**.

Vererbung ermöglicht es, Eigenschaften einer Klasse von einer anderen Klasse abzuleiten. Das bedeutet, für neue Klassen müssen nur noch Neuerungen implementiert werden. Eigenschaften, die schon einmal in einer anderen Klasse implementiert wurden, können übernommen und müssen nicht noch einmal implementiert werden. Dies führt neben einer Einsparung an Code zu einem Konsistenzvorteil, da gemeinsame Eigenschaften nicht an mehreren Stellen stehen und somit nur einmal geprüft oder geändert werden müssen.

Polymorphie ermöglicht es, mit Oberbegriffen zu arbeiten (ein Abstaktionsmittel, das im täglichen Leben ständig verwendet wird). Verschiedenartige Objekte können zeitweise unter einem Oberbegriff zusammengefaßt werden, ohne daß ihre unterschiedlichen Eigenschaften verlorengehen.

Vererbung ist eine Voraussetzung für Polymorphie, da für den jeweiligen Oberbegriff eine Klasse definiert werden muß, von der die Klassen, die sich unter diesem Oberbegriff zusammenfassen lassen, jeweils abgeleitet werden. Wird ein Objekt unter seinem Oberbegriff verwaltet, nimmt es zeitweise den Typ der dafür definierten Klasse an. Die Eigenschaft, daß es in Wirklichkeit aber ein spezielles Objekt ist, geht dabei nicht verloren. Bei einem Funktionsaufruf wird zur Laufzeit automatisch festgestellt, welche Klasse ein Objekt tatsächlich hat und die jeweils dafür definierte Funktion aufgerufen.

Begriffe

Die Begriffswelt für Vererbung ist sehr vielfältig, was zum Teil daran liegt, daß jede objektorientierte Programmiersprache ihre eigenen Bezeichnungen einführt. Ich werde mich nachfolgend auf die Begriffswelt von C++ beschränken, aber auch kurz andere Bezeichnungen vorstellen.

Wenn eine Klasse die Eigenschaften einer anderen Klasse übernimmt, dann spricht man von **Vererbung** (englisch: **inheritance**). Eine neue Klasse "erbt" die Eigenschaften einer bereits vorhandenen Klasse.

Die Klasse, von der geerbt wird, nennt man **Basisklasse** (andere Bezeichnungen: Oberklasse, Elternklasse). Die Klasse, die erbt, nennt man **abgeleitete Klasse** (andere Bezeichnungen: Unterklasse, Kind–Klasse).

Da eine abgeleitete Klasse selbst Basisklasse sein kann, kann eine ganze **Klassenhierarchie** entstehen, wie das folgende Beispiel zeigt:

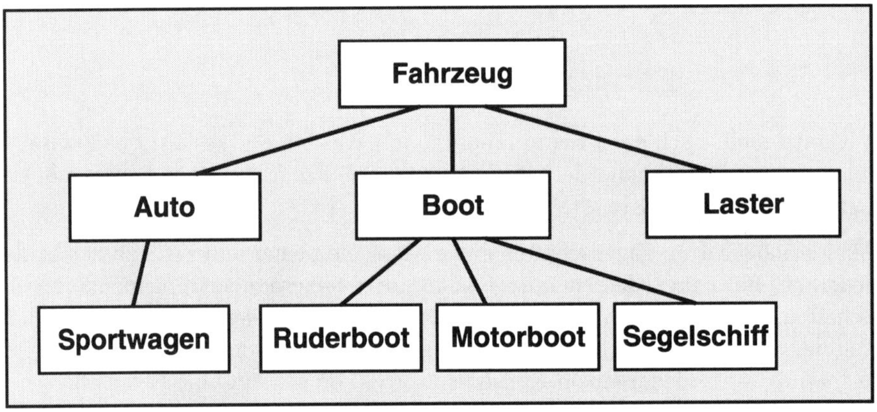

Beispiel für eine Klassenhierarchie

Die Klasse `Fahrzeug` beschreibt die Eigenschaften von Fahrzeugen. Die Klasse `Auto` erbt diese Eigenschaften und erweitert sie. Die Klasse `Sportwagen` erbt die Eigenschaften von `Auto` (also die erweiterten Eigenschaften von `Fahrzeug`) und erweitert sie weiter. Entsprechend können beliebige andere Zweige angelegt werden.

Die Vererbung ist durch die sogenannte **is-a**–Beziehung gekennzeichnet: Ein Sportwagen **ist ein** Auto. Ein Auto **ist ein** Fahrzeug.

Mächtigkeit von Vererbung

Es gibt unterschiedliche Mächtigkeiten der Vererbung:

- **einfache Vererbung** (engl.: **single inheritance**)
- **Mehrfachvererbung** (engl.: **multiple inheritance**)

Bei einfacher Vererbung kann eine abgeleitete Klasse nur eine Basisklasse besitzen, bei Mehrfachvererbung sind mehrere Basisklassen möglich. Daraus folgt, daß bei einfacher Vererbung nur baumartige Hierarchien auftreten können; bei Mehrfachvererbung sind es gerichtete Graphen. C++ unterstützt Mehrfachvererbung.

Mehrfachvererbung ist sehr nützlich, kann aber zu zahlreichen Komplikationen führen. Aus diesem Grund wird nachfolgend zunächst auf die einfache Vererbung eingegangen. Besonderheiten der Mehrfachvererbung werden in Abschnitt 4.5 vorgestellt.

4.1 Einfache Vererbung

Als Beispiel für einfache Vererbung soll die im vorangegangenen Kapitel eingeführte Klasse Bruch abgeleitet werden. Dabei wird auf der in Abschnitt 3.7 vorgestellten Version aufgebaut.

Die Klasse Bruch soll um eine Eigenschaft erweitert werden, die ein Bruch bisher nicht hatte: Er soll gekürzt werden können. Man kann diese Eigenschaft natürlich auch direkt in der Klasse Bruch implementieren, aber wir gehen davon aus, daß die Klasse Bruch nicht verändert werden soll, weil es z.B. auch Sinn macht, Brüche zu verwalten, die grundsätzlich nicht gekürzt werden können oder weil die bisherige Version der Klasse Bruch Teil einer geschlossenen Klassenbibliothek ist.

In diesem Abschnitt wird zunächst das Grundkonzept der Vererbung vorgestellt. Die hier vorgestellte erste Version einer abgeleiteten Klasse kann aber bei ihrer Anwendung zu Problemen führen. Auf diese Probleme und deren Vermeidung wird in Abschnitt 4.2 eingegangen.

4.1.1 Die Klasse Bruch als Basisklasse

Bevor die Basisklasse Bruch abgeleitet werden kann, muß an der bisherigen Implementierung eine kleine Modifikation vorgenommen werden. Die bisherigen Versionen der Klasse Bruch waren für Vererbung nämlich nicht vorgesehen und würden die hier vorgesehene Ableitung unmöglich machen.

Dazu sind zwei Anmerkungen zu machen:

- Wenn die bisherigen Versionen der Klasse Bruch Teil einer geschlossenen Klassenbibliothek wären, müßten sie die Modifikationen natürlich schon enthalten.
- Aufgrund der oben angesprochenen möglichen Anwendungsprobleme, auf die erst im nächsten Abschnitt eingegangen wird, müssen eigentlich noch weitere Modifikationen vorgenommen werden. Insofern ist diese Version noch nicht die endgültige für Vererbung geeignete Implementierung der Klasse Bruch.

Eine Version der Klasse Bruch, die auch als Basisklasse für andere Klassen dienen kann, braucht folgende geänderte Klassendeklaration:

```
class Bruch {

  /* NEU: abgeleitete Klassen haben Zugriff
   */
  protected:
    int zaehler;
    int nenner;

  public:
```

```
    /* Default-Konstruktor, Konstruktor aus Zaehler und
     * Konstruktor aus Zaehler und Nenner
     */
    Bruch (int = 0, int = 1);

    // Multiplikation (globale Friend-Funktion)
    friend Bruch operator * (const Bruch&, const Bruch&);

    // multiplikative Zuweisung
    const Bruch& operator *= (const Bruch&);

    // Vergleich (globale Friend-Funktion)
    friend bool operator < (const Bruch&, const Bruch&);

    // Ein- und Ausgabe mit Streams
    void printOn (ostream& = cout) const;
    void scanFrom (istream& = cin);

    // Konvertierung nach double
    double asDouble () const;
};
```

Das Zugriffsschlüsselwort `protected`

Der entscheidende Unterschied zur bisherigen Deklaration der Klasse Bruch ist, daß den Komponenten `zaehler` und `nenner` jetzt statt `private` das Zugriffsschlüsselwort `protected` voransteht:

```
class Bruch {
  protected:
    int zaehler;
    int nenner;
  ...
};
```

Durch `protected` geschützte Komponenten sind wie bei `private` vor Zugriffen durch den Anwender der Klasse geschützt. Abgeleitete Klassen haben jedoch darauf Zugriff. Bei privaten Komponenten ist selbst das nicht möglich.

Da Vererbung ein wesentliches Konzept von C++ ist, sollte der Klassen-Designer dies i.a. durch Verwendung von `protected` statt `private` als Zugriffsschutz unterstützen. Da man, um kürzen zu können, Zugriff auf diese Komponenten braucht, wäre ein Ableiten in diesem Fall sonst nicht möglich. Man hätte nur neue Eigenschaften, für die kein Zugriff auf die geerbten Komponenten notwendig ist, hinzufügen können.

In der Praxis sollte es relativ selten notwendig sein, Komponenten auch vor Zugriff durch Vererbung zu schützen. In C++ gibt es in der Praxis ohnehin keinen absoluten Schutz vor unvorhergesehenem Zugriff, da öffentliche Zeiger darauf zeigen oder auch Header–Dateien manipuliert werden können (C++ spezifiziert dazu nur, daß das Verhalten der Sprache nicht definiert ist, wenn für eine Klasse verschiedene Header–Dateien verwendet werden). Insofern schützt C++ nicht vor unerlaubtem Zugriff durch böswillige Manipulation (dafür gibt es Sprachen wie Ada).

4.1.2 Vorüberlegungen zur abgeleiteten Klasse KBruch

Nachdem die Klasse Bruch nun für Vererbung vorbereitet wurde, kann sie durch die Klasse KBruch abgeleitet werden:

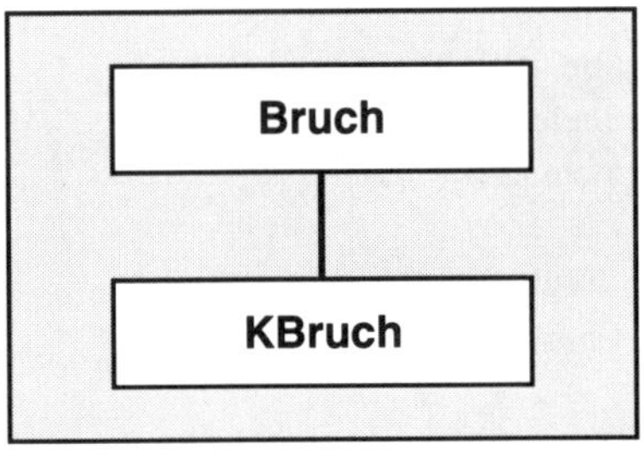

KBruch als abgeleitete Klasse von Bruch

Der Name "KBruch" steht für "kürzbarer Bruch", was bedeutet, daß die Objekte dieser Klasse Brüche sind, die prinzipiell die Fähigkeit besitzen, gekürzt werden zu können.

Neu eingeführte Operationen

Als neue Operationen kommen drei Funktionen hinzu:

- Die Funktion `istKuerzbar()` liefert zurück, ob der Bruch noch kürzbar ist.
- Die Funktion `ggt()` liefert den größten gemeinsamen Teiler von Zähler und Nenner, mit dem der Bruch gekürzt werden könnte, zurück.
- Die Funktion `kuerzen()` kürzt den Bruch (sofern er nicht schon gekürzt ist).

Neu implementierte Operationen

Neben den neu eingeführten Operationen müssen für die Klasse KBruch aus verschiedenen Gründen bereits für die Klasse Bruch implementierte Operationen neu definiert werden:

- Die Konstruktoren müssen erneut definiert werden, da sie grundsätzlich nicht geerbt werden.

- Der Operator `*=` und die Einlese–Funktion `scanFrom()` müssen erneut definiert werden, da ihre Implementierung aus der Klasse Bruch nicht übernommen werden kann und überschrieben werden muß (die Gründe dafür werden noch erläutert).

Neue Komponenten

Neben den Komponenten **zaehler** und **nenner**, die durch die Vererbung von der Basisklasse Bruch übernommen werden, bietet es sich an, die neue boolesche Komponente

- kürzbar

einzuführen. Sie hält für ein Objekt jeweils fest, ob der Bruch noch kürzbar oder bereits gekürzt ist. Man könnte dies auch jedesmal, wenn diese Eigenschaft von Interesse ist, neu ausrechnen. Dadurch daß es nur einmal bei einer Wertänderung ausgerechnet wird, kann aber Zeit gespart werden.

Insgesamt ergibt sich für Objekte der Klasse KBruch folgender Aufbau:

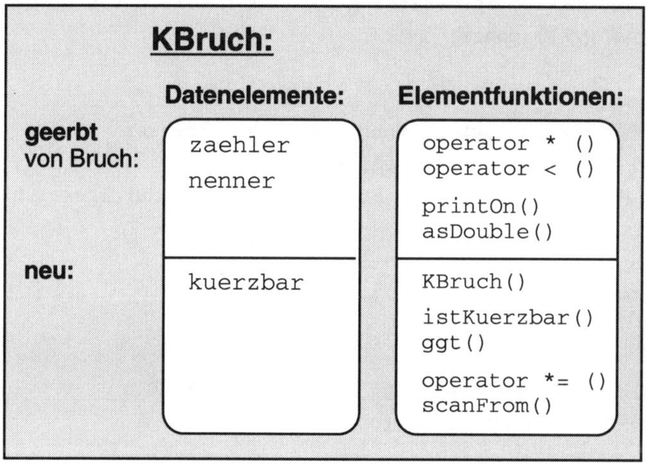

Geerbte und neue Komponenten der Klasse KBruch

4.1.3 Deklaration der abgeleiteten Klasse KBruch

Wie üblich, befindet sich die Klassendeklaration in einer eigenen Header–Datei. Sie hat insgesamt folgenden Aufbau, der anschließend im einzelnen erläutert wird:

```
#ifndef _KBruch_h
#define _KBruch_h

// Header-Datei der Basisklasse
#include "Bruch.h"

/* Klasse KBruch
 *  - abgeleitet von Bruch
 *  - der Zugriff auf geerbte Komponenten wird nicht
 *    eingeschraenkt ("public" bleibt "public")
 */
class KBruch : public Bruch {
  protected:
    bool kuerzbar;        // true: Bruch ist kuerzbar

    // Hilfsfunktion: groesster gemeinsamer Teiler von zaehler und nenner
    unsigned ggt() const;

  public:
    /* Default-Konstruktor, Konstruktor aus Zaehler
     * und Konstruktor aus Zaehler und Nenner
     *  - Parameter werden an Bruch-Konstruktor durchgereicht
     */
    KBruch (int z = 0, int n = 1) : Bruch(z,n) {
        kuerzbar = (ggt() > 1);
    }

    // multiplikative Zuweisung (NEU IMPLEMENTIERT)
    const KBruch& operator*= (const KBruch&);

    // Eingabe mit Streams (NEU IMPLEMENTIERT)
    void scanFrom (istream& = cin);

    // Bruch kuerzen
    void kuerzen();

    // liefert, ob kuerzbar
    bool istKuerzbar() const {
        return kuerzbar;
    }
};

#endif    /* _KBruch_h */
```

Zunächst muß die Header–Datei des Basisklasse eingebunden werden, da die Deklaration der abgeleiteten Klasse darauf aufbaut:

```
#include "Bruch.h"
```

Entscheidend für die Tatsache, daß es sich um eine abgeleitete Klasse handelt, ist dann die eigentliche Klassendeklaration:

```
class KBruch : public Bruch {
   ...
};
```

Eine abgeleitete Klasse wird dadurch deklariert, daß ihre Basisklasse hinter einem Doppelpunkt und einem optionalen Zugriffsschlüsselwort angegeben wird. Dabei spielt es keine Rolle, ob die Basisklasse selbst eine abgeleitete Klasse ist.

Die Syntax zur Deklaration einer abgeleiteten Klasse lautet also:[1]

> `class` *abgeleiteteKlasse* `:` [*zugriff*] *basisKlasse* {
>   *deklarationen*
> };

Das optionale Zugriffsschlüsselwort gibt an, ob und inwiefern der Zugriff auf geerbte Komponenten weiter eingeschränkt wird:

- Bei `public` gibt es keine weiteren Einschränkungen: Öffentliche Komponenten der Basisklasse sind auch in der abgeleiteten Klasse öffentlich, `protected` bleibt `protected` und `private` bleibt `private`.
- Bei `protected` gibt es die Einschränkung, daß alle öffentlichen Komponenten der Basisklasse zu Komponenten werden, auf die der Anwender keinen Zugriff mehr hat, davon abgeleitete Klassen diesen aber besitzen (`public` wird also `protected`, `protected` bleibt `protected` und `private` bleibt `private`).
- Bei `private` werden alle Komponenten der Basisklasse zu privaten Komponenten. Weder der Anwender noch davon wieder abgeleitete Klassen haben auf diese Komponenten Zugriff.

Der Default–Wert für den Zugriff ist `private`, sollte aber der besseren Lesbarkeit halber trotzdem immer explizit angegeben werden (manche Compiler geben sogar eine Warnung aus, wenn bei der Basisklasse kein Zugriffsschlüsselwort angegeben ist).

Die Klasse KBruch schränkt den Zugriff auf geerbte Komponeten der Klasse Bruch nicht weiter ein. Das bedeutet, daß die geerbten öffentlichen Elementfunktionen wie `printOn()`, die Multiplikation und der Vergleich mit dem Operator `<` auch bei der Anwendung eines KBruchs aufgerufen werden können:

---

[1]Wie wir in Abschnitt 4.5.1 noch sehen werden, können auch mehrere Basisklassen angegeben werden.

```
class Bruch {
  ...
  public:
    void printOn (ostream& = cout) const;
    ...
};

class KBruch : public Bruch {
//             ^^^^^^
    ...
};

void f()
{
    KBruch kb;
    ...
    kb.printOn (cout);     // OK: printOn() ist auch fuer KBruch public
}
```

4.1.4 Vererbung und Konstruktoren

Konstruktoren spielen bei der Vererbung eine gesonderte Rolle. Sie werden grundsätzlich nicht geerbt. Alle Konstruktoren für Ojekte einer abgeleiteten Klasse müssen neu definiert werden. Werden keine Konstruktoren definiert, existiert auch hier nur der Default-Konstruktor.

Obwohl Konstruktoren von Basisklassen nicht geerbt werden, spielen sie bei der Initialisierung eines Objekts doch eine Rolle. Konstruktoren werden nämlich verkettet top–down aufgerufen. Beim Anlegen eines Objekts einer abgeleiteten Klasse wird zunächst der Konstruktor der Basisklasse aufgerufen, der sozusagen erst den geerbten Objektteil der Basisklasse initialisiert. Erst danach wird der Konstruktor der abgeleiteten Klasse aufgerufen, der zumindest die neu hinzugekommenen Komponenten initialisiert. Er kann aber auch dazu verwendet werden, Initialisierungen des Konstruktors der Basisklasse, die aus Sicht der abgeleiteten Klasse nicht mehr sinnvoll sind, zu korrigieren. In unserem Beispiel wird beim Anlegen eines Objekts der Klasse KBruch also zunächst ein Bruch–Konstruktor und anschließend erst ein KBruch–Konstruktor aufgerufen.

Verwirrend ist dabei vielleicht die Tatsache, daß die Argumente zur Konstruktion des Objekts **nicht** automatisch an den Konstruktor der Basisklasse übergeben werden. Sofern nicht anders angegeben, wird vielmehr der Default–Konstruktor der Basisklasse aufgerufen. Dies liegt daran, daß Parameter für den Konstruktor der abgeleiteten Klasse eine ganz andere Bedeutung haben können, als sie bei der Basisklasse besitzen. Es kann sich auch um eine andere Anzahl oder andere Typen handeln.

Auch hier besteht über Initialisierungslisten (sie werden in Abschnitt 3.11.3 eingeführt) die Möglichkeit, Parameter an den indirekt aufgerufenen Konstruktor der Basisklasse zu übergeben bzw. durchzureichen.

Dies zeigt die Deklaration des ersten Konstruktors der Klasse KBruch:

```
class KBruch : public Bruch {
  public:
    KBruch (int z = 0, int n = 1) : Bruch(z,n) {
    //                              ^^^^^^^^^^^^
        kuerzbar = (ggt() > 1);
    }
  ...
};
```

Der Konstruktor wird mit den gleichen Default–Argumenten deklariert, wie bei der Klasse Bruch. Es können also ein Zähler und ein Nenner als Integer übergeben werden. Erfolgt dies nicht, werden auch hier als Default–Werte 0 und 1 angenommen. Diese Parameter werden dann aber an den Konstruktor der Basisklasse Bruch durchgereicht, wo sie zur Initialisierung von `zaehler` und `nenner` verwendet werden.

Erst nach Aufruf des Bruch–Konstruktors werden die Anweisungen im KBruch–Konstruktor ausgeführt. In diesem Fall wird in `kuerzbar` festgehalten, ob der KBruch kürzbar ist.

Beispiel für die Initialisierung eines Objekts der Klasse KBruch

Der genaue Ablauf der Initialisierung soll nachfolgend an einem Beispiel erläutert werden.

Durch die Deklaration

```
KBruch x (91,39);
```

wird das Objekt `x` der Klasse KBruch angelegt und mit $\frac{91}{39}$ initialisiert.

Dies geschieht in folgenden Schritten:

- Zunächst wird der Speicherplatz für das Objekt angelegt, dessen Zustand wie immer nicht definiert ist:

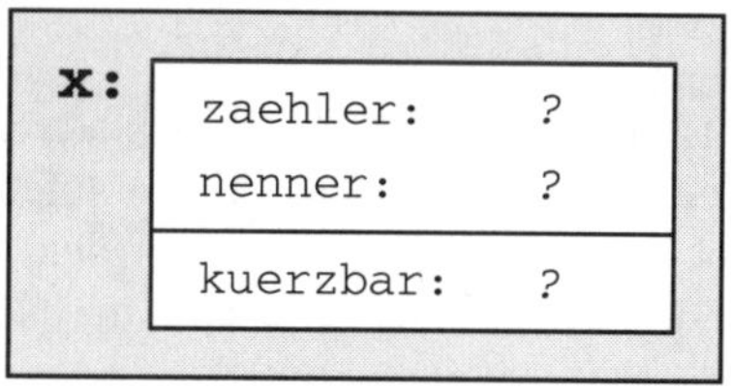

- Anhand der Initialisierungsliste des Konstruktors wird festgestellt, daß der int/int–Konstruktor der Klasse Bruch aufgerufen werden muß:

```
class KBruch : public Bruch {
```

```
    ...
    KBruch (int z = 0, int n = 1) : Bruch(z,n) {
    //                               ^^^^^^^^^^^^
        kuerzbar = (ggt() > 1);
    }
    ...
};
```

- Also wird der int/int–Konstruktor der Klasse `Bruch` mit den Parametern `91` und `39` aufgerufen, der den von Bruch geerbten Teil des Objekts initialisiert:

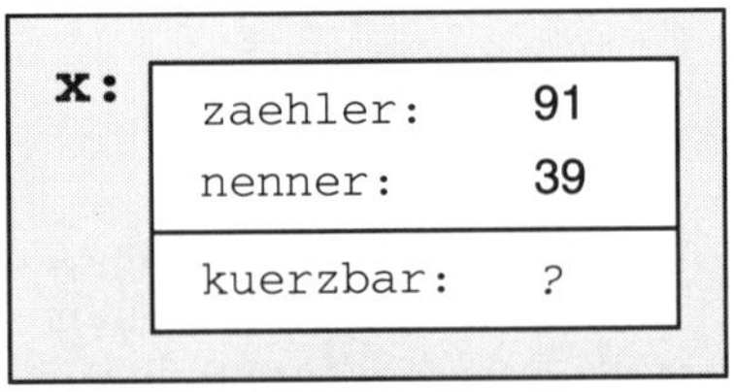

- Schließlich werden die Anweisungen des KBruch–Konstruktors ausgeführt, die die Komponente `kuerzbar` durch Aufruf von `ggt()` initialisieren:

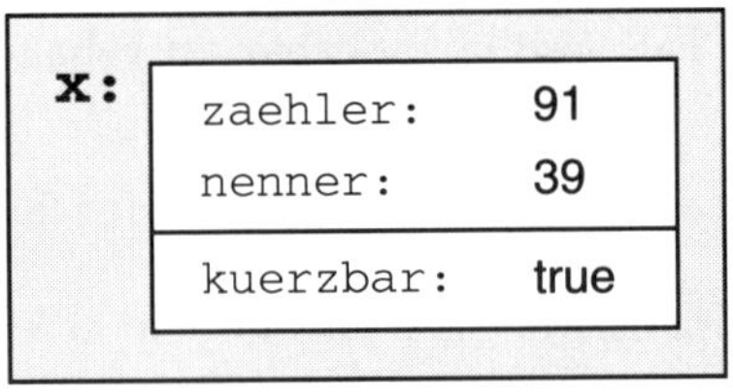

Die Tatsache, daß die Anweisungen im Basis–Konstruktor vor den Anweisungen im Konstruktor der abgeleiteten Klasse aufgerufen werden, ist wichtig. Nur so kann die abgeleitete Klasse, wie in diesem Beispiel, die initialisierten Komponenten der Basisklasse auswerten. Damit besteht auch die Möglichkeit, die Initialisierung zu korrigieren, indem z.B. Sonderfälle anders behandelt werden. Dies darf aber nicht dazu führen, daß die Komponenten eine neue Bedeutung erhalten (in Abschnitt 4.4 werden einige Design–Fallen dazu vorgestellt).

Der ganze Mechanismus ist rekursiv. Ist die Basisklasse selbst eine abgeleitete Klasse, wird also zunächst der Konstruktor ihrer Basisklasse aufgerufen. Die Initialisierungsliste der Basisklasse gibt dabei an, welche Parameter an den Konstruktor deren Basisklasse durchgereicht werden. Eine Initialisierungsliste kann jeweils nur Parameter an ihre direkte Basisklasse übergeben.

Wenn Konstruktoren sowohl für Basisklassen als auch für Komponenten aufgerufen werden müssen, werden grundsätzlich zuerst die Konstruktoren der Basisklassen und dann die Konstruktoren für die Komponenten aufgerufen.

Vererbung und Destruktoren

Destruktoren werden umgekehrt verkettet, also bottom–up, aufgerufen. Zuerst werden die Anweisungen der abgeleiteten Klasse und dann die der Basisklasse durchgeführt.

Wenn Destruktoren für Basisklassen und Destruktoren für Komponenten aufgerufen werden müssen, werden zuerst die Destruktoren für die Komponenten und danach die Destruktoren der Basisklasse aufgerufen.

4.1.5 Implementierung von abgeleiteten Klassen

Die Implementierung einer abgeleiteten Klasse sieht aus wie bei jeder anderen Klasse auch. Die Quelldatei der Klasse KBruch hat insgesamt folgenden Aufbau:

```
// Header-Datei der eigenen Klasse
#include "KBruch.h"

/* min
 *  - statische Hilfsfunktion fuer das Minimum zweier int's
 */
inline static int min (int a, int b) {
    return a < b ? a : b;
}

/* ggt
 *  - groesster gemeinsamer Teiler von zaehler und nenner
 */
unsigned KBruch::ggt () const
{
    if (zaehler == 0) {
        return nenner;
    }

    /* Groesste Zahl ermitteln, die sowohl Zaehler als auch
     * Nenner ohne Rest teilt
     */
    unsigned teiler = min(abs(zaehler),nenner);
    while (zaehler % teiler != 0  ||  nenner % teiler != 0) {
        teiler--;
    }
    return teiler;
}
```

```
/* kuerzen
 */
void KBruch::kuerzen ()
{
    // falls kuerzbar, zaehler und nenner durch ggt teilen
    if (kuerzbar) {
        int teiler = ggt();

        zaehler /= teiler;
        nenner  /= teiler;

        kuerzbar = false;        // damit nicht mehr kuerzbar
    }
}

/* Operator *=
 *  - neu implementiert
 */
const KBruch& KBruch::operator*= (const KBruch& b)
{
    // wie bei der Basisklasse:
    zaehler *= b.zaehler;
    nenner  *= b.nenner;

    // NEU: weiterhin gekuerzt ?
    if (!kuerzbar) {
        kuerzbar = (ggt() > 1);
    }

    return  *this;
}

/* scanFrom
 */
void KBruch::scanFrom (istream& strm)
{
    // scanFrom() der Basisklasse aufrufen
    Bruch::scanFrom (strm);

    // NEU: Kuerzbarkeit testen
    kuerzbar = (ggt() > 1);
}
```

Zunächst wird die neu eingeführte Elementfunktionen zur Berechnung des größten gemeinsamen Teilers implementiert. Falls der Zähler 0 ist, ist der GGT der Nenner ($\frac{0}{7}$ hat also den GGT 7). Ansonsten wird in einer Schleife absteigend vom vorzeichenfreien Minimum von Zähler und Nenner die erste Zahl gesucht, die sowohl Zähler als auch Nenner ohne Rest teilt (der Modulo–Operator `%` liefert den Rest nach Division). Spätestens bei 1 ist das der Fall. Für den Startwert der Schleife wird die vorher definierte Hilfsfunktion `min()` zur Berechnung des Minimus zweier Werte und die Standard–C–Funktion `abs()`, die den Absolutwert (Wert ohne Vorzeichen) eines Integers liefert, verwendet.[2]

Die Funktion `kuerzen()` teilt, sofern der Bruch nicht schon gekürzt ist, Zähler und Nenner durch den berechneten GGT.

Neuimplementierung geerbter Funktionen

Als Besonderheit kann es wie hier passieren, daß abgeleitete Funktionen und Operatoren erneut implementiert werden müssen, da ihre Implementierung in der Basisklasse für Objekte der abgeleiteten Klasse nicht korrekt ist. Dies gilt in diesem Beispiel für den Operator `*=` und die Einlese–Funktion `scanFrom()`.

In beiden Fällen kann es nämlich passieren, daß der damit manipulierte KBruch ohne Neuimplementierung in einen inkonsistenten Zustand gerät. Dies liegt daran, daß beide Funktionen `zaehler` und `nenner` manipulieren. Deren Inhalt ist aber entscheidend für den Wert von `kuerzbar`. Da die Implementierung der Basisklasse `kuerzbar` jedoch nicht anpaßt (`kuerzbar` ist dort ja noch nicht bekannt), kann es passieren, daß die Komponente keinen korrekten Wert besitzt.

Beim Operator `*=` kann der KBruch, für den diese Operation aufgerufen wird, von einem nichtkürzbaren in einen kürzbaren Zustand wechseln. Dies ist zum Beispiel dann der Fall, wenn das nichtkürzbare Objekt $\frac{7}{3}$ mit $\frac{3}{7}$ multipliziert wird. Ohne Neuimplemetierung würde `kuerzbar` auch für den Wert des KBruchs $\frac{21}{21}$ weiterhin auf `false` stehen.

Bei `scanFrom()` wird der Wert des KBruchs ohne Neuimplementierung ebenfalls ohne Anpassen der Komponente `kuerzbar` beliebig geändert. Damit kann ebenfalls die Inkonsistenz entstehen, daß die Komponente `kuerzbar` nicht korrekt gesetzt ist. Die Tatsache, ob der KBruch kürzbar ist, muß deshalb jedesmal, wenn ein neuer Wert eingelesen wird, neu ermittelt werden.

Bei der Neuimplementierung gibt es zwei Möglichkeiten:

- komplette Neuimplementierung
- Aufruf der Implementierung der Basisklasse mit anschließender Korrektur

Auch hier muß wieder zwischen Laufzeitvorteil und Konsistenznachteil abgewogen werden. Die komplette Neuimplementierung, wie sie beim Operator `*=` erfolgt, spart Zeit, muß aber bei Änderungen in der Basisklasse auch geändert werden. Bei Aufruf der Im-

[2]Es gibt zweifellos bessere Algorithmen zur Berechnung eines GGTs.

plementierung der Basisklasse, wie sie bei `scanFrom()` durchgeführt wird, müssen nur die für die abgeleitete Klasse zusätzlich notwendigen Schritte neu implementiert werden.

4.1.6 Anwendung von abgeleiteten Klassen

Abgeleitete Klassen werden wie jede andere Klasse angewendet. Objekte werden durch Konstruktoren erzeugt und über geerbte oder neue bzw. korrigierte Operationen manipuliert.

Das folgende Beispiel-Programm soll dies verdeutlichen:

```
// Header-Dateien
#include <iostream.h>
#include "KBruch.h"

main()
{
    // KuerzbarenBruch deklarieren
    KBruch x (91,39);

    // x ausgeben
    cout << x;
    cout << (x.istKuerzbar() ? " (kuerzbar)" : " (unkuerzbar)") << endl;

    // x kuerzen
    x.kuerzen();

    // x ausgeben
    cout << x;
    cout << (x.istKuerzbar() ? " (kuerzbar)" : " (unkuerzbar)") << endl;

    // x mit 3 multiplizieren
    x *= 3;

    // x ausgeben
    cout << x;
    cout << (x.istKuerzbar() ? " (kuerzbar)" : " (unkuerzbar)") << endl;
}
```

Es liefert folgende Ausgabe:

```
91/39 (kuerzbar)
7/3 (unkuerzbar)
21/3 (kuerzbar)
```

Zunächst wird durch die Deklaration

```
KBruch x (91,39);
```

das Objekt x der Klasse KBruch angelegt und mit $\frac{91}{39}$ initialisiert. Dies geschieht auf die schon auf Seite 285 erläuterte Art und Weise.

Anschließend wird x ausgegeben:

```
cout << x;
```

Nach der Ausgabe von x wird jeweils ausgegeben, ob x kürzbar ist. Der Ausdruck

```
x.istKuerzbar() ? " (kuerzbar)" : " (unkuerzbar)"
```

klärt dabei, ob "(kuerzbar)" oder "(unkuerzbar)" ausgegeben wird. Da der Operator ?: eine geringere Priorität als der Ausgabe–Operator << besitzt, muß der Ausdruck geklammert werden.

Nach Aufruf der Operation, die den Bruch kürzt, wird der Zustand des Bruchs erneut ausgegeben. Schließlich wird der Bruch mit 3 multipliziert und erneut ausgegeben. Die Multiplikation mit einer ganzen Zahl ermöglicht der KBruch–Konstruktor. Da er auch mit einem Integer–Argument aufgerufen werden kann, definiert er eine automatische Typumwandlung von Integer nach KBruch (siehe Abschnitt 3.7.1), wodurch die 3 in den KBruch $\frac{3}{1}$ umgewandelt und dem Operator *= als Parameter übergeben wird.

Da der Ausgabeoperator nicht für die Klasse KBruch neu implementiert wurde, wird automatisch die Operation verwendet, die in der Klasse Bruch deklariert wurde:

```
ostream& operator << (ostream& strm, const Bruch& b);
```

Anwendung der is-a–Beziehung

Beim Ausgaben eines KBruchs mit

```
cout << x;
```

ist eine Tatsache bemerkenswert: Obwohl die Operator–Funktion nur für die Klasse `Bruch` als zweiten Operanden definiert ist, kann auch ein `KBruch` übergeben werden.

Dabei handelt es sich um die konsequente Anwendung der **is-a**–Beziehung. Da KBruch von Bruch abgeleitet ist, ist ein KBruch ein Bruch und kann somit jederzeit als solcher verwendet werden. Durch Vererbung wird grundsätzlich eine automatische Typumwandlung von einem Objekt einer abgeleiteten Klasse in ein Objekt seiner Basisklasse definiert. Dabei wird das Objekt aber auf die Eigenschaften, die die Objekte der Basisklasse besitzen, reduziert. Insbesondere besitzt es nur noch die Datenelemente der Basisklasse. Die bei der Vererbung hinzugekommenen Komponenten fallen einfach weg bzw. werden ignoriert.

In diesem Fall ist das kein Problem, denn auch bei der Ausgabe des KBruchs sollen nur Zähler und Nenner ausgegeben werden. Es gibt aber Fälle, in denen das problematisch sein kann. Im Abschnitt 4.4 werden entsprechende Fallen erläutert.

4.1.7 Konstruktoren für Objekte der Basisklasse

Die Multiplikation wurde für die Klasse `KBruch` von `Bruch` zwar geerbt, kann aber nicht richtig eingesetzt werden. Dies liegt daran, daß zwei Objekte der Klasse KBruch zwar miteinander multipliziert werden können, das Ergebins aber keinem KBruch zugewiesen werden darf:

```
KBruch kb;
...
cout << kb * kb;        // OK: gibt Quadrat von kb aus
...
kb = kb * kb;           // FEHLER: Zuweisung an KBruch nicht erlaubt
```

Die von der Klasse Bruch geerbte Multiplikation liefert nämlich einen Bruch und keinen KBruch zurück. Ein Bruch ist aber kein KBruch (die is-a–Beziehung gilt nur umgekehrt). Somit kann ein Bruch auch nicht einfach einem KBruch zugewiesen werden.

Dieses Problem könnte durch Neuimplementierung der Multiplikation behoben werden. Das Problem läßt sich aber auch durch die Definition einer Typumwandlung von einem Bruch in einen KBruch lösen, die über die Implementierung eines weiteren Konstruktors ermöglicht wird:

```
class KBruch : public Bruch {
  public:
    /* Konstruktor zur Typumwandlung eines Bruchs in einen KBruch
     *  - Parameter wird an Copy-Konstruktor von Bruch durchgereicht
     */
    KBruch (const Bruch& b) : Bruch(b) {
        kuerzbar = (ggt() > 1);
    }
    ...
};
```

Auch hier wird der KBruch dadurch initialisiert, daß zunächst ein Konstruktor der Klasse Bruch und dann der Konstruktor der Klasse KBruch aufgerufen wird. Da dem Bruch–Konstruktor der Bruch, aus dem ein KBruch erzeugt werden soll, übergeben wird, wird der Copy–Konstruktor der Klasse Bruch aufgerufen.

Da der Konstruktor nur einen Parameter besitzt, wird dadurch eine automatische Typumwandlung von `Bruch` nach `KBruch` definiert. Damit kann ein Bruch als Ergebnis einer Multiplikation auch einem KBruch zugewiesen werden:

```
KBruch kb;
...
kb = kb * kb;          // OK: Typumwandlung von Bruch nach KBruch definiert
```

Genauso kann ein Bruch als Parameter bei der multiplikativen Zuweisung verwendet werden:

```
KBruch kb;
Bruch b;
...
kb *= b;               // OK: Typumwandlung fuer b nach KBruch definiert
```

Ansonsten müßte der Parameter des Operators *= als Bruch deklariert werden:

```
class KBruch : public Bruch {
  ...
  const KBruch& KBruch::operator*= (const Bruch&);
  ...
};
```

Einschränkungen bei Konstruktoren für Objekte der Basisklasse

Die Existenz eines Konstruktors, der ein Objekt der Basisklasse in ein Objekt der abgeleiteten Klasse umwandeln kann, ist nicht immer sinnvoll. Er sollte nur dann vorhanden sein, wenn es für die neu hinzugekommenen Attribute immer eine sinnvolle Möglichkeit gibt, diese zu initialisieren. In diesem Beispiel ist das der Fall, da sich die Tatsache, ob der Bruch kürzbar ist, aus den bereits in Brüchen vorhandenen Komponenten (Zähler und Nenner) ergibt.

Es kann aber auch anders sein: Hätten wir z.B. eine Klasse `FarbigerBruch` eingeführt, also einen Bruch, dem als zusätzliches Attribut eine bestimmte Farbe für die Ausgabe zugeordnet ist, so wäre eine Typumwandlung von Bruch weniger sinnvoll. Die Farbe eines Bruchs ist dann eine Eigenschaft, die in keiner Beziehung zu den bisherigen Eigenschaften steht. Man könnte zwar eine Default–Farbe annehmen, sinnvoller ist es aber meistens, keine Umwandlung eines Bruchs in einen farbigen Bruch zuzulassen, damit in einem Programm, das farbige Brüche verwendet, nicht aus Versehen Brüche ohne Farbe als farbige Brüche verwendet werden.

Man mache sich auch hier klar, daß jede automatische Typumwandlung die Gefahr eines ungewollten Verhaltens erhöht, da die fehlerhafte Verwendung eines Objekts als Objekt einer anderen Klasse dadurch vom Compiler nicht mehr erkannt wird. Auch hier kann eine Funktion zur expliziten Typumwandlung sinnvoll sein. Es ist letztlich eine Design–Entscheidung, bei der zwischen der Gefahr einer ungewollten Typumwandlung und dem Vorteil einer vereinfachten Typumwandlung abgewägt werden muß.

4.1.8 Zusammenfassung

- Klassen können in einer Vererbungsbeziehung stehen.
- Eine **abgeleitete Klasse** übernimmt (erbt) alle Eigenschaften der **Basisklasse** und ergänzt diese typischerweise um neue Eigenschaften.
- Objekte abgeleiteter Klassen besitzen die Komponenten der Basisklasse und die neu hinzugekommenen Komponenten.
- Kennzeichen der Vererbung ist die **is-a–Beziehung**: Ein Objekt einer abgeleiteten Klasse **ist ein** Objekt der Basisklasse (mit zusätzlichen Eigenschaften).
- Ein Objekt einer abgeleiteten Klasse darf jederzeit als Objekt der Basisklasse verwendet werden. Es reduziert sich dann auf die Eigenschaften der Basisklasse.
- Konstruktoren werden nicht geerbt, aber verkettet top–down aufgerufen. Destruktoren werden entsprechend verkettet bottom–up aufgerufen.
- Mit Initialisierungslisten können den Konstruktoren einer Basisklasse Parameter übergeben werden. Erfolgt dies nicht, wird jeweils der Default–Konstruktor der Basisklasse aufgerufen.

4.2 Virtuelle Funktionen

Die im vorigen Abschnitt eingeführte Klasse KBruch ("kürzbarer Bruch") besitzt noch einige potentielle Fehlerquellen: Ihre Verwendung kann zu Inkonsistenzen bei Objekten der Klasse führen. Dies liegt im wesentlichen daran, daß bei der Implementierung der Klasse Funktionen der Basisklasse überschrieben wurden (was allerdings auch schon dazu diente, mögliche Inkonsistenzen zu vermeiden). Für Objekte der abgeleiteten Klasse können nämlich unter bestimmten Umständen trotzdem die überschriebenen Funktionen der Basisklasse aufgerufen werden.

Welche Probleme beim Überschreiben von Funktionen einer Basisklasse auftreten können und wie diese Probleme behoben werden, wird in diesem Abschnitt aufgezeigt. Dazu wird ein für die Vererbung und die Polymorphie wesentliches Sprachmittel vorgestellt: virtuelle Funktionen.

4.2.1 Probleme beim Überschreiben von Basis–Funktionen

Die im vorigen Abschnitt vorgestellte Klasse KBruch überschreibt zwei Funktionen der Basisklasse Bruch, da deren Implementierung nicht für KBrüche geeignet ist (siehe Abschnitt 4.1.5). Dabei handelt es sich um die Funktionen `operator*=()` und `scanFrom()`.

In der Basisklasse `Bruch` lautete deren Deklaration:

```
class Bruch {
  ...
  public:
    // multiplikative Zuweisung
    const Bruch& operator *= (const Bruch&);

    // Eingabe mit Streams
    void scanFrom (istream& = cin);
    ...
};
```

In der abgeleiteten Klasse `KBruch` lautete sie:

```
class KBruch : public Bruch {
  ...
  public:
    // multiplikative Zuweisung (NEU IMPLEMENTIERT)
    const KBruch& operator*= (const KBruch&);

    // Eingabe mit Streams (NEU IMPLEMENTIERT)
    void scanFrom (istream& = cin);
    ...
};
```

Diese Neuimplementierung kann allerdings Probleme verursachen, die zumindest erkannt und möglichst behoben werden sollten.

Das folgende Anwendungsprogramm deckt diese Probleme auf:

```
// Header-Dateien
#include <iostream.h>
#include "KBruch.h"
#include "Bruch.h"

main()
{
    // KBruch deklarieren
    KBruch x (7,3);

    // Bruch mit Kehrwert von x deklarieren
    Bruch b (3,7);

    // Zeiger auf Bruch zeigt darauf
    Bruch* xp = &x;

    *xp *= b;          // PROBLEM: ruft Bruch::operator*=() auf

    // x ausgeben
    cout << x;
    cout << (x.istKuerzbar() ? " (kuerzbar)" : " (unkuerzbar)") << endl;

    cout << "Bruch eingeben (zaehler nenner): " << flush;

    cin >> x;          // PROBLEM: ruft indirekt Bruch::scanFrom() auf

    // x ausgeben
    cout << x;
    cout << (x.istKuerzbar() ? " (kuerzbar)" : " (unkuerzbar)") << endl;
}
```

Zwei Anweisungen des Programms sind problematisch. In beiden Fällen steckt dahinter der Mechanismus, daß Objekte einer abgeleiteten Klasse auch als Objekte der Basisklasse verwendet werden können.

Manipulation über Zeiger der Basisklasse

Im ersten Fall liegt das Problem daran, daß die Manipulation von KBruch x über einen Zeiger durchgeführt wird, der allerdings als Zeiger auf Objekte der Basisklasse deklariert ist:

```
KBruch x (7,3);
Bruch  b (3,7);

Bruch* xp = &x;

*xp *= b;          // PROBLEM: ruft Bruch::operator*=() auf
```

Die Tatsache, daß ein Zeiger vom Typ `Bruch*` auf einen KBruch zeigt, ist völlig in Ordnung. Es handelt sich dabei um die konsequente Anwendung der is-a–Beziehung, die die Vererbung kennzeichnet:

- Ein KBruch **ist ein** Bruch
- Ein KBruch kann deshalb jederzeit als Bruch verwendet werden.

In diesem Fall wird der KBruch `x` als Bruch verwendet, auf den `xp` zeigt.

Wenn nun aber der KBruch `x` über den Bruch–Zeiger `xp` manipuliert wird, wird die Elementfunktion der Klasse Bruch und nicht die der Klasse KBruch aufgerufen. Dies liegt daran, daß der Compiler beim Übersetzen, da es sich um einen Zeiger auf einen Bruch handelt, die Operation `*=` für Brüche aufruft. Diese Implementierung kennt aber nur die Komponenten `zaehler` und `nenner` und paßt `kuerzbar` nicht an.

Im vorliegenden Programm entsteht deshalb eine Inkonsistenz. Der Bruch $\frac{7}{3}$ wird zwar mit $\frac{3}{7}$ multipliziert, die Komponente `kuerzbar` behält aber ihren alten Wert, auch wenn dies falsch ist. Dies wird mit der folgenden Ausgabeanweisung auch deutlich.
Ausgegeben wird:

```
21/21 (unkuerzbar)
```

Manipulation über Referenzen der Basisklasse

Ein entsprechendes, wenn auch nicht so leicht erkennbares Problem ist das Einlesen des KBruchs `x`:

```
KBruch x (7,3);
...
cin >> x;          // PROBLEM: ruft indirekt Bruch::scanFrom() auf
```

Auch hier wird fälschlicherweise die Einlesefunktion der Basisklasse verwendet. In diesem Fall liegt das daran, daß der KBruch `x` von einer Referenz der Klasse Bruch verwendet wird. Aufgerufen wird nämlich die bereits in der Basisklasse Bruch definierte Einlese–Operation:

```
inline istream& operator >> (istream& strm, Bruch& b)
{
    b.scanFrom (strm);         // Elementfunktion zur Eingabe aufrufen
    return strm;               // Stream zur Verkettung zurueckliefern
}
```

Auch hier handelt es sich wieder um die konsequente Anwendung der is-a–Beziehung. Der KBruch `x` ist ein Bruch und kann somit zur Initialisierung der Bruch–Referenz `b` verwendet werden.

Da `b` aber ein zweiter Name für einen Bruch ist, wird zum Einlesen von `b` die Elementfunktion `scanFrom()` der Klasse Bruch aufgerufen. Diese liest zwar **`zaehler`** und **`nenner`** ein, setzt aber nicht die Komponente **`kuerzbar`**, da diese für Brüche nicht bekannt ist. Der KBruch behält in der Komponente **`kuerzbar`** deshalb unabhängig vom eingelesenen neuen Wert den alten Zustand, auch wenn dies falsch ist.

Die extra neuimplementierte Funktion zum Einlesen wird also zumindest über den Einlese–Operator `>>` gar nicht erst aufgerufen. Nur ein direktes Aufrufen von `scanFrom()` würde funktionieren.

4.2.2 Statisches und dynamisches Binden von Funktionen

Statisches Binden von Funktionen

Hinter beiden Beispielen steckt das gleiche Grundproblem:

- Ein Objekt einer abgeleiteten Klasse darf aufgrund der is-a–Beziehung jederzeit als Objekt der Basisklasse verwendet werden.
- Dies gilt auch dann, wenn es über Zeiger oder Referenzen auf Objekte der Basisklasse manipuliert wird.
- Da der Compiler davon ausgeht, daß es sich um Objekte der Basisklasse handelt, wird die u.U. fehlerhafte Elementfunktion der Basisklasse aufgerufen, auch wenn sie für Objekte der abgeleiteten Klasse neu implementiert wurde.

Der Compiler sorgt dafür, daß die Elementfunktion der Basisklasse aufgerufen wird, da er Funktionsaufrufe normalerweise statisch bindet. Das bedeutet, er stellt fest, von welchem Typ ein Objekt ist, für das eine Funktion aufgerufen wird, und generiert Code, der die Funktion aufruft, die zu diesem Typ gehört. Dies gilt i.a. auch für Zeiger und Referenzen.

Dieses statische Binden führt dazu, daß auch dann, wenn die Zeiger auf Objekte einer abgeleiteten Klasse zeigen und deshalb eine andere Elementfunktion aufgerufen werden müßte, die falsche Elementfunktion der Basisklasse aufgerufen wird. Entsprechendes gilt für Referenzen. Die Information, daß eigentlich Objekte einer abgeleiteten Klasse manipuliert werden, geht also bei Funktionsaufrufen durch das statische Binden verloren.

Dynamisches Binden durch virtuelle Funktionen

Damit die Information, daß Objekte einer abgeleiteten Klasse manipuliert werden, bei Funktionsaufrufen nicht verlorengeht, darf nicht statisch gebunden werden. Statt dessen muß zur Laufzeit, in Abhängigkeit vom tatsächlichen Typ eines Objekts, die richtige Funktion aufgerufen werden. Dieser Sachverhalt wird mit "dynamisches Binden" (englisch: "dynamic binding") oder auch "spätes Binden" ("late binding") bezeichnet.[3]

Dynamisches Binden ist auch in C++ möglich. Dazu muß das Schlüsselwort **virtual** verwendet werden. Wenn eine Elementfunktion als virtuelle Funktion deklariert wird, wird bei Verwendung von Zeigern und Referenzen erst zur Laufzeit entschieden, welche Funktion tatsächlich aufgerufen wird. In Abhängigkeit von der Klasse, die das Objekt besitzt, wird die dazugehörige Funktion aufgerufen.

Aus diesem Grund müssen zumindest die Funktionen, die in der abgeleiteten Klasse KBruch neu implementiert werden, in der Basisklasse Bruch als virtuelle Funktionen deklariert werden. Sinnvollerweise werden aber alle Funktionen der Basisklasse, die von abgeleiteten Klassen überschrieben werden können, als virtuelle Funktionen deklariert. Nur so ist eine Klasse generell zur Vererbung geeignet.

Werden die Funktionen der Basisklasse nicht als virtuelle Funktionen deklariert, können sonst die vorher aufgezeigten Probleme auftreten. Aus diesem Grund sollte man sich bei der Vererbung an folgende Regel halten:

- Nichtvirtuelle Funktionen dürfen nicht überschrieben werden
- Wenn dies zur Implementierung einer abgeleiteten Klasse notwendig ist, sollte nicht abgeleitet werden.

Die Deklaration der Basisklasse Bruch sollte deshalb besser wie folgt aussehen:

```
class Bruch {

  protected:
    int zaehler;
    int nenner;

  public:
    /* Default-Konstruktor, Konstruktor aus Zaehler und
     * Konstruktor aus Zaehler und Nenner
     */
```

[3]Der Begriff "dynamisches Binden" wird auch für den Mechanismus von "Shared Libraries" verwendet, hat damit aber nichts zu tun.

```
    Bruch (int = 0, int = 1);

    // Multiplikation (globale Friend-Funktion)
    friend Bruch operator * (const Bruch&, const Bruch&);

    /* multiplikative Zuweisung
     *  - NEU: virtuell
     */
    virtual const Bruch& operator *= (const Bruch&);

    // Vergleich (globale Friend-Funktion)
    friend bool operator < (const Bruch&, const Bruch&);

    /* Ein- und Ausgabe mit Streams
     *  - NEU: virtuell
     */
    virtual void printOn (ostream& = cout) const;
    virtual void scanFrom (istream& = cin);

    /* Konvertierung nach double
     *  - NEU: virtuell
     */
    virtual double asDouble () const;
};
```

Alle Funktionen, die aus welchen Gründen auch immer in abgeleiteten Klassen neu implementiert werden könnten, werden als virtuell deklariert. Ausgenommen davon sind nur Konstruktoren und Friend-Funktionen, die grundsätzlich nicht virtuell sein können.

Einlesen eines KBruchs mit virtuellen Funktionen

Beim Einlesen eines kürzbaren Bruchs funktioniert damit alles wie erwartet: Es wird nun tatsächlich die `scanFrom()`-Implementierung der abgeleiteten Klasse KBruch verwendet, da die Information, daß eigentlich ein KBruch eingelesen wird, in der Funktion `operator>>()` erhalten bleibt und somit die Funktion `scanFrom()` der Klasse KBruch aufgerufen wird:

```
class Bruch {
  ...
  public:
    virtual void scanFrom (istream& = cin);
    ...
};
```

```
inline istream& operator >> (istream& strm, Bruch& b)
{
    b.scanFrom (strm);      // da virtual: richtiges scanFrom() aufrufen
    return strm;            // Stream zur Verkettung zurueckliefern
}

class KBruch : public Bruch {
  ...
  public:
    virtual void scanFrom (istream& = cin);
    ...
};

main()
{
    KBruch x (7,3);
    ...
    cin >> x;             // OK: ruft indirekt KBruch::scanFrom() auf
    ...
}
```

Wenn die für Brüche überladene Operator–Funktion `>>` für ihren Parameter `b` die Elementfunktion `scanFrom()` aufruft, wird, da `b` eine Referenz ist und `scanFrom()` in der Klasse virtuell deklariert wird, erst zur Laufzeit entschieden, welche Klasse `b` tatsächlich besitzt. Falls es sich um ein Objekt einer abgeleiteten Klasse handelt, wird automatisch deren Implementierung von `scanFrom()` aufgerufen, sofern es eine eigene besitzt.

Die Funktion `scanFrom()` muß in der abgeleiteten Klasse dazu nicht unbedingt virtuell deklariert werden. Mit der Deklaration werden aber zwei andere Dinge erreicht:

- Sie ist notwendig, damit die Klasse KBruch wieder abgeleitet werden kann und bei einer weiteren Neuimplementierung der Funktion dann nicht die gleichen Probleme wieder auftreten.
- Sie macht deutlich, daß bei der Funktion generell dynamisches Binden stattfindet, dokumentiert also das `virtual` in der Basisklasse.

Laufzeitnachteile durch `virtual`

Man beachte, daß ein Funktionsaufruf durch die Deklaration als virtuelle Funktion zum Teil deutlich länger dauern kann. Statt eines direkten Funktionsaufrufs muß für Zeiger und Referenzen Code generiert werden, der zur Laufzeit erst feststellt, welche Funktion aufzurufen ist.

Besonders krass ist der Unterschied bei Inline–Funktionen. Da bei Zeigern und Referenzen erst zur Laufzeit entschieden wird, welche Funktion aufzurufen ist, kann der Funktionsaufruf nicht schon beim Compilieren durch die Anweisungen in der Funktion ersetzt werden. Der Laufzeitvorteil von Inline–Funktionen entfällt damit für Zeiger und Referenzen.

Aus diesem Grund kann es in der Praxis sinnvoll sein, Klassen nur mit einigen oder ganz ohne virtuelle Funktionen auszustatten. Die Klassen sind dann zwar nur noch schlecht zur Vererbung geeignet, das Laufzeitverhalten ist dafür aber zum Teil deutlich höher. Letztendlich handelt es sich hierbei wieder um eine Design–Entscheidung.

4.2.3 Überladen kontra Überschreiben

In der Erwartung, daß mit virtuellen Funktionen alles funktioniert, mag man das Anwendungsprogramm von Seite 296 erneut starten und Erstaunliches feststellen: Das eine Problem ist zwar gelöst, das andere aber nicht. Die multiplikative Zuweisung über den Zeiger `xp` funktioniert auch mit virtuellen Funktionen nicht.

Dies liegt daran, daß die virtuelle Operator–Funktion der Basisklasse nicht überschrieben, sondern überladen wurde. Die Parameter sind nämlich nicht gleich:

```
class Bruch {
  ...
  public:
    virtual const Bruch& operator *= (const Bruch&);
    //                                       ^^^^^
    ...
};

class KBruch : public Bruch {
  ...
  public:
    virtual const KBruch& operator*= (const KBruch&);
    //                                      ^^^^^^
    ...
};

main()
{
    KBruch x (7,3);
    Bruch  b (3,7);
    Bruch* xp = &x;
    ...
    *xp *= b;         // PROBLEM: ruft immer noch Bruch::operator*=() auf
    ...
}
```

In der Basisklasse besitzt der Parameter die Klasse `Bruch`, in der abgeleiteten Klasse aber die Klasse `KBruch`. Damit ist die Implementierung der abgeleiteten Klasse kein echter

Ersatz für die Implementierung der Basisklasse, sondern nur eine Ergänzung. Für Objekte der abgeleiteten Klasse wird zwar die neue Implementierung aufgerufen, für Zeiger und Referenzen der Klasse Bruch gilt aber nach wie vor die Implementierung der Basisklasse, auch wenn sie auf Brüche verweisen.

Es wird zwar erst zur Laufzeit entschieden, welche Funktion aufgerufen werden muß, da der Parameter aber ein Bruch ist, wird die geerbte und nicht überschriebene Implementierung der Basisklasse Bruch aufgerufen.

Beim Überschreiben von geerbten Funktionen ist deshalb auch folgende Regel zu beachten:

- Eine virtuelle Funktion der Basisklasse wird in einer abgeleiteten Klasse nur dann wirklich überschrieben, wenn Anzahl und Typen der Parameter identisch sind.

Um das Problem zu umgehen, muß der Operator *= in der abgeleiteten Klasse mit den gleichen Parametern und dem gleichen Rückgabetyp deklariert werden:

```
class KBruch : public Bruch {
  ...
  public:
    virtual const Bruch& operator*= (const Bruch&);
    //            ^^^^^                    ^^^^^
    ...
};
```

Wie grundsätzlich beim Überladen von Funktionen ist auch hier eine Unterscheidung nur durch den Rückgabetyp unzulässig.

Nach der neuesten ANSI/ISO–Sprachspezifikation gibt es hier allerdings eine Änderung: Beim Rückgabetyp einer Elementfunktion, die in der Basisklasse als virtuelle Funktion deklariert wird, darf bei einer Neuimplementierung in der abgeleiteten Klasse statt der Basisklasse die abgeleitete Klasse verwendet werden. Ein Zeiger muß aber ein Zeiger und eine Referenz muß eine Referenz bleiben.

Nach dieser Spezifikation wäre also auch die folgende Neuimplementierung möglich:

```
class KBruch : public Bruch {
  ...
  public:
    virtual const KBruch& operator*= (const Bruch&);
    //            ^^^^^^
    ...
};
```

Erst diese Änderung in der Sprachspezifikation erlaubt es, Elementfunktionen in abgeleiteten Klassen zu überschreiben und das Ergebnis ohne Typumwandlung auch für Objekte der abgeleiteten Klasse zu verwenden. Ansonsten muß immer erst aus dem Objekt der Basisklasse ein Objekt der abgeleiteten Klasse gemacht werden.

4.2.4 Zugriff auf Parameter der Basisklasse

Mit der hier vorgestellten Lösung, daß der Parameter ein Objekt der Basisklasse ist, entsteht allerdings sofort ein anderes Problem: Bei der Implementierung des Operators ist es nun nicht mehr möglich, auf die nichtöffentlichen Komponenten des Parameters zuzugreifen:

```
const Bruch& KBruch::operator*= (const Bruch& b)
{
    zaehler *= b.zaehler;      // FEHLER: kein Zugriff auf b.zaehler
    nenner  *= b.nenner;       // FEHLER: kein Zugriff auf b.nenner
    ...
}
```

Der Parameter `b` ist nämlich ein Objekt einer anderen Klasse als der Klasse KBruch, für die hier eine Elementfunktion implementiert wird. Dabei spielt es keine Rolle, ob die Klasse eine Basisklasse ist und welcher Zugriff auf Komponenten der Basisklasse besteht. Die Klasse KBruch ist im Bezug auf Parameter nur Anwender der Klasse Bruch und hat nur auf deren öffentliche Komponenten Zugriff.

Es gilt also noch eine Regel:

- Für als Parameter übergebene Objekte von Basisklassen besteht in abgeleiteten Klassen nur Zugriff auf öffentliche Komponenten.

Aus diesem Grund kann der Zugriff auf die Komponenten des Parameters nur über dessen öffentliche Schnittstelle durchgeführt werden. Da keine Elementfunktionen zum Abfragen der Werte von Zähler und Nenner existieren (kommerzielle Klassen hätten diese sicherlich), muß in diesem Fall die Implementierung der Basisklasse aufgerufen werden, die den KBruch zunächst mit dem übergebenen Parameter ausmultipliziert. Anschließend können eventuell vorhandene Inkonsistenzen beseitigt werden:

```
const Bruch& KBruch::operator*= (const Bruch& b)
{
    /* NEU: Implementierung der Basisklasse aufrufen
     *  - auf nichtoeffentliche Komponenten von b besteht kein Zugriff
     */
    Bruch::operator*= (b);

    // weiterhin gekuerzt ?
    if (!kuerzbar) {
        kuerzbar = (ggt() > 1);
    }

    return  *this;
}
```

4.2.5 Virtuelle Destruktoren

Es gibt noch ein weiteres Problem, das bei Vererbung auftauchen kann. Es betrifft die explizite Speicherverwaltung.

Wenn ein Objekt einer abgeleiteten Klasse angelegt wird, ist klar, welchen Typ es besitzt:

```
KBruch* kbp = new KBruch;          // Objekt der Klasse KBruch anlegen
```

Bei der Freigabe des Objekts kann es aber sein, daß diese Klarheit nicht besteht. Da es als Objekt einer Basisklasse verwendet werden kann, kann es auch als Objekt einer Basisklasse freigegeben werden:

```
Bruch* bp;

bp = new KBruch;        // KBruch anlegen
...
delete bp;              // KBruch ueber Bruch-Zeiger freigeben
```

Hier tritt das gleiche Problem auf, das auch sonst bei abgeleiteten Klassen auftreten kann: Der Delete–Operator führt zum Aufruf eventuell vorhandener Destruktoren. Sofern aber kein dynamisches Binden stattfindet, geht die Information, daß eigentlich ein Objekt einer abgeleiteten Klasse freigegeben wird, verloren und es wird nur der Destruktor der Klasse Bruch aufgerufen. Wenn also für KBrüche ein Destruktor implementiert wird, wird dieser dann nicht aufgerufen. Wenn der Destruktor einer abgeleiteten Klasse z.B. für das Objekt angelegten Speicherplatz freigibt, würde dieser nicht freigegeben.

Damit dieser Fall nicht eintritt, muß **in der Basisklasse** ein virtueller Destruktor deklariert werden (der Default–Destruktor ist nicht virtuell). Dies gilt auch dann, wenn die Basisklasse eigentlich keinen Destruktor braucht.

Eine weitere Regel zur Vererbung lautet also:

- Eine Klasse ist nur dann generell zur Vererbung geeignet, wenn ein virtueller Destruktor deklariert wird.

In unserem Beispiel bedeutet das, daß die Klasse Bruch einen virtuellen Destruktor besitzen muß, der allerdings keine Anweisungen enthält:

```
class Bruch {
  ...
  public:
    virtual ~Bruch () {
    }
    ...
};
```

4.2.6 Vererbung richtig angewendet

Zusammenfassend wird nun noch einmal das Beispiel der Klassen Bruch und KBruch unter Brücksichtigung aller möglichen Probleme und deren Lösung vorgestellt.

Deklaration der Basisklasse Bruch

Die Basisklasse Bruch muß die Bedingungen erfüllen, die sie geeignet für eine Vererbung machen:

- Alle Funktionen, die überschrieben werden könnten, müssen als virtuell deklariert werden.
- Es muß ein virtueller Destruktor definiert werden.

Es ergibt sich daher folgender Aufbau der Header–Datei für die Basisklasse Bruch:

```
#ifndef _Bruch_h
#define _Bruch_h

/* allgemeine Header-Dateien
 */
#include <stdlib.h>
#include <iostream.h>

/* Klasse Bruch
 *  - zur Vererbung geeignet
 */
class Bruch {

  protected:
    int zaehler;
    int nenner;

  public:
    /* Default-Konstruktor, Konstruktor aus Zaehler und
     * Konstruktor aus Zaehler und Nenner
     */
    Bruch (int = 0, int = 1);

    // Multiplikation (globale Friend-Funktion)
    friend Bruch operator * (const Bruch&, const Bruch&);

    // multiplikative Zuweisung
    virtual const Bruch& operator *= (const Bruch&);
```

```
    // Vergleich (globale Friend-Funktion)
    friend bool operator < (const Bruch&, const Bruch&);

    // Ein- und Ausgabe mit Streams
    virtual void printOn (ostream& = cout) const;
    virtual void scanFrom (istream& = cin);

    // Konvertierung nach double
    virtual double asDouble () const;

    // virtueller Destruktor (ohne Anweisungen)
    virtual ~Bruch () {
    }
};

/* operator *
 *  - globale Friend-Funktion und inline deklariert
 */
inline Bruch operator * (const Bruch& a, const Bruch& b)
{
    /* Zaehler und Nenner einfach multiplizieren
     *  - kuerzen sparen wir uns
     */
    return Bruch (a.zaehler * b.zaehler, a.nenner * b.nenner);
}

/* Standard-Ausgabeoperator
 *  - global ueberladen und inline definiert
 */
inline ostream& operator << (ostream& strm, const Bruch& b)
{
    b.printOn (strm);       // Elementfunktion zur Ausgabe aufrufen
    return strm;            // Stream zur Verkettung zurueckliefern
}

/* Standard-Eingabeoperator
 *  - global ueberladen und inline definiert
 */
inline istream& operator >> (istream& strm, Bruch& b)
{
    b.scanFrom (strm);      // Elementfunktion zur Eingabe aufrufen
    return strm;            // Stream zur Verkettung zurueckliefern
}
```

```
/* asDouble
 *  - zur expliziten Typumwandlung von Bruch nach double
 */
inline double Bruch::asDouble () const
{
    // Quotient aus Zaehler und Nenner zurueckliefern
    return (double)zaehler / (double)nenner;
}

#endif  /* _Bruch_h */
```

Die dazugehörige Implementierung entspricht der Version auf Seite 128 mit der Änderung für die Friend–Implementierung des Operators < auf Seite 140.

Deklaration der abgeleiteten Klasse KBruch

In der abgeleiteten Klasse muß folgendes beachtet werden:

- Die abgeleitete Klasse darf nur Funktionen überschreiben, die in der Basisklasse virtuell deklariert werden. Dabei müssen die Parameter und der Rückgabetyp übereinstimmen.
- Wenn die abgeleitete Klasse selbst wieder zur Vererbung geeignet sein soll, müssen auch bei ihr jede zum Überschreiben geeignete Funktion virtuell und ein virtueller Destruktor deklariert werden.

Es ergibt sich daher folgender Aufbau der Header–Datei für die abgeleiteten Klasse KBruch:

```
#ifndef _KBruch_h
#define _KBruch_h

// Header-Datei der Basisklasse
#include "Bruch.h"

/* Klasse KBruch
 *  - von Bruch abgeleitet
 *  - der Zugriff auf geerbte Komponenten wird nicht
 *    eingeschraenkt ("public" bleibt "public")
 *  - zur Weiter-Vererbung geeignet
 */
class KBruch : public Bruch {
  protected:
    bool kuerzbar;         // true: Bruch ist kuerzbar
```

```
        // groesster gemeinsamer Teiler von zaehler und nenner
        unsigned ggt() const;

      public:
        /* Default-Konstruktor, Konstruktor aus Zaehler
         * und Konstruktor aus Zaehler und Nenner
         *   - Parameter werden an Bruch-Konstruktor durchgereicht
         */
        KBruch (int z = 0, int n = 1) : Bruch(z,n) {
            kuerzbar = (ggt() > 1);
        }

        // multiplikative Zuweisung (NEU IMPLEMENTIERT)
        virtual const Bruch& operator*= (const Bruch&);

        // Eingabe mit Streams (NEU IMPLEMENTIERT)
        virtual void scanFrom (istream& = cin);

        // Bruch kuerzen
        virtual void kuerzen();

        // liefert, ob kuerzbar
        virtual bool istKuerzbar() const {
            return kuerzbar;
        }

        // virtueller Destruktor (ohne Anweisungen)
        virtual ~KBruch () {
        }
    };

    #endif    /* _KBruch_h */
```

Implementierung der abgeleiteten Klasse

In der Quelldatei der abgeleiteten Klasse werden die neuen und überschriebenen Funktionen implementiert. Dabei muß darauf geachtet werden, daß auch auf Objekte der Basisklasse, die als Parameter übergeben werden, nur öffentlicher Zugriff besteht:

```
    // Header-Datei der eigenen Klasse einbinden
    #include "KBruch.h"
```

```
/* min
 *  - statische Hilfsfunktion fuer das Minimum zweier int's
 */
inline static int min (int a, int b) {
    return a < b ? a : b;
}

/* ggt
 *  - groesster gemeinsamer Teiler von zaehler und nenner
 */
unsigned KBruch::ggt () const
{
    if (zaehler == 0) {
        return nenner;
    }

    /* Groesste Zahl ermitteln, die sowohl Zaehler als auch
     * Nenner ohne Rest teilt
     */
    unsigned teiler = min(abs(zaehler),nenner);
    while (zaehler % teiler != 0  ||  nenner % teiler != 0) {
        teiler--;
    }
    return teiler;
}

/* kuerzen()
 */
void KBruch::kuerzen ()
{
    /* falls kuerzbar,
     *  zaehler und nenner durch ggt teilen
     */
    if (kuerzbar) {
        int teiler = ggt();

        zaehler /= teiler;
        nenner  /= teiler;

        kuerzbar = false;        // damit nicht mehr kuerzbar
    }
}
```

```
/* Operator *=
 *  - zum Ueberschreiben mit Typen der Basisklasse neu implementiert
 */
const Bruch& KBruch::operator*= (const Bruch& b)
{
    /* Implementierung der Basisklasse aufrufen
     *  - auf nichtoeffentliche Komponenten von b besteht kein Zugriff
     */
    Bruch::operator*= (b);

    // weiterhin gekuerzt ?
    if (!kuerzbar) {
        kuerzbar = (ggt() > 1);
    }

    return  *this;
}

/* scanFrom
 */
void KBruch::scanFrom (istream& strm)
{
    // scanFrom() der Basisklasse aufrufen
    Bruch::scanFrom (strm);

    // Kuerzbarkeit testen
    kuerzbar = (ggt() > 1);
}
```

4.2.7 Weitere Fallen beim Überschreiben von Funktionen

Es gibt noch einige Fallen, die beim Überschreiben von Elementfunktionen der Basisklasse beachtet werden müssen. Sie werden nachfolgend vorgestellt.

Unterschiedliche Default–Argumente

Die Default–Argumente von Funktionen werden beim Compilieren eingesetzt. Sie sind damit immer statisch.

Wenn nun virtuelle Funktionen in der Basisklasse einen anderen Default–Wert besitzen als in der überschriebenen Implementierung der abgeleiteten Klasse, wird zwar die richtige Funktion aufgerufen, aber der falsche Default–Wert übergeben.

Nehmen wir z.B. an, für Brüche sei eine Funktion `init()` definiert, die als Default–Argument 0 besitzt. Die abgeleitete Klasse KBruch überschreibt die Funktion, vergibt als Default–Argument aber 1:

```
class Bruch {
    ...
    virtual void init (int = 0);
};

class KBruch : public Bruch {
    ...
    virtual void init (int = 1);
};
```

Ein Aufruf der Funktion `init()` kann dann dazu führen, daß unterschiedliche Default–Werte verwendet werden, obwohl die Implementierung der abgeleiteten Klasse aufgerufen wird:

```
KBruch x;
x.init();          // ruft fuer x auf:  KBruch::init(1)

Bruch* xp = &x;
xp->init();        // ruft fuer x auf:  KBruch::init(0)
```

Um dies zu vermeiden, gilt die Regel:

- Überschriebene Funktionen sollten die gleichen Default–Argumente wie ihre Basisklassen besitzen.

Überladen heißt Überdecken

Wir haben schon gesehen, daß beim Überschreiben einer geerbten Funktion die Parametertypen gleich sein sollten, da sonst kein echtes Überschreiben, sondern ein Überladen stattfindet. Nun kann es aber auch sein, daß genau das gewollt ist. Eine Funktion soll geerbt werden und zusätzlich um eine gleichnamige Funktion mit anderen Parametern ergänzt werden.

In dem Fall ist zu beachten, daß die Funktion der Basisklasse zwar nicht überschrieben wird, trotzdem aber für Objekte der abgeleiteten Klasse nicht mehr aufrufbar ist.

Betrachten wir dazu folgendes Beispiel: Die Basisklasse Bruch definiert die Elementfunktion `init()` für einen `int` als Parameter. Die abgeleitete Klasse KBruch definiert die gleiche Funktion dagegen mit dem Typ `Bruch`:

```
class Bruch {
    ...
    void init (int = 0);
};
```

```
class KBruch : public Bruch {
    ...
    void init (const Bruch&);
};
```

Für Objekte der abgeleiteten Klasse ist `init()` nur noch mit `Bruch` als Parametertyp aufrufbar:

```
KBruch x;
Bruch a;
...
x.init (a);          // OK
...
x.init (7);          // FEHLER: Bruch::init(int) wurde ueberdeckt
```

Überladen heißt in abgeleiteten Klassen also immer auch überdecken. Diese Eigenschaft wurde in C++ zur Sicherheit eingeführt, damit ein versehentlich falscher Parametertyp besser als Fehler erkannt werden kann.

Soll die Funktion der Basisklasse weiterhin verwendbar sein, muß sie erneut definiert werden:

```
class Bruch {
    ...
    void init (int);
};

class KBruch : public Bruch {
    ...
    void init (const Bruch&);
    void init (int i = 0) {
        Bruch::init (i);
    }
};
```

4.2.8 Private Vererbung und reine Zugriffsdeklarationen

So wie die Klasse KBruch bisher deklariert wurde, kann noch ein Problem bei der Anwendung der Klasse auftreten. Der Operator `*=` wurde zwar überschrieben, um nach einer multiplikativen Zuweisung zu testen, ob das Objekt immer noch kürzbar ist, die überschriebene Implementierung der Basisklasse ist aber weiterhin aufrufbar.

Durch Verwendung des Bereichsoperators kann nämlich explizit verlangt werden, daß die Implementierung der Basisklasse aufgerufen wird:

```
// Header-Dateien
#include <iostream.h>
#include "KBruch.h"

main()
{
    // KBruch deklarieren
    KBruch x (7,3);

    /* x mit 3 multiplizieren
     * ABER: Operator der Basisklasse Bruch verwenden
     */
    x.Bruch::operator *= (3);

    // x ausgeben
    cout << x;
    cout << (x.istKuerzbar() ? " (kuerzbar)" : " (unkuerzbar)") << endl;
}
```

Dies kann dann wie hier im Beispiel dazu führen, daß Inkonsistenzen entstehen (der Bruch `x` ist nach der Muliplikation kürzbar, trägt aber die Information, er wäre nicht kürzbar).

Ein solcher Aufruf ist möglich, da bei der Deklaration der Klasse angegeben wurde, daß öffentliche Funktionen der Basisklasse weiterhin öffentlich bleiben. Dies gilt selbst dann, wenn sie überschrieben werden.

Man kann nun streiten, ob dies ein echtes Problem ist. Da explizit angegeben werden muß, daß die Implementierung der Basisklasse verwendet werden soll, wird eine solche Inkonsistenz nicht aus Versehen passieren. Wer dies also ausdrücklich wünscht, sollte sich auch über die Konsequenzen im klaren sein. Andererseits werden Klassen unter anderem eingeführt, um durch eine wohldefinierte Schnittstelle zu Objekten keine Inkonsistenzen erzeugen zu können.

Das Problem kann vermieden werden, indem durch Verwendung der Zugriffsschlüsselworte `private` oder `protected` nichtöffentlich abgeleitet wird:

```
class KBruch : protected Bruch {
    ...
};
```

Dies hat zur Folge, daß alle Elementfunktionen der Basisklasse nichtöffentlich werden. Sie können vom Anwender der Klasse damit nicht mehr aufgerufen werden oder müssen erneut implementiert werden.

Im Beispiel der Klasse KBruch würde das z.B. bedeuten, daß u.a. die I/O–Operationen noch einmal öffentlich deklariert und damit auch noch einmal implementiert werden müßten. In dem Fall würde aber die Vererbung an sich in Frage gestellt. Wenn sowieso jede Funktion neu definiert werden muß, ist es meist einfacher, eine neue Klasse zu implementieren, da die angesprochenen Probleme dann nicht auftauchen können.

Um dieses Dilemma zu lösen, gibt es die Möglichkeit, Komponenten mit unterschiedlichen Einschränkungen zu erben. Eine Klasse muß dazu grundsätzlich `protected` oder `private` geerbt werden, diese Einschränkung kann dann aber für einzelne Komponenten wieder aufgehoben werden. Dies geschieht durch **reine Zugriffsdeklarationen** (engl.: **access declarations**).

Damit kann die Deklaration der Klasse KBruch wie folgt aussehen:

```
#ifndef _KBruch_h
#define _KBruch_h

// Header-Datei der Basisklasse
#include "Bruch.h"

/* KBruch ist von Bruch abgeleitet
 *  - NEU: "public" Komponenten werden grundsaetzlich als
 *         "protected" Komponenten uebernommen
 */
class KBruch : protected Bruch {
//             ^^^^^^^^^
  protected:
    bool kuerzbar;          // true: Bruch ist kuerzbar

    // groesster gemeinsamer Teiler von zaehler und nenner
    unsigned ggt() const;

  public:
    /* Default-Konstruktor, Konstruktor aus Zaehler
     * und Konstruktor aus Zaehler und Nenner
     *  - Parameter werden an Bruch-Konstruktor durchgereicht
     */
    KBruch (int z = 0, int n = 1) : Bruch(z,n) {
        kuerzbar = (ggt() > 1);
    }

    /* NEU: Operationen, die "public" bleiben
     */
    Bruch::printOn;
    Bruch::asDouble;

    // multiplikative Zuweisung (NEU IMPLEMENTIERT)
    virtual const Bruch& operator*= (const Bruch&);
```

```
    // Eingabe mit Streams (NEU IMPLEMENTIERT)
    virtual void scanFrom (istream& = cin);

    // Bruch kuerzen
    virtual void kuerzen();

    // liefert, ob kuerzbar
    virtual bool istKuerzbar() const {
        return kuerzbar;
    }

    // virtueller Destruktor (ohne Anweisungen)
    virtual ~KBruch () {
    }
};

#endif    /* _KBruch_h */
```

Damit kann die multiplikative Zuweisung der Basisklasse nicht mehr für Objekte der abgeleiteten Klasse aufgerufen werden, I/O–Operationen und die Konvertierung in einen Gleitkommawert sind aber weiterhin ohne Neuimplementierung möglich:

```
Bruch::printOn;
Bruch::asDouble;
```

Private Vererbung kontra is-a–Beziehung

Private Vererbung reduziert die allgemeinen Konzepte der Vererbung auf reine Code–Wiederverwendung. Insbesondere gilt die is-a–Beziehung **nicht** mehr. Es ist keine automatische Typumwandlung von einem Objekt der abgeleiteten in ein Objekt der Basisklasse definiert:

```
KBruch x (7,3);

// FEHLER bei privater Vererbung:
Bruch* xp = &x;
```

Aus dem gleichen Grund können auch weder die Friend–Funktionen noch die Standard–I/O–Operatoren der Klasse Bruch verwendet werden. Sie müssen für die Klasse KBruch alle neu definiert werden.

Damit handelt es sich bei dieser Form der Vererbung um ein reines Implementierungsdetail, mit dem auf einfache Weise Komponenten und Elementfunktionen einer anderen Klasse übernommen werden können. Konzeptionelle Vererbung, die z.B. zur Arbeit mit Oberbegriffen dient und schon beim Programm–Design eine Rolle spielt (siehe Abschnitt 4.6), kann nur durch öffentliche Vererbung implementiert werden.

4.2.9 Zusammenfassung

- Sofern nicht anders angegeben, werden Funktionsaufrufe statisch gebunden. Es wird die Elementfunktion aufgerufen, die für die Klasse, mit der das Objekt deklariert wurde, definiert ist.
- Mit dem Schlüsselwort `virtual` kann statisches Binden für Zeiger und Referenzen aufgehoben werden. Es wird Code generiert, durch den erst zur Laufzeit in Abhängigkeit von der Klasse, die ein Objekt tatsächlich hat, die richtige Funktion aufgerufen wird.
- Durch virtuelle Funktionen ist es möglich, Funktionen von Basisklassen zu überschreiben, ohne daß durch Verwendung von Zeigern oder Referenzen der Basisklasse Probleme auftreten können.
- Eine Klasse, die uneingeschränkt zur Vererbung geeignet ist, sollte folgendes beachten:
  - Alle Funktionen, die von abgeleiteten Klassen überschrieben werden könnten, müssen als virtuelle Funktionen deklariert werden.
  - Es muß ein virtueller Destruktor definiert werden.
- Bei der Implementierung einer abgeleiteten Klasse sollte folgendes beachtet werden:
  - Das Überschreiben von Funktionen, die in der Basisklasse nicht virtuell sind, kann sehr problematisch sein.
  - Funktionen der Basisklasse gelten nur dann als überschrieben, wenn die Typen bei der Deklaration gleich sind.
  - Überschriebene Funktionen sollten die gleichen Default–Argumente besitzen.
  - Mit dem Bereichsoperator können überschriebene virtuelle Funktionen aufgerufen werden.
  - Auf als Parameter übergebene Objekte einer Basisklasse besteht nur öffentlicher Zugriff.
- Durch private Vererbung kann die is-a–Beziehung bei Vererbung umgangen werden. Vererbung dient in dem Fall nur noch zur Code–Wiederverwendung.

4.3 Vererbung von Klassen mit dynamischen Komponenten

Dieser Abschnitt geht am Beispiel der Klasse String auf einige weitere Punkte ein, die beim Ableiten von Klassen beachtet werden müssen. Dazu gehören vor allem Aspekte, die bei Klassen mit dynamischen Komponenten eine Rolle spielen. Betrachtet wird auch die Problematik beim Überschreiben von Friend–Funktionen.

Verdeutlicht werden diese Aspekte am Beispiel einer Ableitung der Klasse String. Diese wird um die Eigenschaft erweitert, eine Farbe zu besitzen. Als Datentyp für die Farbe wird die Klasse String verwendet. Auf diese Weise ist die abgeleitete Klasse auch gleich eine Anwendung der Basisklasse.

4.3.1 Die Klasse String als Basisklasse

Damit die Klasse String abgeleitet werden kann, muß sie so implementiert werden, daß sie zur Vererbung geeignet ist. Ausgehend von der Version der Klasse String aus Abschnitt 3.9 muß die Klassendeklaration dazu wie folgt geändert werden:

- Die privaten Komponenten erhalten das Schlüsselwort `protected` (der private Konstruktor für den Summenstring bleibt allerdings privat).
- Die Funktionen zum Einlesen und Ausgeben werden `virtual` deklariert.
- Der Destruktor wird `virtual` deklariert.

Daraus ergibt sich für die Basisklasse String folgende Header–Datei:

```
#ifndef _String_h
#define _String_h

// Header-Datei fuer I/O
#include <iostream.h>

class String {
  protected:
    char*    cstring;      // Zeichenfolge als dynamischer C-String
    unsigned len;          // Anzahl Zeichen (ohne '\0')
    unsigned size;         // Speicherplatzgroesse von "cstring"

  public:
    // Default- und char*-Konstruktor
    String (const char* = "");

    // Vergleichen von Strings
    friend bool operator== (const String&, const String&);
```

```
    friend bool operator!= (const String&, const String&);

    // Hintereinanderhaengen von Strings
    friend String operator+ (const String&, const String&);

    // Ein- und Ausgabe mit Streams
    virtual void printOn (ostream& = cout) const;
    virtual void scanFrom (istream& = cin);

    // Aufgrund dynamischer Komponenten
    String (const String&);                      // Copy-Konstruktor
    const String& operator= (const String&);     // Zuweisung
    virtual ~String ();                          // virtueller Destruktor

  private:
    /* Konstruktor fuer uninitialisierten String bestimmter Laenge
     * (intern fuer operator+())
     */
    String (unsigned);
};

// Standard-Ausgabeoperator
inline ostream& operator<< (ostream& strm, const String& s)
{
    s.printOn (strm);    // String auf Stream ausgeben
    return strm;         // Stream zurueckliefern
}

// Standard-Eingabeoperator
inline istream& operator>> (istream& strm, String& s)
{
    s.scanFrom (strm);   // String von Stream einlesen
    return strm;         // Stream zurueckliefern
}

/* Operator !=
 *  - als Umsetzung auf Operator == inline implementiert
 */
inline bool operator!= (const String& s1, const String& s2) {
    return !(s1==s2);
}

#endif  /* _String_h */
```

4.3.2 Die abgeleitete Klasse FarbString

Abgeleitet wird die Klasse String als String, der eine bestimmte Farbe besitzt. Entsprechend heißt die abgeleitete Klasse `FarbString`. Hinzu kommt als zusätzliche Komponente eine Farbe, die dem String jeweils zugeordnet wird.

Wie schon erwähnt, ist die Farbe selbst ein Objekt der Klasse String. Man hätte auch einen Aufzählungstyp verwenden können, doch diese Variante ermöglicht es, gleichzeitig die Verwendung der Klasse String als Basisklasse und angewendete Klasse zu verdeutlichen.

Header–Datei der Klasse FarbString

Die Header–Datei der von String abgeleiteten Klasse FarbString hat nachfolgenden Aufbau, der anschließend noch im einzelnen erläutert wird:

```
#ifndef _FarbString_h
#define _FarbString_h

// Header-Datei der Basisklasse
#include "String.h"

/* Klasse FarbString
 *  - abgeleitet von String
 */
class FarbString : public String {
  protected:
    String farb;     // Farbe, die der String besitzt

  public:
    // Default-, String- und String/String-Konstruktoren
    FarbString (const String& s = "", const String& f = "black")
        : String(s), farb(f) {
    }

    // Farbe abfragen/setzen
    const String& farbe () {
        return farb;
    }
    void farbe (const String& neueFarbe) {
        farb = neueFarbe;
    }

    // Ein- und Ausgabe mit Streams
```

```
        virtual void printOn (ostream& = cout) const;
        virtual void scanFrom (istream& = cin);

        // Vergleichen von FarbStrings
        friend bool operator== (const FarbString& s1, const FarbString& s2) {
            return (String)s1 == (String)s2 && s1.farb == s2.farb;
        }
        friend bool operator!= (const FarbString& s1, const FarbString& s2) {
            return !(s1==s2);
        }

        /* Aufgrund dynamischer Komponenten in der Basisklasse
         *  - Copy-Konstruktor und Zuweisung sicherheitshalber,
         *    da nicht klar ist, ob alle Default-Implementierungen
         *    korrekt arbeiten
         */
        FarbString (const FarbString& s)                  // Copy-Konstruktor
            : String(s), farb(s.farb) {
        }
        const FarbString& operator= (const FarbString&);  // Zuweisung

        virtual ~FarbString () {                       // virtueller Destruktor
        }
};

#endif
```

Zunächst wird die neue Komponente für die Farbe definiert. Da der Identifier **farbe** als Funktion zum Setzen und Abfragen der Farbe verwendet wird, trägt die Komponente den Namen **farb** (sinnvolle Namen bei Schnittstellen sollten vorgehen):[4]

```
class FarbString : public String {
  protected:
    String farb;    // Farbe, die der String besitzt
  ...
};
```

Als nächstes werden die Konstruktoren definiert. Als Parameter können dabei bis zu zwei Strings übergeben werden. Der erste String ist die Zeichenfolge (Default: Leerstring) und der zweite String ist die Farbe (Default: **"black"**):

[4]Es gibt keine generell übliche Lösung für das Dilemma des Namenskonflikt zwischen einfacher Komponente und Elementfunktion, die diese Komponente setzt und abfragt. Manchmal erhält die Komponente einen Unterstrich davor, manchmal wird sie einfach abgekürzt.

```
class FarbString : public String {
  ...
  public:
    // Default-, String- und String/String-Konstruktoren
    FarbString (const String& s = "", const String& f = "black")
        : String(s), farb(f) {
    }
    ...
};
```

Man beachte, daß beide Parameter nicht vom Typ `char*`, sondern vom Typ `String` sind. Dadurch können auch existierende Objekte der Klasse String zur Initialisierung verwendet werden. Die Übergabe von Argumenten vom Typ `char*` funktioniert damit ebenso, da mit dem `char*`–Konstruktor der Klasse String eine automatische Typumwandlung von `char*` nach `String` definiert wird.

Die Elementfunktion `farbe()` wurde so überladen, daß sie sowohl zum Setzen als auch zum Abfragen der Farbe verwendet werden kann. Dies ist eine gängige Technik in C++. Wird kein Parameter übergeben, liefert sie die aktuelle Farbe, wird ein Parameter übergeben, ist dies die neue Farbe:

```
class FarbString : public String {
  ...
  public:
    const String& farbe () {                    // Farbe abfragen
        return farb;
    }
    void farbe (const String& neueFarbe) {  // Farbe setzen
        farb = neueFarbe;
    }
    ...
};
```

Virtuell oder nicht virtuell ?

Die Elementfunktionen zum Setzen und Abfragen der Farbe werden in diesem Fall nicht virtuell definiert. Damit sind sie beim Ableiten nicht zum Überschreiben geeignet.

Dies ist eine Design–Entscheidung zugunsten besseren Laufzeitverhaltens. Da das Setzen und Abfragen der Farbe eigentlich nicht anders implementiert werden kann, ist die damit verbundene Einschränkung vertretbar. Es bedeutet aber, daß, wenn in davon abgeleiteten Klassen beim Ändern der Farbe andere Dinge anzupassen sind, dies nicht mehr möglich ist (oder zumindest nur um den Preis, daß keine Zeiger oder Referenzen auf Basisklassen verwendet werden dürfen).

Die Funktionen zum Einlesen und Ausgeben werden dagegen, wie auch schon in der Basisklasse, virtuell definiert, damit jeweils die richtige Eingabe– und Ausgabe–Funktion aufgerufen wird:

```
class FarbString : public String {
  ...
  public:
    virtual void printOn (ostream& = cout) const;
    virtual void scanFrom (istream& = cin);
    ...
};
```

4.3.3 Überschreiben von Friend–Funktionen

Um eine automatische Typumwandlung auch für den ersten Operator zu ermöglichen, wurden die Operatoren zum Testen auf Gleichheit und Ungleichheit bereits in der Basisklasse String als globale Friend–Funktionen definiert. Sie müssen in der abgeleiteten Klasse allerdings überschrieben werden, da neben den Zeichenfolgen auch die Farben von zwei FarbStrings gleich sein müssen.

Um den Test auf Gleichheit so einfach wie möglich zu implementieren, wird er auf die Implementierung der Basisklasse zurückgeführt und um den Test auf Gleichheit für die neue Komponente ergänzt. Da es sich aber um eine globale Funktion handelt, kann dies nicht über den Bereichsoperator, sondern nur über eine explizite Typumwandlung realisiert werden:

```
class FarbString : public String {
  ...
  public:
    friend bool operator== (const FarbString& s1, const FarbString& s2) {
        return (String)s1 == (String)s2 && s1.farb == s2.farb;
    }
    ...
};
```

Die explizite Umwandlung von `s1` und `s2` in den Typ `String` sorgt dafür, daß der Vergleichsoperator für den Datentyp `String` aufgerufen wird. Hinzu kommt der zusätzliche Test auf Gleichheit für die Farbe, der ebenfalls zum Aufruf des Vergleichsoperators der Klasse `String` führt, da die Komponente `farb` diesen Typ besitzt.

Es gibt nun also eine Vergleichsoperation für zwei Strings und zwei FarbStrings. Was passiert aber, wenn ein String mit einem FarbString verglichen wird? In diesem Fall gibt es zwei Möglichkeiten:

- Der FarbString wird implizit in einen String umgewandelt.

Dies ist möglich, da jedes Objekt einer abgeleiteten Klasse grundsätzlich als Objekt der Basisklasse verwendet werden kann und somit eine automatische Typumwandlung von FarbString nach String definiert ist.

- Der String wird in einen FarbString umgewandelt.

  Dies ist möglich, da es für die Klasse FarbString einen Konstruktor gibt, dem ein String als Parameter übergeben werden kann. Dieser Konstruktor definiert automatisch eine entsprechende Typumwandlung.

Man könnte nun meinen, damit sei der Ausdruck mehrdeutig und somit nicht übersetzbar. In C++ hat eine von der Sprache vordefinierte automatische Typumwandlung aber eine höhere Priorität als eine, die durch vom Anwender definierte Funktionen (Konstruktoren, Konvertierungsfunktionen) ermöglicht wird (siehe auch Seite 523). Also wird der Vergleich für zwei Strings aufgerufen.

Friend und virtual

Friend-Funktionen sind grundsätzlich nicht virtuell. Beim Aufruf einer Friend-Funktion wird auch bei Zeigern und Referenzen immer die Funktion aufgerufen, die für den Typ der Parameter definiert ist.

Dies bedeutet, daß, wenn zwei FarbStrings über Zeiger oder Referenzen auf Strings verglichen werden, der Vergleichsoperator für den Datentyp `String` aufgerufen wird. Dies ist der Preis für die Möglichkeit der automatischen Typumwandlung für den ersten Operanden.

Wer will, daß in Abhängigkeit vom Typ zur Laufzeit die richtige Funktion aufgerufen wird, sollte den Operator als Elementfunktion definieren. Zusätzlich kann ja ein globaler Operator definiert werden, der ein Objekt vom Typ `char*` mit einem String bzw. FarbString vergleicht.

Da Friend-Funktionen nicht virtuell sein können, muß auch der Test auf Ungleichheit erneut implementiert werden, obwohl er genauso wie in der Basisklasse implementiert wird. Er liefert einfach das negierte Ergebnis des Tests auf Gleicheit:

```
class FarbString : public String {
  ...
  public:
    friend bool operator!= (const FarbString& s1, const FarbString& s2) {
        return !(s1==s2);
    }
    ...
};
```

Da die Implementierung der Basisklasse keine virtuelle Funktion ist, ruft ihr Test auf Ungleichheit immer den Test auf Gleichheit für Objekte vom Typ String auf. Dies würde dann auch für FarbStrings gelten. Die Farbe würde also keine Rolle mehr spielen. Aus diesem Grund muß der Operator erneut implementiert werden. Und auch hier gilt, daß bei Zeigern oder Referenzen auf Strings unabhängig vom tatsächlichen Datentyp immer die String–Funktion aufgerufen wird.

Grundsätzlich bleibt also festzuhalten, daß Friend–Funktionen bei Vererbung problematisch sind. Sie werden nicht vererbt, sind aber für Objekte der abgeleiteten Klasse aufrufbar. Dabei werden die Objekte aber zu Objekten der Basisklasse, was beim Aufruf von Hilfsfunktionen in den Friend–Funktionen zum Aufruf der falschen Funktionen führen kann.

Ich tendiere daher immer mehr dazu, auf Friend–Funktionen zu verzichten. Zusätzliche globale Hilfsfunktionen, die die automatische Typumwandlung für den ersten Operanden unnötig machen, kosten zwar mehr Aufwand, sind aber sicherer.

4.3.4 Ableiten der Funktionen für dynamische Komponenten

Am Ende der Deklaration der Klasse `FarbString` werden die Funktionen implementiert, deren Default–Implementierungen schon in der Basisklasse durch eigene Implementierungen ersetzt wurden, da sie bei dynamischen Komponenten unkorrekt arbeiten:

- Copy–Konstruktor
- Destruktor
- Zuweisungsoperator

Dies mag unnötig erscheinen, da die Klasse bei der Ableitung keine neuen dynamischen Komponenten definiert und die Problematik der dynamischen Komponente für die Zeichenfolge `cstring` bereits in der Basisklasse durch Implementierung eben dieser Funktionen behandelt wurde.

Falls Zweifel bestehen: Die neue Komponente für die Farbe ist keine dynamische Komponente, sondern enthält nur eine dynamische Komponente. Dadurch, daß Copy–Konstruktor, Zuweisungsoperator und Destruktor entsprechend implementiert wurden, kann die Klasse `String` wie der Datentyp `int` angewendet werden.

Destruktor

Der Destruktor wird nur deshalb erneut implementiert, damit er virtuell definiert ist und die Klasse FarbString zur Vererbung geeignet ist:

```
class FarbString : public String {
  ...
  public:
    virtual ~FarbString () {        // virtueller Destruktor
    }
};
```

Er wird ohnehin verkettet bottom–up (von den abgeleiteten zu den Basisklassen) aufgerufen und könnte ansonsten auch wegfallen, da die Default–Implementierung genauso keine Anweisungen enthält.

Copy–Konstruktor

Das Problem beim Copy–Konstruktor (und auch beim Zuweisungsoperator) ist, daß nicht ganz klar ist, ob die Implementierung der Basisklasse auch wirklich beachtet wird. Die aktuelle Sprachspezifikation und die aktuellen Compiler lassen darauf derzeit keine eindeutige Antwort zu.

Die Sprachspezifikation legt zunächst allgemein fest, daß, soweit nicht anders angegeben, der Default–Konstruktor der Basisklasse aufgerufen wird. Zumindest zum Zeitpunkt der Erstellung dieses Buchs gibt es zum Default–Copy–Konstruktor keine anderslautende Aussage. Es heißt lediglich, daß komponentenweise kopiert wird.

Der Aufruf des Default–Konstruktors wäre aber falsch, da in dem Fall nicht die Komponente mit der Zeichenfolge initialisiert würde. Komponentenweise kopieren wäre ebenfalls falsch, da die Komponente nur die Adresse der Zeichenfolge ist (aus diesem Grund wurde eine eigene Implementierung des Copy–Konstruktors für die Basisklasse String notwendig).

Deshalb gilt zumindest zur Zeit noch die Empfehlung, den Copy–Konstruktor bei Klassen mit dynamischen Komponenten auch für davon abgeleitete Klassen zu implementieren. Allgemein formuliert: Wenn eine Basisklasse einen eigenen Copy–Konstruktor implementiert, sollte dies auch die abgeleitete Klasse tun.

Die Implementierung geschieht sinnvollerweise, indem durch eine Initialisierungsliste für geerbte Komponenten der Copy–Konstruktor der Basisklasse aufgerufen und jede neue Komponente einfach kopiert wird:

```
class FarbString : public String {
  ...
  public:
    FarbString (const FarbString& s)            // Copy-Konstruktor
        : String(s), farb(s.farb) {
    }
    ...
};
```

Wenn neue dynamische Komponenten hinzukommen, müßten diese natürlich wiederum durch entsprechende Anweisungen kopiert werden.

Zuweisungsoperator

Für den Zuweisungsoperator gilt im Pinzip das gleiche wie beim Copy–Konstruktor: Die Sprachspezifikation legt nur fest, daß der Default–Zuweisungsoperator komponentenweise zuweist. Es fehlt eine Aussage, daß ein eventuell für Komponenten der Basisklassen definierter Zuweisungsoperator aufgerufen wird. Um auch hier sicherzugehen, daß die in der Basisklasse implementierte Zuweisung verwendet wird, muß die Zuweisung in der abgeleiteten Klasse ebenfalls selbst definiert werden.

Da die Implementierung mehrere Zeilen umfaßt, wird die Zuweisung in der Klassendeklaration nur deklariert:

```
class FarbString : public String {
  ...
  public:
    const FarbString& operator= (const FarbString&);    // Zuweisung
    ...
};
```

Quelldatei der abgeleiteten Klasse FarbString

Implementiert wird der Zuweisungsoperator in der Quelldatei der abgeleiteten Klasse FarbString. Auch hier macht es in der Regel Sinn, die Implementierung der Basisklasse aufzurufen und die neuen Komponenten zusätzlich zuzuweisen:

```
// Header-Datei der eigenen Klasse
#include "FarbString.h"

const FarbString& FarbString::operator= (const FarbString& s)
{
    // Zuweisung eines FarbStrings an sich selbst macht nichts
    if (this == &s) {
        return *this;                  // FarbString zurueckliefern
    }

    // Zuweisungen der Basisklasse durchfuehren
    String::operator= (s);

    // Neue Komponenten (Farbe) zuweisen
    farb = s.farb;

    return *this;               // geaenderten FarbString zurueckliefern
}
```

Hinzu kommen die relativ trivialen Implementierungen der Funktionen zum Einlesen und Ausgeben:

```
/* Ausgabe auf Stream
 */
void FarbString::printOn (ostream& strm) const
{
    // Zeichenfolge mit Farbe in Klammern ausgeben
    strm << cstring << " (" << farb << ')';
}

/* Einlesen eines FarbStrings von einem Input-Stream
 */
void FarbString::scanFrom (istream& strm)
{
    // Inhalt und Farbe nacheinander einlesen
    String::scanFrom (strm);
    farb.scanFrom (strm);
}
```

Die Funktion zum Einlesen liest einfach nur zwei Strings für den Inhalt und die Farbe ein. Eine aufwendigere Implementierung könnte die Farbe als optionale Angabe interpretieren, indem öffnende und schließende Klammern entsprechend ausgewertet werden.

Anwendung der Klasse FarbString

Angewendet wird die Klasse FarbString wie jede andere Klasse auch, wie das folgende Beispiel zeigt:

```
// Header-Datei fuer I/O
#include <iostream.h>

// Header-Datei fuer Klasse FarbString
#include "FarbString.h"

main ()
{
    FarbString f ("hallo");
    FarbString r ("rot", "red");

    cout << f << " " << r << endl;      // FarbStrings ausgeben

    f.farbe ("green");                  // Farbe von f auf "green" setzen
```

```
        cout << f << " " << r << endl;      // FarbStrings ausgeben

        cout << "Summenstring: " << f + r << endl;
    }
```

Das Programm liefert als Ausgabe:

```
hallo (black) rot (red)
hallo (green) rot (red)
Summenstring: hallorot
```

Die Addition wurde für FarbStrings nicht neu implementiert. Welche Farbe sollte der Summenstring auch besitzen? Da FarbStrings aber als Strings verwendet werden können, ist eine Addition möglich, wobei die Implementierung der Basisklasse aufgerufen wird. Heraus kommt damit ein String und kein FarbString, wie die Ausgabe des Programms auch zeigt.

4.3.5 Zusammenfassung

- Friend–Funktionen können niemals virtuell sein.
- Aus diesem Grund sind Friend–Funktionen bei Vererbung problematisch.
- Werden Klassen mit eigenem Copy–Kostruktor und/oder Zuweisungsoperator abgeleitet, sollten diese Funktionen in den abgeleiteten Klassen erneut selbst implementiert werden.

4.4 Design–Fallen bei Vererbung

Der Aufbau einer Klassenhierarchie ist eine wesentliche Design–Entscheidung bei der Softwareentwicklung, die später nur schwer wieder korrigiert werden kann. Um so wichtiger ist es, daß dabei keine Fehler gemacht werden. Dieser Abschnitt stellt verschiedene Fehlerquellen vor, die bei der Vererbung existieren, so daß sie erkannt und korrigiert werden können.

4.4.1 Vererbung kontra Verwendung

In objektorientierten Sprachen gibt es zwei Möglichkeiten, zu abstrahieren: Vererbung und Verwendung. Für die dahintersteckende Beziehung gibt es verschiedene Benennungen:

	Verwendung	**Vererbung**
Beziehung	has_a	is_a
	besteht_aus	ist_ein
	part_of	kind_of
	containment	inheritance
Sprachmitttel	Struktur	abgeleitete Klasse

Betrachten wir das am Beispiel eines Autos:

- Ein Auto **ist ein** Fahrzeug
- Ein Auto **besteht aus** Motor, Karosserie, der Möglichkeit zu fahren, ...

Beim Auto ist das sicher unstrittig, doch das ist nicht immer der Fall. Nachfolgend werden verschiedene Problemfälle angesprochen.

4.4.2 Design–Fehler: Einschränkende Vererbung

Wenn ich frage: *In welcher Beziehung stehen die Klassen* `Rechteck` *und* `Quadrat` *zueinander?*, wie lautet Ihre Antwort?

Falls Sie annehmen, es handle sich um eine Vererbungsbeziehung, liegen Sie falsch. Die Vererbung ist zwar durch die is-a–Beziehung gekennzeichnet, die deutsche Sprache vergibt diese Beziehung aber auch in einem Sinne, der Probleme macht.

Was mit der is-a–Beziehung nämlich ausgedrückt wird, ist die Tatsache, daß alles, was mit einem Objekt einer Basisklasse gemacht werden kann, auch für ein Objekt der abgeleiteten Klasse möglich und sinnvoll ist. Wenn ich nun im objektorientierten Sinne behaupte, "ein Quadrat ist ein Rechteck", sage ich damit, daß ich mit einem Quadrat alles machen kann, was ich auch mit einem Rechteck machen kann. Doch das stimmt nicht! Ich kann nämlich Breite und Höhe eines Rechtecks unterschiedlich verändern. Mit einem Quadrat geht das aber nicht. Das Quadrat wäre danach kein Quadrat mehr.

Der Design–Fehler ist der, daß an die geerbten Komponenten eine spezialisierende Bedingung geknüpft wird, nämlich, daß Breite und Höhe, durch die ein Rechteck gekennzeichnet ist, immer gleich sein müssen.

Die Regel lautet also:

- **Alle Zustände, die ein Objekt einer Basisklasse annehmen kann, muß auch ein Objekt der abgeleiteten Klasse annehmen können.**

Für den Umgang mit solchen Design–Fehlern gibt es drei Möglichkeiten:

- mögliche Fehlerquellen ignorieren

  Obwohl der Fehler bekannt ist, kann er nach dem Motto "*Wer versucht, Quadrate in Breite und Höhe unterschiedlich zu verändern, ist selber schuld.*" ignoriert werden.

  Diese Art der Fehlerbehandlung ist sicherlich ganz schlecht, da der Fehler auftreten kann und dann noch nicht einmal festgestellt wird, sondern zunächst nur zu einer Inkonsistenz führt.

- problematische Funktionen neu implementieren

  Die nächste Möglichkeit besteht darin, die Funktionen, die zu Inkonsistenzen führen können, neu zu implementieren. Diese neuen Implementierungen könnten

  - eine Fehlermeldung ausgeben
  - den Aufruf ignorieren (gar nichts tun)
  - versuchen, den Aufruf auf den speziellen Fall hin zu interpretieren (z.B. das Quadrat mit dem Mittelwert aus Faktor für Breite und Höhe skalieren)

  Diese Möglichkeit ist zwar nicht ganz so schlecht wie die erste, da der Fehler wenigstens nicht zu Inkonsistenzen führt. Sie ist aber nichtsdestotrotz immer noch schlecht, da der Fehler immer noch auftreten kann.

  An dieser Stelle muß immer die Polymorphie beachtet werden. Man kann dann ein Quadrat zeitweise als Rechteck verwenden oder sogar in einem Array von verschiedenen Rechtecken verwalten. Wenn es für Rechtecke die Möglichkeit gibt, Breite und Höhe unterschiedlich zu skalieren, dann sollte das für jedes Objekt gelten. Ansonsten müßte der Anwendungsprogrammierer sich Gedanken darüber machen, welche Spezialfälle durch ungeschickte Vererbung auftreten können. Man beachte schließlich, daß Klassen auch abgeleitet werden können, wenn sie bereits an anderer Stelle Verwendung finden.

- Fehlerquelle durch besseres Design beseitigen

  Die richtige Fehlerbehebung ist, ein mögliches Auftreten des Fehlers erst gar nicht zuzulassen, indem der Vererbungsfehler erst gar nicht gemacht wird.

  Da ein Quadrat also kein Rechteck und ein Rechteck ohnehin kein Quadrat ist, gibt es überhaupt keine Vererbungsbeziehung. Wer die zweifellos vorhandenen gemeinsamen Eigenschaften aber nur einmal implementieren will, kann eine gemeinsame abstrakte Basisklasse wie `Viereck` implementieren.

4.4.3 Design–Fehler: Wertverändernde Vererbung

Wenn ich frage: *In welcher Beziehung stehen die Klassen* `Bruch` *und* `BruchMitGanzerZahl` *(wie $3\frac{1}{4}$) zueinander?*, wie lautet Ihre Antwort?

Sie sind nun vorsichtig geworden und antworten sicherheitshalber, daß Sie es nicht wissen, was keine schlechte Antwort ist, da die Antwort ohnehin nicht ganz eindeutig ist.

Die Implementierung könnte im Prinzip so aussehen:

```
class Bruch {
  private:
    int zaehler;
    int nenner;
  ...
};

class BruchMitGanzerZahl : public Bruch {
  private:
    int zahl;
  ...
};
```

Der entscheidende Punkt ist, daß eine neue Komponente hinzukommt, die den bisherigen Komponenten eine neue Bedeutung gibt. Wenn das Objekt mit $\frac{13}{4}$ initialisiert wird, sind die Werte von `zaehler` und `nenner` bei Bruch und BruchMitGanzerZahl verschieden:

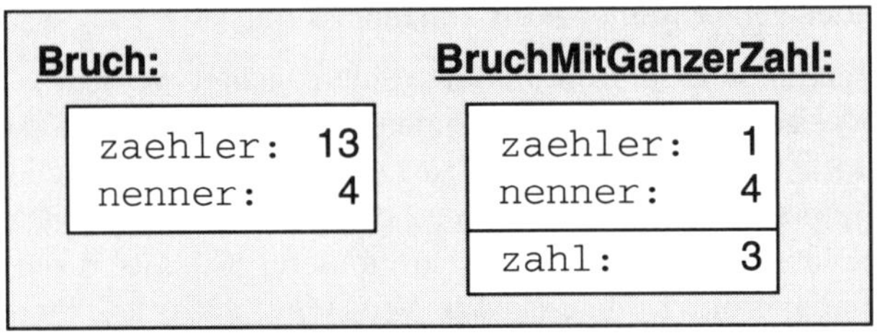

Der Bruch $\frac{13}{4}$ wäre als BruchMitGanzerZahl $3\frac{1}{4}$.

Nun muß beachtet werden, daß die Vererbungsbeziehung in C++ auch heißt, daß ein abgeleitetes Objekt jederzeit als Objekt der Basisklasse verwendet werden kann. In diesem Fall reduziert sich das Objekt auf die Komponenten, die in der Basisklasse schon existieren. Also würde $3\frac{1}{4}$ als $\frac{1}{4}$ verwendet, was zu entsprechend unsinnigen Ergebnissen führen kann. So würde letztlich jede Zuweisung an einen Bruch aus dem initialisierten Wert $\frac{13}{4}$ den Wert $\frac{1}{4}$ machen.

Der Design–Fehler ist, daß die geerbten Komponenten um neue Komponenten ergänzt werden, durch die sie für den gleichen Informationsgehalt neue Werte erhalten.

Die Regel lautet also:

- **Die Wertebelegung, die ein Objekt einer Basisklasse für einen bestimmten Informationsgehalt annehmen kann, darf durch neue Komponenten einer abgeleiteten Klasse nicht verändert werden.**

Auch in diesem Fall sollte, um ein mögliches Auftreten des Fehlers gar nicht erst zu ermöglichen, nicht abgeleitet werden.

Es handelt sich hier nämlich eindeutig um eine has-a–Beziehung. Schon der Name der Klasse, `BruchMitGanzerZahl`, drückt ja bereits aus, daß zwei Objekte, Bruch und ganze Zahl, als gemeinsames Objekt betrachtet werden. Die Deklaration der Klasse sähe also besser so aus:

```
class BruchMitGanzerZahl {
  private:
    Bruch bruch;
    int   zahl;
  ...
};
```

In diesem Beispiel gibt es allerdings noch eine andere Möglichkeit der Fehlerbehebung. Es kann nämlich geerbt werden, ohne daß die Werte der geerbten Komponenten für den gleichen Informationsgehalt geändert werden.

Dazu müßte die Implementierung dahingehend geändert werden, daß der Wert $\frac{13}{4}$ auch bei der Klasse `BruchMitGanzerZahl` dazu führt, daß `zaehler` mit 13 und `nenner` mit 4 initialisiert werden. Die Semantik muß nur so definiert werden, daß dieser Wert als Bruch mit ganzer Zahl ausgegeben wird. Die Ausgabe–Operation müßte also umgeschrieben werden.

4.4.4 Design–Fehler: Wertinterpretierende Vererbung

Nehmen wir an, die Klasse Bruch wäre nur für positive Brüche definiert:

```
class Bruch {
  private:
    unsigned int zaehler;
    unsigned int nenner;
  ...
};
```

Eine Ableitung durch die Klasse BruchMitVorzeichen wäre in jedem Fall falsch:

```
class BruchMitVorzeichen : public Bruch {
  private:
    bool istNegativ;
  ...
};
```

Der Informationsgehalt eines Bruchs wird hier nämlich um eine Information ergänzt, die die Bedeutung der Wertbelegung ändern kann, was ohne diese Komponente nicht möglich wäre. Dies liegt daran, daß der potentielle Wertebereich damit verdoppelt wird (alle Bruch–Werte positiv und negativ).

Wenn nun aber ein negativer Bruch einem Bruch zugewiesen wird, wird aus $-\frac{13}{4}$ plötzlich $\frac{13}{4}$, was zumindest fragwürdig ist.

Der Design–Fehler ist, daß die geerbten Komponenten um neue Komponenten ergänzt werden, durch die ihre Werte unterschiedliche Bedeutungen erhalten.

Die Regel lautet also:

- **Die Wertebelegung, die ein Objekt einer Basisklasse für einen bestimmten Informationsgehalt annehmen kann, darf durch neue Komponenten einer abgeleiteten Klasse keine neue Bedeutung erhalten.**

Dieses Design–Problem ist auch daran zu erkennen, daß nicht für jeden Wert eines Objekts einer abgeleiteten Klasse eine Zuweisung an ein Objekt einer Basisklasse sinnvoll ist.

Auch hier ist die einzig sinnvolle Lösung die Implementierung als eigenständige Klasse mit Bruch und Vorzeichen als Komponenten:

```
class BruchMitVorzeichen {
  private:
    Bruch bruch;
    bool  istNegativ;
  ...
};
```

Das Problem kann auch schon durch eine bessere Namensgebung vermieden werden: Wenn die Klasse Bruch in diesem Fall BruchOhneVorzeichen genannt wird, ist bereits klarer, daß ein BruchMitVorzeichen kein BruchOhneVorzeichen ist.

4.4.5 Zusammenfassung

- Nicht jede im Sprachgebrauch vorhandene is-a–Beziehung ist ein Kennzeichen für die Vererbung. Insbesondere ist Vererbung nicht korrekt:
  - wenn die Bedeutung von Komponenten der Basisklasse durch die Vererbung verändert wird

  - wenn die Eigenschaften von Komponenten im Gegensatz zu Objekten der Basisklasse eingeschränkt werden

- Für alle möglichen Objekte einer abgeleiteten Klasse muß es sinnvoll sein, sie einem Objekt einer Basisklasse zuzuweisen, wobei die neuen Komponenten einfach wegfallen bzw. ignoriert werden.

4.5 Mehrfachvererbung

In diesem Abschnitt wird auf die Möglichkeit eingegangen, daß eine Klasse zwei oder mehr Basisklassen besitzt. Dieser Sachverhalt wird als **Mehrfachvererbung** (engl.: **multiple inheritance**) bezeichnet. Wie die einfache Vererbung ist auch die Mehrfachvererbung durch die **is-a**–Beziehung gekennzeichnet. Nur gilt dies dann mehrfach: Ein Objekt einer doppelt abgeleiteten Klasse ist zum einen dies und zum anderen das.

Mehrfachvererbung führt zu zahlreichen Problemen, die im wesentlichen aus Namenskonflikten bestehen. In diesem Abschnitt werden die Probleme erläutert und Lösungsmöglichkeiten vorgestellt. Generell kann schon hier gesagt werden, daß Mehrfachvererbung nur mit Vorsicht und nach sorgfältigen Design–Überlegungen eingesetzt werden sollte.

4.5.1 Beispiel für Mehrfachvererbung

Ein einleuchtendes einfaches Beispiel für Mehrfachvererbung ist eine Klasse für Amphibienfahrzeuge, die von den Klassen Auto und Boot abgeleitet wird:

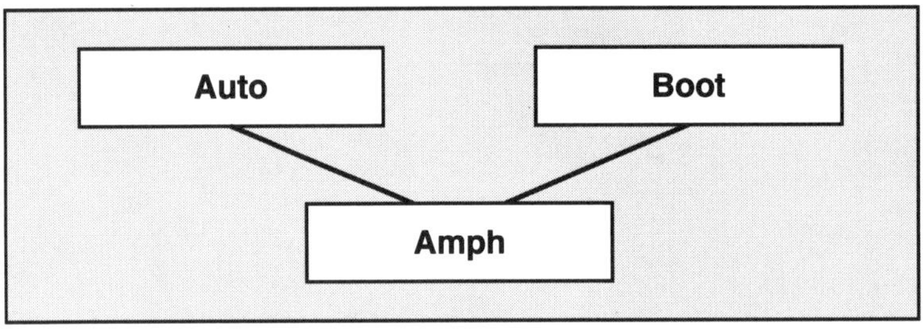

Beispiel für Mehrfachvererbung

Die **is-a**–Beziehung gilt mehrfach:

- ein Amphibienfahrzeug **ist ein** Auto
- ein Amphibienfahrzeug **ist ein** Boot

Anhand dieses Beispiels werden wir nachfolgend die Probleme betrachten, die speziell bei Mehrfachvererbung entstehen können. Dies sind im wesentlichen Namenskonflikte, da Komponenten der verschiedenen Basisklassen die gleichen Bezeichnungen besitzen können und somit keine eindeutige Zuordnung in der abgeleiteten Klasse mehr möglich ist.

Die Basisklassen Auto und Boot

Zunächst werden die Basisklassen betrachtet. Sie werden in diesem Beispiel bewußt recht einfach gehalten.

Ein Auto besteht in diesem Beispiel nur aus einer Komponente für die bereits gefahrenen Kilometer. Die Anzahl der gefahrenen Kilometer kann beim Anlegen eines Objekts der

Klasse Auto angegeben werden oder sie wird als Default–Wert mit 0 initialisiert. Das Auto kann dann eine bestimmte Anzahl von Kilometern fahren und die Anzahl der gefahrenen Kilometer kann ausgegeben werden:

```
#ifndef _Auto_h
#define _Auto_h

// Header-Datei fuer I/O einbinden
#include <iostream.h>

/* Klasse Auto
 *  - zur Vererbung geeignet
 */
class Auto {
  protected:
    int km;          // gefahrene Kilometer

  public:
    // Default- und int-Konstruktor
    Auto (int d = 0) {
        km = d;           // gefahrene Kilometer initialisieren
    }

    // bestimmte Anzahl von Kilometern fahren
    virtual void fahre (int d) {
        km += d;          // Kilometer aufaddieren
    }

    // Anzahl gefahrener Kilometer ausgeben
    virtual void printGefahren () {
        cout << "Das Auto ist " << km << " km gefahren" << endl;
    }

    // virtueller Destruktor (ohne Anweisungen)
    virtual ~Auto () {
    }
};

#endif    /* _Auto_h */
```

Für die Klasse Boot gilt im Prinzip genau das gleiche, nur daß statt Kilometer Seemeilen verwaltet werden:

```
#ifndef _Boot_h
#define _Boot_h

// Header-Datei fuer I/O einbinden
#include <iostream.h>

/* Klasse Boot
 *  - zur Vererbung geeignet
 */
class Boot {
  protected:
    int sm;          // gefahrene Seemeilen

  public:
    // Default- und int-Konstruktor
    Boot (int d = 0) {
        sm = d;          // gefahrene Seemeilen initialisieren
    }

    // bestimmte Anzahl von Seemeilen fahren
    virtual void fahre (int d) {
        sm += d;         // Seemeilen aufaddieren
    }

    // Anzahl gefahrener Seemeilen ausgeben
    virtual void printGefahren () {
        cout << "Das Boot ist " << sm << " sm gefahren" << endl;
    }

    // virtueller Destruktor (ohne Anweisungen)
    virtual ~Boot () {
    }
};

#endif    /* _Boot_h */
```

Deklaration der abgeleiteten Klasse Amph

Die Klasse für Amphibienfahrzeuge, **Amph**, wird von Auto und Boot abgeleitet:

```
#ifndef _Amph_h
#define _Amph_h

// Header-Dateien der Basisklassen einbinden
#include "Auto.h"
#include "Boot.h"

/* Klasse Amph
 *  - abgeleitet von Auto und Boot
 *  - zur Weiter-Vererbung geeignet
 */
class Amph : public Auto, public Boot {
  public:
    /* Default-, int und int/int-Konstruktor
     *  - mit erstem Parameter wird Auto-Konstruktor aufgerufen
     *  - mit zweitem Parameter wird Boot-Konstruktor aufgerufen
     */
    Amph (int k = 0, int s = 0) : Auto(k), Boot(s) {
        // damit ist nichts mehr zu tun
    }

    // Anzahl gefahrener Kilometer und Seemeilen ausgeben
    virtual void printGefahren () {
        cout << "Das Amphibienfahrzeug ist " << km << " km und "
             << sm << " sm gefahren" << endl;
    }

    // virtueller Destruktor (ohne Anweisungen)
    virtual ~Amph () {
    }
};

#endif    /* _Amph_h */
```

Wie man sieht, werden alle Basisklassen durch einen Doppelpunkt getrennt hinter dem Namen der Klasse angegeben:

```
class Amph : public Auto, public Boot {
    ...
};
```

Dabei kann für jede Klasse einzeln angegeben werden, inwiefern der Zugriff auf die geerbten Komponenten eingeschränkt wird (siehe Abschnitt 4.1.3).

Anwendung der abgeleiteten Klasse Amph

Da die Klasse Amph die zwei Basisklassen Auto und Boot besitzt, werden sowohl die Eigenschaften der Klasse Auto als auch die Eigenschaften der Klasse Boot geerbt. Ein Amphibienfahrzeug besitzt somit die Komponenten `km` **und** `sm`. Diese können z.B. über die neu implementierte Elementfunktion `printGefahren()` ausgegeben werden, wie das folgende Programm zeigt:

```
// Header-Datei fuer die Klasse Amph
#include "Amph.h"

main ()
{
    /* Amphibienfahrzeug anlegen und mit
     * 7 Kilometer und 42 Seemeilen initialisieren
     */
    Amph a (7, 42);

    // gefahrene Kilometer und Seemeilen ausgeben
    a.printGefahren();
}
```

Die Deklaration

```
Amph a (7, 42);
```

legt ein Objekt der Klasse `Amph` an.

Die Konstruktoren der Basisklassen werden dabei in der Reihenfolge, in der sie deklariert werden, aufgerufen. Die Reihenfolge in der Initialisierungsliste ist unerheblich. Diese Tatsache sollte allerdings i.a. nicht ausgenutzt werden. Eine Reihenfolge wird nur deshalb definiert, um sicherzustellen, daß die Destruktoren in umgekehrter Reihenfolge aufgerufen werden, was z.B. für die Implementierung einer eigenen Speicherverwaltung wichtig sein kann.

Konkret passiert folgendes:

- Zunächst wird der Speicherplatz für das Objekt angelegt:

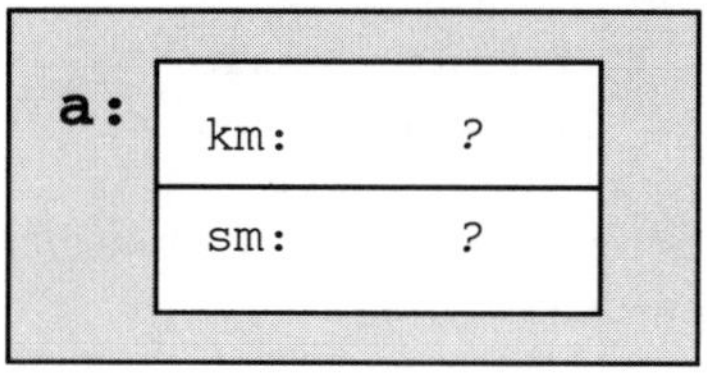

- Dann wird der Int–Konstruktor der Klasse `Auto` aufgerufen, der den von Auto geerbten Teil des Objekts initialisiert:

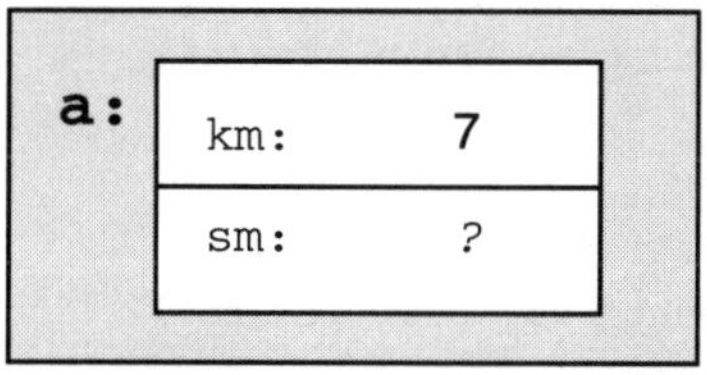

- Anschließend wird der Int–Konstruktor der Klasse `Boot` aufgerufen, der den von Boot geerbten Teil des Objekts initialisiert:

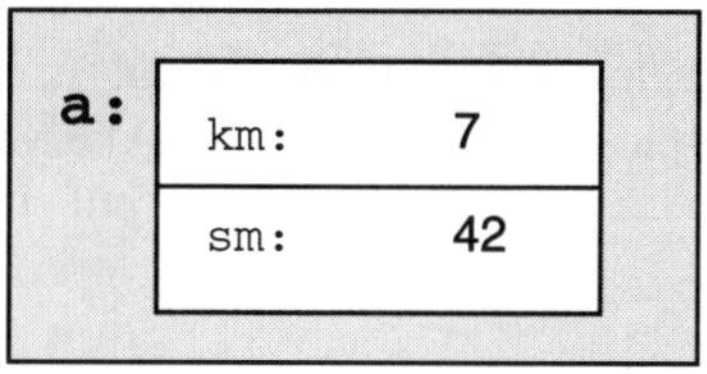

- Da der Konstruktor der Klasse `Amph` ohne Anweisungen ist (es sind ja auch keine neuen Komponenten hinzugekommen) ist das Objekt damit vollständig initialisiert.

Wenn sowohl für Basisklassen als auch für Komponenten Konstruktoren aufgerufen werden müssen, werden zuerst die Basis–Konstruktoren und dann die Konstruktoren für die Komponenten aufgerufen.

Die Anweisung

```
a.printGefahren();
```

ruft die Elementfunktion `printGefahren()` auf, die in der Klasse `Amph` neu implementiert wird und gefahrene Kilometer und Seemeilen ausgibt.

Zuordnungskonflikte

Ein Aufruf von `fahre()` ist dagegen nicht möglich, da die Elementfunktion sowohl von der Klasse `Auto` als auch von der Klasse `Boot` geerbt wird und somit nicht eindeutig zugeordnet werden kann:

```
a.fahre(77);            // FEHLER (mehrdeutig)
```

Auch hier kann wieder der Bereichsoperator eine eindeutige Zuordnung ermöglichen:

```
a.Auto::fahre(77);     // fahre als Auto
a.Boot::fahre(23);     // fahre als Boot
```

Um die Verwendung des Bereichsoperators zu vermeiden, könnte die abgeleitete Klasse die Funktionen auch umbenennen:

```
class Amph : public Auto, public Boot {
    ...
    virtual void fahreAlsAuto (int d) {
        // Umbenennung von Auto::fahre()
        Auto::fahre(d);
    }
    virtual void fahreAlsBoot (int d) {
        // Umbenennung von Boot::fahre()
        Boot::fahre(d);
    }
};
```

Natürlich ist es auch möglich, die Funktionen direkt zu implementieren. Dies kann aber bei Änderungen in der Implementierung der Basisklasse zu Inkonsistenzen führen. Hier muß, wie so oft, zwischen einem Konsistenzvorteil und einem Laufzeitnachteil abgewogen werden.

4.5.2 Virtuelle Basisklassen

Wenn eine Klasse mehrere Basisklassen besitzt, die wiederum von einer gemeinsamen Basisklasse abgeleitet werden, gibt es noch ein weiteres Problem: sollen die Komponenten der gemeinsamen Basisklasse einmal oder mehrfach vorhanden sein?

Nehmen wir z.B. an, die Klassen Auto und Boot sind beide von der Klasse Fahrzeug abgeleitet:

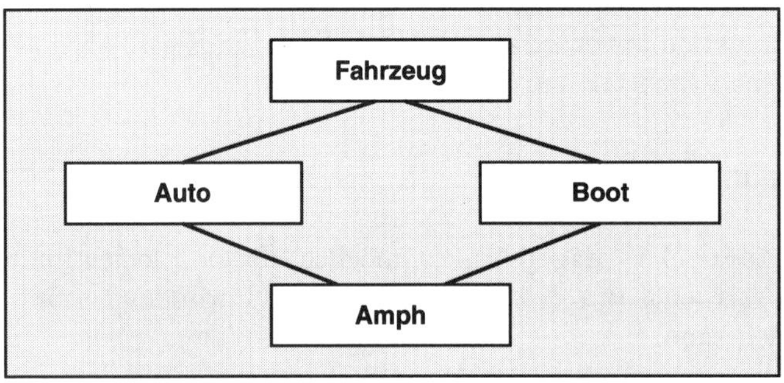

Ableiten einer Basisklasse über mehrere Wege

Wenn nun die Klasse Fahrzeug z.B. eine Komponente `baujahr` definiert, dann besitzt sowohl ein Auto als auch ein Boot ein Baujahr. Ein Amphibienfahrzeug sollte nun aber nicht, nur weil es alle Eigenschaften von Auto und alle Eigenschaften von Boot erbt, zwei Baujahre besitzen.

Nehmen wir nun andererseits an, die Klasse Fahrzeug definiert eine Komponente `maxspeed` für die Höchstgeschwindigkeit, dann kann es sinnvoll sein, diese Komponente beim Amphibienfahrzeug zweimal, einmal als Auto und einmal als Boot, zu besitzen.

Nicht–Virtuelle Basisklassen

Ohne spezielle Angabe sind über verschiedene Klassen geerbte Komponenten in C++ mehrfach vorhanden. Bei der folgenden Definition besitzt ein Amphibienfahrzeug deshalb zweimal die Komponente `maxspeed`:

```
class Fahrzeug {
  protected:
    int maxspeed;           // Hoechstgeschwindigkeit
  ...
};

class Auto : public Fahrzeug {
  ...
};

class Boot : public Fahrzeug {
  ...
};

class Amph : public Auto, public Boot {
  ...
};
```

Da `maxspeed` sowohl von Auto als auch von Boot geerbt wird und somit zweimal vorhanden ist, kann darauf für Amphibienfahrzeuge nur über den Bereichsoperator zugegriffen werden:

```
void Amph::f()
{
    maxspeed = 100;               // FEHLER (mehrdeutig)
    Auto::maxspeed = 100;         // OK, maxspeed von Auto
    Boot::maxspeed = 70;          // OK, maxspeed von Boot
    Fahrzeug::maxspeed = 100;     // FEHLER (mehrdeutig)
}
```

Virtuelle Basisklassen

Um zu erreichen, daß eine Komponente, die über verschiedene Klassen von einer Basisklasse geerbt wird, nicht mehrfach vorhanden ist, müssen die direkt abgeleiteten Klassen der gemeinsamen Basisklasse als "virtuelle Basisklassen" definiert werden. Dies geschieht, indem bei Angabe der Basisklasse zusätzlich das Schlüsselwort `virtual` angegeben wird:

```
class Fahrzeug {
  protected:
    int baujahr;            // Baujahr
  ...
};

class Auto : virtual public Fahrzeug {
  ...
};

class Boot : virtual public Fahrzeug {
  ...
};

class Amph : public Auto, public Boot {
  ...
};
```

Durch die Angabe von `virtual` für die Basisklasse Fahrzeug sind deren Komponenten nur einmal vorhanden, wenn die abgeleiteten Klassen wieder zusammenkommen. Dabei ist die Reihenfolge, ob `virtual` vor oder hinter dem Zugriffsschlüsselwort angegeben wird, unerheblich.

Da `baujahr` sowohl von Auto als auch von Boot virtuell geerbt wird, ist die Komponente in Amphibienfahrzeugen nur einmal vorhanden. Ein Zugriff ohne Bereichsoperator ist somit eindeutig und deshalb möglich:

```
void Amph::f()
{
    baujahr = 1983;             // OK
    Auto::baujahr = 1983;       // OK
    Boot::baujahr = 1983;       // OK
    Fahrzeug::baujahr = 1983;   // OK
}
```

Entscheidend für die gemeinsame Verwendung der Komponenten einer Klasse ist, daß die direkt abgeleiteten Klassen jeweils die Basisklasse virtuell deklarieren. Das Schlüsselwort `virtual` muß also, wie hier geschehen, bei `Auto` und `Boot` angegeben werden.

Virtuelle und nicht–virtuelle Basisklassen

Was aber ist, wenn bei Amphibienfahrzeugen `baujahr` einmal, `maxspeed` aber mehrfach vorhanden sein soll? Hier benötigt man eine Hilfsklasse, um die Komponenten, die gemeinsam verwendet werden sollen, von den mehrfach vorhandenen zu trennen.

Das könnte in unserem Beispiel wie folgt aussehen:

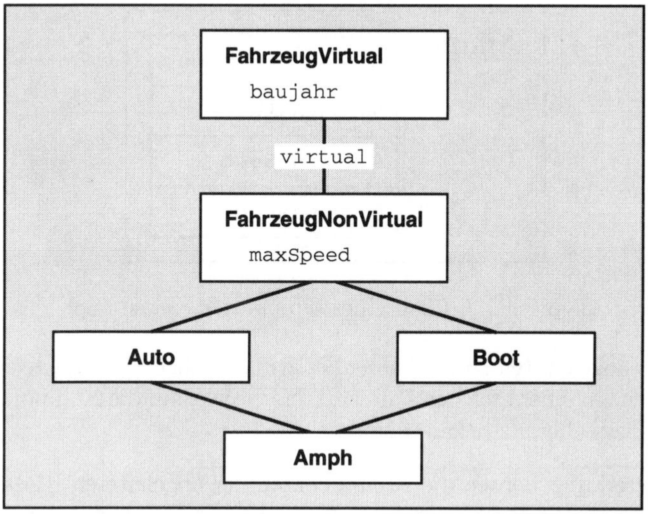

Klasse `Fahrzeug` als virtuelle und nicht–virtuelle Basisklasse

Da alle von `FahrzeugVirtual` direkt abgleiteten Klassen (hier nur die Klasse `FahrzeugNonVirtual`) virtuell abgeleitet werden, sind dessen Komponenten nur einmal vorhanden. Da die von `FahrzeugNonVirtual` direkt abgeleiteten Klassen nicht virtuell sind, gibt es deren Komponenten mehrfach.[5]

4.5.3 Das Problem der Identität

Bisher wurde immer davon ausgegangen, daß Objekte identisch sind, wenn ihre Adressen gleich sind. Aufgrund dessen wurde bei der Implementierung eines eigenen Zuweisungsoperators eine Zuweisung an sich selbst durch einen Vergleich der Adressen festgestellt (siehe Abschnitt 3.9.6):

```
// Zuweisung an sich selbst ?
if (this == &obj) {
    return *this;       // Objekt unveraendert zurueckliefern
}
```

[5]Nicht alle Compiler konnten beim Testen mit dem Beispiel korrekt umgehen.

Dies geht bei Mehrfachvererbung nicht mehr, denn bei Mehrfachvererbung können Objekte identisch sein, obwohl ihre Adressen **nicht** gleich sind. Dies liegt an der Art und Weise, wie Objekte zur Laufzeit in Programmen typischerweise verwaltet werden.

Der Aufbau eines Objekts der Klasse Amph setzt sich i.a. aus den Komponenten der daran beteiligten Klassen zusammen. Typischerweise werden die Komponenten in der Reihenfolge ihrer Deklaration verwaltet:

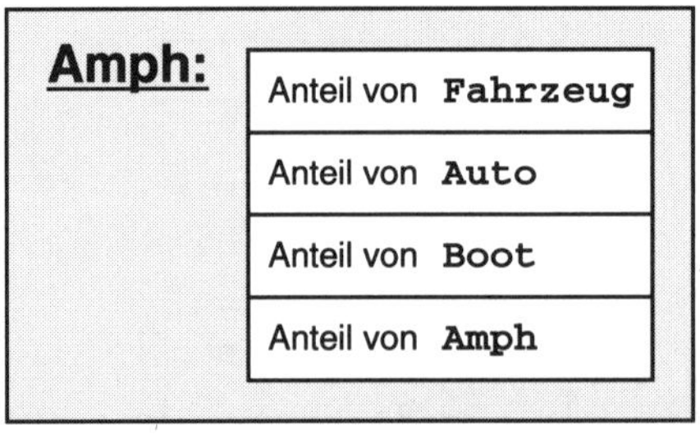

Typischer Aufbau eines Objekt der Klasse `Amph`

Ein Objekt einer abgeleiteten Klasse kann aber grundsätzlich als Objekt seiner Basisklasse verwendet werden. In einem solchen Fall wird das Objekt auf die Komponenten reduziert, die in der Basisklasse bereits bekannt sind.

Bei einfacher Vererbung werden die Komponenten der abgeleiteten Klasse, die am Ende des Objekts liegen, einfach nicht mehr berücksichtigt. Die Adresse des Objekts bleibt aber die gleiche. Bei Mehrfachvererbung geschieht dies auch, solange nur hinten liegende Objektteile wegfallen. Dies passiert beim Amphibienfahrzeug z.B. typischerweise dann, wenn es als Auto betrachtet wird:

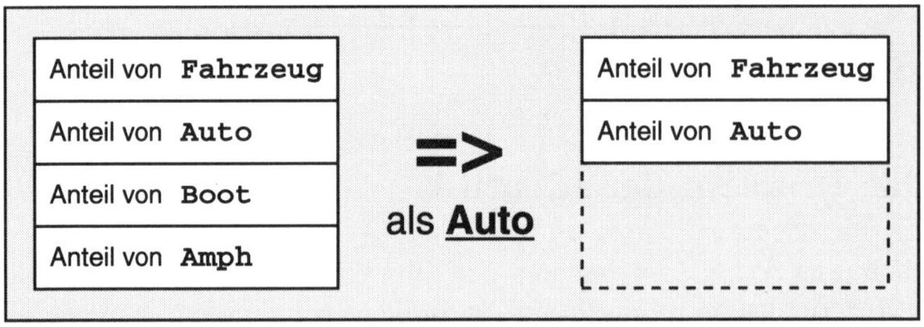

Verwendung von `Amph` als `Auto`

Wenn das Amphibienfahrzeug aber als Boot betrachtet wird, funktioniert das Weglassen hinterer Teile nicht mehr, da der Objektteil von `Auto` zwischen `Fahrzeug` und `Boot` liegt.

Aus diesem Grund wird dann typischerweise ein "Schattenobjekt" erzeugt, das den für Boote richtigen Aufbau hat. Die Objektteile darin sind aber eigentlich nur interne Verweise auf das Originalobjekt:

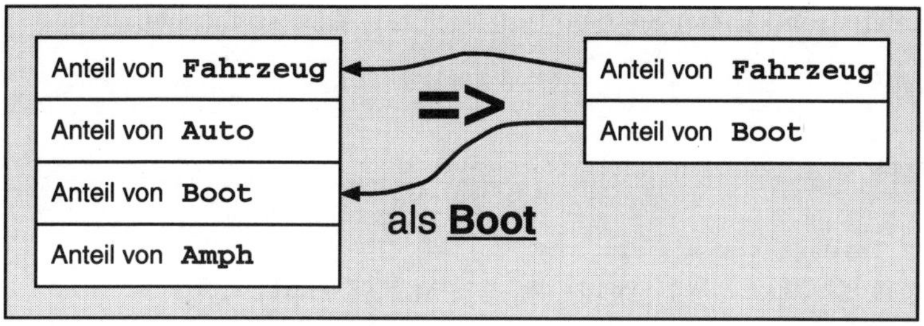

Verwendung von `Amph` als `Boot`

Entscheidend ist, daß das Objekt damit eine zweite Adresse erhält, unter der es dann angesprochen wird.

Selbst wenn dann die Betrachtung als Auto und die Betrachtung als Boot jeweils als Fahrzeuge verwendet werden, bleiben die Adressen verschieden. Der Objektteil `Fahrzeug` wird dann einmal vom Original– und einmal vom Schattenobjekt verwendet. Trotz gleichen Typs kann das selbe Objekt also eine unterschiedliche Adresse besitzen.

Zum Testen kann folgendes Beispiel verwendet werden:

```
void f1 ()
{
    Amph a;

    fAuto (a);
    fBoot (a);
}

void fAuto (const Auto& a)
{
    cout << "&a  als Auto: " << (void*)&a << endl;
    fFahrzeug (a);
}

void fBoot (const Boot& a)
{
    cout << "&a  als Boot: " << (void*)&a << endl;
    fFahrzeug (a);
}

void fFahrzeug (const Fahrzeug& a)
{
    cout << "     als Fahrzeug: " << (void*)&a << endl;
}
```

Die mit Hilfe von `f1()` über zwei verschiedene Wege aufgerufene Funktion `fFahrzeug()` wird für das Objekt a mit ziemlicher Sicherheit zwei unterschiedliche Adressen ausgeben.

Statt mit Referenzen können Sie den Test auch mit Zeigern machen:

```
void f2 ()
{
    Amph a;

    // Adresse von a
    cout << "&a: " << (void*)&a << "\n" << endl;

    // Adresse von a => als Auto, als Boot
    cout << "(Auto*) &a: " << (void*)(Auto*)&a << endl;
    cout << "(Boot*) &a: " << (void*)(Boot*)&a << "\n" << endl;

    // Adresse von a => als Auto => als Fahrzeug
    cout << "(Fahrzeug*) (Auto*) &a: "
         << (void*)(Fahrzeug*)(Auto*)&a << endl;

    // Adresse von a => als Boot => als Fahrzeug
    cout << "(Fahrzeug*) (Boot*) &a: "
         << (void*)(Fahrzeug*)(Boot*)&a << "\n" << endl;
}
```

Es ist noch nicht einmal sichergestellt, daß nur zwei verschiedene Adressen ausgegeben werden. Die Tatsache, daß ein Objekt immer die gleiche Adresse besitzt, ist keine Sprachspezifikation von C++, sondern liegt daran, daß Compiler Objekte i.a. soweit es geht an der gleichen Adresse verwalten.

Um identische Objekte mit Sicherheit zu erkennen, gibt es nur eine Möglichkeit: selbst implementieren. Jedes Objekt muß als Komponente eine eindeutige ID und eine Elementfunktion zum Vergleichen dieser IDs besitzen. Dies ist einer der Gründe, weshalb in Klassenbibliotheken eine solche Objekt–ID eingeführt wird. Die Abschnitte 3.12.1 und 5.1.2 zeigen, wie das aussehen kann.

4.5.4 Dieselbe Basisklasse mehrfach ableiten

Es ist nicht möglich, ein und dieselbe Klasse mehrfach direkt abzuleiten:

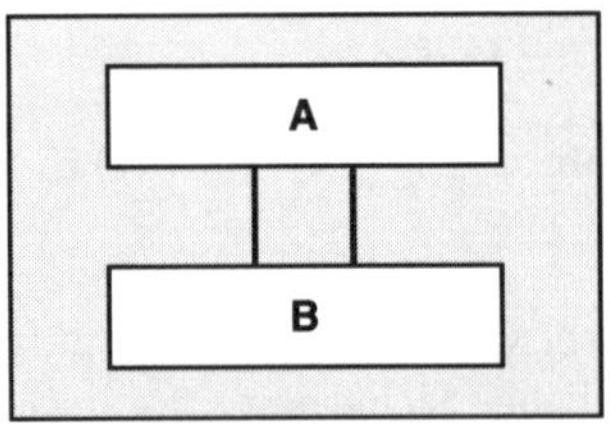

Ansonsten würden unlösbare Namenskonflikte entstehen. Bei Initialisierungslisten kann dann z.B. keine eindeutige Zuordnung mehr getroffen werden, welche Basisklasse gemeint ist.

Dieser Sachverhalt kann aber u.U. sinnvoll eingesetzt werden. Ich habe allerdings noch kein schlüssiges Beispiel dafür gesehen. Es würde bedeuten, daß ein Objekt B auf der einen Seite ein Objekt A, auf der anderen Seite aber ein anderes Objekt A ist.

Wer vor einem solchen Vererbungsproblem steht, sollte deshalb zunächst einmal prüfen, ob sein Design in Ordnung ist und er nicht meint, daß ein Objekt B aus zwei Objekten A **besteht** und also zwei solche Objekte als Komponenten besitzt.

Falls es aber doch sinnvoll ist, ein und dieselbe Basisklasse mehrfach direkt abzuleiten, sollten Sie zwei Dinge tun:

- Mir schreiben, damit ich Ihr Beispiel in der nächsten Auflage als sinnvolles Beispiel verwenden kann und
- Dummy–Klassen einführen, da bei gleichnamigen Basisklassen keine eindeutige Zuordnung durch den Klassennamen möglich ist:

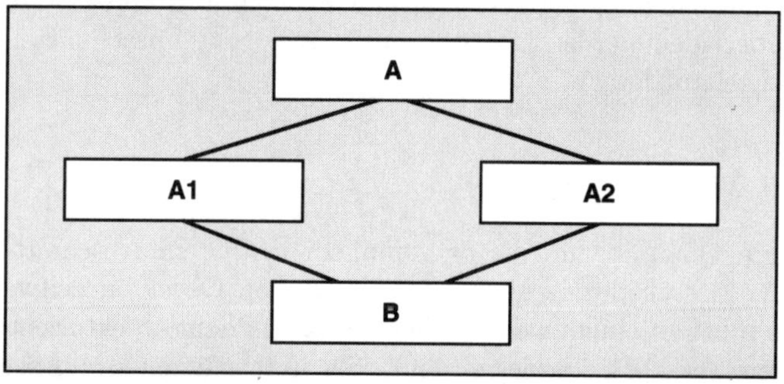

4.5.5 Zusammenfassung

- C++ erlaubt Mehrfachvererbung. Abgeleitete Klassen können mehrere Basisklassen besitzen.
- Entstehen dadurch Namenskonflikte für den Zugriff auf Komponenten kann nur mit dem Bereichsoperator darauf zugegriffen werden.
- Basisklassen können über Mehrfachvererbung mehrfach verwendet werden. Durch virtuelle Basisklassen sind die darin definierten Komponenten in den Objekten dann trotzdem nur einmal vorhanden.
- Insbesondere bei Mehrfachvererbung kann ein und dasselbe Objekt verschiedene Adressen besitzen. Dies ist sogar möglich, wenn es unter dem gleichen Typ betrachtet wird. Um die Identität eines Objekts immer zweifelsfrei sicherstellen zu können, müssen deshalb entsprechende Komponenten eingeführt werden.

4.6 Polymorphie

In diesem Abschnitt wird das Konzept der Polymorphie und dessen Realisierung in C++ vorgestellt.

4.6.1 Was ist Polymorphie?

Polymorphie (oder auch **Vielgestaltigkeit**) beschreibt die Fähigkeit, daß eine Operation für verschiedenartige Objekte aufgerufen werden kann und dabei zu unterschiedlichen Auswirkungen führt. Der Aufruf einer Operation für ein Objekt wird als Nachricht an dieses Objekt betrachtet, die von ihm selbst interpretiert wird. Da eine Operation für unterschiedliche Objekte unterschiedlich definiert sein kann, führt die gleiche Operation dann zu völlig unterschiedlichen Reaktionen.

Auf C++ übertragen bedeutet das, daß Objekte, die verschiedene Klassen besitzen, auf den gleichen Funktionsaufruf unterschiedlich reagieren können. Die Tatsachen, daß der gleiche Funktionsname in unterschiedlichen Klassen verwendet werden kann und daß Funktionen überladen werden können, sind polymorphe Sprachmittel von C++, die wir bereits kennengelernt haben.

Abstraktion durch Oberbegriffe

Eine besondere Qualität, um die es vor allem in diesem Abschnitt geht, ist die Tatsache, daß die klassenspezifischen Unterschiede von Objekten zeitweise verloren gehen können. Dies führt zu einem wesentlichen Punkt, in dem objektorientierte Sprachen den herkömmlichen Sprachen überlegen sind: Sie unterstützen das Abstraktionsmittel des **Oberbegriffs**: Verschiedenartige Objekte können zeitweise unter einem gemeinsamen Oberbegriff betrachtet und auch manipuliert werden. Bei der Manipulierung gehen die Unterschiede aber nicht verloren.

Anwendungsbeispiele für die Verwendung von Oberbegriffen gibt es in Hülle und Fülle:

- Verschiedene Autos, Busse, Laster und Fahrräder werden unter dem Oberbegriff Fahrzeug betrachtet. Als solches können sie sich z.B. an einem bestimmten Ort befinden und zu einem anderen Ort fahren.
- Verschiedene Integer, Floats, Brüche und komplexe Zahlen werden allgemein als numerische Werte betrachtet, die addiert und multipliziert werden können.
- Verschiedene Kreise, Rechtecke, Linien usw. werden als geometrische Objekte betrachtet, die sich in einer Graphik befinden, eine Farbe besitzen und ausgegeben werden können.

Unterstützung von Oberbegriffen bedeutet dabei, daß in Programmen, in denen verschiedenartige Objekte unter einem Oberbegriff behandelt werden, keinerlei Rücksicht auf deren tatsächliche Klasse genommen werden muß.

- Eine Funktion für Fahrzeuge verwendet nur den Typ `Fahrzeug`. Damit kann sie automatisch Autos, Busse, Laster usw. verwalten.
- Ein graphischer Editor verwendet nur den Typ `GeometrischesObjekt`. Damit kann der Editor automatisch Kreise, Rechtecke, Linien usw. verwalten, ausgeben und manipulieren.

Aufgrund der Polymorphie spielen die Unterschiede aber dennoch eine Rolle, da die Operationen von den Objekten, die verwaltet werden, unterschiedlich interpretiert werden:

- Wenn ein Fahrzeug fährt (die Elementfunktion `fahren()` aufgerufen wird), wird automatisch in Abhängigkeit vom tatsächlichen Typ des Objekts die dazugehörige Operation aufgerufen. Ist das Fahrzeug ein Laster, wird das für Laster definierte Fahren durchgeführt (`fahren()` der Klasse `Laster` aufgerufen). Ist es ein Auto, wird automatisch das für Autos definierte Fahren durchgeführt.
- Soll ein graphisches Objekt ausgegeben werden, wird automatisch in Abhängigkeit von dessen Art die entsprechende Operation aufgerufen. Handelt es sich um einen Kreis, wird die Operation zum Ausgeben eines Kreises aufgerufen, handelt es sich dagegen um ein Rechteck, wird die dafür definierte Ausgabe–Operation verwendet.

Bei der Implementierung der Anwendungssoftware für den Oberbegriff muß noch nicht einmal bekannt sein, welche Typen unter dem Oberbegriff zusammengefaßt werden:

- Mit Einführung von Booten kann die Funktion für Fahrzeuge automatisch auch Boote fahren lassen.
- Mit Einführung von Dreiecken oder Textelementen kann der graphische Editor automatisch auch diese verwalten.

Polymorphie ermöglicht es also, daß verschiedenartige Objekte in inhomogenen Mengen zumindest zeitweise unter einem gemeinsamen Oberbegriff verarbeitet werden. Dabei wird in Abhängigkeit vom tatsächlichen Typ des Objekts automatisch die jeweils richtige Funktion aufgerufen.

4.6.2 Polymorphie in C++

Polymorphie kann in verschiedenen Sprachen unterschiedlich realisiert sein.

In Smalltalk, dem Urbeispiel einer objektorientierten Sprache, wird Polymorphie als Sprachkonzept durch Typfreiheit realisiert: Identifier haben grundsätzlich keinen Typ, sondern können beliebige Objekte verwalten. Wenn für ein Objekt eine Operation aufgerufen wird, wird immer zur Laufzeit in Abhängigkeit vom jeweiligen Objekttyp die dazugehörige Funktion aufgerufen. Gibt es keine entsprechende Funktion, wird eine Fehlermeldung ausgegeben.[6] Insofern ist Smalltalk eine interpretierende Sprache.

---

[6] Korrekterweise muß es in objektorientierter Lesart lauten, daß Objekten in Smalltalk jeweils eine "Nachricht" geschickt wird, die von einer dafür definierten "Methode" behandelt wird.

Polymorphie mit Typüberprüfung

In C++ dagegen gibt es eine Typüberprüfung. Schon der Compiler prüft, ob ein Funktionsaufruf erlaubt ist. Dieses Konzept wird auch bei der Polymorphie aufrecht erhalten. Für einen Oberbegriff muß eine Klasse definiert werden, die festlegt, welche Funktionen für Objekte unter dem Oberbegriff aufgerufen werden können. Diese müssen allerdings noch nicht implementiert werden.

Wenn ein Objekt einer Klasse angelegt wird, das unter dem Oberbegriff verwaltet werden kann, wird geprüft, ob auch für alle unter dem Oberbegriff definierten Operationen eine Implementierung existiert. Damit stellt bereits der Compiler sicher, daß jeder Funktionsaufruf zur Laufzeit möglich ist. Im Gegensatz zu Smalltalk ist C++ also keine interpretierende Sprache. Laufzeit–Fehlermeldungen über nicht vorhandene Funktionen entfallen.

Sprachmittel für Polymorphie

Die Sprachmittel für die Polymorphie sind an sich schon bekannt:

- Für gemeinsame Eigenschaften verschiedener Klassen werden einfach gemeinsame Basisklassen verwendet. In diesen Klassen werden die Attribute und die Operationen definiert, die für den jeweiligen Oberbegriff gelten.

  Die verschiedenen Objektarten, die unter dem Oberbegriff betrachtet werden können, werden jeweils als Klasse von der Klasse für den Oberbegriff abgeleitet. Dabei können die in der Basisklasse definierten Operationen in den abgeleiteten Klassen unterschiedlich implementiert werden.

- Aufgrund der is-a–Beziehung können die Objekte der verschiedenen abgeleiteten Klassen zeitweise als Objekte der Basisklasse betrachtet und damit unter ihrem Oberbegriff verwendet werden.

  Damit zur Laufzeit in Abhängigkeit von der Klasse, die ein Objekt tatsächlich besitzt, die richtige Funktion aufgerufen wird, werden die Funktionen als virtuell deklariert.

Hinzu kommt die Besonderheit, daß in der Basisklasse für einen Oberbegriff Funktionen deklariert werden können, ohne daß sie implementiert werden müssen. Es wird nur festgelegt, daß eine bestimmte Operation aufgerufen werden kann. Was beim Aufruf wirklich geschieht, muß in den davon abgeleiteten Klassen jeweils implementiert werden.

Abstrakte und konkrete Klassen

Basisklassen für Oberbegriffe sind typischerweise sogenannte **abstrakte Klassen**. Abstrakte Klassen sind Klassen, von denen es keinen Sinn macht, konkrete Objekte (Instanzen) zu erzeugen.

C++ unterstützt abstrakte Klassen insofern, als daß sichergestellt werden kann, daß auch wirklich keine Objekte der Klasse erzeugt werden können (das leisten nicht alle objektorientierten Sprachen).

Das Gegenstück zu einer abstrakten Klasse, also eine Klasse, von der konkrete Objekte erzeugt werden sollen, nennt man **konkrete Klasse**.

4.6.3 Polymorphie in C++ am Beispiel

Als Beispiel für Polymorphie soll die Verwaltung verschiedener geometrischer Objekte betrachtet werden (ein klassisches Beispiel).

Es gibt zunächst zwei Arten geometrischer Objekte:

- Linie
- Kreis

Diese können unter dem Oberbegriff `GeoObj` als geometrisches Objekt betrachtet, manipuliert und gemeinsam verwendet werden.

Ein geometrisches Objekt hat z.B. einen Referenzpunkt und kann mit `move()` verschoben und mit `draw()` ausgegeben werden. Ein Kreis besitzt dann zusätzlich einen Radius und implementiert die Funktion zur Ausgabe. Die Funktion zum Verschieben wird geerbt. Eine Line besitzt neben dem Referenzpunkt einen zweiten Punkt und implementiert sowohl die Funktion zum Verschieben als auch die Funktion zur Ausgabe neu.

Insgesamt ergibt sich folgende Klassenhierarchie, die auch schon die wichtigsten Komponenten zeigt:

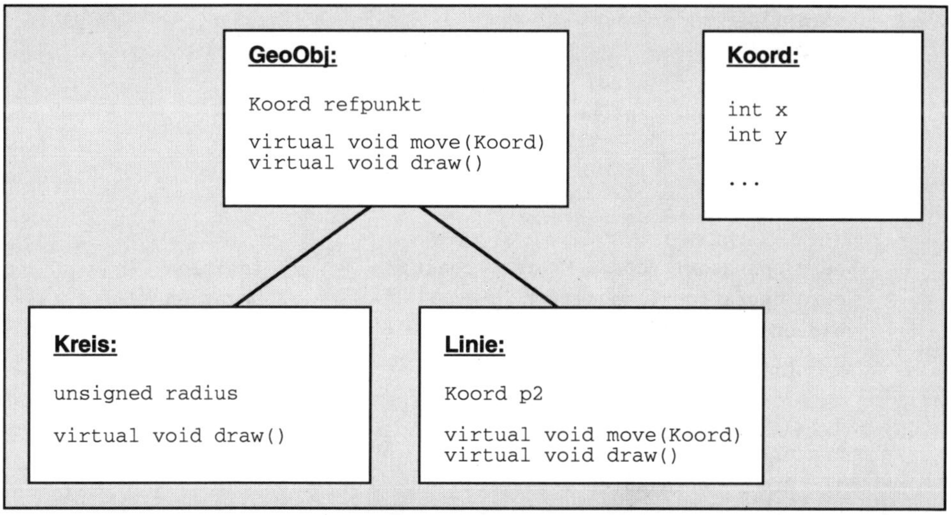

Klassenhierarchie für das Polymorphie–Beispiel

Hilfsklasse Koord

Als Hilfsklasse wird eine Klasse `Koord` verwendet. Sie betrachtet einfach nur zwei zusammengehörige X– und Y–Koordinaten als gemeinsames Objekt. Es handelt sich um kein geometrisches Objekt (das entsprechende geometrische Objekt wäre der Punkt), sondern um ein Wertepaar, das absolut (als Position) oder relativ (als Offset) verwendet werden kann.

Der Aufbau und die Operationen sind dermaßen einfach, daß die Klasse komplett in einer Header–Datei implementiert werden kann:

```
#ifndef _Koord_h
#define _Koord_h

// Header-Datei fuer I/O
#include <iostream.h>

/* Klasse Koord
 *  - Hilfsklasse fuer geometrische Objekte
 *  - nicht zur Vererbung geeignet
 */
class Koord {
  private:
    int x;                  // X-Koordinate
    int y;                  // Y-Koordinate

  public:
    // Default-Konstruktor und Konstruktor aus zwei int's
    Koord () {
        x = y = 0;          // Default-Werte: 0
    }
    Koord (int newx, int newy) {
        x = newx;
        y = newy;
    }

    Koord operator+ (const Koord&) const;         // Addition
    Koord operator- () const;                     // Negation
    void operator += (const Koord&);              // +=
    void printOn (ostream& strm = cout) const;    // Ausgabe
};

/* operator+
 *  - X- und Y-Koordinaten addieren
 */
inline Koord Koord::operator+ (const Koord& p) const
```

```
{
    return Koord (x+p.x, y+p.y);
}

/* einstelliger operator-
 *  - X- und Y-Koordinaten negieren
 */
inline Koord Koord::operator- () const
{
    return Koord (-x, -y);
}

/* operator+=
 *  - Offset auf X- und Y-Koordinaten aufaddieren
 */
inline void Koord::operator+= (const Koord& p)
{
    x += p.x;
    y += p.y;
}

/* printOn
 *  - Koordinaten als Wertepaar ausgeben
 */
inline void Koord::printOn (ostream& strm) const
{
    strm << '(' << x << ',' << y << ')';
}

/* operator<<
 *  - Umsetzung fuer Standard-Ausgabeoperator
 */
inline ostream& operator<< (ostream& strm, const Koord& p)
{
    p.printOn (strm);
    return strm;
}

#endif
```

Die Klasse sollte eigentlich im wesentlichen selbsterklärend sein. Bemerkenswert ist vielleicht die Tatsache, daß zum Anlegen nur kein oder zwei Parameter übergeben werden können. Wird kein Parameter übergeben, wird ein Objekt mit den Werten 0 als X- und Y-Koordinate initialisiert.

4.6.4 Die abstrakte Basisklasse GeoObj

Die Klasse GeoObj ist die Basisklasse für den Oberbegriff. Sie legt damit fest, welche Eigenschaften alle geometrischen Objekte besitzen. Dazu gehören gemeinsame Attribute und Operationen, die für alle geometrischen Objekte aufgerufen werden können.

Als gemeinsames Datenelement wird definiert:

- ein Referenzpunkt

Als Operationen werden definiert:

- das Verschieben des Objekts um einen relativen Offset
- das Ausgeben des Objekts

Auch diese Klasse wird der Einfachheit halber komplett in der Header–Datei wie folgt definiert:

```
#ifndef _GeoObj_h
#define _GeoObj_h

// Header-Datei fuer Koord
#include "Koord.h"

/* abstrakte Basisklasse GeoObj
 *  - gemeinsame Basisklasse fuer geometrische Objekte
 *  - zur Vererbung vorgesehen
 */
class GeoObj {
  protected:
    // Jedes GeoObj hat einen Referenzpunkt
    Koord refpunkt;

    /* Konstruktor fuer Startwert vom Referenz-Punkt
     *  - nichtoeffentlich
     *  - damit ist kein Default-Konstruktor vorhanden
     */
    GeoObj (const Koord& p) : refpunkt(p) {
    }

  public:
    // GeoObj um relativen Offset verschieben
    virtual void move (const Koord& offset) {
        refpunkt += offset;
    }
```

```
    /* GeoObj ausgeben
     *  - rein virtuelle Funktion
     */
    virtual void draw () const = 0;

    // virtueller Destruktor
    virtual ~GeoObj () {
    }
};

#endif  /* _GeoObj_h */
```

Zunächst werden die Komponente für den Referenzpunkt und der Konstruktor der Klasse nichtöffentlich definiert:

```
class GeoObj {
  protected:
    Koord refpunkt;

    GeoObj (const Koord& p) : refpunkt(p) {
    }
    ...
};
```

Die Tatsache, daß der Konstruktor nicht öffentlich ist, verdeutlicht schon, daß es sich um eine abstrakte Klasse handelt, denn dadurch können keine Objekte der Klasse angelegt werden. Da der Konstruktor einen Parameter besitzt, mit dem der Referenzpunkt initialisiert wird, existiert kein Default–Konstruktor. Dies hat zur Folge, daß direkt abgeleitete Klassen in ihren Konstruktoren über Initialisierungslisten immer eine Koordinate zur Initialisierung des Referenzpunktes übergeben müssen.

Anschließend werden die öffentlichen Funktionen, die für geometrische Objekte definiert sind, deklariert. Dazu gehört der virtuelle Destruktor, damit die Klasse zur Vererbung geeignet ist.

Außerdem wird das Verschieben eines Objekts deklariert und auch schon implementiert:

```
class GeoObj {
  ...
  public:
    virtual void move (const Koord& offset) {
        refpunkt += offset;
    }
    ...
};
```

Die Implementierung verschiebt einfach den Referenzpunkt, indem der übergebene Offset aufaddiert wird. Bei Objekten, bei denen die absolute Position nur durch den Referenzpunkt definiert wird, reicht das aus. Objekte, deren Position durch andere absolute Koordinaten definiert wird, müssen diese Implementierung überschreiben.

Rein virtuelle Funktionen

Schließlich wird auch noch die Funktion zum Ausgeben deklariert:

```
class GeoObj {
  ...
  public:
    virtual void draw () const = 0;
    ...
};
```

An dieser Stelle geschieht etwas Ungewöhnliches: Statt einer Implementierung wird der Funktion der Wert 0 zugewiesen. Dies bedeutet, daß die Funktion für die Klasse zwar deklariert, aber nicht implementiert wird. Die Implementierung wurde offengelassen und muß von davon abgeleiteten Klassen vorgenommen werden.

Eine solche Funktion bezeichnet man als **rein virtuelle Funktion** (englisch: **pure virtual function**).[7] Rein virtuelle Funktionen erfüllen einen wichtigen Zweck: Sie legen fest, daß für eine Klasse, die als Oberbegriff dient, eine bestimmte Funktion aufrufbar ist, obwohl sie noch nicht definiert werden kann.

Solange eine Klasse eine rein virtuelle Funktion besitzt, ist sie unvollständig definiert. Es können keine Objekte dieser Klasse angelegt werden. Damit wird die Klasse also automatisch zur abstrakten Klasse.

Dies gilt auch für davon abgeleitete Klassen. Der Compiler achtet darauf, daß in davon abgeleiteten Klassen rein virtuelle Funktionen auch wirklich implementiert werden. Der Test, ob alle Funktionen auch definiert sind, findet aber erst bei dem Versuch statt, ein Objekt der Klasse anzulegen. Eine abgeleitete Klasse muß eine rein virtuelle Funktion nämlich nicht unbedingt implementieren, da sie selbst wieder nur abstrakte Klasse sein kann.

Auch wenn keine rein virtuellen Funktionen vorhanden sind, können abstrakte Klassen definiert werden. Dazu müssen die Konstruktoren einfach, wie hier ebenfalls geschehen, nichtöffentlich deklariert werden.

---

[7] Die Übersetzung von "pure virtual function" variieren. Ich habe z.B. auch schon "reine virtuelle Funktion" oder "pure virtuelle Funktion" gefunden.

Die abgeleitete Klasse Kreis

Nun kann die Klasse Kreis als abgeleitete Klasse von `GeoObj` definiert werden. Von dieser Klasse macht es Sinn, konkrete Objekte (Instanzen) zu erzeugen. Es handelt sich also um eine konkrete Klasse.

Ein Kreis besteht aus einem Mittelpunkt, der gleichzeitig Referenzpunkt ist, und einem Radius, der als Komponente neu hinzukommt:

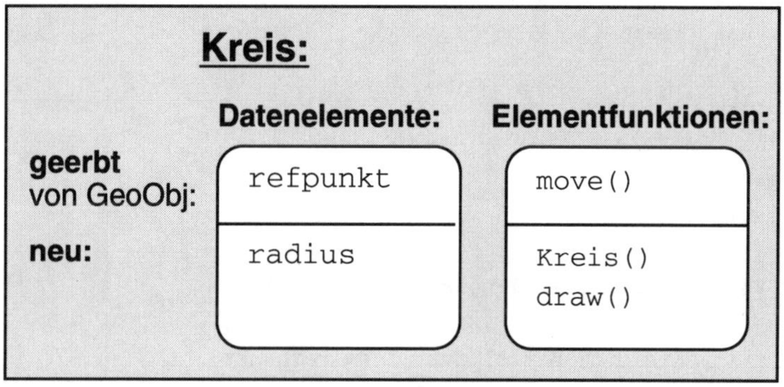

Auch die Implementierung der Klasse Kreis findet komplett in der Header–Datei statt und hat folgenden Aufbau:

```
#ifndef _Kreis_h
#define _Kreis_h

// Header-Datei der Basisklasse
#include "GeoObj.h"

// Header-Datei fuer I/O
#include <iostream.h>

/* Klasse Kreis
 *  - abgeleitet von GeoObj
 *  - ein Kreis besteht aus:
 *       - Mittelpunkt (Referenzpunkt, geerbt)
 *       - Radius (neu)
 */
class Kreis : public GeoObj {
  protected:
    unsigned radius;                // Radius

  public:
    // Konstruktor fuer Mittelpunkt und Radius
```

```
        Kreis (const Koord& m, unsigned r)
             : GeoObj(m), radius(r) {
        }

        // Ausgabe (jetzt auch implementiert)
        virtual void draw () const;

        // virtueller Destruktor
        virtual ~Kreis () {
        }
};

/* Ausgabe
 *  - inline definiert
 */
inline void Kreis::draw () const
{
    cout << "Kreis um Mittelpunkt " << refpunkt
         << " mit Radius " << radius << endl;
}

#endif
```

Der Konstruktor verlangt Mittelpunkt und Radius als Parameter zur Initialisierung. Der Mittelpunkt wird über die Initialisierungsliste an den Konstruktor der Basisklasse `GeoObj` übergeben, wo er zur Initialisierung des Referenzpunktes verwendet wird. Mit dem als zweiten Parameter übergebenen Radius wird die entsprechend Komponente initialisiert.

Die Klasse implementiert die Ausgabe–Funktion `draw()`. Dadurch besitzt die Klasse keine rein virtuelle Funktion mehr und kann als konkrete Klasse zum Anlegen von Objekten verwendet werden. Die Funktion selbst simuliert die Ausgabe durch Ausgabe eines entsprechenden Textes.

Die Funktion `move()` wird von der Basisklasse übernommen, da nur der Mittelpunkt die Position des Kreises definiert und ein Verschieben dieses Punktes ausreicht.

Die abgeleitete Klasse Linie

Die Klasse Linie besitzt im Prinzip den gleichen Aufbau wie die Klasse Kreis.

Eine Linie besteht bei dieser Implementierung allerdings aus zwei absoluten Koordinaten, dem Anfangs– und dem Endpunkt. Zusätzlich zum Referenzpunkt kommt also noch ein zweiter Punkt hinzu:

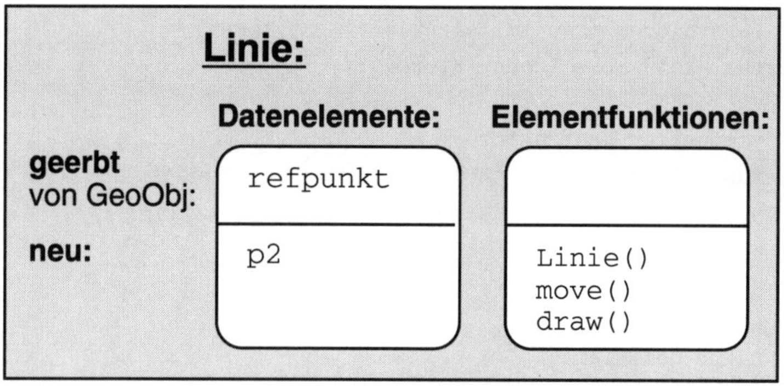

Auch die Implementierung der Klasse Linie findet komplett in der Header–Datei statt und hat folgenden Aufbau:

```
#ifndef _Linie_h
#define _Linie_h

// Header-Datei der Basisklasse
#include "GeoObj.h"

// Header-Datei fuer I/O
#include <iostream.h>

/* Klasse Linie
 *  - abgeleitet von GeoObj
 *  - ein Linie besteht aus:
 *       - einem Anfangspunkt (Referenzpunkt, geerbt)
 *       - einem Endpunkt (neu)
 */
class Linie : public GeoObj {
  protected:
    Koord p2;                    // zweiter Punkt, Endpunkt

  public:
    // Konstruktor fuer Anfangs- und Endpunkt
    Linie (const Koord& a, const Koord& b)
         : GeoObj(a), p2(b) {
    }

    // Ausgabe (jetzt auch implementiert)
    virtual void draw () const;
```

```
        // Verschieben (neu implementiert)
        virtual void move (const Koord&);

        // virtueller Destruktor
        virtual ~Linie () {
        }
};

/* Ausgabe
 *  - inline definiert
 */
inline void Linie::draw () const
{
    cout << "Linie von " << refpunkt << " bis " << p2 << endl;
}

/* Verschieben
 *  - inline neu implementiert
 */
inline void Linie::move (const Koord& offset)
{
    refpunkt += offset;        // entspricht "GeoObj::move(offset);"
    p2 += offset;
}

#endif
```

Der Konstruktor verlangt in diesem Fall zwei Koordinaten als Parameter zur Initialisierung. Der erste wird über die Initialisierungsliste an den Konstruktor der Basisklasse `GeoObj` übergeben, wo er zur Initialisierung des Referenzpunktes verwendet wird. Mit dem zweiten wird die Komponente für den neu hinzugekommenen zweiten Punkt initialisiert.

Auch diese Klasse implementiert die Ausgabe–Funktion `draw()` derart, daß ein entsprechender Text ausgegeben wird.

In diesem Fall wird allerdings auch die Funktion `move()` neu implementiert, da sowohl Anfangs– als auch Endpunkt absolute Koordinaten besitzen. Man hätte den zweiten Punkt genausogut als Offset auf den ersten Punkt implementieren können, wodurch die Funktion `move()` von der Basisklasse übernommen werden könnte. Dann müßten bei anderen Funktionen, wie etwa der Ausgabe, allerdings jeweils Umrechnungen zwischen relativem Offset und absoluter Koordinate stattfinden.

Anwendungsbeispiel

Ein kleines Beispielprogramm soll nun die Anwendung der Polymorphie verdeutlichen. In dem Beispiel werden Kreise und Linien in einer gemeinsamen Menge als geometrische Objekte betrachtet und manipuliert. Beim Verschieben und Ausgeben werden aber immer die Funktionen aufgerufen, die für die Klasse, die das jeweilige Ojekt tatsächlich besitzt, definiert sind.

Das Programm hat folgenden Aufbau:

```
// Header-Dateien fuer verwendete Klassen
#include "Linie.h"
#include "Kreis.h"
#include "GeoObj.h"

// Vorwaerts-Deklaration
void drawElem (const GeoObj&);

main()
{
    Linie l1 (Koord(1,2), Koord(3,4));
    Linie l2 (Koord(7,7), Koord(0,0));
    Kreis k (Koord(3,3), 11);

    // inhomogene Menge von geometrischen Objekten:
    GeoObj* menge[10];

    menge[0] = &l1;         // Menge enthaelt: - Linie l1
    menge[1] = &k;          //                 - Kreis k
    menge[2] = &l2;         //                 - Linie l2

    /* Elemente in der Menge ausgeben und verschieben
     * - es wird automatisch die richtige Funktion aufgerufen
     */
    for (int i=0; i<3; i++) {
        menge[i]->draw();
        menge[i]->move(Koord(3,-3));
    }

    /* Linien einzeln ueber Hilfsfunktion ausgeben
     */
    drawElem(l1);
    drawElem(k);
    drawElem(l2);
}
```

```
void drawElem (const GeoObj& obj)
{
    /* es wird automatisch die richtige Funktion aufgerufen
     */
    obj.draw();
}
```

Nach dem Erzeugen von zwei Linien und einem Kreis werden diese in einem Array von Zeigern auf den Typ `GeoObj` als geometrische Objekte verwendet. Die Variable `menge` repräsentiert also eine inhomogene Menge von geometrischen Objekten.

In einer Schleife wird dann jedes in der Menge befindliche Element ausgegeben und verschoben. Aufgrund der Tatsache, daß virtuelle Funktionen verwendet werden, wird zur Laufzeit jeweils geprüft, welche Klasse das geometrische Objekt tatsächlich hat und die entsprechende Funktion aufgerufen.

Genauso wird bei Verwendung einer Referenz automatisch die richtige Funktion aufgerufen, was bei der Funktion `drawElem()` ausgenutzt wird.

Die Ausgabe des Programms lautet insgesamt:

```
Linie von (1,2) bis (3,4)
Kreis um Mittelpunkt (3,3) mit Radius 11
Linie von (7,7) bis (0,0)
Linie von (4,-1) bis (6,1)
Kreis um Mittelpunkt (6,0) mit Radius 11
Linie von (10,4) bis (3,-3)
```

Polymorphie ist nur möglich, wenn die Identität eines Objekts nicht verlorengeht. Das bedeutet, ein Objekt darf nur über Zeiger und Referenzen zeitweise als Objekt der Klasse `GeoObj` betrachtet werden. Eine Variable vom Typ `GeoObj` ist und bleibt vom Typ `GeoObj`, auch wenn ein Kreis oder eine Linie zugewiesen werden.

In diesem Fall kann keine Variable vom Typ `GeoObj` deklariert werden, da es sich um eine abstrakte Klasse handelt (sie besitzt eine rein virtuelle Funktion und keinen öffentlichen Konstruktor). Es sind aber auch Basisklassen denkbar, von denen es durchaus auch Sinn macht, Objekte zu erzeugen. In dem Fall verliert ein Objekt seine Identität, wenn es z.B. durch Zuweisung oder Typumwandlung zum Objekt der Basisklasse wird. Polymorphie kann dann nicht mehr stattfinden.

Damit dies nicht aus Versehen geschieht, sollte man darauf achten, daß Basisklassen für Polymorphie immer abstrakt sind. Dies ist immer möglich, indem alle Konstruktoren nichtöffentlich deklariert werden. Wenn es Sinn macht, von einer Basisklasse für Polymorphie auch konkrete Objekte zu erzeugen, können sie durch eine davon abgeleitete Klasse erzeugt werden, die keine neuen Komponenten, sondern nur die entsprechenden Konstruktoren mit öffentlichem Zugriff definiert.

4.6.5 Anwendung von Polymorphie in Klassen

Das vorherige Beispiel zeigte zwar die Technik der Polymorphie, der wesentliche Vorteil ist aber vielleicht nur zu erahnen.

Eine mögliche Anwendung, die die Vorteile von Polymorphie sehr viel besser verdeutlicht, ist die Verwendung von Polymorphie in Klassen. Dies wird nachfolgend am Beispiel der Zusammenfassung verschiedener geometrischer Objekte zu einer Objekt–Gruppe gezeigt. Dazu wird eine Klasse **GeoGruppe** definiert. Da auch eine Gruppe geometrischer Objekte selbst wieder als geometrisches Objekt betrachtet werden kann, wird die Klasse selbst von `GeoObj` abgeleitet. Die Klasse GeoGruppe beschreibt also als geometrisches Objekt eine Gruppe geometrischer Objekte.

Die Klassenhierarchie erhält dadurch nun folgenden Aufbau:

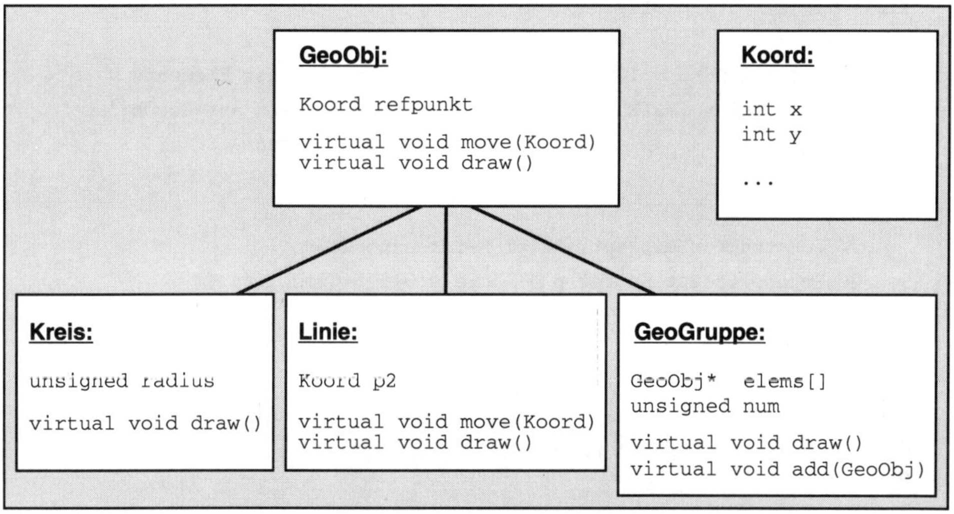

Polymorphie–Beispiel mit polymorpher Klasse **GeoGruppe**

Auch die Klasse GeoGruppe implementiert die Funktion **draw()** und erbt die Funktion `move()`. Hinzu kommt das Array der verwalteten Elemente und deren Anzahl sowie eine Funktion zum Einfügen eines Elements (natürlich gehören in der Praxis weitere Funktionen dazu, hier geht es nur um das Prinzip).

Header–Datei der Klasse GeoGruppe

Die Header–Datei der Klasse GeoGruppe enthält wie üblich die Klassendeklaration. Um das Beispiel einfach zu halten, werden die Elemente in einem Array mit fester Größe verwaltet. Die Größe wird durch die Konstante **MAXELEMS** verwaltet, die über einen Aufzählungstyp definiert wird (siehe Abschnitt 3.12.3).

Die Datei hat folgenden Aufbau:

```
#ifndef _GeoGruppe_h
#define _GeoGruppe_h

// Header-Datei der Basisklasse einbinden
#include "GeoObj.h"

/* Klasse GeoGruppe
 *  - abgeleitet von GeoObj
 *  - eine GeoGruppe besteht aus:
 *       - einem Referenzpunkt (geerbt)
 *       - einer Menge von geometrischen Elementen (neu)
 */
class GeoGruppe : public GeoObj {
  protected:
    enum { MAXELEMS = 100 };      // Maximum moeglicher Elemente
    GeoObj*  elems[MAXELEMS];     // Menge von Zeigern auf GeoObj's
    unsigned num;                 // Anzahl der Elemente

  public:
    // Konstruktor mit optionalem Referenzpunkt
    GeoGruppe (const Koord& p = Koord(0,0)) : GeoObj(p) {
        num = 0;
    }

    // Ausgabe (jetzt auch implementiert)
    virtual void draw () const;

    // Element einfuegen
    virtual void add (GeoObj&);

    // virtueller Destruktor
    virtual ~GeoGruppe () {
    }

    // Fehlerklasse
    class SizeExceeded {
    };
};

#endif  /* _GeoGruppe_h */
```

Der Konstruktor enthält einen Parameter, mit dem über den Konstruktor der Basisklasse der Referenzpunkt initialisiert wird. Er enthält als Default–Argument den Ursprung (die Koordinate `(0,0)`). Dieser wird bei der GeoGruppe als Offset auf die Elemente der Gruppe betrachtet. Die Koordinaten der Elemente sind damit relativ und beziehen sich auf den Referenzpunkt der GeoGruppe.

Quelldatei der Klasse GeoGruppe

In der Quelldatei der Klasse GeoGruppe werden die Funktionen zum Ausgeben der Gruppe und zum Einfügen eines Elements definiert.

Die Funktion zum Einfügen trägt einfach nur die Adresse des eingefügten Elements in das Array ein:

```
/* add
 *  - Element einfuegen
 */
void GeoGruppe::add (GeoObj& obj)
{
    if (num == MAXELEMS) {
        // FEHLER: Groesse ueberschritten
        throw SizeExceeded();
    }

    // Adresse vom geom. Objekt eintragen
    elems[num++] = &obj;
}
```

Da für das übergebene geometrische Objekt nur Referenzen und Zeiger verwendet werden, bleibt dessen Klassenzugehörigkeit erhalten.

Dies wird dann beim Ausgeben der Elemente ausgenutzt:

```
/* draw
 *  - alle Elemente unter Beruecksichtigung vom Referenzpunkt ausgeben
 */
void GeoGruppe::draw () const
{
    for (unsigned i = 0; i < num; i++) {
        elems[i]->move (refpunkt);   // Offset fuer Referenzpunkt addieren
        elems[i]->draw ();           // Element ausgeben
        elems[i]->move (-refpunkt);  // Offset wieder entfernen
    }
}
```

In einer Schleife werden einfach alle Elemente der GeoGruppe ausgegeben, indem für diese u.a. die Funktion `draw()` aufgerufen wird. Durch die Verwendung der virtuellen Funktionen wird dabei jeweils automatisch die richtige Funktion aufgerufen.

Vorher und nachher wird das Objekt, damit der Referenzpunkt berücksichtigt wird, noch entsprechend verschoben bzw. zurückgeschoben. In der Praxis sollte man für `draw()` besser einen Offset als Parameter vorsehen.

Anwendung

Das erste Anwendungsprogramm für geometrische Objekte von Seite 363 kann nun für die Verwendung einer Gruppe von geometrischen Objekten umgeschrieben werden:

```
// Header-Datei fuer I/O
#include <iostream.h>

// Header-Dateien fuer verwendete Klassen
#include "Linie.h"
#include "Kreis.h"
#include "GeoGruppe.h"

main()
{
    Linie l1 (Koord(1,2), Koord(3,4));
    Linie l2 (Koord(7,7), Koord(0,0));
    Kreis k (Koord(3,3), 11);

    GeoGruppe g;

    g.add(l1);              // GeoGruppe enthaelt: - Linie l1
    g.add(k);               //                     - Kreis k
    g.add(l2);              //                     - Linie l2

    g.draw();               // GeoGruppe ausgeben

    g.move(Koord(3,-3));    // GeoGruppen-Offset verschieben
    g.draw();               // GeoGruppe nochmal ausgeben
}
```

Der Aufruf

```
g.draw();
```

ruft jeweils `draw()` der Klasse `GeoGruppe` auf, wodurch die Schleife aufgerufen wird, die für die darin enthaltenen Elemente jeweils das richtige `draw()` aufruft.

Da eine GeoGruppe ein geometrisches Objekt ist, kann sie auch wieder in einer GeoGruppe verwendet werden:

```
GeoGruppe g2;

g2.add(g);                  // GeoGruppe g2 enthaelt: - GeoGruppe g
```

Dabei sollte eine GeoGruppe aber nicht direkt oder indirekt sich selbst enthalten, da dies zu Endlosrekursionen führen kann (der Umgang damit wird in Abschnitt 5.4.4 behandelt).

4.6.6 Polymorphie ist keine feste Fallunterscheidung

Auf einen wichtigen Aspekt der Klasse GeoGruppe soll nun noch eingegangen werden: Die Klasse GeoGruppe besitzt keinerlei Angabe, welche geometrischen Objekte verwaltet werden können. Sie verwendet nur die Klasse `GeoObj`. Damit kann die Klasse auch Objekte beliebiger anderer Klassen verwalten, solange diese von `GeoObj` abgeleitet sind.

Wenn also neue geometrische Objekte wie Dreiecke oder Texte gebraucht werden, müssen nur entsprechende Klassen von `GeoObj` abgeleitet werden. Die Klasse `GeoGruppe` bleibt unverändert und muß auch nicht neu compiliert werden. Dies ist ein ganz wesentlicher Vorteil für die Praxis. Solange sich die Anforderungen an den Oberbegriff nicht ändern, ist das System erweiterbar, ohne daß existierende Implementierungen für den Oberbegriff angetastet werden müssen. Komplexe Vorgänge wie das Verschieben, Ausgeben und Zusammenfassen von geometrischen Objekten müssen nur einmal grundsätzlich implementiert werden.

Dieser Mechanismus kann vor allem in Klassenbibliotheken dazu verwendet werden, verschiedene Objekte mit immer den gleichen Basisklassen zu verwalten, abzuspeichern und zu manipulieren. In Kapitel 5 wird ausführlich darauf eingegangen.

4.6.7 Rückumwandlung eines Objekts in seine Klasse

Bei der Anwendung von Polymorphie gibt es allerdings ein großes Problem in C++: Durch die strenge Typüberprüfung geht die Klasse, die ein Objekt besitzt, bei Behandlung als Objekt einer Basisklasse syntaktisch verloren. Wird ein Kreis als geometrisches Objekt behandelt, kann dafür keine nur für Kreise definierte Funktion aufgerufen werden. Genauso kann für eine GeoGruppe, die als geometrisches Objekt behandelt wird, nicht mehr die spezifische Elementfunktion `add()` aufgerufen werden:

```
GeoGruppe g;                // GeoObj-Gruppe

g.add(l1);                  // OK: Gruppe enthaelt: - Linie l1
...
```

```
GeoObj& geoobj = g;  // Gruppe wird als geometrische Objekt betrachtet

geoobj.add(l1);      // FEHLER: add() fuer GeoObj nicht definiert
```

Bei inhomogenen Mengen, wenn verschiedenartige Objekte zeitweise unter der gleichen Klasse behandelt werden, stellt sich damit das Problem, daß sie nicht ohne weiteres wieder zu dem werden können, was sie eigentlich sind. Da C++ eine strenge Typprüfung besitzt, kann `add()` nicht einfach grundsätzlich erlaubt werden, da der Aufruf bei Linien oder Kreisen nicht definiert wäre.

An dieser Stelle hilft nur eine erzwungene Typumwandlung:

```
GeoGruppe g;         // GeoObj-Gruppe

g.add(l1);           // OK: Gruppe enthaelt: - Linie l1
...

GeoObj& geoobj = g;  // Gruppe wird als geometrische Objekt betrachtet

((GeoGruppe&)geoobj).add(l1);
                     // OK: geoobj wird wieder GeoGruppe
```

Durch die Umwandlung von `geoobj` in eine Referenz der Klasse `GeoGruppe` ist der Aufruf von `add()` wieder möglich. Dabei muß beachtet werden, daß der Programmierer dafür Sorge tragen muß, daß die Typumwandlung korrekt ist. Sie ist es natürlich nur, wenn es sich bei dem geometrischen Objekt wirklich um eine GeoGruppe handelt.

Hier stellt sich gleich noch ein anderes Problem: Es gibt (bisher) keine Sprachunterstützung, um die tatsächliche Klasse eines Objekts zur Laufzeit zu ermitteln. Wenn verschiedene geometrische Objekte in einer Menge verwaltet werden, existiert kein Sprachmittel, um z.B. herauszubekommen, welches Objekt davon eine Linie ist.

Es bleibt nur die Möglichkeit, die Abfrage der Klasse eines Objekts zur Laufzeit selbst zu implementieren. Man kann z.B. eine virtuelle Funktion definieren, die zur Laufzeit die Klasse eines Objekts zurückliefert. Im folgenden Kapitel über Klassenbibliotheken wird ausführlich darauf eingegangen, wie dies konkret aussehen kann (siehe Abschnitte 5.1.2 und 5.1.6).

Typumwandlung mit dem Operator `dynamic_cast`

Das ANSI/ISO-Komitee ist allerdings dabei, für die Ermittlung der Klasse zur Laufzeit und für die Umwandlung in die tatsächliche Klasse Sprachmittel zu spezifizieren.

Zur Umwandlung in die Klasse, die ein Objekt tatsächlich besitzt, wird die Typumwandlung mit dem Operator `dynamic_cast` definiert. Seine Anwendung sieht wie folgt aus:

```
GeoGruppe g;          // GeoObj-Gruppe

g.add(l1);            // OK: Gruppe enthaelt: - Linie l1
...

GeoObj& geoobj = g;   // Gruppe wird als geometrische Objekt betrachtet

dynamic_cast<GeoGruppe&>(geoobj).add(l1);
                      // OK: geoobj wird wieder GeoGruppe
```

Dem Operator `dynamic_cast` kann als Argument im Templateformat ein Zeiger– oder ein Referenztyp einer Klasse und als Parameter ein Zeiger oder ein Objekt einer Klasse übergeben werden.

Handelt es sich um eine polymorphe Umwandlung (Umwandlung von einer Basisklasse, die mindestens eine virtuelle Funktion enthält, in eine abgeleitete Klasse), wird sie durchgeführt. Der Operator liefert also einen Zeiger oder eine Referenz der abgeleiteten Klasse. Ist dies nicht der Fall, wird bei einem Zeiger 0 zurückgeliefert und bei einer Referenz die Exception `tad_cast` ausgeworfen. Im Gegensatz zu einer expliziten Typumwandlung mit einem herkömmlichen Cast wird also geprüft, ob die Typumwandlung sinnvoll sein kann.

Sprachmittel zur Typabfrage

Es gab schon lange verschiedene Vorschläge, ein Sprachmittel zur Abfrage des Objekttyps einzuführen. Der wesentliche Grund dafür, weshalb lange davon abgesehen wurde, ist der, daß Klassenstrukturen damit automatisch eine zusätzliche Komponente erhalten. Damit wären sie aber nicht mehr kompatibel zu C–Strukturen oder bisherigen Objekten.

Das ANSI/ISO–Komitee ist aber nun dabei, ein Sprachmittel zur Typabfrage einzuführen. Die Namensgebung wird allerdings noch diskutiert.

Es wird jedenfalls eine Klasse wie `type_info` geben, die dazu dient, Objekte und deren Klassen zu beschreiben. Mit einem Operator wie `typeid` kann zu jeder Klasse eine Beschreibung abgefragt werden, die als Objekt der Klasse `type_info` angelegt wird. Die Klasse definiert u.a. Operatoren, um die verschiedenen Klassenbeschreibungen vergleichen zu können.

Dies könnte z.B. in etwa wie folgt aussehen:

```
// Falls GeoGruppe, Element x einfuegen:
if (typeid(geoobj) == typeid(GeoGruppe)) {
    GeoGruppe& g = dynamic_cast<GeoGruppe&>(geoobj);
    g.add(x);
}
```

4.6.8 Zusammenfassung

- **Polymorphismus** bezeichnet die Fähigkeit, daß die gleichen Operationen bei unterschiedlichen Objekten zu unterschiedlichen Reaktionen führen.
- C++ unterstützt Polymorphismus durch
  - gleichnamige Komponenten bei verschiedenen Klassen
  - überladen von Funktionen
  - virtuelle Funktionen
- Mit Polymorphismus kann das Abstaktionsmittel des Oberbegriffs implementiert werden.
- **Abstrakte Klassen** sind Klassen, die nicht dazu vorgesehen sind, daß von ihnen konkrete Objekte erzeugt werden. Sie dienen dazu, gemeinsame Eigenschaften verschiedener Klassen zusammenzufassen, um mit Oberbegriffen arbeiten zu können.

  Das Gegenstück dazu, also eine Klasse, von der Objekte erzeugt werden sollen, bezeichnet man als **konkrete Klasse**.
- **Rein virtuelle Funktionen** erlauben es, Funktionen zu deklarieren, die erst in abgeleiteten Klasse implementiert werden müssen. Sie werden durch Zuweisung von 0 definiert.
- Für die Typabfrage zur Laufzeit und für die Typumwandlung vom Oberbegriff in die tatsächliche Klasse sind Sprachmittel wie `dynamic_cast` und `typeid` vorgesehen bzw. geplant.

Kapitel 5

Klassenbibliotheken

Nachdem in den vorherigen Kapiteln die verschiedenen Sprachmittel von C++ eingeführt wurden, soll es in diesem Kapitel darum gehen, diese Sprachmittel beim Aufbau und bei der Verwendung von Klassenbibliotheken anzuwenden.

Anhand einer einfachen Beispiel–Bibliothek wird erläutert, wie eine Klassenbibliothek entworfen werden kann, welche Probleme dabei immer wieder auftauchen und wie diese gelöst werden können. Dabei werden auch typische Programmiertechniken existierender Klassenbibliotheken vorgestellt und zum Teil kritisch beleuchtet.

Was sind Klassenbibliotheken?

Klassenbibliotheken sind typischerweise mehrere aufeinander abgestimmte Klassen, die in ein oder mehreren Hierarchien implementiert sind.

Bei gutem Design einer Klassenbibliothek kann insbesondere der Vorteil der Wiederverwendbarkeit (engl.: reusability) von Software ausgenutzt werden:

- Für die gleiche Funktionalität können Klassen mehrfach verwendet werden.
- Klassen mit ähnlicher Funktionalität können durch Vererbung so implementiert werden, daß gleiche Teile nur einmal implementiert werden müssen.

Der Vorteil der Wiederverwendbarkeit liegt nicht nur darin, daß weniger Quellcode geschrieben werden muß, sondern auch darin, daß der wiederverwendete Code durch vorherige Anwendung bereits getestet wurde, was die Fehleranfälligkeit reduziert.

Design von Klassenbibliotheken

Es ist ein weit verbreitetes Gerücht, daß Wiederverwendbarkeit mit objektorientierter Programmierung quasi automatisch einhergeht. Vielmehr gilt, daß Wiederverwendbarkeit von vornherein beim Design beachtet werden muß. Das bedeutet normalerweise zunächst mehr Arbeit, was sich u.U. erst später bei Verwendung der Software an anderer Stelle auszahlt. Allerdings gibt es inzwischen zahlreiche Klassenbibliotheken, die sofort eine deutliche Arbeitserleichterung darstellen können.

Leider gibt es zur Zeit noch Standardisierungsprobleme, so daß Klassenbibliotheken für gleiche Klassen verschiedene Schnittstellen besitzen. Am weitesten fortgeschritten ist die Standardisierung bei der I/O–Bibliothek mit den Stream–Klassen, die bereits in Abschnitt 3.6 eingeführt wurden. In Abschnitt 5.8 wird ihr Aufbau noch genauer vorgestellt.

Aber schon bei einer Klasse für Strings gibt es deutliche Unterschiede. So bilden manche Klassenbibliotheken einen Summenstring über den Operator + und andere über den Operator &. Das ANSI/ISO–Komitee arbeitet an der Standardisierung einzelner wesentlicher Datentypen, wie etwa an einer Klasse für Strings.

Vorteile von Klassenbibliotheken

Eine gute Klassenbibliothek bietet nicht nur den Vorteil der Wiederverwendbarkeit. Bei gutem Design werden auch einige zum Teil alles andere als triviale Probleme gelöst, die bei der Arbeit mit Klassen eigentlich immer wieder auftauchen. Durch die Möglichkeit, eigene Klassen in die Klassenbibliothek zu integrieren, können diese Lösungen dann auch für eigene Klassen übernommen werden.

So kann zum Beispiel das Kopieren und das Vergleichen von Objekten bei komplexen Klassen recht kompliziert werden. Bei Mengen, in denen ein und dasselbe Objekt zweimal vorhanden ist, muß z.B. sichergestellt werden, daß dieser Sachverhalt auch in einer Kopie noch gilt. Überhaupt stellt sich die Frage, was bei Objekten, die andere Objekte verwalten, eine Kopie ist. Sollen nur die Verweise auf die verwalteten Objekte oder auch die Objekte selbst kopiert werden?

Ein anderes Problem ist die Persistenz. Damit bezeichnet man die Fähigkeit, Objektstrukturen abspeichern und wieder laden zu können. Der Zustand eines Programms kann damit für ein erneutes Starten festgehalten werden.

Eine gute Klassenbibliothek entwickelt für all diese Pobleme Konzepte, die deren Lösung so weit wie möglich automatisieren. Im Idealfall muß bei einer neuen Klasse nur noch definiert werden, welche besonderen Attribute und Operationen existieren. Das Anlegen von Kopien, Abspeichern, Laden, aber auch die Mengenverarbeitung von Objekten der Klasse ist mit Definition der Klasse automatisch möglich.

Topologie von Klassenbibliotheken

Je nach Aufgabenstellung und Design können die Klassen einer Klassenbibliothek sehr unterschiedlich organisiert sein: Das Spektrum reicht von einzelnen, völlig unabhängigen Klassen bis zu untrennbar zusammengehörigen, aufeinander abgestimmten Klassenhierarchien.

Einzelne unabhängige Klassen bieten den Vorteil, daß sie je nach Bedarf ein bestimmtes Problem einfach und übersichtlich lösen. Die Funktionalität einer solchen Klasse erstreckt sich auf ihre wesentlichen Anforderungen.

Aufeinander abgestimmte Klassenhierarchien bieten den Vorteil, daß sie besser generelle Lösungen für allgemeine Anforderungen an Klassen anbieten können. Insbesondere lassen sich Konzepte implementieren, die das Ergänzen um eigene Klassen deutlich vereinfachen.

Existierende Klassenbibliotheken

Es existiert inzwischen eine relativ große Menge von Klassenbibliotheken, die zum Teil kommerziell und zum Teil kostenlos vertrieben werden.

Zu jedem C++-Compiler, zu jeder für C++ geeigneten objektorientierten Design-Methode und für verschiedene Spezialfälle sind Bibliotheken erhältlich.

Von den kostenlosen Klassenbibliotheken sind vor allem zwei sehr bekannt:

- NIHCL

  Diese "National Institutes of Health Class Library" wurde in Anlehnung an Smalltalk entwickelt und ist sehr verbreitet.

  Es handelt sich um eine Klassenbibliothek, die zahlreiche Klassen in einem durchdachten Konzept integriert. Viele Konzepte, die in diesem Abschnitt noch angesprochen und in kommerziellen Klassenbibliotheken verwendet werden, sind dort implementiert. Insbesondere besitzt die Klassenbibliothek ein Konzept zur Persistenz, also zum Abspeichern und Laden von Objekten und Programmzuständen.

  Allerdings gibt es in der NIHCL intern einige Fehler (z.B. keine virtuellen Destruktoren), die einer kommerziellen Verwendung im Wege stehen, und auch keinen kommerziellen Support. Insofern eignet sich die Bibliothek in erster Linie dazu (durch Lesen des Quellcodes), Detail-Lösungen für Klassenbibliotheken kennenzulernen.

  Zur NIHCL gehört das im Literaturverzeichnis aufgeführte Buch "*Data Abstraction and Object-Oriented Programming in C++*", das insbesondere auch einige Basistechniken von Klassenbibliotheken einführt, die in diesem Buch und auch in anderen Klassenbibliotheken verwendet werden.

- GNU C++-Bibliothek

  Sie wird mit dem GNU C/C++-Compiler vertrieben und stellt wichtige Standard-Klassen für Strings, Booleans, Stacks, Mengen und verkettete Listen zur Verfügung.

5.1 Die Beispiel–Klassenbibliothek BXCL

In diesem Abschnitt wird die erste Version einer Beispiel–Klassenbibliothek vorgestellt. Sie heißt BXCL, was für "Beispiel–Class–Library" steht (das `X` ist die persönliche Note).

Die BXCL dient vor allem dazu, besondere Techniken vorzustellen, die beim Design einer Klassenbibliothek mit eng zusammengehörigen und aufeinander abgestimmten Klassen angewendet werden. Es geht also nicht darum, verschiedene sinnvolle Klassen einzeln vorzustellen, sondern in die Technik von Klassenbibliotheken einzuführen, die sinnvolle generelle Mechanismen implementieren. Dazu gehören Algorithmen zur Mengenverarbeitung oder zum Abspeichern und Laden, die so weit wie möglich zentral gelöst werden und dadurch die Implementierung einzelner Klassen so einfach wie möglich machen.

Die erste Version der BXCL kann nicht sehr viel, sondern dient dazu, eine Basis zu schaffen. In den folgenden Abschnitten wird die BXCL dann weiterentwickelt und verbessert, wodurch die Vorteile, aber auch Probleme, eine Klassenbibliothek als Gesamtkonzept zu verwenden, verdeutlicht werden.

5.1.1 Design–Ansatz

Die Klassenbibliothek BXCL nutzt die Polymorphie als Konzept. In einer abstrakten Basisklasse wird zunächst festgelegt, welche Eigenschaften alle Objekte der Klassenbibliothek generell besitzen. Dazu gehört z.B. eine eindeutige ID, sowie Funktionen zum Anlegen von Kopien, Abspeichern, Laden und zum Vergleichen von Objekten. Durch Polymorphie können die Funktionen in abgeleiteten Klassen durchaus verschieden implementiert werden. Entscheidend ist, daß es sie gibt und daß auf sie unabhängig vom tatsächlichen Typ eines Objekts aufgebaut werden kann. Insofern ist die Klasse wesentlich für die gesamte Struktur, den Aufbau, das Verhalten und die Funktionlität der Klassenbibliothek.

So können z.B. Mengenklassen entworfen werden, die beliebige Objekte dieser Klassenbibliothek verwalten können, da sichergestellt ist, daß alle dazu notwendigen Eigenschaften der Objekte vorhanden sind. Muß die Menge z.B. abgespeichert werden, muß einfach nur für jedes Element die Funktion zum Abspeichern aufgerufen werden. Soll z.B. eine unabhängige Kopie der Menge mit all ihren Elementen angelegt werden, muß einfach nur für jedes Objekt in der Menge die Funktion aufgerufen werden, die davon eine Kopie anlegt. Dabei können auch inhomogene Mengen, also Mengen, die aus Objekten verschiedenen Typs bestehen, verarbeitet werden.

Die erste Version der Klassenbibliothek ist allerdings vielleicht etwas unbefriedigend, da sie zunächst nicht alle Mechanismen vorstellt. Der Aufwand zum Design einer Klassenbibliothek scheint zunächst den Nutzen in keiner Weise zu rechtfertigen. Mit der Einführung von Mengenklassen und mit der Behandlung der Probleme beim Kopieren oder Abspeichern werden die Vorteile der Klassenbibliothek allerdings immer deutlicher. Insbesondere muß man sich klar machen, daß mit Lösung der hier angesprochenen Probleme die Einführung weiterer Klassen relativ einfach wird.

Neben der abstrakten Basisklasse werden der Einfachheit halber nur zwei abgeleitete konkrete Klassen exemplarisch vorgestellt: eine Klasse für Integer und eine Klasse für Strings:

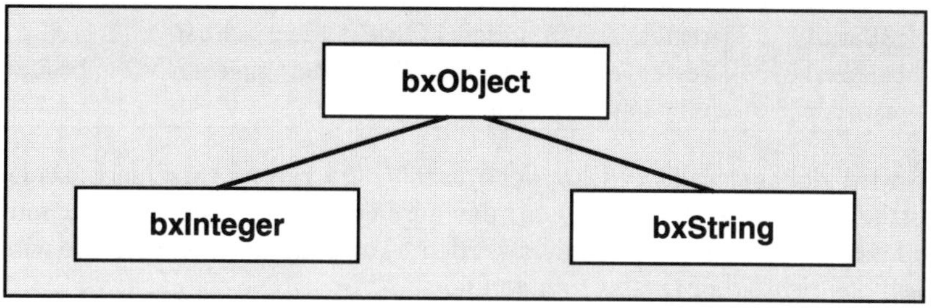

Erste Klassenhierarchie der BXCL

In Abschnitt 5.2 werden dann Mengenklassen hinzugefügt.

Namensgebung

Eine Klassenbibliothek definiert globale Datentypen und riskiert somit, daß Namenskonflikte mit anderen globalen Identifiern auftreten. Aus diesem Grund sollte vor jeder Implementierung ein geeignetes Namenspräfix definiert werden, um Namenskonflikte weitgehend auszuschließen. Leider machen das bei weitem nicht alle existierenden Klassenbibliotheken, was dazu führt, daß bei Software, die verschiedene Klassenbibliotheken verwendet (wogegen nichts einzuwenden ist), sofort Namenskonflikte auftreten. Datentypen wie `String` oder `Boolean` sind sichere Kandidaten dafür.

Um derartige Namenskonflikte zu vermeiden, wird zwar das Sprachmittel der Namensbereiche eingeführt (siehe Abschnitt 3.12.5), es ist aber deutlich einfacher, wenn Namenskonflikte gar nicht erst auftreten. Außerdem erleichtern Präfixe die Zuordnung von Identifiern, wenn verschiedene Software–Komponenten verwendet werden.

Bei der BXCL wurde als Präfix "bx" gewählt. Jeder globale Identifier muß mit diesem Präfix beginnen. Als Konvention folgt bei "normalen" Klassen wie `bxInteger` danach ein Großbuchstabe, während bei Hilfsklassen wie `bxid` ein Kleinbuchstabe folgt (die Hilfsklasse `bxid` wird noch eingeführt).

5.1.2 Die abstrakte Basisklasse bxObject

In der abstrakten Basisklasse `bxObject` werden die Eigenschaften definiert, die für jedes Objekt der Klassenbibliothek BXCL gelten. Die hier definierten Komponenten werden von allen anderen Klassen geerbt. Jede hier definierte Funktion ist also für alle Objekte der Klassenbibliothek definiert und kann unabhängig vom tatsächlichen Typ aufgerufen werden. Insofern ist die Klasse wesentlich für die gesamte Struktur, den Aufbau, das Verhalten und die Funktionlität der Klassenbibliothek.

Folgende Funktionen werden in der ersten Version für alle Objekte definiert:

Funktion	**Bedeutung**
`className()`	liefert den Namen der Klasse, zu der das Objekt gehört
`isSame()`	testet, ob ein anderes Objekt identisch ist
`isEqual()`	testet, ob ein anderes Objekt den gleichen Wert besitzt
`printOn()`	gibt ein Objekt aus

Zusätzlich wird global für alle Objekte der Ausgabe–Operator `<<` definiert. Da er einfach nur die virtuelle Funktion `printOn()` für das auszugebende Objekt aufruft, muß er nur einmal und nicht für jede Klasse definiert werden. Aufgrund der Polymorphie wird jeweils automatisch das richtige `printOn()` aufgerufen.

Header–Datei der Klasse bxObject

Die Header–Datei für die Klasse bxObject hat folgenden Aufbau:

```
#ifndef _bxObject_h
#define _bxObject_h

// Standard-Header-Dateien einbinden
#include <iostream.h>
#include <stdlib.h>

// Hilfstypen
#include "bxtypes.h"

/* Abstrakte Klasse bxObject
 *  - Wurzel einer Klassenbibliothek
 *  - definiert alle Standard-Funktionen fuer Objekte
 */
class bxObject {
  protected:
    static bxid maxId;     // aktuelle hoechste ID
    const  bxid objId;     // jeweilige Objekt-ID

  public:
    // Virtueller Destruktor
    virtual ~bxObject () {
    }

    // Klassen-Name
    virtual const char* className () const = 0;
```

```
    /* Test auf identische Gleichheit
     *  - wird von allen Klassen einfach geerbt
     */
    virtual bool isSame (const bxObject&) const;

    /* Test auf Wertgleichheit mit beliebigem Objekt
     *  - basiert auf Test auf Wertgleichheit mit einem
     *    Objekt der gleichen Klasse (operator==)
     */
    virtual bool isEqual (const bxObject&) const = 0;

    // Ausgabe
    virtual void printOn (ostream& = cout) const = 0;

  protected:
    // Default-Konstruktor
    bxObject ()
      : objId(++maxId) {     // ID initialisieren
    }

    // Copy-Konstruktor
    bxObject (const bxObject&)
      : objId(++maxId) {     // ID initialisieren
    }

    // Zuweisung
    void operator = (const bxObject&) {
                             // ID nicht zuweisen
    }
};

/* Ausgabeoperator "<<" fuer alle Klassen deklarieren
 */
ostream& operator << (ostream& strm, const bxObject& obj);

#endif  /* _bxObject_h */
```

Das einzige Datenelement, das in der Klasse eingeführt wird, ist eine Objekt–ID (`objId`). Sie wird jeweils beim Anlegen eines Objekts im Konstruktor initialisiert, wozu die statische Komponente `maxId` verwendet wird, die die jeweils höchste ID festhält (vergleiche Abschnitt 3.12.1).

Damit wirklich jedes Objekt eine eigene ID besitzt, müssen auch der Copy–Konstruktor und der Zuweisungsoperator implementiert werden. Mit dem Default–Copy–Konstruktor wird ansonsten die ID kopiert, was dazu führen würde, daß zwei Objekte die gleiche ID hätten.

Aus dem gleichen Grund darf der Zuweisungsoperator nicht die ID zuweisen. Da es nicht möglich ist, ein Objekt der Klasse anzulegen, kann der Zuweisungsoperator zwar nicht direkt aufgerufen werden, ein indirekter Aufruf durch eine abgeleitete Klasse ist aber möglich und sollte deshalb das richtige tun.

Die Funktionen `className()`, `isEqual()` und `printOn()` werden rein virtuell definiert. Das bedeutet zum einen, daß es sich bei bxObject wirklich um eine abstrakte Klasse handelt, von der keine Instanzen (konkreten Objekte) erzeugt werden können. Zum anderen werden zumindest die direkt abgeleiteten Klassen gezwungen, sofern sie nicht selbst abstrakte Klassen sind, diese Funktionen zu implementieren.

Zusätzlich wird zum Unterstreichen der Tatsache, daß kein Objekt angelegt werden kann, ein nichtöffentlicher Konstruktor definiert. Nicht vergessen werden darf schließlich der virtuelle Destruktor, da die Klasse sonst nicht zur uneingeschränkten Vererbung geeignet ist (siehe Abschnitt 4.2.5).

Für IDs wird der Datentyp `bxid` verwendet. Dabei handelt es sich um einen Hilfsdatentyp, der in der Header–Datei "`bxtypes.h`" definiert wird:

```
#ifndef _bxtypes_h
#define _bxtypes_h

/* Fuer Object-IDs
 *  - kann spaeter als Klasse deklariert werden
 */
typedef long bxid;
static const bxid bxnoid = -1;

#endif  /* _bxtypes_h */
```

Der Datentyp wird allerdings zunächst durch eine einfache Typedef–Anweisungen definiert. Die Typedef–Anweisung bietet den Vorteil, einen Datentyp vorerst über einen anderen Datentyp zu definieren, um dies dann später durch eine Klassendefinition zu ersetzen. Es handelt sich sozusagen um eine einfache und schnelle Lösung ("quick and dirty"), die sofort funktioniert. Später kann und sollte `bxid` durch eine Klasse definiert werden, damit z.B. eine Überlauf–Behandlung vorhanden ist.

Da es sich um eine Header–Datei handelt, wird die Konstante `bxnoid` statisch deklariert, um Fehlermeldungen über mehrfache Definitionen zu vermeiden. Auch dies ist eine einfache und schnelle Lösung. Sauberer wäre sicherlich eine Deklaration mit Definition in einer eigenen Quelldatei.

Für den Fall, daß der Compiler noch nicht den Datentyp `bool` mit den Literalen `true` und `false` unterstützt, können dafür in "`bxtypes.h`" entsprechende Definitionen eingeführt werden (siehe auch Seite 43).

Quelldatei der Klasse bxObject

In der Quelldatei der Klasse bxObject werden der ID–Zähler `maxId`, der globale Ausgabeoperator `<<` und die Funktion `isSame()` definiert:

```
/* Quelldatei zur abstrakten Klasse bxObject
 */

// Header-Datei der eigenen Klasse einbinden
#include "bxObject.h"

/* statische Komponente maxId initialisieren
 */
bxid bxObject::maxId = 0;

/* operator <<
 *  - Ausgabeoperator fuer alle Objekte
 */
ostream& operator << (ostream& strm, const bxObject& obj)
{
    // objektspezifische Ausgabe-Funktion aufrufen
    obj.printOn (strm);

    // fuer Verkettung
    return strm;
}

/* isSame
 *  - testet auf Identitaet durch Vergleich der IDs
 *  - geht auch bei Mehrfachvererbung
 */
bool bxObject::isSame (const bxObject& obj) const
{
    return  objId == obj.objId;
}
```

Der globale Ausgabeoperator ruft wie üblich für das auszugebende Objekt die Elementfunktion `printOn()` auf. Da jedes Objekt der Klassenbibliothek ein bxObject ist, kann er für alle Objekte aufgerufen werden. Aufgrund der Polymorphie wird dann zur Laufzeit abhängig vom tatsächlichen Typ des Objekts die Funktion `printOn()` der entsprechenden Klasse aufgerufen. Dies funktioniert natürlich nur, wenn `printOn()` auch immer virtuell definiert wird, worauf also geachtet werden muß (Compiler warnen leider nur selten, wenn eine virtuelle Funktion nichtvirtuell abgeleitet wird).

Dieses Beispiel zeigt nur jeweils den Ausgabeoperator. Der Eingabeoperator muß natürlich entsprechend behandelt werden.

Die Funktion `isSame()`, die testet, ob zwei beliebige Objekte der Klassenbibliothek identisch sind, vergleicht einfach nur die IDs. Dies bedeutet, daß die Klassenbibliothek zumindest in dieser Hinsicht auch für Mehrfachvererbung geeignet ist. Bei Mehrfachvererbung würden die Adressen der Objekte zur Feststellung der Identität nicht ausreichen (siehe Abschnitt 4.5.3). Wir werden aber noch andere Gründe für die Notwendigkeit von IDs kennenlernen.

5.1.3 Die abgeleitete Klasse bxInteger

Die erste abgeleitete Klasse, von der wirklich Instanzen (konkrete Objekte) erzeugt werden können, ist die Klasse `bxInteger`. Sie ermöglicht es, ganzzahlige Werte mit den Mitteln der Klassenbibliothek zu verwalten. Dies mag etwas merkwürdig erscheinen, da es doch den fundamentalen Datentyp `int` gibt. Man darf jedoch nicht vergessen, daß bei vollem Ausbau einer Klassenbibliothek Mechanismen zur Mengenverwaltung und zum Abspeichern auch komplexer zusammengesetzter Objekte vorhanden sind, bei denen natürlich auch ganzzahlige Werte gebraucht werden. Die Klasse bxInteger ist sozusagen die Umsetzung des Datentyps `int` an die Anforderungen der BXCL.

Header–Datei der Klasse bxInteger

Die Header–Datei der ersten Version der Klasse `bxInteger` hat folgenden Aufbau:

```
#ifndef _bxInteger_h
#define _bxInteger_h

// Header-Datei der Basisklasse
#include "bxObject.h"

/* Klasse bxInteger
 *  - abgeleitet von bxObject
 */
class bxInteger : public bxObject {

  protected:
    int theValue;                 // Integer-Wert

  public:
    // Konstruktoren
    bxInteger (int i = 0) : theValue(i) {
    }
```

```
    // Wert abfragen
    virtual int value () const {
        return theValue;
    }

    // Wert aendern (neuen Wert zurueck)
    virtual int value (int i) {
        return theValue = i;
    }

    // Klassen-Name
    virtual const char* className () const;

    // Test auf Wertgleichheit mit beliebigem Objekt
    virtual bool isEqual (const bxObject&) const;

    // Test auf Wertgleichheit mit Objekt gleicher Klasse
    virtual bool operator== (const bxInteger&) const;
    virtual bool operator!= (const bxInteger&) const;

    // Ausgabe
    virtual void printOn (ostream& = cout) const;

    // Copy-Konstruktor, da die Basisklasse ihn definiert
    bxInteger (const bxInteger& i)
        : bxObject(i), theValue(i.theValue) {
    }

    // Zuweisung, da die Basisklasse sie definiert
    const bxInteger& operator= (const bxInteger& i) {
        bxObject::operator=(i);      // Zuweisung der Basisklasse
        theValue = i.theValue;       // Wert zuweisen
        return *this;                // Objekt zurueckliefern
    }

    // virtueller Destruktor
    virtual ~bxInteger () {
    }
};

#endif  /* _bxInteger_h */
```

Der Informationsgehalt, nämlich der ganzzahlige Wert eines bxIntegers wird in der Komponente `theValue` abgelegt.[1] Der Konstruktor erlaubt es, ein Objekt mit optionalem Initialisierungswert anzulegen. Wird kein Wert übergeben, wird der Integer mit 0 initialisiert.

Zum Setzen und Abfragen dienen die `value()`–Funktionen. Bei einem Aufruf ohne einen Parameter wird der aktuelle Wert zurückgeliefert. Bei Aufruf mit einem `int`–Parameter wird dem Objekt dessen Wert zugewiesen (und gleich wieder zurückgeliefert).

Es folgen die Definitionen der bereits in der Basisklasse deklarierten Standard–Funktionen, sowie zweier Funktionen zum Wertvergleich mit einem anderen bxInteger. Hier müßten in der Praxis natürlich alle möglichen Operatoren definiert werden. Dies ist ein Beispiel dafür, daß Klassenbibliotheken zunächst einen Mehraufwand bedeuten (so aufwendig, wie es klingt, ist es allerdings auch nicht).

Am Ende erfolgen die Definitionen von Copy–Konstruktor, Zuweisungsoperator und virtuellem Destruktor. Der Copy–Konstruktor und der Zuweisungsoperator werden implementiert, da die Basisklasse `bxObject` diese auch selbst implementiert hat (siehe Abschnitt 4.3.4).

Virtuell oder nicht virtuell ?

Die Funktionen der Klasss bxInteger werden alle virtuell deklariert. Dies müßte allerdings nicht unbedingt sein und wird in kommerziellen Klassenbibliotheken z.T. auch anders gehandhabt. Darauf soll kurz eingegangen werden.

Grundsätzlich ist es das beste, alle Elementfunktionen virtuell zu deklarieren. Dann kann es bei Polymorphie, wenn die Klasse abgeleitet und eine Elementfunktion dabei überschrieben wird, nicht passieren, daß die falsche Funktion aufgerufen wird. Dies ist um so wichtiger, als die Klassenbibliothek Polymorphie als Konzept verwendet.

Allerdings kosten virtuelle Funktionen Zeit, da kein direkter, sondern ein indirekter Aufruf einer Funktion stattfindet, wobei die Umsetzung zur Laufzeit über eine Auswertung der Objekt–Klasse stattfindet. Leider kann der Zeitverlust zum Teil erheblich sein. Dies gilt insbesondere für Inline–Funktionen, da ein virtueller Aufruf in der Regel nicht durch Textersatz umgesetzt werden kann und somit der Vorteil von Inline–Funktionen, wenn sie virtuell sind, entfällt.

Aus diesem Grund kann es sich lohnen, für Funktionen, von denen nicht zu erwarten ist, daß sie bei Vererbung umdefiniert werden, einen direkten Aufruf zu ermöglichen. Bei den `value()`–Funktionen kann das z.B. der Fall sein. Die Funktionen setzen oder liefern den Wert der Komponente `theValue`. Selbst wenn neue Komponenten hinzukommen, sollte sich daran nichts ändern.

[1] Da die Schnittstellen–Funktionen `value` heißen, konnte der Name nicht mehr für die interne Komponente verwendet werden (sinnvolle Namen bei Schnittstellen sollten vorgehen).

Beim Vergleichen oder Ausgeben könnten Komponenten, die beim Ableiten hinzukommen, aber durchaus eine Rolle spielen. Man denke beispielsweise an eine abgeleitete Klasse `FarbigerInteger`, bei der zusätzlich eine Komponente für die Farbe bei der Ausgabe des Integers hinzukommt. Ein Vergleich sollte dann sicherlich auch die Farbe vergleichen. Der Wert wird aber weiterhin ohne Rücksicht auf die Farbe gesetzt.

Man sollte allerdings nie die Phantasie der Anwender unterschätzen. In der Praxis passiert relativ oft, daß Basissoftware in einer unerwarteten Art und Weise eingesetzt wird. Letztendlich ist es ein Abwägen zwischen Einschränkungen bei der Vererbung (`value()` darf nicht überschrieben werden) und dem damit verbundenen Laufzeitvorteil (`value()` wird als Inline–Funktion noch nicht einmal als Funktionsaufruf realisiert). In jedem Fall sollte eine Einschränkung bei der Vererbung deutlich gekennzeichnet werden.

Quelldatei der Klasse bxInteger

In der Quelldatei der Klasse `bxInteger` werden die einzelnen Elementfunktionen der Klasse definiert:

```
/* Quelldatei zur Klasse bxInteger
 */

// Header-Datei der eigenen Klasse einbinden
#include "bxInteger.h"

const char* bxInteger::className () const
{
    return "bxInteger";
}

bool bxInteger::isEqual (const bxObject& obj) const
{
    return  className() == obj.className() &&
            *this == (const bxInteger&)(obj);
}

bool bxInteger::operator== (const bxInteger& x) const
{
    return  theValue == x.theValue;
}

bool bxInteger::operator!= (const bxInteger& x) const
{
    return  theValue != x.theValue;
}
```

```
void bxInteger::printOn (ostream& strm) const
{
    strm << theValue;
}
```

Die Vergleichsoperatoren und `printOn()` sind trivial und als Einzeiler sicherlich Kandidaten für Inline–Funktionen (es sei denn, man will nicht, daß die Implementierung in den Header–Dateien öffentlich sichtbar wird).

Die Funktion für den Klassennamen ist zwar auch ein Einzeiler, darf aber **nicht** in der Header–Datei implementiert werden. Die Funktion liefert nämlich eine Adresse. Um nun festzustellen, ob zwei Objekte den gleichen Klassennamen haben, reicht es aus, nur die Adressen zu vergleichen, wenn sichergestellt ist, daß immer die gleiche Adresse zurückgeliefert wird. Als Inline–Funktion kann der String aber in unterschiedlichen Modulen auftauchen, wodurch es passieren kann, daß verschiedene Adressen zurückgeliefert werden. Das alles klingt nicht sehr sauber und wird in der nächsten Version auch verbessert, indem für den Namen und auch andere Eigenschaften einer Klasse eine spezielle Klasse eingeführt wird.

"Äpfel mit Birnen vergleichen"

Die Elementfunktion `isEqual()` vergleicht ein Objekt der Klasse `bxInteger` mit einem beliebigen anderen Objekt, das auch eine andere Klasse besitzen kann. Aus diesem Grund wird erst getestet, ob das andere Objekt den gleichen Klassennamen besitzt und dann der Wert verglichen:

```
bxbool bxInteger::isEqual (const bxObject& obj) const
{
    return  className() == obj.className() &&
            *this == (const bxInteger&)(obj);
}
```

Zum Vergleichen gibt es bereits die Operator–Funktion ==. Diese verlangt aber zum Vergleichen einen bxInteger. Aus diesem Grund muß in der Funktion `isEqual()` aus dem `bxObject` ein `bxInteger` gemacht werden, was korrekt ist, da der Vergleich der Klassennamen vorher ja ergeben hat, daß die Objekte den gleichen Klassennamen haben.[2]

Die Besonderheit der Funktion `isEqual()` liegt also darin, daß Objekte unterschiedlicher Klassen verglichen werden können. Jedes beliebige Objekt der Klassenbibliothek ist im Wert mit jedem beliebigen anderen Objekt der Klassenbibliothek vergleichbar. Dies ist vor allem dann interessant, wenn aufgrund von Polymorphie die Klasse eines Objekts (vorübergehend) verlorengeht. Ein Beispiel dafür wäre die Suche in einer inhomogenen Menge von beliebigen Objekten nach einem Integer mit dem Wert 7.

[2] Der logische UND–Operator `&&` testet nur bis zum ersten `False`. Ist der linke Ausdruck `False`, wird der rechte gar nicht mehr bewertet.

5.1.4 Die abgeleitete Klasse bxString

Die abgeleitete Klasse bxString ist im Prinzip die in Abschnitt 3.9 vorgestellte Klasse für Strings, angepaßt an die Anforderungen der BXCL (die Einlesefunktionen wurden der Einfachheit halber weggelassen).

Header–Datei der Klasse bxString

Die Header–Datei der Klasse `bxString` hat folgenden Aufbau:

```
#ifndef _bxString_h
#define _bxString_h

// Header-Datei der Basisklasse
#include "bxObject.h"

/* Klasse bxString
 *  - abgeleitet von bxObject
 */
class bxString : public bxObject {
  protected:
    char*    cstring;    // Zeichenfolge als dynamischer C-String
    unsigned len;        // Anzahl Zeichen (ohne '\0')
    unsigned size;       // Speicherplatzgroesse von "cstring"

  public:
    // Default- und char*-Konstruktor
    bxString (const char* = "");

    // Aufgrund dynamischer Komponenten:
    bxString (const bxString&);                    // Copy-Konstruktor
    virtual ~bxString ();                          // virtueller Destruktor
    const bxString& operator= (const bxString&);  // Zuweisung

    // aneinanderhaengen von Strings
    virtual bxString operator+ (const bxString&) const;

    // Klassen-Name
    virtual const char* className () const;

    // Test auf Wertgleichheit mit beliebigem Objekt
    virtual bool isEqual (const bxObject&) const;
```

```
    // Test auf Wertgleichheit mit Objekt gleicher Klasse
    virtual bool operator== (const bxString&) const;
    virtual bool operator!= (const bxString&) const;

    // Ausgabe
    virtual void printOn (ostream& = cout) const;

  protected:
    /* Konstruktor fuer uninitialisierten String bestimmter Laenge
     * (intern fuer operator+())
     */
    bxString (unsigned);
};

#endif  /* _bxString_h */
```

Wie zu sehen ist, werden die bei der Vorstellung der Klasse String in Abschnitt 3.9 eingeführten Datenelemente und Elementfunktionen, ergänzt um die Funktionen für die BXCL, deklariert.

Virtuell kontra Friend

Im Gegensatz zur in Abschnitt 3.9 eingeführten Version besitzt die Klasse allerdings keine Friend–Funktionen mehr. Statt globaler Friend–Funktionen werden Elementfunktionen verwendet. Diese Änderung liegt an dem Problem, daß Friend–Funktionen nicht virtuell sein dürfen.

Zur Erinnerung:

- Friend–Funktionen werden vor allem deshalb gebraucht, um automatische Typumwandlungen für das Objekt zu ermöglichen, für das die Funktion aufgerufen wird. Speziell bei Operator–Funktionen wird damit eine automatische Typumwandlung für den ersten Operanden möglich.
- Virtuelle Funkionen werden für das Konzept der Polymorphie gebraucht, damit, wenn ein Objekt als Objekt einer Basisklasse manipuliert wird, die "richtige" Funktion der tatsächlichen Klasse des Objekts aufgerufen wird.

Da Friend–Funktionen aber nicht virtuell sein dürfen, schließt das eine das andere aus.

Hier gilt es nun, für die einzelnen Funktionen abzuwägen, was wichtiger ist: automatische Typumwandlung oder Polymorphie. Da es für diese Klassenbibliothek wesentlich ist, daß die in der Basisklasse bxObject definierten virtuellen Funktionen virtuell sind, fällt die Entscheidung nicht schwer.

Etwas anderes ist es bei typspezifischen Operationen, wie etwa den Operatoren `+` oder `==`. Auch bei dieser Implementierung wurde das Konzept der Polymorphie als wichtiger erachtet. Ansonsten kann es nämlich Schwierigkeiten geben, wenn die Klasse bxString abgeleitet und z.B. eine Menge von unterschiedlichen Stringtypen verarbeitet wird (es wird dann im Zweifelsfall nicht die richtige Operation aufgerufen). Außerdem trägt es der Empfehlung Rechnung, möglichst wenig automatische Typumwandlungen zuzulassen, um unerwartete Effekte und Mehrdeutigkeiten zu vermeiden (siehe Abschnitt 3.7.4).

Wer es nun als Nachteil empfindet, daß Anweisungen wie

```
bxString s;
...
s = "hallo" + s;
```

nicht mehr möglich ist, kann entsprechende globale Hilfsfunktionen definieren.

Dies könnte für den Operator + folgendermaßen aussehen:

```
bxString operator+ (char* s1, bxString s2)
{
    return bxString(s1) + s2;
}
```

Solche globalen Hilfsfunktionen sind natürlich dann auch für andere Operatoren wie == und != notwendig. Aber es lohnt sich! Der Mehraufwand macht sich durch den Vorteil bezahlt, daß bei Polymorphie keine verkehrten Funktionen aufgerufen werden. Das gilt natürlich für alle Klassen, also auch für die Klasse bxInteger.

Quelldatei der Klasse bxString

Die Quelldatei der Klasse `bxString` hat folgenden Aufbau:

```
/* Quelldatei zur Klasse bxString
 */

// Header-Dateien einbinden
#include <string.h>
#include "bxString.h"

/* Default- und char*-Konstruktor
 *  - Default fuer s: ""
 */
bxString::bxString (const char* s)
{
    len = strlen (s);              // Anzahl Zeichen
    size = len + 1;                // Size ist Anzahl Zeichen plus '\0'
    cstring = new char [size];     // Speicherplatz anlegen
```

```
    strcpy (cstring, s);          // Zeichen in Speicherplatz kopieren
}

/* Copy-Konstruktor
 */
bxString::bxString (const bxString& s)
    : bxObject(s)                 // Copy-Konstruktor der Basisklasse
{
    len = s.len;                  // Anzahl Zeichen uebernehmen
    size = len + 1;               // Size ist Anzahl Zeichen plus '\0'
    cstring = new char [size];    // Speicherplatz anlegen
    strcpy (cstring, s.cstring);  // Zeichen kopieren
}

/* Destruktor
 */
bxString::~bxString ()
{
    // Mit new angelegten Speicherplatz wieder freigeben
    delete [] cstring;
}

/* operator =
 *  - Zuweisung
 */
const bxString& bxString::operator= (const bxString& s)
{
    // Zuweisung eines Strings an sich selbst macht nichts
    if (isSame(s)) {
        return *this;                 // String zurueckliefern
    }

    // Zuweisungen der Basisklasse durchfuehren
    bxObject::operator= (s);

    len = s.len;             // Anzahl Zeichen uebernehmen

    // falls Platz nicht reicht, vergroessern
    if (size < len + 1) {
        delete [] cstring;            // alten Speicherplatz freigeben
```

```
        size = len + 1;              // Anzahl Zeichen plus '\0'
        cstring = new char [size];   // Speicherplatz anlegen
    }

    strcpy (cstring, s.cstring);     // Zeichen kopieren

    return *this;               // geaenderten String zurueckliefern
}

/* operator +
 *  - haengt zwei Strings hintereinander
 */
bxString bxString::operator+ (const bxString& s) const
{
    // uninitialisierten Summen-String erzeugen
    bxString sum (len + s.len + 1);

    // Summen-Zeichenfolge darin initialisieren
    strcpy (sum.cstring, cstring);
    strcat (sum.cstring, s.cstring);

    // Kopie von Summen-String zurueck
    return sum;
}

/* Konstruktor fuer uninitialisierten String bestimmter Laenge
 *  - intern fuer operator+
 */
bxString::bxString (unsigned l)
{
    len = l;                      // Anzahl Zeichen uebernehmen
    size = len + 1;               // Size ist Anzahl Zeichen plus '\0'
    cstring = new char [size];    // Speicherplatz anlegen
}

const char* bxString::className () const
{
    return "bxString";
}
```

```
bool bxString::isEqual (const bxObject& obj) const
{
    return  className() == obj.className() &&
            *this == (const bxString&)(obj);
}

bool bxString::operator== (const bxString& x) const
{
    return  (strcmp(cstring,x.cstring) == 0);
}

bool bxString::operator!= (const bxString& x) const
{
    return  (strcmp(cstring,x.cstring) != 0);
}

void bxString::printOn (ostream& strm) const
{
    // Zeichenfolge einfach ausgeben
    strm << cstring;
}
```

Neben den Erläuterungen, die bereits in den Abschnitten 3.9.2ff. dazu gemacht wurden, sind hier drei Tatsachen erwähnenswert:

- Auch hier darf die Implementierung der Funktion, die den Klassennamen zurückliefert, nicht in der Header–Datei durchgeführt werden, damit immer die gleiche String–Adresse zurückgeliefert wird und somit ein Vergleich der Klassennamen durch Adressenvergleich möglich ist.
- Beim Zuweisungsoperator wird zur Feststellung der Identität nicht der Adressenvergleich, sondern die Funktion `isSame()` verwendet. Damit ist der Test auch bei Mehrfachvererbung korrekt.
- Diese Klasse verdeutlicht, weshalb der Destruktor der Basisklasse `bxObject` virtuell definiert werden mußte. Wenn nämlich ein String als bxObject zerstört wird, wird automatisch die richtige Funktion aufgerufen, die den Speicherplatz für die Zeichenfolge `cstring` wieder freigibt.

Andere Design–Möglichkeiten von bxString

Die abgeleitete Klasse bxString wurde hier direkt durch Operationen für C–Strings implementiert. In der Praxis ist es aber von Vorteil, wie bei der Klasse `bxInteger` vorzugehen: Die Klasse `bxString` wird als Umsetzung einer existierenden Klasse für Strings implementiert. Dadurch kann die Implementierung der eigentlichen String–Funktionen von existierenden Klassen übernommen werden.

Dies ließe sich auf zwei Arten realisieren:

- Die Klasse verwendet als Komponente ein Objekt einer vordefinierten Klasse für Strings. Die Operationen werden einfach auf die Komponente übertragen:

```
class bxString : public bxObject {
  protected:
    String str;         // Wert des Strings (Objekt der Klasse String)
  public:
    // Default- und char*-Konstruktor
    bxString (const char* s = "") : str(s) {
    }

    virtual bool operator== (const bxString& s) const {
        return  str == s.str;
    }
    ...
};
```

- Die Klasse wird neben bxObject von einer vordefinierten Klasse für Strings abgeleitet. Die Standard–Operationen für Strings müssen dann nur noch in Bezug auf ihre Erbbarkeit überprüft und ggf. neu implementiert werden (aus dem Rückgabetyp `String` muß z.B. `bxString` werden):

```
class bxString : public bxObject, public String {
  public:
    // Default- und char*-Konstruktor
    bxString (const char* s = "") : String(s) {
    }
    ...
};
```

Beide Möglichkeiten haben Vor– und Nachteile:

- Die Lösung mit der Komponente ist sicherer, da keine unvorhergesehenen oder unerwarteten Operationen geerbt werden können. Die Schnittstelle der Klasse nach außen liegt vollständig in der Hand des Programmierers der Klasse `bxString`. Außerdem werden eventuelle Komplikationen aufgrund von Mehrfachvererbung vermieden.
- Die Lösung mit der Mehrfachvererbung ist dagegen schneller und einfacher zu implementieren und vielleicht auch etwas eleganter. Vererbung wird genau so genutzt, wie sie gedacht ist: Ein bxString ist auf der einen Seite ein String und auf der anderen Seite ein Objekt der BXCL.

5.1.5 Ein erstes Anwendungsbeispiel für die BXCL

Ein erstes Anwendungsbeispiel soll nun die Arbeit mit der Klassenbibliothek verdeutlichen. Das Programm zeigt die Verwendung der verschiedenen Standardfunktionen unter Ausnutzung der Polymorphie. Eine universelle Vergleichsfunktion testet für verschiedene Fälle, ob und inwiefern zwei Objekte gleich sind:

```
// Header-Dateien
#include <iostream.h>
#include "bxInteger.h"
#include "bxString.h"

// Vorwaerts-Deklaration
void vergleiche (bxObject&, bxObject&);

main()
{
    bxString s1, s2, s3;
    bxInteger i1;

    s1 = s2 = "hallo";
    i1 = 17;

    vergleiche (s1, s2);        // gleicher Wert
    vergleiche (s1, s3);        // verschiedener Wert
    vergleiche (s1, i1);        // verschiedene Klasse
    vergleiche (s1, s1);        // identisch
}

void vergleiche (bxObject& o1, bxObject& o2)
{
    if (o1.isSame(o2)) {
        cout << "die beiden Objekte sind identisch (Wert: "
             << o1 << ')' << endl;
    }
    else if (o1.isEqual(o2)) {
        cout << "die beiden Objekte haben den gleichen Wert: "
             << o1 << endl;
    }
    else if (o1.className() == o2.className()) {
        cout << "die beiden Objekte haben verschiedene Werte: "
             << o1 << " und " << o2 << endl;
    }
    else {
        cout << "die beiden Objekte haben verschiedene Klassen ("
```

```
                    << o1.className() << " und " << o2.className() << ")\n"
                    << " und natuerlich auch verschiedene Werte: "
                    << o1 << " und " << o2 << endl;
        }
    }
```

Die Ausgabe des Programms lautet:

```
die beiden Objekte haben den gleichen Wert: hallo
die beiden Objekte haben verschiedene Werte: hallo und
die beiden Objekte haben verschiedene Klassen (bxString und bxInteger)
 und natuerlich auch verschiedene Werte: hallo und 17
die beiden Objekte sind identisch (Wert: hallo)
```

5.1.6 Eine Klasse für die Klassen

In C++ gibt es leider (bisher) keine Unterstützung, um die Klassen, zu denen Objekte gehören, im Programm verwalten oder deren Eigenschaften ansprechen zu können. Insbesondere bietet die Sprache kein Mittel, um zur Laufzeit die Klasse eines Objekts herauszufinden. Diese Sprachmittel werden kommen, aber das kann noch etwas dauern (siehe Seite 371).

Wenn Objekte zeitweise unter einer Basisklasse verwaltet werden, wird die Information über ihre tatsächliche Klasse aber gebraucht. Die Funktion `isEqual()`, die zwei beliebige Objekte vergleicht, ist ein Beispiel dafür. Vor allem in einer inhomogenen Menge verschiedenartiger Objekte kann sonst schlecht ein bestimmtes Objekt gefunden werden. Aus diesem Grund wurde bereits in der ersten Version der BXCL eine Elementfunktion `className()` definiert, die den Klassennamen zu einem Objekt liefert.

Für die Verwaltung von Objekten können außerdem weitere Eigenschaften von Klassen wichtig sein. So kann z.B. zur Laufzeit von Interesse sein, ob eine Klasse von einer anderen Klasse abgeleitet ist. Außerdem könnte es nützlich sein, alle Instanzen einer Klasse zu verwalten (wir werden noch Beispiele dafür kennenlernen).

In der zweiten Version der BXCL wird deshalb etwas für Klassenbibliotheken recht typisches gemacht: Es wird eine Hilfsklasse `bxclass` definiert, die nur die Aufgabe hat, die eigentlichen BXCL–Klassen zu beschreiben.

Header–Datei der Hilfsklasse bxclass

Die Header–Datei `bxclass.h` enthält, wie üblich, die Klassenspezifikation:

```
#ifndef _bxclass_h
#define _bxclass_h
```

```
// Hilfstypen
#include "bxtypes.h"

/* Hilfsklasse bxclass
 *  - beschreibt Eigenschaften jeder BXCL-Klasse
 *  - erlaubt eindeutige Klassenzuordnung
 *  - nicht zur Vererbung geeignet
 */
class bxclass {
  private:
    const char*    const className;       // Zeiger auf Klassenname
    const bxclass* const baseClassPtr;    // Zeiger auf Basisklasse

  public:
    // Konstruktor (mit Parametern fuer die konstanten Komponenten)
    bxclass (const char* const, const bxclass&);

    // Konstruktor speziell fuer bxObject (keine Basisklasse)
    bxclass (const char* const);

    // Gleichheit
    bool operator== (const bxclass&) const;
    bool operator!= (const bxclass& cl) const {
        return ! operator== (cl);
    }

    // Test auf Basisklasse
    bool isDerivedFrom (const bxclass&) const;

    // Klassen-Name
    const char* const name () const;
};

#endif  /* _bxclass_h */
```

Wie zu sehen ist, besteht ein Objekt, das eine Klasse beschreibt, aus zwei Komponenten:

- `className` ist ein Zeiger auf den Namen der Klasse als String
- `baseClassPtr` ist ein Zeiger auf die Beschreibung der Basisklasse

  Da es sich nur um einen Zeiger handelt, kann damit nur Einfachvererbung dargestellt werden. In der Praxis müßte für Mehrfachvererbung ein Array oder ähnliches verwendet werden.

Beide Komponenten sind konstante Zeiger, da sich Name und Klasse zur Programmlaufzeit nicht ändern (zweimal **const**, da sich weder die Komponenten noch das, worauf sie zeigen, ändert). Entsprechend müssen die Konstruktoren diese Komponenten beim Erzeugen auch gleich initialisieren (siehe Quelldatei). Ein spezieller Konstruktor ist dabei für die Klasse bxObject deklariert, da diese keine Basisklasse besitzt.

Bemerkenswert ist weiterhin die Tatsache, daß, obwohl es den Eindruck erweckt, es sich bei den Komponenten um keine dynamischen Komponenten handelt, was durch **const** ja auch schon ausgedrückt wird. In beiden Fällen wird nämlich nur der Zeiger als Komponente verwaltet. Der Speicherplatz dazu ist jeweils statisch. Dies liegt auf der Hand, da die Objekte dieser Klasse statisch sind. In C++ gibt es keine Möglichkeit, Klassen dynamisch zur Laufzeit zu definieren. Aus diesem Grund existieren auch weder Zuweisungsoperator noch Copy–Konstruktor noch Destruktor.

Desweiteren sind noch die wichtigsten Operationen für eine Klassenbeschreibung definiert: Die Operatoren == und != testen, ob zwei Klassen gleich sind, die Funktion isDerivedFrom() testet, ob sie voneinander abgeleitet sind. Die Elementfunktion **name()** liefert den Klassennamen.

Quelldatei der Hilfsklasse bxclass

In der Quelldatei bxclass.cc werden die schon angesprochenen Elementfunktionen implementiert. Dabei sind alle Funktionen gute Kandidaten für Inline–Funktionen, da höchstens eine Anweisung oder eine Initialisierung über eine Initialisierungsliste vorkommt:

```
/* Quelldatei zur Klasse bxclass
 */

// Header-Datei der eigenen Klasse einbinden
#include "bxclass.h"

const bxclass* const NO_BASE_CLASS = ((bxclass*)0);

/* Konstruktor
 */
bxclass::bxclass (const char* name, const bxclass& base)
      : className(name), baseClassPtr(&base)
{
}

/* Konstruktor ohne Basisklasse
 */
bxclass::bxclass (const char* name)
      : className(name), baseClassPtr(NO_BASE_CLASS)
{
```

```
}

/* operator ==
 */
bool bxclass::operator== (const bxclass& cl) const
{
    return className == cl.className;
}

/* isDerivedFrom()
 * - liefert, ob eine Klasse aus einer anderen Klasse
 *   abgeleitet, aber nicht identisch ist
 */
bool bxclass::isDerivedFrom (const bxclass& cl) const
{
    /* abgeleitet, wenn Basisklasse gleich oder abgeleitet
     */
    return baseClassPtr != NO_BASE_CLASS &&
           (*baseClassPtr == cl || baseClassPtr->isDerivedFrom(cl));
}

/* name()
 * - liefert Klassenname
 */
const char* const bxclass::name () const
{
    return className;
}
```

Zunächst wird eine spezielle Konstante für die Klasse bxObject definiert, mit der angezeigt wird, daß keine Basisklasse existiert:

```
const bxclass* NO_BASE_CLASS = ((bxclass*)0);
```

Anschließend werden die Konstruktoren implementiert. Da die Komponenten Konstanten sind, müssen sie bei der Erzeugung des Objekts initialisiert werden, was nur mit Initialisierungslisten möglich ist (siehe Abschnitt 3.11.3):

```
bxclass::bxclass (const char* name, const bxclass& base)
    : className(name), baseClassPtr(&base)
{
}

bxclass::bxclass (const char* name)
    : className(name), baseClassPtr(NO_BASE_CLASS)
{
}
```

Auch hier nochmal der Hinweis, daß von den übergebenen Strings keine internen Kopien angelegt werden, sondern nur jeweils die Adresse als Komponente festgehalten wird. Von der Basisklasse, die als Referenz übergeben wird, wird intern die Adresse festgehalten. Diese Methode wurde verwendet, um auch als Adresse den Nullzeiger in Form von `NO_BASE_CLASS` verwalten zu können. Wäre die Komponente eine Referenz, wäre dies nicht möglich gewesen (einen zweiten Namen für nichts gibt es nicht).

Zum Testen auf Gleichheit von zwei Klassen wird einfach die Komponente `className` verglichen. Da es sich um C–Strings handelt, bedeutet das, daß nicht die Zeichenfolgen, sondern die Adressen des ersten Zeichens verglichen werden. Dies ist völlig in Ordnung, da auch beim Anlegen von Kopien die Adressen und nicht die Strings kopiert werden (es werden ja Default–Zuweisungsoperator und Default–Copy–Konstruktor verwendet). Die Komponenten, die Adressen sind, bleiben also immer gleich. Ein Vergleich der Adressen der Klassenbeschreibung wäre nicht sinnvoll, da damit eine Adressbeschreibung nicht kopiert werden könnte. Es kann aber durchaus mehrere Stellen geben, an denen die Beschreibung einer Klasse gebraucht wird.

Die Elementfunktion `isDerivedFrom()` stellt fest, ob eine Klasse von einer anderen Klasse abgeleitet ist. Falls eine Basisklasse existiert, wird festgestellt, ob diese mit der zu vergleichenden Klasse identisch ist oder selbst von ihr abgeleitet ist. Es findet also ein rekursiver Aufruf der Funktion für die jeweilige Basisklasse statt, der endet, wenn die Basisklasse die getestete Klasse ist oder keine Basisklasse mehr existiert.

Die Elementfunktion `name()` liefert schließlich einfach nur den Klassennamen, auf den `className` zeigt, zurück.

Verwendung von bxclass in der Basisklasse bxObject

Die Verwendung der Klasse bxclass wird bereits in der Basisklasse der BXCL, bxObject, festgelegt. Dort wird die Eigenschaft, daß jedes Objekt eine Klassenbeschreibung besitzt, für alle Objekte festgelegt. Zum einen wird dazu eine statische Komponente für die Klassenbeschreibung deklariert, zum anderen werden einige grundsätzliche Funktionen zum Umgang mit der Klassenbeschreibung definiert:

```
#ifndef _bxObject_h
#define _bxObject_h

// Standard-Header-Dateien einbinden
#include <iostream.h>
#include <stdlib.h>

// Hilfstypen
#include "bxtypes.h"
#include "bxclass.h"
```

```
/* Abstrakte Klasse bxObject
 *  - Wurzel einer Klassenbibliothek
 *  - definiert alle Standard-Funktionen fuer Objekte
 */
class bxObject {
  /* Klassen-Eigenschaften
   */
  private:
    static const bxclass theClassDesc;
  public:
    static const bxclass& desc () {
        return theClassDesc;
    }
    virtual const bxclass& classDesc () const {
        return theClassDesc;
    }
    virtual bool isMemberOf (const bxclass& cl) const {
        return classDesc() == cl;
    }
    virtual bool isKindOf (const bxclass& cl) const {
        return classDesc() == cl
               || classDesc().isDerivedFrom(cl);
    }
    virtual const char* className () const {
        return classDesc().name();
    }

  /* Objekt-Eigenschaften
   */
  protected:
    static bxid maxId;     // aktuelle hoechste ID
    const  bxid objId;     // jeweilige Objekt-ID

  public:
    // Virtueller Destruktor
    virtual ~bxObject () {
    }

    /* Test auf identische Gleichheit
     *  - wird von allen Klassen einfach geerbt
     */
    virtual bool isSame (const bxObject&) const;
```

```
        /* Test auf Wertgleichheit mit beliebigem Objekt
         *  - basiert auf Test auf Wertgleichheit mit einem
         *    Objekt der gleichen Klasse (operator==)
         */
        virtual bool isEqual (const bxObject&) const = 0;

        // Ausgabe
        virtual void printOn (ostream& = cout) const = 0;

      protected:
        bxObject ()                           // Default-Konstruktor
          : objId(++maxId) {
        }
        bxObject (const bxObject&)            // Copy-Konstruktor
          : objId(++maxId) {
        }
        void operator = (const bxObject&) {   // Zuweisung
        }
    };

    /* Ausgabeoperator "<<" fuer alle Klassen deklarieren
     */
    ostream& operator << (ostream& strm, const bxObject& obj);

    #endif  /* _bxObject_h */
```

Da die Klassenbeschreibung genau einmal pro Klasse existiert, wird sie als statische Komponente definiert (statische Komponenten werden in Abschnitt 3.12.1 eingeführt):

```
class bxObject {
  private:
    static const bxclass theClassDesc;
  ...
};
```

Da sie sich im Verlauf des Programms nicht ändert, wird sie zusätzlich als Konstante deklariert. Die Initialisierung wird in der Quelldatei der Klasse durchgeführt (eine Initialisierung von statischen Komponenten in Header–Dateien ist nicht erlaubt).

Die anschließend definierten Funktionen legen die Zugriffsmöglichkeiten auf die Klassenbeschreibung wie folgt fest:

Funktion	Bedeutung
`desc()`	liefert die Klassenbeschreibung als statische Funktion
`classDesc()`	liefert die Klassenbeschreibung zu einem Objekt
`isMemberOf()`	liefert zurück, ob ein Objekt zu einer Klasse gehört
`isKindOf()`	liefert zurück, ob ein Objekt zu einer Klasse gehört oder von ihr abgeleitet ist
`className()`	liefert den Klassennamen eines Objekts

Dazu gibt es folgende Anmerkungen:

- Da `class` bereits als Schlüsselwort vergeben ist, wird für die Klassenbeschreibung das Wort `desc` (description) verwendet.
- Es gibt zwei Funktionen, um die Klassenbeschreibung zu erhalten: die statische Elementfunktion `desc()` und die virtuelle Elementfunktion `classDesc()`.
  - Die statische Funktion `desc()` wird gebraucht, damit auf die Beschreibung einer bestimmten Klasse zugegriffen werden kann, auch wenn kein Objekt einer Klasse vorhanden ist:

    ```
    // Name der Klasse bxObject ausgeben
    cout << bxObject::desc().name();
    ```

  - Die virtuelle Elementfunktion `classDesc()` wird für das Konzept der Polymorphie gebraucht. Nur bei virtuellen Elementfunktionen wird erst beim Aufruf geprüft, zu welcher Klasse ein Objekt gehört und die "richtige" Funktion aufgerufen:

    ```
    void f (bxObject& obj)
    {
        // Name der Klasse ausgeben, zu der "obj" tatsaechlich gehoert
        cout << obj.classDesc().name();
    }
    ```

  Aber Vorsicht: Prinzipiell könnte auch die statische Funktion für ein existierendes Objekt aufgerufen werden. Da statische Funktionen nicht virtuell sind, würde in dem Fall aber nicht die Beschreibung der tatsächlichen Klasse des Objekts, sondern die Beschreibung der Klasse, mit der die Variable deklariert ist, angesprochen werden:

  ```
  void f (bxObject& obj)
  {
      // FEHLER: gibt immer "bxObject" aus
      cout << obj.desc().name();
  }
  ```

- Die anderen Funktionen dienen dazu, verschiedene typische Informationen, die für die Klasse eines Objekts von Interesse sind, abzufragen. So kann mit `isKindOf()`

festgestellt werden, ob ein Objekt zu einer bestimmten Klasse gehört oder davon abgeleitet ist. Mit dieser Information kann man zur Laufzeit klären, ob ein Objekt als Objekt einer bestimmten anderen Klasse betrachtet werden kann.

Jede dieser Funktionen ist so implementiert, daß sie von den von bxObject abgeleiteten Klassen nicht mehr implementiert werden muß. Da in allen Funktionen die virtuelle Funktion `classDesc()` verwendet wird, wird automatisch die richtige Klassenbeschreibung verwendet. Insofern bräuchten die Funktionen auch nicht virtuell definiert zu werden. Die virtuelle Definition läßt aber die Möglichkeit offen, die Funktionen in abgeleiteten Klassen zu überschreiben.

- `className()` ist einfach nur eine bequemere Art, an den Klassennamen zu kommen. Statt

  ```
  obj.classDec().name()
  ```

  braucht nur

  ```
  obj.className()
  ```

  aufgerufen zu werden.

In der Quelldatei kommt nur eine einzige Anweisung hinzu. Sie initialisiert die Klassenbeschreibung:

```
const bxclass bxObject::theClassDesc ("bxObject");
```

Mit dieser Definition wird zur Initialisierung der Klassenbeschreibung der Konstruktor der Klasse `bxclass` aufgerufen, der nur einen Parameter besitzt. Damit wird der Name der Klasse übergeben und festgelegt, daß die Klasse keine Basisklasse besitzt.

Verwendung von bxclass in abgeleiteten Klassen

Ähnliche, wenn auch nicht ganz so viele Umstellungen müssen für die von bxObject abgeleiteten Klassen vorgenommen werden. In jeder Klasse werden jeweils die statische Komponente für die Klassenbeschreibung und die Funktionen, die direkt darauf zugreifen, gebraucht.

Die Header–Datei der Klasse bxInteger erhält z.B. folgenen Aufbau:

```
#ifndef _bxInteger_h
#define _bxInteger_h

// Header-Datei der Basisklasse
#include "bxObject.h"

/* Klasse bxInteger
 *  - abgeleitet von bxObject
 */
```

```
class bxInteger : public bxObject {
  /* fuer die Klassenbeschreibung:
   */
  private:
    static const bxclass theClassDesc;
  public:
    static const bxclass& desc () {
        return theClassDesc;
    }
    virtual const bxclass& classDesc () const {
        return theClassDesc;
    }

  /* fuer die Objekte:
   */
  protected:
    int theValue;                   // Integer-Wert

  public:
    // Konstruktoren
    bxInteger (int i = 0) : theValue(i) {
    }

    // Wert abfragen oder aendern
    int value () const {
        return theValue;
    }
    int value (int i) {
        return theValue = i;
    }

    // Test auf Wertgleichheit mit beliebigem Objekt
    virtual bool isEqual (const bxObject&) const;

    // Test auf Wertgleichheit mit Objekt gleicher Klasse
    virtual bool operator== (const bxInteger&) const;
    virtual bool operator!= (const bxInteger&) const;

    // Ausgabe
    virtual void printOn (ostream& = cout) const;

    // Copy-Konstruktor, da die Basisklasse ihn definiert
    bxInteger (const bxInteger& i)
        : bxObject(i), theValue(i.theValue) {
    }
```

```
        // Zuweisung, da die Basisklasse sie definiert
        const bxInteger& operator= (const bxInteger& i) {
            bxObject::operator=(i);     // Zuweisung der Basisklasse
            theValue = i.theValue;      // Wert zuweisen
            return *this;               // Objekt zurueckliefern
        }

        // virtueller Destruktor
        virtual ~bxInteger () {
        }
    };

    #endif  /* _bxInteger_h */
```

Auch hier wird eine eigene statische Komponente als Konstante für die Klassenbeschreibung deklariert:

```
class bxInteger : public bxObject {
  private:
    static const bxclass theClassDesc;
  ...
};
```

Wer sich fragt, warum die statische Komponente der Klasse `bxObject` nicht geerbt und überschrieben werden kann, muß sich klarmachen, daß es sich bei statischen Komponenten im Prinzip um globale Variablen handelt, die nur auf den Gültigkeitsbereich einer Klasse beschränkt werden. Die "globale Variable" der Klasse bxObject beschreibt deren Eigenschaften und kann deshalb nicht als Beschreibung der Klasse bxInteger verwendet werden.

Auch in diesem Fall muß die statische Komponente in der Quelldatei initialisiert werden:

```
const bxclass bxInteger::theClassDesc ("bxInteger", bxObject::desc());
```

In diesem Fall wird der Konstruktor der Klasse `bxclass` aufgerufen, der für zwei Parameter definiert ist. Der erste Parameter ist der Klassenname, der zweite ist die Basisklasse.

Als Basisklasse wird genaugenommen die statische Komponente für die Klassenbeschreibung der Basisklasse übergeben. An dieser Stelle wird ein bemerkenswertes Phänomen sichtbar: Die Reihenfolge, in der statische Komponenten initialisiert werden, ist **nicht** definiert. Damit kann die Beschreibung einer abgeleiteten Klasse **vor** der Beschreibung ihrer Basisklasse initialisiert werden. Dies ist jedoch unkritisch, da die Klasse `bxclass` nur einen Zeiger auf die übergebene Klassenbeschreibung enthält. Er zeigt spätestens dann, wenn die Beschreibung der Basisklasse initialisiert wird, auf den richtigen Inhalt.

Die Klasse bxString und alle anderen von bxObject abgeleiteten Klassen werden nach dem gleichen Muster verändert:

- statische Komponenten `theClassDesc` deklarieren und je nach Klasse initialisieren
- statische Funktion `desc()` und virtuelle Elementfunktion `classDesc()` definieren

Testprogramm für die Verwendung von bxclass

Das Anwendungsbeispiel für die erste Version der BXCL auf Seite 394 kann auch für die neue Version verwendet werden. Da auch in dieser Version die Adresse für den String des Klassennamens eindeutig ist, ist ein Vergleich der von `className()` zurückgelieferten Adressen weiterhin möglich.

Sauberer ist es nach der neuen Schnittstelle aber, die Klassen zu vergleichen, indem ihre Beschreibungen verglichen werden. Da es außerdem nun die Möglichkeit gibt, festzustellen, ob Klassen voneinander abgeleitet sind, wurde das Testprogramm deshalb etwas modifiziert:

```
// Header-Dateien
#include <iostream.h>
#include "bxInteger.h"
#include "bxString.h"

// Vorwaerts-Deklaration
void vergleiche (bxObject&, bxObject&);

main()
{
    bxString s1, s2, s3;
    bxInteger i1;

    s1 = s2 = "hallo";
    i1 = 17;

    vergleiche (s1, s2);        // gleicher Wert
    vergleiche (s1, s3);        // verschiedener Wert
    vergleiche (s1, i1);        // verschiedene Klasse
    vergleiche (s1, s1);        // identisch
}

void vergleiche (bxObject& o1, bxObject& o2)
{
    if (o1.isSame(o2)) {
        cout << "die beiden Objekte sind identisch (Wert: "
```

```
                << o1 << ')' << endl;
        }
        else if (o1.isEqual(o2)) {
            cout << "die beiden Objekte haben den gleichen Wert: "
                 << o1 << endl;
        }
        else if (o1.classDesc() == o2.classDesc()) {
            cout << "die beiden Objekte haben verschiedene Werte: "
                 << o1 << " und " << o2 << endl;
        }
        else {
            cout << "die beiden Objekte haben verschiedene Klassen ("
                 << o1.className() << " und " << o2.className() << "),"
                 << endl;
            if (o1.isKindOf(o2.classDesc()) || o2.isKindOf(o1.classDesc())) {
                cout << " die voneinander abgeleitet sind," << endl;
            }
            else {
                cout << " die nicht voneinander abgeleitet sind," << endl;
            }
            cout << " und natuerlich auch verschiedene Werte: "
                 << o1 << " und " << o2 << endl;
        }
    }
```

In der Funktion `vergleiche()` wird nun durch den Vergleich

```
if (o1.classDesc() == o2.classDesc())
```

festgestellt, ob `o1` und `o2` die gleiche Klasse besitzen.

Ist dies nicht der Fall, wird durch Verwendung der Elementfunktion `isKindOf()` festgestellt, ob die Objekte voneinander abgeleitet sind:

```
if (o1.isKindOf(o2.classDesc()) || o2.isKindOf(o1.classDesc()))
```

Die Ausgabe des Programms besitzt durch den zusätzlichen Vergleich nun eine zusätzliche Zeile:

```
die beiden Objekte haben den gleichen Wert: hallo
die beiden Objekte haben verschiedene Werte: hallo und
die beiden Objekte haben verschiedene Klassen (bxString und bxInteger),
 die nicht voneinander abgeleitet sind,
 und natuerlich auch verschiedene Werte: hallo und 17
die beiden Objekte sind identisch (Wert: hallo)
```

5.1.7 Der Trick mit den Makros

Spätestens mit der Einführung der Klasse `bxclass` zur Beschreibung der BXCL-Klassen fällt auf, daß bestimmte Deklarationen und Definitionen immer wieder auftauchen. So wird z.B. immer eine statische Komponente `theClassDesc` mit dazugehörigen Zugriffsfunktionen definiert. Aber auch die Elementfunktion `isEqual()` wird im Prinzip immer gleich definiert (nur der Typ des Parameters ist verschieden).

Da es sehr wichtig ist, daß diese Komponenten und Funktionen vorhanden und auch richtig definiert sind (der ganze Mechanismus bricht zusammen, wenn z.B. einmal ein `virtual` vergessen wird), bietet es sich an, ihre Definition zu automatisieren. Dies ist mit Hilfe von Makros möglich.

"*Makros?*", werden Sie sagen, "*Dazu gibt es doch Templates!*". Doch hier sind wir an die Grenzen von Templates gekommen. Es werden nämlich keine einzelnen Funktionen oder ganze Klassen, sondern **Teile** von Klassen definiert (da dabei auch Typen als Parameter verwendet werden, kommen Funktionen ohnehin nicht in Betracht).

In der Klasse bxObject werden deshalb zwei Makros definiert, die von jeder abgeleiteten Klasse verwendet werden sollten:

- **BX_DECLARE_CLASS** (*klasse*, *basisklasse*, *name*)

  dient dazu, gleichartige **Deklarationen**, die in allen Klassen vorkommen, durchzuführen. Das Makro sollte innerhalb der Klassendeklaration einmal aufgerufen werden.

- **BX_DEFINE_CLASS** (*klasse*, *basisklasse*, *name*)

  dient dazu, gleichartige **Definitionen**, die in allen Klassen vorkommen, durchzuführen. Mit diesem Makro werden die mit `BX_DECLARE_CLASS` deklarierten Komponenten definiert. Es sollte in der Quelldatei für die Definition der Klassen einmal aufgerufen werden.

Da dabei gleich ganze Funktionen definiert werden, sind die Makros nicht gerade klein und gehen über zahlreiche Zeilen.

Das Makro zur Deklaration einer Klasse

Das Makro für die Deklaration einer Klasse hat folgenden Aufbau:

```
/* Makro fuer Klassen-Deklaration (=> Header-Datei)
 *  - um gleichartige Deklarationen in allen Klassen abzunehmen
 */
#define BX_DECLARE_CLASS(CLASS,BASE,NAME)                      \
    private:                                                   \
      static const bxclass theClassDesc;                       \
    public:                                                    \
      static const bxclass& desc () {                          \
```

```
        return theClassDesc;                                \
    }                                                       \
    virtual const bxclass& classDesc () const {             \
        return theClassDesc;                                \
    }                                                       \
    virtual bool isEqual (const bxObject&) const;           \
    virtual bool operator!= (const CLASS& obj) const {      \
        return ! operator== (obj);                          \
    }
```

Es deklariert zunächst die statische Komponente zur Klassenbeschreibung sowie die Funktionen für den Zugriff darauf. Dann wird die virtuelle Elementfunktion `isEqual()` deklariert. Schließlich wird der Operator `!=` definiert, indem er auf den Operator `==` zurückgeführt wird. Der Operator `==` wird auch von `isEqual()` gebraucht und muß ohnehin klassenspezifisch implementiert werden. Nach dem gleichen Muster könnten alle anderen Vergleichsoperatoren definiert werden, wenn eine Funktion für `<` definiert ist.

Die Verwendung des Makros zeigt exemplarisch die geänderte Header–Datei der Klasse bxInteger. Sie hat nun folgenden Aufbau:

```
#ifndef _bxInteger_h
#define _bxInteger_h

// Header-Datei der Basisklasse
#include "bxObject.h"

/* Klasse bxInteger
 *  - abgeleitet von bxObject
 */
class bxInteger : public bxObject {

  /* Makro fuer die Deklarationen, die jede Klasse braucht und
   * im Prinzip gleich sind, aufrufen
   */
  BX_DECLARE_CLASS (bxInteger, bxObject, "bxInteger")

  protected:
    int theValue;                   // Integer-Wert

  public:
    // Konstruktoren
    bxInteger (int i = 0) : theValue(i) {
    }

    // Wert abfragen oder aendern
```

```
        int value () const {
            return theValue;
        }
        int value (int i) {
            return theValue = i;
        }

        // Test auf Wertgleichheit mit Objekt gleicher Klasse
        virtual bool operator== (const bxInteger&) const;

        // Ausgabe
        virtual void printOn (ostream& = cout) const;

        // Copy-Konstruktor, da die Basisklasse ihn definiert
        bxInteger (const bxInteger& i)
            : bxObject(i), theValue(i.theValue) {
        }

        // Zuweisung, da die Basisklasse sie definiert
        const bxInteger& operator= (const bxInteger& i) {
            bxObject::operator=(i);     // Zuweisung der Basisklasse
            theValue = i.theValue;      // Wert zuweisen
            return *this;               // Objekt zurueckliefern
        }

        // virtueller Destruktor
        virtual ~bxInteger () {
        }
};

#endif  /* _bxInteger_h */
```

Durch Aufruf des Deklarations-Makros werden die darin vorhandenen Komponenten und Funktionen für die Klasse `bxInteger` und die Basisklasse `bxObject` definiert:

```
class bxInteger : public bxObject {
  BX_DECLARE_CLASS (bxInteger, bxObject, "bxInteger")
  ...
};
```

Wie vielleicht schon aufgefallen ist, werden bei der derzeitigen Definition des Makros der zweite und dritte Parameter, also die Basisklasse und der Klassenname, gar nicht verwendet. Er kann genausogut wegfallen, wird aber übergeben, um die Möglichkeit offenzulassen, ihn zu verwenden. Außerdem besitzt das Makro damit die gleichen Parameter wie das Definitions-Makro, in dem diese Parameter auch wirklich verwendet werden.

Das Makro zur Definition einer Klasse

Das Makro für die Definition einer Klasse hat folgenden Aufbau:

```
/* Makro fuer Klassen-Definitionen (=> Quelldatei)
 *  - um gleichartige Definitionen in allen Klassen abzunehmen
 */
#define BX_DEFINE_CLASS(CLASS,BASE,NAME)                        \
    const bxclass CLASS::theClassDesc (NAME, BASE::desc());    \
    bool CLASS::isEqual (const bxObject& obj) const            \
    {                                                          \
        return  classDesc() == obj.classDesc() &&              \
                *this == (const CLASS&)(obj);                  \
    }
```

Es initialisiert zunächst die statische Komponente zur Klassenbeschreibung und implementiert dann die Elementfunktion `isEqual()`.

Bei der Initialisierung der Klassenbeschreibung werden der übergebene Name und die Basisklasse verwendet:

```
#define BX_DEFINE_CLASS(CLASS,BASE,NAME)                        \
    const bxclass CLASS::theClassDesc (NAME, BASE::desc());    \
    ...
```

Der Name könnte auch von `CLASS` übernommen werden. Durch die Trennung von `CLASS` und `NAME` besteht aber die Möglichkeit, eine Klasse unter einem anderen Namen zu verwalten (z.B. für Versionsunterschiede).

Außerdem existiert immer noch keine einheitliche Möglichkeit, Makro–Parameter innerhalb von Strings zu ersetzen. C++ spezifiziert dazu eigentlich, daß ein Parameter mit dem Zeichen # davor als String ersetzt wird:

```
#define ALS_STRING(s) (#s)
```

Dies können aber (noch) nicht alle Präprozessoren.

Auch hier wird die Verwendung des Makros am Beispiel der Klasse bxInteger erläutert. Die Quelldatei der Klasse besitzt nun folgenden Aufbau:

```
/* Quelldatei zur Klasse bxInteger
 */

// Header-Datei der eigenen Klasse einbinden
#include "bxInteger.h"

/* Makro fuer die Definitionen, die jede Klasse braucht und
 * im Prinzip gleich sind, aufrufen
```

```
 */
BX_DEFINE_CLASS (bxInteger, bxObject, "bxInteger")

/* Test auf Wertgleichheit
 */
bool bxInteger::operator== (const bxInteger& x) const
{
    return  theValue == x.theValue;
}

/* Ausgabe
 */
void bxInteger::printOn (ostream& strm) const
{
    strm << theValue;
}
```

Durch Aufruf des Definitionsmakros mit der Klasse `bxInteger`, der Basisklasse `bxObject` und dem Klassennamen `"bxInteger"` als Parameter:

```
BX_DEFINE_CLASS (bxInteger, bxObject, "bxInteger")
```

wird zum einen die statische Komponente zur Klassenbeschreibung wie folgt initialisiert:

```
const bxclass bxInteger::theClassDesc ("bxInteger", bxObject::desc());
```

und zum anderen die Funktion `isEqual()` für den Typ `bxInteger` implementiert.

Damit reduziert sich die eigentliche Definition der Klasse auf die Implementierung der klassenspezifischen Funktionen zum Test auf Gleichheit und zur Ausgabe.

Dies gilt entsprechend für alle anderen Klassen der BXCL. Bei jeder von bxObject abgeleiteten Klasse müssen die Makros mit Klassennamen und Basisklasse als Parameter aufgerufen werden. Damit sind dann die typischen, immer wiederkehrenden Dinge bei der Klassendefinition erledigt.

Auch hier ist zu beachten, daß der Mechanismus nur einfache Vererbung vorsieht, da nur eine Basisklasse angegeben werden kann. Bei mehrfacher Vererbung bräuchte man entsprechende Änderungen.

5.2 Container– und Mengenklassen

Das Konzept der Beispiel–Klassenbibliothek BXCL basiert auf Polymorphie. Die daraus resultierenden Vorteile werden aber erst dann deutlich, wenn Container– und Mengenklassen eingeführt werden.

In diesem Abschnitt werden deshalb verschiedene Mengenklassen vorgestellt und auch Unterschiede erläutert. In dem Zusammenhang kommen auch einige Probleme zur Sprache, die z.B. beim Vergleichen, Kopieren und Abspeichern von Mengen auftreten und gelöst werden müssen.

5.2.1 Einführung und Namensgebung

Als **Containerklassen** bezeichnet man Klassen, die andere Objekte enthalten und verwalten können. Damit ist nicht die Tatsache gemeint, daß die Klasse intern aus Objekten anderer Klassen besteht. Es geht vielmehr darum, daß es der Zweck der Klasse ist, andere im System befindliche Objekte zu verwalten. Letztendlich gibt es in einer Containerklasse immer einen oder mehrere Verweise auf andere Objekte, die von außen übergeben werden können.

Ein typisches Beispiel für Containerklassen sind **Mengenklassen**. Sie dienen dazu, mehrere Objekte zu einer Menge zusammenzufassen und zu verwalten. Mengenklassen sind deshalb von ausgesuchtem Interesse, da es bei der kommerziellen Datenverarbeitung im wesentlichen um die Verarbeitung von (großen) Mengen von Daten geht. Personenverwaltung, Bauteileverwaltung oder Auftragsverwaltung sind typische Beispiele dafür. Jedes Array, jede verkettete Liste dient zur Verwaltung einer Menge von Objekten.

Die Bezeichnung "Array" stellt allerdings schon ein Implementierungsdetail dar. Die Tatsache, daß wir bei der Verwaltung von mehreren ganzzahligen Werten fast automatisch von einem Array von Integern sprechen, spiegelt wider, wie tief unsere Denkweise bereits in den herkömmlichen prozeduralen Sprachen verwurzelt ist. Im objektorientierten Sinne gibt es den Begriff Array eigentlich nicht. Ob diese Mengen über Arrays oder verkettete Listen implementiert sind, ist ein Implementierungsdetail, das uns höchstens insofern interessiert, als daß die eine oder andere Implementierungsart Geschwindigkeitsvorteile bringt.

5.2.2 Klassifikation von Mengen

Es existieren sehr verschiedene Anforderungen an Mengen und somit auch entsprechend zahlreiche Arten von Mengen. Aus diesem Grund wird in einer Klassenbibliothek auch nicht nur eine Mengenklasse vorhanden sein.

Die wichtigsten Unterscheidungsmerkmale sind:

- **Reihenfolge**

  Die Elemente in einer Menge können ungeordnet, geordnet und sortiert sein:

  - **ungeordnet** bedeutet, daß es keine definierte Reihenfolge gibt, in der sich die Elemente in der Menge befinden. Ob erst ein Objekt A und dann ein Objekt B oder umgekehrt erst das Objekt B und dann das Objekt A eingefügt wird, ist unerheblich. Es gibt kein erstes und kein letztes Objekt. Wenn mit allen Objekten der Menge eine Operation durchgeführt werden soll, ist keine Reihenfolge für den Durchlauf durch die Objekte definiert. Zwei ungeordnete Mengen sind dann gleich, wenn jedes Element der einen Menge genau einmal in der anderen Menge vorkommt.
  - **geordnet** bedeutet, daß es eine definierte Reihenfolge gibt, in der sich die Elemente in der Menge befinden. Ob erst ein Objekt A und dann ein Objekt B oder umgekehrt erst das Objekt B und dann das Objekt A eingefügt wird, ist entscheidend. Es gibt ein erstes und ein letztes Objekt. Bei einem Durchlauf durch alle Objekte ist die Reihenfolge immer gleich. Zwei geordnete Mengen sind dann gleich, wenn jedes Element der einen Menge an der gleichen Stelle in der anderen Menge vorkommt.
  - **sortiert** ist ein Spezialfall von geordnet und bedeutet ebenfalls, daß es eine definierte Reihenfolge gibt, in der sich die Elemente in der Menge befinden. Diese Reihenfolge richtet sich aber nicht danach, in welcher Reihenfolge die Objekte in die Menge eingefügt werden, sondern nach einem Sortierkriterium, das definiert, wann ein Objekt vor und wann ein Objekt hinter ein anderes Objekt positioniert werden muß. Ob erst ein Objekt A und dann ein Objekt B oder umgekehrt erst das Objekt B und dann das Objekt A eingefügt wird, ist zwar unerheblich, es gibt aber ein erstes und ein letztes Objekt.

- **Einzigartigkeit der Elemente**

  In einer Menge können beliebige, keine identischen und keine gleichen Duplikate erlaubt sein:

  - **beliebige Duplikate** bedeutet, daß ein und dasselbe Objekt mehrmals in der Menge vorkommen darf.
  - **ohne identische Duplikate** bedeutet, daß ein und dasselbe Objekt nicht mehrmals, Objekte mit dem gleichen Wert aber durchaus mehrmals in der Menge vorkommen dürfen.
  - **ohne gleiche Duplikate** bedeutet, daß Objekte mit dem gleichen Wert nur einmal in der Menge vorkommen dürfen.

- **Art der Elemente**

  Die Elemente in einer Menge können Verweise auf oder Kopien von den Objekten sein, die in die Menge eingefügt wurden:

  - **Verweise** bedeuten, daß die Menge Objekte verwaltet, die sich außerhalb der Menge befinden. Damit besteht die Gefahr, daß bei Zerstörung eines solchen Objekts die Menge ein nicht mehr existierendes Objekt verwaltet. Dies kann zu Problemen führen, wenn die Menge das nicht merkt.
  - **Kopien** bedeuten, daß die Menge Objekte verwaltet, die sich innerhalb der Menge befinden. In dem Fall besteht die Gefahr einer Inkonsistenz, da es ein Objekt mehrfach gibt und die Möglichkeit besteht, daß nicht jedes Vorkommen bei Änderungen angepaßt wird.

- **Homogenität**

  Mengen können homogen und inhomogen sein:

  - **homogen** bedeutet, daß alle Elemente den gleichen Typ (die gleiche Klasse) besitzen.
  - **inhomogen** bedeutet, daß die Elemente verschiedenartig sein können.

  In der Praxis muß sich Homogenität nicht nur auf den Objekt-Typ beziehen. Homogenität kann auf den unterschiedlichsten Kriterien basieren.

Daneben gibt es weitere Kriterien, die Implementierungsdetails betreffen:

- **Dynamik**

  Die Größe einer Menge kann statisch und dynamisch definiert werden.

- **Datenstruktur**

  Die Elemente können als Array, verkettete Liste oder anderweitig verwaltet werden.

  Das betrifft vor allem das Zeitverhalten der Menge:

  - **Arrays** sind in der Regel einfacher zu verwalten. Sie sind ideal für ungeordnete Mengen, da in dem Fall beim Entfernen eines Objekts das letzte Element einfach an die freiwerdende Stelle gesetzt werden kann.
  - **Verkettete Listen** bieten sich mehr für große geordnete Mengen an, da in dem Fall beim Einfügen oder Entfernen eines Elements nicht alle anderen Elemente eine Position weiter verschoben werden müssen.

Schließlich gibt es noch zahlreiche Spezialfälle:

- **Stacks (LIFOs[3])**, bei denen jeweils nur auf das zuletzt eingefügte Element zugegriffen werden darf.
- **Queues (FIFOs[4])**, bei denen jeweils nur das zuerst eingefügte Element entfernt werden darf.
- **Mehrfach sortierte Mengen**, bei denen die Objekte anhand unterschiedlicher Kriterien unterschiedlich sortiert werden.

[3] LIFO = last in first out

[4] FIFO = first in first out

- **Assoziative Mengen** oder **Dictionaries**. Das sind Mengen, bei denen zu einem Objekt vom Typ A jeweils ein Objekt vom Typ B gehört. Im Spezialfall des "assoziativen Arrays" wird z.B. die Position nicht durch eine ganze Zahl, sondern durch Objekte eines anderen Datentyps definiert (der Index eines Arrays kann z.B. ein String sein).

Diese Aufzählung ist sicher nicht vollständig. Sie gibt aber schon einen Eindruck über die Vielzahl der möglichen Kombinationen.

Kommerzielle Klassenbibliotheken implementieren daraus typischerweise einige sinnvolle Kombinationen, die immer wieder gebraucht werden. Die sind dann zwar nicht immer ideal, müssen dann aber nicht jedesmal neu implementiert werden.

5.2.3 Die Mengenklasse bxUnordColl

Die Mengenklasse, die hier als Beispiel vorgestellt wird, ist die Klasse `bxUnordColl`. "bxUnordColl" steht für "unordered collection" und bedeutet, daß es sich um eine ungeordnete Menge handelt.[5] Sie verwaltet Zeiger auf Objekte, legt also intern keine eigenen Kopien an, und es sind beliebige Duplikate erlaubt. Implementiert wird die Klasse über ein Array, was sich bei ungeordneten Mengen anbietet.

Die Klasse dient dazu, beliebige Objekte der BXCL zu verwalten, indem sie ein dynamisches Array von `bxObjects` verwaltet. Sie ist abgeleitet von `bxObject`, was bedeutet, daß eine ungeordnete Menge selbst als bxObject verwendet werden kann und damit z.B. Teil einer anderen Menge sein kann.

Header–Datei der Klasse bxUnordColl

Die Header–Datei der Klasse besitzt folgenden Aufbau:

```
#ifndef _bxUnordColl_h
#define _bxUnordColl_h

// Header-Datei der Basisklasse
#include "bxObject.h"

/* Klasse bxUnordColl
 *  - abgeleitet von bxObject
 */
class bxUnordColl : public bxObject {

  /* Makro fuer die Deklarationen, die jede Klasse braucht und
```

[5]In existierenden Klassenbibliotheken wird eine Klasse für eine ungeordnete Menge mit Duplikaten oft "Bag" genannt.

```
     * im Prinzip gleich sind, aufrufen
     */
    BX_DECLARE_CLASS (bxUnordColl, bxObject, "bxUnordColl")

  protected:
    bxObject** elems;      // dynamisches Array von bxObject-Zeigern
    unsigned   size;       // Array-Groesse
    unsigned   num;        // Anzahl eingetragener Elemente

  public:
    // Default-Konstruktor
    bxUnordColl ();

    // Funktionen fuer dynamische Komponenten
    bxUnordColl (const bxUnordColl&);
    virtual ~bxUnordColl();
    const bxUnordColl& operator= (const bxUnordColl&);

    // Element dazufuegen / entfernen
    virtual void add (bxObject&);
    virtual void remove (const bxObject&);

    // Array-Groesse aendern
    virtual void resize (unsigned int);

    // Anzahl Elemente liefern
    virtual unsigned numElems () const {
        return num;
    }

    // Standard-Funktionen
    virtual bool operator== (const bxUnordColl&) const;
    virtual void printOn (ostream& strm) const;
};

#endif
```

Zunächst wird die Klasse als abgeleitete Klasse von `bxObject` deklariert:

```
class bxUnordColl : public bxObject {
  BX_DECLARE_CLASS (bxUnordColl, bxObject, "bxUnordColl")
  ...
};
```

Anschließend werden die Komponenten definiert:

```
class bxUnordColl : public bxObject {
  ...
  protected:
    bxObject** elems;      // dynamisches Array von bxObject-Zeigern
    unsigned   size;       // Array-Groesse
    unsigned   num;        // Anzahl eingetragener Elemente
  ...
};
```

`elems` ist ein dynamisches Array von Objekt–Zeigern (ein Stern für den Zeiger, ein Stern für das dynamische Array). Die aktuelle Größe des Arrays wird in `size` festgehalten. `num` ist die aktuelle Anzahl eingetragener Elemente.

Der Default–Konstruktor erlaubt es, eine Menge ohne Parameter anzulegen:

```
class bxUnordColl : public bxObject {
    ...
    bxUnordColl ();
    ...
};
```

Anschließend werden Copy–Konstruktor, Destruktor und Zuweisungsoperator definiert, da die Klasse dynamische Komponenten besitzt:

```
class bxUnordColl : public bxObject {
    ...
    bxUnordColl (const bxUnordColl&);
    virtual ~bxUnordColl();
    const bxUnordColl& operator= (const bxUnordColl&);
    ...
};
```

Es folgen die Elementfunktionen zum Einfügen und Entfernen von einem Element, eine Funktion, um die Größe des Arrays zu ändern, und eine Inline–Funktion, um die Anzahl der darin befindlichen Elemente abzufragen:

```
class bxUnordColl : public bxObject {
    ...
    virtual void add (bxObject&);
    virtual void remove (const bxObject&);
    virtual void resize (unsigned int);
    virtual unsigned numElems () const {
        return num;
    }
    ...
};
```

Die Funktion resize() wird normalerweise intern aufgerufen, wenn bei add() der Platz nicht mehr ausreicht. Sie wird aber öffentlich deklariert, um auch dem Anwendungsprogramm die Möglichkeit zu geben, eine neue Größe zu definieren, um zu vemeiden, daß automatisch in mehreren kleinen Schritten vergrößert wird. Damit kann der Platz von außen auch verkleinert werden, um nach Entfernen vieler Elemente Speicherplatz freizugeben. Falls dabei eine zu kleine Größe angegeben wird, wird die Größe auf den minimalen Platzbedarf aufgerundet.

In dem Zusammenhang ist anzumerken, daß in zahlreichen Implementierungen von Mengenklassen die Möglichkeit besteht, eine Startgröße zu definieren. Dazu wird ein Parameter für die Größe definiert, der ein Default-Argument besitzt:

```
class bxUnordColl : public bxObject {
    ...
    // Konstruktor (Startgroesse optional)
    bxUnordColl (unsigned int = 0);
    ...
};
```

Ich warne ausdrücklich vor dieser Technik, da durch die damit definierte automatische Typumwandlung eine Zuweisung wie

```
bxUnordColl c;
...
c = 10;
```

möglich wird. Diese würde dann durch die mit dem Konstruktor definierte automatische Typumwandlung von int nach bxUnordColl der Menge c eine neu erzeugte Menge der Größe 10 zuweisen, was völlig unverständlich wäre.

Dumm ist es natürlich dennoch nicht, eine sinnvolle Startgröße vorzugeben. In diesem Fall kann dazu unmittelbar nach Erzeugen der Menge resize() aufgerufen werden:

```
// Menge fuer zunaechst 1000 Elemente erzeugen
bxUnordColl menge;
menge.resize(1000);
```

Abgeschlossen wird die Klassendeklaration von der Deklaration der BXCL-Funktionen zum Testen auf Gleichheit und zur Ausgabe.

Quelldatei der Klasse bxUnordColl

Die Quelldatei der Klasse bxUnordColl hat bis auf die Implementierung des Vergleichsoperators, auf die später eingegangen wird, folgenden Inhalt:

```
/* Quelldatei zur Klasse bxUnordColl
 */
```

```
// Header-Datei der eigenen Klasse einbinden
#include "bxUnordColl.h"

/* Makro fuer die Definitionen, die jede Klasse braucht und
 * im Prinzip gleich sind, aufrufen
 */
BX_DEFINE_CLASS (bxUnordColl, bxObject, "bxUnordColl")

/* Konstruktor
 */
bxUnordColl::bxUnordColl ()
{
    size = 0;                        // Platzbedarf ist 0
    elems = new bxObject* [size];    // (leeres) Array anlegen
    num = 0;                         // kein Element drin
}

/* Copy-Konstruktor
 */
bxUnordColl::bxUnordColl (const bxUnordColl& m)
    : bxObject(m)                    // Copy-Konstruktor der Basisklasse
{
    num = m.num;                     // Anzahl der Elemente uebernehmen
    size = num;                      // das ist auch der Platzbedarf
    elems = new bxObject* [size];    // Array anlegen

    // Elemente (Objekt-Zeiger) kopieren
    for (unsigned i=0; i<num; i++) {
        elems[i] = m.elems[i];
    }
}

/* Destruktor
 */
bxUnordColl::~bxUnordColl ()
{
    delete [] elems;                 // Array freigeben
}

/* Zuweisung =
 */
const bxUnordColl& bxUnordColl::operator= (const bxUnordColl& m)
{
    // Zuweisung an sich selbst macht nichts
    if (isSame(m)) {
```

```
        return *this;
    }

    // Zuweisungen der Basisklasse durchfuehren
    bxObject::operator= (m);

    num = m.num;                        // Anzahl der Elemente uebernehmen

    // Falls zu wenig Platz, vergroessern
    if (num > size) {
        delete [] elems;
        size = num;
        elems = new bxObject* [size];
    }

    // einzelne Elemente zuweisen
    for (unsigned i=0; i<num; i++) {
        elems[i] = m.elems[i];
    }

    return *this;
}

/* add
 *  - Element eintragen (ggfs. vergroessern)
 */
void bxUnordColl::add (bxObject& obj)
{
    if (num >= size) {
        // Groesse bei 0 auf 10 setzen oder sonst verdoppeln
        resize (size==0 ? 10 : 2*size);
    }

    // Adresse von Objekt eintragen und Elemente-Anzahl erhoehen
    elems[num++] = &obj;
}

/* remove
 *  - erstes identisches Element entfernen
 */
void bxUnordColl::remove (const bxObject& obj)
{
    for (unsigned i=0; i<num; i++) {
        if (elems[i]->isSame(obj)) {
            /* identisches Objekt gefunden
```

```
             *  - letztes Element (Objekt-Zeiger) dort eintragen
             *  - und tschuess (keine weiteren suchen)
             */
            elems[i] = elems[--num];
            return;
        }
    }
}

/* resize
 */
void bxUnordColl::resize (unsigned int newSize)
{
    // newSize zu klein ?
    if (newSize < num) {
        newSize = num;
    }

    // neues Array mit neuer Groesse anlegen
    size = newSize;
    bxObject** tmp = new bxObject* [size];

    // bisherige Objekte kopieren
    for (unsigned i=0; i<num; i++) {
        tmp[i] = elems[i];
    }

    // altes Array freigeben und neues verwenden
    delete [] elems;
    elems = tmp;
}

/* printOn
 */
void bxUnordColl::printOn (ostream& strm) const
{
    /* Elemente umgeben von runden Klammern und durch Leerzeichen
     * getrennt ausgeben
     */
    strm << "( ";
    for (unsigned i=0; i<num; i++) {
        strm << *elems[i] << ' ';
    }
    strm << ')';
}
```

Zunächst wird mit dem Definitionsmakro die Komponente für die Klassenbeschreibung initialisiert und die Elementfunktion `isEqual()` implementiert.

Anschließend folgen die verschiedenen Implementierungen der typischen Elementfunktionen für dynamische Arrays: Konstruktoren, Destruktor und Zuweisungsoperator.

Die Funktion `add()` zum Einfügen eines Objekts vergrößert zunächst das Array, wenn nicht mehr genug Platz darin ist:

```
if (num >= size) {
    // Groesse bei 0 auf 10 setzen oder sonst verdoppeln
    resize (size==0 ? 10 : 2*size);
}
```

Anschließend wird die Adresse des Objekts als Element aufgenommen:

```
elems[num++] = &obj;
```

Da die Menge beliebige Duplikate aufnimmt, finden dabei keine weiteren Überprüfungen statt.

Die Funktion `remove()` entfernt ein Objekt. An dieser Stelle stellt sich die Frage, was entfernt wird: Da die Menge mehrere identische Objekte enthalten kann, können auch mehrere identische Objekte entfernt werden. Da im Normalfall zu jedem `add()` ein `remove()` gehören soll, wird in diesem Fall nur das erste identische Objekt entfernt:

```
for (unsigned i=0; i<num; i++) {
    if (elems[i]->isSame(obj)) {
        /* identisches Objekt gefunden
         *  - letztes Element (Objekt-Zeiger) dort eintragen
         *  - und tschuess (keine weiteren suchen)
         */
        elems[i] = elems[--num];
        return;
    }
}
```

Da die Elemente Zeiger sind, muß dabei für `elems[i]` der Zeiger-Operator `->` verwendet werden.

Die Funktion, die zwei Mengen auf Gleichheit testet, ist für ungeordnete Mengen im Gegensatz zu geordneten Mengen aufwendig. Es muß z.B. erkannt werden, daß die Mengen "`A, B, B`" und "`A, A, B`" nicht gleich sind. Dazu muß geprüft werden, ob jedes Element der einen Menge genau einmal irgendwo in der anderen Menge vorkommt.

Zu diesem Zweck wird ein boolesches Array verwendet, in dem jedes in der anderen Menge gefundene Objekt abgehakt wird, damit bei der Suche nach einem Objekt die bereits aufgefundenen nicht berücksichtigt werden. Da der ganze Vorgang mit dem Anlegen des dynamischen Arrays etwas Zeit kostet, werden am Anfang der Funktion einige Trivialfälle abgefragt:

```
/* operator ==
 */
bool bxUnordColl::operator== (const bxUnordColl& m) const
{
    /* Trivialfaelle
     *  - ungleiche Anzahl
     *  - beide kein Element
     *  - beide ein Element
     */
    if (num != m.num) {
        return false;
    }
    if (num == 0) {
        return true;
    }
    if (num == 1) {
        return elems[0] == m.elems[0];
    }

    /* Da in einer ungeordneten Menge keine Reihenfolge definiert
     * ist, muss festgestellt werden, ob es zu jedem Element in der
     * einen Menge genau ein Element in der anderen Menge gibt.
     */
    bool* abgehakt = new bool [num];
    unsigned i, j;

    // Zunaechst keines gefunden
    for (i = 0; i < num; i++) {
        abgehakt[i] = false;
    }

    /* Jedes Element in m zu finden (und abzuhaken) ?
     */
    for (i = 0; i < num; i++) {
         bool gefunden = false;
         for (j = 0; j < num && !gefunden; j++) {
             if (!abgehakt[j] && elems[i]->isSame(*m.elems[j])) {
                 gefunden = true;
                 abgehakt[j] = true;
             }
         }
```

```
            if (!gefunden) {
                // ein Element ist nicht in der andere Menge
                delete [] abgehakt;
                return false;
            }
        }

        // Alle Elemente sind genau einmal in der anderen Mange
        delete [] abgehakt;
        return true;
    }
```

Anwendung der Klasse bxUnordColl

Ein einfaches Testprogramm zeigt die Verwendung der Klasse bxUnordColl:

```
// Header-Dateien
#include <iostream.h>
#include "bxInteger.h"
#include "bxString.h"
#include "bxUnordColl.h"

main()
{
    bxString s1, s2, s3;
    bxInteger i1;
    bxUnordColl c1, c2;

    s1 = s2 = "hallo";
    s3 = "*****";
    i1 = 17;

    c1.add (s1);        // Menge c1 enthaelt: - bxString s1
    c1.add (s2);        //                    - bxString s2
    c1.add (s3);        //                    - bxString s3
    c1.add (i1);        //                    - bxInteger i1
    c1.add (s2);        //                    - bxString s2
    c1.add (s3);        //                    - bxString s3

    c2 = c1;            // Menge c1 wird an Menge c2 zugeweisen
    c2.remove (s2);     // Menge c2 verliert: - bxString s2
    c2.add (s2);        // Menge c2 bekommt:  - bxString s2
```

```
        cout << "c1: " << c1 << endl;
        cout << "c2: " << c2 << endl;
        if (c1 == c2) {
            cout << "c1 == c2" << endl;
        }
        else {
            cout << "c1 != c2" << endl;
        }
    }
```

Eine Menge wird mit verschiedenartigen Elementen gefüllt und einer anderen Menge zugewiesen. Obwohl durch Entfernen und Wiederhinzufügen eines Elements die Reihenfolge der Elemente verschieden ist, sind beide Mengen gleich, wie die Ausgabe des Programms zeigt:

```
c1: ( hallo hallo ***** 17 hallo ***** )
c2: ( hallo ***** ***** 17 hallo hallo )
c1 == c2
```

5.3 Zugriff auf die Elemente von Mengenklassen

Der ersten Version der Mengenklasse fehlt etwas wesentliches: eine Zugriffsmöglichkeit auf die Elemente in der Menge. Dazu gibt es verschiedene Möglichkeiten, die hier vorgestellt und verglichen werden sollen.

Prinzipiell werden mindestens zwei Zugriffsarten benötigt:

- Zugriff auf **ein** bestimmtes Element, das gefunden werden muß.
- Zugriff auf **alle** Elemente, um diese gemeinsam zu manipulieren oder abzufragen.

Letztendlich muß ein bestimmtes Objekt erst in der Menge aller Objekte gefunden werden, weshalb die zweite Zugriffsmöglichkeit zur ersten führt. Gebraucht wird also zumindest eine Möglichkeit, nacheinander auf alle Objekte in der Menge zuzugreifen, um sie alle oder ein oder mehrere bestimmte Objekte darin zu manipulieren oder abzufragen.

5.3.1 Zugriff über Iteratoren

Eine weit verbreitete Zugriffsmöglichkeit besteht in der Verwendung von Iteratoren. Iteratoren dienen dazu, alle Objekte einer Menge zu durchlaufen (über alle Objekte zu iterieren). Dabei repräsentiert ein Objekt jeweils eine aktuelle Position in der Menge. In konsequenter objektorientierter Denkweise werden Iteratoren durch Klassen beschrieben.

Man könnte meinen, es würde ausreichen, wenn die Mengenklasse selbst in einer Komponente die aktuelle Position verwaltet. Dies würde aber bedeuten, daß es immer nur eine aktuelle Position geben kann. Der Ansatz, die aktuelle Position über eine Klasse zu definieren, von der beliebig viele Objekte erzeugt werden können, ist universeller. Damit ist es z.B. möglich, in zwei geschachtelten Schleifen jedes Element in der Menge mit allen anderen Elementen in der Menge zu vergleichen.

Da die Art, in der auf eine Position zugegriffen wird, vom internen Aufbau der Menge abhängt, braucht die Iteratorklasse Zugriff auf Interna der Mengenklasse. Dafür gibt es mehrere Möglichkeiten:

- Die Iteratorklasse ist eine Friend–Klasse der Menge.
- Die Iteratorklasse ist eine eingebettete Hilfsklasse.
- Die Menge stellt eine öffentliche Schnittstelle für die Iterator–Verwaltung zur Verfügung.

Da ein Iterator für ein Objekt steht, das sich an einer bestimmten Stelle in einer Menge befindet, werden intern zumindest zwei Daten gebraucht: die Menge und die aktuelle Position in der Menge. In welcher Form die Position verwaltet wird, hängt dabei vom internen Aufbau der Menge ab. Bei einem Array wäre es sicherlich der Index, bei einer verketteten Liste z.B. ein Zeiger auf ein Listenelement.

Beispiel–Klasse bxIterator

Nachfolgend wird für die Mengenklasse `bxUnordColl` die Iteratorklasse `bxIterator` definiert. Sie verwaltet die aktuelle Position in der Menge, indem einfach der jeweilige Index des aktuellen Elements in der Menge festgehalten wird. Damit der Index ausgewertet werden kann, wird die Klasse zur Friend–Klasse von `bxUnordColl` erklärt.

Die Klasse `bxIterator` wird folgendermaßen deklariert:

```
#ifndef _bxIterator_h
#define _bxIterator_h

// Header-Datei der Basisklasse
#include "bxObject.h"

// Heaer-Datei der dazugehoerigen Mengenklasse
#include "bxUnordColl.h"

/* Klasse bxIterator
 *  - abgeleitet von bxObject
 */
class bxIterator : public bxObject {

  /* Makro fuer die Deklarationen, die jede Klasse braucht und
   * im Prinzip gleich sind, aufrufen
   */
  BX_DECLARE_CLASS (bxIterator, bxObject, "bxIterator")

  protected:
    bxUnordColl& collection;
    int position;

  public:
    /* Konstruktor
     *  - Menge eintragen und Iterator an den Anfang setzen
     */
    bxIterator (bxUnordColl& coll) : collection(coll) {
        reset();
    }

    // Iterator auf Anfang der Menge setzen
    virtual void reset () {
        position = 0;
    }
```

```
        // Zeiger auf Objekt an der aktuellen Stelle liefern
        virtual bxObject* object ();

        // Iterator auf das naechste Objekt setzen
        virtual bxObject* next ();

        // Test auf Wertgleichheit mit Objekt gleicher Klasse
        virtual bool operator== (const bxIterator&) const;

        // Ausgabe
        virtual void printOn (ostream& = cout) const;

        // virtueller Destruktor
        virtual ~bxIterator () {
        }
    };

#endif  /* _bxIterator_h */
```

Die Komponente `collection` enthält die Menge, über die der Iterator iterieren kann. Als Referenz steht sie für eine existierende Menge, mit der der Iterator beim Erzeugen initialisiert wird.

Die Komponente `position` enthält als Position den Index des aktuellen Elements in der Menge. Sie wird durch `reset()` auf das erste Element (Index 0) gesetzt. Besitzt der Index einen unerlaubten Wert, bedeutet das, daß der Iterator bereits alle Elemente durchlaufen hat und kein Element mehr liefern kann.

Die Elementfunktion `object()` liefert das Element, an dessen Position sich der Iterator gerade befindet. Befindet er sich am Ende, wird `NULL` zurückgeliefert. Dies ist auch der Grund, weshalb nicht das Objekt selbst, sondern ein Zeiger zurückgeliefert wird. Mit Zeigern kann als Sonderfall `NULL` zurückgeliefert werden. Manche Bibliotheken definieren dazu eine Klasse `UndefinedObjekt` mit einem globalen Objekt wie etwa `NIL`, das dann auch als Referenz zurückgeliefert werden kann.

Weitergesetzt wird der Iterator über die Elementfunktion `next()`. Die Funktion kann, muß aber nicht das neue Objekt als Rückgabewert zurückliefern.

Ansonsten bleibt noch anzumerken, daß es sich um eine von `bxObject` abgeleitete Klasse handelt. Das bedeutet, daß auch Iteratoren mit anderen Objekten verglichen und z.B. auch in Mengenklassen verwaltet werden können.

Die Quelldatei hat folgenden Aufbau:

```
/* Quelldatei zur Klasse bxIterator
 */
```

```
// Header-Datei der eigenen Klasse einbinden
#include "bxIterator.h"

/* Makro fuer die Definitionen, die jede Klasse braucht und
 * im Prinzip gleich sind, aufrufen
 */
BX_DEFINE_CLASS (bxIterator, bxObject, "bxIterator")

/* object
 *  - Zeiger auf aktuelles Objekt oder NULL liefern
 */
bxObject* bxIterator::object ()
{
    if (position >= collection.num) {
        // Ende: NULL zurueck
        return (bxObject*)NULL;
    }
    else {
        // aktuelles Element (Zeiger) zurueck
        return collection.elems[position];
    }
}

/* next
 *  - Iterator weitersetzen und
 *  - neues Element bzw. NULL zurueckliefern
 */
bxObject* bxIterator::next ()
{
    // falls noch nicht am Ende, weitersetzen
    if (position < collection.num) {
        position++;
    }

    // aktuelles Objekt zurueck
    return object();
}

/* Test auf Wertgleichheit
 */
bool bxIterator::operator== (const bxIterator& x) const
{
    // Menge muss identisch und Position gleich sein
```

```
        return  collection.isSame (x.collection) &&
                position == x.position;
    }

    /* Ausgabe
     */
    void bxIterator::printOn (ostream& strm) const
    {
        // Position und Menge ausgeben
        strm << "element " << position << " in collection " << collection;
    }
```

Die Elementfunktion `object()` liefert, wenn die Position ein korrekter Index der Menge ist, das Element oder `NULL` sonst.

Die Elementfunktion `next()` setzt den Iterator, wenn er sich nicht schon außerhalb des Bereichs für korrekte Index–Werte in der Menge befindet, eine Position weiter, indem sie den Index inkrementiert. Anschließend wird das neue Objekt (oder `NULL`) zurückgeliefert.

Bevor die Klasse bxIterator verwendet werden kann, muß allerdings noch eine Kleinigkeit geändert werden: Da die Klasse bxIterator auf die privaten Komponenten der Klasse `bxUnordColl` zugreift, braucht sie entsprechenden Zugriff. Dazu muß sie als Friend–Klasse von `bxUnordColl` deklariert werden:

```
class bxUnordColl : public bxObject {
    ...
    friend class bxIterator;
    ...
};
```

Anwendung von bxIterator

Angewendet wird die Klasse `bxIterator` z.B. wie folgt:

```
void f (bxUnordColl& menge)
{
    /* Iterator-Objekt i laeuft ueber die Menge
     */
    for (bxIterator i(menge); i.object() != NULL; i.next()) {
        /* "elem" ist aktuelles Element
         */
        bxObject& elem = *i.object();

        /* jeden bxInteger ausgeben
         */
```

```
            if (elem.isMemberOf(bxInteger::desc())) {
                cout << "Integer mit Wert: " << elem << endl;
            }
        }
    }
```

Der Iterator i wird in der Schleife erzeugt und mit der übergebenen Menge menge initialisiert und durchläuft dann alle Elemente der Menge. Die Elementfunktion object() liefert jeweils das aktuelle Objekt. Die Elementfunktion next() setzt ihn jeweils ein Element weiter.

Da es sich um eine Klasse handelt, können beliebig viele Iteratoren erzeugt werden, die die Elemente gleicher oder verschiedener Mengen durchlaufen. Die folgende Funktion verwendet dies, um festzustellen, ob sich ein und dasselbe Element zweimal in der Menge befindet:

```
bxObject* mehrfachElementFinden (bxUnordColl& menge)
{
    bxIterator i(menge), j(menge);

    for ( ; i.object() != NULL; i.next()) {
        for (j.reset(); j.object() != NULL; j.next()) {
            /* Falls sich an unterschiedlicher Positionen
             * ein identisches Objekt befindet, zurueckliefern
             */
            if (i != j && i.object()->isSame(*j.object())) {
                return i.object();
            }
        }
    }
    // keine zwei Objekte identisch
    return NULL;
}
```

Als kleine Optimierung könnte in der inneren Schleife die Initialisierung j.reset() durch j=i ersetzt werden, da jeweils nur noch mit den restlichen Elementen verglichen werden muß. Damit wird aber angenommen, daß Iteratoren die Mengen immer in der gleichen Reihenfolge durchlaufen, was nicht unbedingt immer der Fall sein muß.

Grundsätzlich ist zu beachten, daß Iteratoren nur dann sinnvoll arbeiten können, wenn die Mengen nicht verändert werden (dies gilt auch für die anderen Methoden zum Zugriff auf Elemente von Mengenklassen). Wenn Elemente eingefügt oder entfernt werden, muß ein Iterator deshalb immer wieder von vorne beginnen (reset()).

Zum Entfernen identischer Elemente kann in der Funktion mehrfachElementFinden() deshalb nicht einfach die Funktion remove() aufgerufen und weiter iteriert werden. Vielmehr muß das Durchlaufen nach dem Entfernen von vorne beginnen. Die folgende Funktion realisiert dies, indem `mehrfachElementFinden()` jeweils aufgerufen und ein zurückgeliefertes Element entfernt wird:

```
void identischeElementeEntfernen (bxUnordColl& menge)
{
    bxObject* objPtr;

    /* solange Element gefunden wird, das zweimal vorhanden ist,
     * dieses entfernen
     */
    while ((objPtr = mehrfachElementFinden(menge)) != NULL) {
        menge.remove(*objPtr);
    }
}
```

Variationen von Iteratoren

Iteratoren sind in zahlreichen Klassenbibliotheken zu finden. Die Namensgebung für die Elementfunktionen variieren allerdings. Bemerkenswert ist dabei die Tatsache, daß der Zugriff oft durch Operator–Funktionen definiert wird.

In der Praxis wird z.B. statt der Elementfunktion `object()` sehr häufig der Aufruf–Operator `()` verwendet (siehe auch Seite 88):

```
class bxIterator : public bxObject {
    ...
    // Zeiger auf Objekt an der aktuellen Stelle liefern
    bxObject* operator() ();
    ...
};
```

Seine Definition wäre ansonsten mit der Definition von `object()` identisch.

Eine andere Variante ist die Verwendung des Inkrement–Operators statt der Funktion `next()` (siehe auch Seite 85). Wie für fundamentale Datentypen können auch hier sogar zwei Versionen definiert werden. Beide setzen den Iterator weiter, der Präfix–Operator liefert aber das neue Objekt zurück, der Postfix–Operator das alte Objekt. Um die Definitionen der Operatoren unterscheiden zu können, muß für den Postfix–Operator dabei grundsätzlich ein Dummy–Argument als `int` deklariert werden:

```
class bxIterator : public bxObject {
    ...
    // Iterator auf das naechste Objekt setzen
    bxObject* operator++ ();         // Praefix-Notation (++i)
    bxObject* operator++ (int);      // Postfix-Notation (i++)
    ...
};
```

Die Implementierung der Operatoren könnte z.B. folgendermaßen aussehen:

```
/* operator ++
 *  - Iterator weitersetzen und
 *  - neues bzw. altes Element liefern
 * Zunaechst Praefix-, dann Postfix-Version
 */

bxObject* bxIterator::operator++ ()
{
    // falls noch nicht am Ende, weitersetzen
    if (position < collection.num) {
        position++;
    }

    // aktuelles Objekt zurueck
    return object();
}

bxObject* bxIterator::operator++ (int dummy)
{
    // aktuelles Objekt merken
    bxObject* tmp = object();

    // falls noch nicht am Ende, weitersetzen
    if (position < collection.num) {
        position++;
    }

    // germerktes Objekt zurueck
    return tmp;
}
```

Da auch der Vergleich mit NULL entfallen kann, werden Iteratoren mit den Operator-Funktionen z.B. wie folgt angewendet:

```
Iterator i(menge);

while (i++) {
    /* falls bxInteger, dessen Wert ausgeben
     */
    if (i()->isMemberOf(bxInteger::desc())) {
        cout << "Integer mit Wert: " << *i() << endl;
    }
}
```

Die Tatsache, daß für den Wechsel auf das nächste Element der Operator `++` verwendet wird, kann allerdings als problematisch angesehen werden, da damit eine Reihenfolge suggeriert wird, die zumindest bei `bxUnordColl()` nicht vorhanden ist. Genauso problematisch ist die Verwendung des Operators `()`, da hier ein Aufruf der Funktion `i()` suggeriert wird. In Wirklichkeit wird aber für `i` der Operator `()` aufgerufen.

Ich empfehle deshalb die Verwendung von Elementfunktionen wie `object()` und `next()` und habe den leichten Verdacht, daß die Operatoren nicht zur besseren Lesbarkeit verwendet werden, sondern um zu zeigen, wie toll man mit C++ Operatoren überladen kann.

Um zu vermeiden, daß jeder Mengenklasse eine passende Iteratorklasse vorhanden sein muß, wird in Klassenbibliotheken auch oft eine Iteratorklasse definiert, die für alle Mengenklassen geeignet ist. Da die Mengen intern unterschiedlich aufgebaut sind, wird das Zurücksetzen und Weitersetzen dazu jeweils in der Menge implementiert. Die Iteratoren rufen bei `reset()` oder `next()` (bzw. `operator++()`) jeweils von der dazugehörigen Menge bereitgestellte Funktionen auf, die dann die Position entsprechend weitersetzen müssen:

```
void bxIterator::reset ()
{
    // wie reset() geht, weiss die Menge in "doReset()"
    collection.doReset (*this);
}
```

5.3.2 Zugriff über Funktionszeiger

Eine andere Möglichkeit für den Zugriff auf Elemente von Mengenklassen ist die Verwendung von Funktionen, die der Menge als Parameter übergeben und für jedes Element aufgerufen werden.

Durchlauf aller Elemente

Dies sieht beispielsweise so aus, daß vom Anwendungsprogramm eine Funktion definiert wird, die alle Elemente in der Menge einfach ausgibt:

```
void printElem (bxObject& elem)
{
    // Element ausgeben
    cout << elem << endl;
}
```

Diese Funktion wird dann einer Elementfunktion der Menge als Parameter übergeben und von dieser für jedes Element in der Menge aufgerufen:

```
void printAllElems (bxUnordColl& menge)
{
    menge.elemsDo (printElem);
}
```

Für die Mengenklasse wird also eine Funktion `elemsDo()` definiert, die eine als Parameter übergebene Funktion für jedes einzelne Element in der Menge aufruft:

```
// Datentyp fuer eine Funktion, der ein Element uebergeben wird
typedef void (*bxUnordCollDoFunc) (bxObject&);
...
void bxUnordColl::elemsDo (bxUnordCollDoFunc proc) {
    // fuer jedes Element
    for (int i=0; i<num; i++) {
        // uebergebene Funktion aufrufen
        (*proc) (*(elems[i]));
    }
}
```

Die Klassenstruktur müßte natürlich eine entsprechende Deklaration enthalten.

Auffinden eines Elements

Entsprechend kann eine Funktion implementiert werden, die nicht alle Elemente durchläuft, sondern dazu dient, ein bestimmtes Element zu finden. Dazu kann die Funktion, die für jedes Element aufgerufen wird, über den Rückgabewert jeweils mitteilen, ob der Durchlauf fortgeführt werden soll.

Um einen Integer zu finden, muß z.B. vom Anwendungsprogramm folgende Funktion implementiert werden:

```
bool findInteger (bxObject& elem)
{
    /* liefert zurueck, ob Element nicht bxInteger ist
     *  - true:  kein bxInteger => weiter durchlaufen
     *  - false: bxInteger => Element gefunden, Durchlauf abbrechen
     */
    return ! elem.isMemberOf(bxInteger::desc());
}
```

Mit Hilfe dieser Funktion kann dann in der Menge jeweils ein Integer gefunden werden, der dann verarbeitet oder, wie im folgenden Beispiel, entfernt wird:

```
void removeAllInteger (bxUnordColl& menge)
{
```

```
        bxObject* elem;

        // solange Integer gefunden werden kann
        while ((elem = menge.elemsFind (findInteger)) != NULL) {
            // ... entfernen
            menge.remove (*elem);
        }
    }
```

Für die Mengenklasse wird also eine Funktion `find()` definiert, die eine als Parameter übergebene Funktion für jedes einzelne Element in der Menge solange aufruft, bis diese `false` zurückliefert. Wird von `findInteger()` `false` zurückgeliefert, wird von `find()` das aktuelle Element zurückgeliefert. Wird die Menge durchlaufen, ohne daß `false` zurückgeliefert wurde, wird `NULL` zurückgeliefert:

```
    bxObject* bxUnordColl::elemsFind (bxUnordCollFunc proc)
    {
        /* fuer jedes Element und solange true zurueckgeliefert wird
         *  - uebergebene Funktion aufrufen
         */
        for (int i=0; i<num; i++) {
            if (! (*proc)(*(elems[i]))) {
                /* ABBRUCH: gefundenes Element zurueck
                 */
                return elems[i];
            }
        }
        return NULL;
    }
```

Vermeidung globaler Parameter

Der Mechanismus enthält noch ein Problem: Die Funktionen, die für die Elemente aufgerufen werden, besitzen einen eigenen Gültigkeitsbereich. Wird in den Funktionen, die als Parameter übergeben werden, ein bestimmtes Datum gebraucht, kann nur über globale Parameter darauf zugegriffen werden.

Um dieses Problem zu beheben, kann der Mechanismus dahingehend erweitert werden, daß für den Aufruf Daten durchgereicht werden können. Da nicht klar ist, welcher Art die Daten sind, wird als Typ dafür `void*` verwendet.

Als Beispiel soll das Zählen von Integern in der Menge dienen. Wieder wird eine Funktion zur Verfügung gestellt, der aber als zusätzlicher Parameter der Zeiger auf den Zähler übergeben wird:

```
void countIntegerFunc (bxObject& elem, void* data)
{
    // data ist Zeiger auf Integer-Zaehler
    unsigned* anzahlPtr = (unsigned*)data;

    if (elem.isMemberOf(bxInteger::desc())) {
        // Integer-Zaehler erhoehen
        (*anzahlPtr) ++;
    }
}
```

Diese Funktion wird wieder der Menge als Parameter übergeben, wobei aber zusätzlich der Zeiger auf den Zähler als durchgereichter Parameter übergeben wird:

```
void countInteger (bxUnordColl& menge)
{
    // Integer in der Menge zaehlen
    unsigned anzahl = 0;

    /* Funktion fuer Elemente mit Zeiger auf Zaehler
     * als Parameter aufrufen
     */
    menge.elemsDo (countIntegerFunc, (void*)&anzahl);

    cout << "Anzahl Integer in der Menge: " << anzahl << endl;
}
```

Die Funktion `elemsDo()` der Klasse muß also nicht nur die als Parameter übergebene Funktion für alle Elemente aufrufen, sondern dabei auch noch den übergebenen Parameter durchreichen:

```
// Datentyp fuer eine Funktion, der Element und Parameter uebergeben wird
typedef void (*bxUnordCollDoFunc) (bxObject&, void*);
...
void bxUnordColl::elemsDo (bxUnordCollDoFunc proc, void* data) {
    // fuer jedes Element
    for (int i=0; i<num; i++) {
        // uebergebene Funktion mit uebergebenem Parameter aufrufen
        (*proc) (*(elems[i]), data);
    }
}
```

Um geschachtelte Schleifen zu ermöglichen, kann den für die einzelnen Elemente aufgerufenen Funktionen zusätzlich noch die Menge selbst als Parameter übergeben werden. Insgesamt ist der Mechanismus allerdings zunächst deutlich aufwendiger als die anderen Zugriffsmechanismen.

Der Vorteil liegt vor allem darin, daß er einen einheitlichen Mechanismus darstellt, der ohne Hilfsklassen für alle Mengenklassen funktioniert. Die Mengenklasse selbst implementiert den Durchlauf. Alle Mengenklassen hätten damit eine einheitliche Schnittstelle für das Auffinden und Manipulieren einzelner oder aller Elemente. Außerdem suggeriert der Mechanismus im Gegensatz zu den anderen Methoden keine Reihenfolge beim Durchlauf.

5.3.3 Zugriff über den Operator `[]`

Der einfachste und vielleicht auch eleganteste Zugriff ist der über den Operator `[]`. Zumindest ist er uns, da Mengen meistens als Arrays implementiert werden, am besten vertraut.

Bei der Klasse **`bxUnordColl`** ist ein derartiger Zugriff aber problematisch. Er suggeriert nicht nur für den Durchlauf, sondern auch für einen wahlweisen Zugriff eine definierte Reihenfolge, die eigentlich nicht vorhanden ist. Solange keine Reihenfolge definiert ist, ist nicht sichergestellt, daß bei einem Zugriff mit dem gleichen Index dieselben Elemente angesprochen werden.

Unter der Annahme, daß die Position der Elemente gleich bleibt, solange keine Elemente eingefügt oder entfernt werden, wäre es allerdings prinzipiell möglich, einen derartigen Zugriff auch für die Klasse **`bxUnordColl`** zu definieren. Diese Annahme wurde im übrigen auch schon bei Iteratoren gemacht (der für Iteratoren definierte Operator ++ impliziert ebenfalls eine Reihenfolge). Letztlich ist die Implementierung des Operator also auch eine stilistische Frage.

Damit kein stilistisch fragwürdiges Beispiel verwendet wird, wird die Technik unter der Annahme, daß es eine Mengenklasse **`bxOrdColl`** gibt, in der eine Reihenfolge definiert ist, betrachtet.

Die Definition des Operators ist recht einfach, da die Menge intern sowieso als Array verwaltet wird. Zur Deklaration:

```
class bxOrdColl : public bxObject {
  ...
  public:
    // Element mit als Index uebergebener Position liefern
    bxObject& operator [] (unsigned);
    ...
};
```

gibt es folgende Implementierung:

```
bxObject& bxOrdColl::operator [] (unsigned i)
{
    // Index nicht im erlaubten Bereich ?
    if (i >= num) {
```

```
            throw IndexOutOfRange(*this,i);
        }

        return *(elems[i]);
    }
```

Zu beachten ist, daß das Objekt, das sich logisch in der Menge befindet und auf das intern gezeigt wird, im Original zurückgeliefert wird. Eine Manipulierung des zurückgelieferten Objekts manipuliert also das Objekt, das in die Menge eingefügt wurde. Ein einfaches Anwendungsbeispiel zeigt die Verwendung:

```
void f (bxOrdColl& menge)
{
    /* Index i laeuft ueber alle Indizees
     */
    for (int i = 0; i < menge.numElems(); i++) {
        /* "elem" ist aktuelles Element
         */
        bxObject& elem = menge[i];

        /* jeden bxInteger ausgeben
         */
        if (elem.isMemberOf(bxInteger::desc())) {
            cout << "Integer mit Wert: " << elem << endl;
        }
    }
}
```

Auch hier muß darauf hingewiesen werden, daß durch eine Manipulation der Menge die Elementpositionen geändert werden und dadurch die Schleife nicht mehr über alle Elemente laufen kann. Wird in der Schleife z.B. ein Element entfernt, darf die Schleife auf keinen Fall weiterlaufen, sondern muß abgebrochen werden und ggf. von vorne beginnen, da `i` sonst einen unerlaubten Wert annehmen kann.

Besitzt die Menge intern keine Array–Struktur, muß der Operator so implementiert werden, daß er auf die interne Struktur umgesetzt wird, was natürlich entsprechend aufwendiger ist. Ist die interne Struktur z.B. eine verkettete Liste, definiert der Index, das wievielte Element in der Liste gemeint ist.

5.3.4 Das Problem des Verlusts des Datentyps

Das ganze Konzept der Polymorphie hat einen wesentlichen Nachteil, der bei den Beispielen zu Mengenklasse deutlich wird: Ein Objekt, das sich in der Menge befindet, ist zunächst ein `bxObject`. Damit sind zwar alle für bxObjects definierte Funktionen aufrufbar, die speziell für die tatsächliche Klasse des Objekts definierten Funktionen aber nicht.

Wird z.B. die nur für `bxInteger` definierte Funktion `value()` aufgerufen, gibt es ohne explizite Typumwandlung eine Fehlermeldung:

```
int x;

// elem ist bxObject&
x = elem.value();                       // FEHLER
```

Dies gilt selbst dann, wenn sich in der Menge nur bxInteger befinden.

Erst durch eine explizite Typumwandlung ist der Zugriff möglich:

```
// elem ist bxObject&
x = ((bxInteger&)elem).value();         // OK
```

Dies ist der Preis, der für den Vorteil der Typüberprüfung, die auch bei Polymorphie stattfindet, gezahlt wird. Der Compiler kann den Zugriff nicht erlauben, da er zur Compilierzeit entscheiden muß, ob der Aufruf erfüllbar ist. Für bxObjects ist er das im allgemeinen nicht. Nur, falls der besondere Umstand eintritt, daß das bxObject ein bxInteger ist, ist der Aufruf in Ordnung. Dies kann aber erst zur Laufzeit geklärt werden.

Castdown–Makros

Solange der Operator `dynamic_cast` (siehe Seite 370) noch nicht in allen C++–Compilern vorhanden ist, bietet es sich an, für die Typumwandlung Funktionen oder Makros zu definieren, die die Umwandlung sicherer machen, indem getestet wird, ob die Umwandlung korrekt ist.

Dies kann z.B. über statische Funktionen geschehen, die durch das Deklarationsmakro der Basisklasse bxObject automatisch definiert werden:

```
/* Makro fuer Klassen-Deklaration (=> Header-Datei)
 *  - um gleichartige Deklarationen in allen Klassen abzunehmen
 */
#define BX_DECLARE_CLASS(CLASS,BASE,NAME)                          \
    ...                                                            \
    public:                                                        \
      static CLASS& castdown (bxObject& obj) {                     \
          if (! obj.isKindOf(CLASS::desc()) {                      \
              throw bxBadCastdown(obj);                            \
          }                                                        \
          return (CLASS&)obj;                                      \
      }                                                            \
      static const CLASS& castdown (const bxObject& obj) {         \
          if (! obj.isKindOf(CLASS::desc()) {                      \
              throw bxBadCastdown(obj);                            \
```

```
        }                                                   \
        return (const CLASS&)obj;                           \
    }                                                       \
    static CLASS* castdown (bxObject* obj) {                \
        if (! obj->isKindOf(CLASS::desc()) {                \
            throw bxBadCastdown(obj);                       \
        }                                                   \
        return (CLASS*)obj;                                 \
    }                                                       \
    static const CLASS* castdown (const bxObject* obj) {    \
        if (! obj->isKindOf(CLASS::desc()) {                \
            throw bxBadCastdown(obj);                       \
        }                                                   \
        return (const CLASS*)obj;                           \
    }                                                       \
```

Die statischen Funktionen werden für konstante und variable Zeiger und Referenzen definiert, damit die Art des Objekts (konstante Referenz oder variabler Zeiger) dabei erhalten bleibt. Auf die Fehlerbehandlung wird noch in Abschnitt 5.7 eingegangen.

Die Anwendung bei einer Referenz wäre:

```
// elem ist bxObject&
x = bxInteger::castdown(elem).value();
```

Bei einem konstanten Zeiger wäre sie:

```
// elem ist const bxObject*
x = bxInteger::castdown(elem)->value();
```

Für `elem` wird jeweils die statische Elementfunktion `castdown()` der Klasse `bxInteger` aufgerufen. Da die Funktion für verschiedene Datentypen überladen ist, bleibt eine Referenz eine Referenz und ein konstanter Zeiger ein konstanter Zeiger.

Bei jeder Umwandlung wird durch Aufruf von `isKindOf()` jeweils geprüft, ob die Umwandlung auch sinnvoll ist. Diese Überprüfung könnte man auch von einer Debug–Option abhängig machen.

5.4 Weitere Aspekte von Container– und Mengenklassen

Nachdem in den vorherigen Abschnitten Container- und Mengenklassen prinzipiell eingeführt wurden, sollen nun noch verschiedene bisher nicht angesprochene Aspekte und Probleme behandelt werden, die beim Design und bei der Verwendung eigener Klassenbibliotheken berücksichtigt werden sollten.

5.4.1 Konstante Elemente

Bei der bisherigen Implementierung der Mengenklassen enthielten diese variable Objekte. Was passiert aber, wenn die Elemente konstant sind oder sein können? Aufgrund der unterschiedlichen Schnittstellen muß dieser Fall gesondert behandelt werden.

Eine Möglichkeit besteht darin, eine spezielle Klasse für konstante Elemente (wie etwa `bxUnordConstColl`) zu definieren. Bei ihrer Implementierung muß darauf geachtet werden, daß jede Funktion, die auf ein Element zugreift, dieses nicht verändert. Funktionen, die Elemente zurückliefern, müssen diese als konstante Objekte zurückliefern.

Eine Menge, die sowohl konstante als auch variable Objekte verwaltet, wäre nur unter der Bedingung möglich, daß die variablen Objekte in der Menge zu konstanten Objekten werden. Eine Funktion, die ein Element aus der Menge liefert, kann nämlich nur einen Rückgabetyp (konstant oder variabel) besitzen. Ein Überladen von Funktionen, die sich nur durch den Rückgabetyp unterscheiden, ist prinzipiell nicht erlaubt.

5.4.2 Mengenklassen als Templates

Einige der vorher aufgezeigten Probleme lassen sich durch die Verwendung von Templates vermeiden. Mengenklassen können für den Objekttyp, den sie verwalten, parametrisiert werden. Damit kann z.B. eine Menge nur für bxInteger definiert werden und das lästige explizite Typumwandeln entfallen. Ein anderer Vorteil ist, daß die Menge sowohl für variable als auch für konstante Objekte verwendet werden kann (Compiler haben damit aber bisher noch Schwierigkeiten).

Dies wird nachfolgend am Beispiel einer Template–Version der Klasse bxOrdColl aufgezeigt. Als Zugriffsmöglichkeit wird dabei der Operator `[]` verwendet.

Header–Datei der Template–Klasse bxOrdColl

Die Header–Datei der Template–Klasse bxOrdColl hat folgenden Aufbau:

```
#ifndef _bxOrdColl_h
#define _bxOrdColl_h
```

```
// Header-Datei der Basisklasse
#include "bxObject.h"

/* Template-Klasse bxOrdColl
 *  - abgeleitet von bxObject
 */
template <class T>
class bxOrdColl : public bxObject {

  /* Makro fuer die Deklarationen, die jede Klasse braucht und
   * im Prinzip gleich sind, selbst implementieren
   */
  private:
    static const bxclass theClassDesc;
  public:
    static const bxclass& desc () {
        return theClassDesc;
    }
    virtual const bxclass& classDesc () const {
        return theClassDesc;
    }
    virtual bool isEqual (const bxObject&) const;
    virtual bool operator!= (const bxOrdColl<T>& obj) const {
        return ! operator== (obj);
    }

  protected:
    T**      elems;        // dynamisches Array von T-Zeigern
    unsigned size;         // Array-Groesse
    unsigned num;          // Anzahl eingetragener Elemente

  public:
    // Konstruktor
    bxOrdColl ();

    /* Funktionen fuer dynamische Komponenten
     */
    bxOrdColl (const bxOrdColl<T>&);
    virtual ~bxOrdColl();
    const bxOrdColl<T>& operator= (const bxOrdColl<T>&);

    // Element dazufuegen / entfernen
    void add (T&);
    void remove (T&);
```

```
        // Array-Groesse aendern
        void resize (unsigned int);

        // Anzahl Elemente liefern
        unsigned numElems () const {
            return num;
        }

        // Standard-Funktionen
        bool operator== (const bxOrdColl<T>&) const;
        void printOn (ostream& strm) const;

        T& operator [] (unsigned i) {
            if (i >= num) {
                throw IndexOutOfRange(*this,i);
            }
            return *(elems[i]);
        }
};

#endif
```

Parametrisiert wird die Klasse über den Objekttyp. Der Typ `T` steht für einen beliebigen Datentyp, der verwaltet werden kann. Überall dort, wo der Typ der Klasse angegeben werden muß, wird entsprechend `bxOrdColl<T>` verwendet.

Die Makros sind nicht unbedingt für Template–Parameter geeignet und werden deshalb direkt implementiert. In diesem Fall hätte das Deklarationsmakro sogar zufällig gepaßt, aber prinzipiell können Schwierigkeiten auftreten:

- Funktionen, die nicht in der Klassenstruktur deklariert werden, müssen vorher die Anweisung besitzen, die sie als Template definiert:

  ```
  template <class T>
  ```

- Template–Typen mit mehreren Parametern können nicht als Makro–Parameter übergeben werden, da das Komma zwischen den Template–Parametern auch Makro–Parameter trennt. Der Makro–Aufruf

  ```
  BX_DECLARE_CLASS (bxOrdColl<T,name>, bxObject, name)
  ```

  interpretiert "`bxOrdColl<T`" als ersten und "`name>`" als zweiten Parameter. Klammerung ist leider auch keine Lösung, da bei Verwendung des Datentyps zur Deklaration ein Fehler entsteht. Klammerung ist dort nicht erlaubt:

  ```
  const (bxOrdColl<T,name>) & x;     // FEHLER: Klammerung nicht erlaubt
  ```

Quelldatei der Template–Klasse bxOrdColl

Die Quelldatei der Template–Klasse bxOrdColl hat folgenden Aufbau:

```
/* Quelldatei zur Template-Klasse bxOrdColl
 */

// Header-Datei der eigenen Klasse einbinden
#include "bxOrdColl.h"

/* Makro fuer die Definitionen, die jede Klasse braucht und
 * im Prinzip gleich sind,
 *  - bis auf Initialisierung der Klassenbeschreibung
 * direkt implementieren
 */
template <class T>
bool bxOrdColl<T>::isEqual (const bxObject& obj) const
{
    return  classDesc() == obj.classDesc() &&
            *this == (const bxOrdColl<T>&)(obj);
}

/* Konstruktor
 */
template <class T>
bxOrdColl<T>::bxOrdColl ()
{
    size = 0;                         // Platzbedarf ist 0
    elems = new T* [size];            // (leeres) Array anlegen
    num = 0;                          // kein Element drin
}

/* Copy-Konstruktor
 */
template <class T>
bxOrdColl<T>::bxOrdColl (const bxOrdColl<T>& m)
    : bxObject(m)                     // Copy-Konstruktor der Basisklasse
{
    num = m.num;                      // Anzahl der Elemente uebernehmen
    size = num;                       // das ist auch der Platzbedarf
    elems = new T* [size];            // Array anlegen

    // Elemente (Objekt-Zeiger) kopieren
    for (unsigned i=0; i<num; i++) {
        elems[i] = m.elems[i];
```

```
    }
}

/* Destruktor
 */
template <class T>
bxOrdColl<T>::~bxOrdColl ()
{
    delete [] elems;                    // Array freigeben
}

/* Zuweisung =
 */
template <class T>
const bxOrdColl<T>&
bxOrdColl<T>::operator= (const bxOrdColl<T>& m)
{
    // Zuweisung an sich selbst macht nichts
    if (isSame(m)) {
        return *this;
    }

    // Zuweisungen der Basisklasse durchfuehren
    bxObject::operator= (m);

    num = m.num;                        // Anzahl der Elemente uebernehmen

    // Falls zu wenig Platz, vergroessern
    if (num > size) {
        delete [] elems;
        size = num;
        elems = new T* [size];
    }

    // einzelne Elemente zuweisen
    for (unsigned i=0; i<num; i++) {
        elems[i] = m.elems[i];
    }

    return *this;
}

/* Vergleich ==
 */
template <class T>
```

```
bool bxOrdColl<T>::operator== (const bxOrdColl<T>& m) const
{
    // Anzahl der Elemente verschieden ?
    if (num != m.num) {
        return false;
    }

    // Alle Elemente gleich ?
    for (int i=0; i<num; i++) {
        if (elems[i] != m.elems[i]) {
            return false;
        }
    }

    return true;
}

/* add
 *
 * Element eintragen (ggfs. vergroessern)
 */
template <class T>
void bxOrdColl<T>::add (T& obj)
{
    if (num >= size) {
        // Groesse bei 0 auf 10 setzen oder sonst verdoppeln
        resize (size==0 ? 10 : 2*size);
    }

    // Adresse von Objekt eintragen und Elemente-Anzahl erhoehen
    elems[num++] = &obj;
}

/* remove
 *
 * erstes(!) identisches(!) Element entfernen
 */
template <class T>
void bxOrdColl<T>::remove (T& obj)
{
    for (unsigned i=0; i<num; i++) {
        if (elems[i]->isSame(obj)) {
            /* identisches Objekt gefunden
             *  - letztes Element (Objekt-Zeiger) dort eintragen
             *  - und tschuess (keine weiteren suchen)
```

```
                */
               elems[i] = elems[--num];
               return;
           }
       }
   }

   /* resize
    */
   template <class T>
   void bxOrdColl<T>::resize (unsigned int newSize)
   {
       // newSize zu klein ?
       if (newSize < num) {
           newSize = num;
       }

       // neues Array mit neuer Groesse anlegen
       size = newSize;
       T** tmp = new T* [size];

       // bisherige Objekte kopieren
       for (unsigned i=0; i<num; i++) {
           tmp[i] = elems[i];
       }

       // altes Array freigeben und neues verwenden
       delete [] elems;
       elems = tmp;
   }

   /* printOn
    */
   template <class T>
   void bxOrdColl<T>::printOn (ostream& strm) const
   {
       /* Elemente umgeben von runden Klammern und durch Leerzeichen
        * getrennt ausgeben
        */
       strm << "( ";
       for (unsigned i=0; i<num; i++) {
           strm << *elems[i] << ' ';
       }
       strm << ')';
   }
```

Auch hier wird das Definitionsmakro direkt implementiert. Zum einen, da vor jeder Funktion der Ausdruck

```
template <class T>
```

stehen muß. Zum anderen, da auf die Definition der statischen Variable `theClassDesc` verzichtet wird. Da mit dem Template verschiedene Klassen definiert werden können, müssen auch verschiedene Namen verwendet werden, damit diese eindeutig sind. Die Initialisierung der statischen Klassenkomponente wird deshalb offengelassen und muß bei Verwendung der Klasse durchgeführt werden.

Da es sich um eine geordnete Menge von Elementen handelt, haben die Funktionen zum Einfügen und Entfernen einen etwas anderen Aufbau. Nach dem Entfernen kann z.B. nicht einfach das letzte Element an die freigewordene Stelle verschoben werden, sondern alle Elemente müssen aufrücken. Dafür ist der Test auf Gleichheit deutlich einfacher, da die Mengen nur gleich sind, wenn identische Elemente in der gleichen Reihenfolge vorliegen. Es muß also nur in einer Schleife getestet werden, ob das `i`–te Element in beiden Mengen gleich ist.

Anwendung der Template–Klasse bxOrdColl

Zur Anwendung der Template–Klasse `bxOrdColl`, wird zwecks einfacherer Handbhabung ein eigener Datentyp definiert. Außerdem muß die statische Komponente zur Klassenbeschreibung initialisiert werden.

Eine homogene Menge von Strings wird z.B. wie folgt als Datentyp `bxStringColl` verwendbar:

```
/* Datentyp: bxOrdColl<bxString>
 *  - Typname definieren
 *  - Klassenbeschreibung initialisieren
 */
typedef bxOrdColl<bxString> bxStringColl;

const bxclass
  bxStringColl::theClassDesc ("bxStringColl", bxObject::desc());
```

Damit kann eine Menge von Strings verwendet werden, wobei die Eigenschaft, daß es Strings sind, erhalten bleibt und z.B. der stringspezifische Operator `+` aufgerufen werden kann:

```
bxString s1 = "KEINE";
bxString s2 = "PANIK";
bxString s3 = "*****";

bxStringColl stringMenge;          // Menge von Strings
```

```
stringMenge.add (s1);              // enthaelt: s1
stringMenge.add (s2);              //           s2
stringMenge.add (s3);              //           s3
stringMenge.add (s1);              //           s1 (nochmal)

cout << stringMenge << endl;       // String-Menge ausgeben

/* drittes Element (und damit s3) aendern
 *   - bxString-spezifische Funktion !
 */
stringMenge[2] = stringMenge[0] + stringMenge[1];

cout << stringMenge << endl;       // String-Menge ausgeben
```

Die Ausgabe lautet entsprechend:

```
( KEINE PANIK ***** KEINE )
( KEINE PANIK KEINEPANIK KEINE )
```

Eine inhomogene Menge von beliebigen Objekten wird beispielsweise wie folgt als Datentyp `bxObjectColl` verwendbar:

```
/* Datentyp: bxOrdColl<bxObject>
 *   - Typname definieren
 *   - Klassenbeschreibung initialisieren
 */
typedef bxOrdColl<bxObject> bxObjectColl;

const bxclass
  bxObjectColl::theClassDesc ("bxObjectColl", bxObject::desc());
```

Diese Menge kann dann neben der gerade definierten String–Menge auch Objekte beliebiger anderer von `bxObject` abgeleiteter Klassen verwalten:

```
...
bxObjectColl menge;                // Menge von Objekten
bxInteger i1 = 42;

menge.add (i1);                    // enthaelt: Integer i1
menge.add (stringMenge);           //           String-Menge
menge.add (s3);                    //           String s3

cout << menge << endl;             // Objekt-Menge ausgeben
```

Ausgegeben wird:

```
( 42 ( KEINE PANIK KEINEPANIK KEINE ) KEINEPANIK )
```

Klassenbezeichnung als Template–Parameter

Alternativ könnte man auch den zur Klassenbeschreibung zu definierenden Namen der Klasse als Template–Parameter definieren. Jede Deklaration muß dann zwei Template–Parameter besitzen:

```
template <class T, char* name>
class bxOrdColl : public bxObject {
  ...
  /* Funktionen fuer dynamische Komponenten
   */
  bxOrdColl (const bxOrdColl<T,name>&);
  virtual ~bxOrdColl();
  const bxOrdColl<T,name>& operator= (const bxOrdColl<T,name>&);
  ...
};
```

Damit wäre auch die Initialisierung der Klassenbeschreibung als Template möglich:

```
template <class T, char* name>
const bxclass bxOrdColl<T,name>::theClassDesc (name, bxObject::desc());
```

Aufgrund der in Abschnitt 3.14.3 angesprochenen Besonderheiten bei String–Parametern für Templates, muß der Datentyp für die Klasse dann wie folgt definiert werden:

```
char bxStringCollName [] = "bxStringColl";
typedef bxOrdColl<bxString,bxStringCollName> bxStringColl;
```

5.4.3 Verweise ohne Bezugspunkt

Eine entscheidende Designfrage ist es, ob die Menge Zeiger auf existierende Objekte verwaltet oder intern davon eigene Kopien anlegt. In den bisherigen Versionen wurden Zeiger auf existierende Objekte verwaltet. Dies kann jedoch problematisch werden.

Verweise auf nicht existierende Objekte

Da eine Menge mit Zeigern Objekte verwaltet, die sich außerhalb der Menge befinden, kann es passieren, daß die Menge nicht merkt, wenn ein Objekt, auf das sie zeigt, zerstört wird. Dies ist fatal, da in diesem Fall Speicherplatz verwaltet wird, der wieder freigegeben wurde und nun eventuell für andere Zwecke verwendet wird. Ein einfaches Beispiel dafür ist:

```
bxUnordColl menge;
...
menge.add (bxInteger(7));     // FATALER FEHLER !!!
```

Der Menge `menge` wird in diesem Fall ein temporäres Objekt zugewiesen, das bereits unmittelbar nach der Anweisung nicht mehr existiert. Das beste, was passieren kann, wenn über die Menge darauf zugegriffen wird, ist ein Absturz. Schlimmer sind beliebige Seiteneffekte, da der Speicherplatz anderweitig verwendet wird.

Entsprechendes kann mit lokalen Objekten passieren, die am Blockende freigegeben werden, obwohl die Menge, in der sie sich befindet noch existiert. Genauso können mit `new` explizit angelegte Objekte, obwohl sie sich noch in der Menge befinden, freigegeben werden.

Erkennen von Verweisen ohne Bezugspunkt

Man kann die Klassenbibliothek so entwerfen, daß ein solcher Vorfall bemerkt wird. Dazu muß in einem Objekt festgehalten werden, daß es noch einen Verweis (sei es als Zeiger oder als Referenz) auf dieses Objekt gibt. In der Klasse `bxObject` kann dazu eine Komponente `numRef` definiert werden, in der die Anzahl der Verweise auf das Objekt festgehalten und die beim Erzeugen des Objekts auf 0 gesetzt wird. Im Destruktor des Objekts wird, falls es noch einen Verweis auf das Objekt gibt, eine entsprechende Ausnahmebehandlung ausgelöst (vgl. Abschnitt 5.7):

```
class bxObject {
  protected:
    int numRef;               // Anzahl Verweise (Zeiger oder Referenzen)
                              //  auf das Objekt

    bxObject () {
        numRef = 0;
    }

  public:
    // Verweis eintragen
    void addRef () {
        numRef++;
    }

    // Verweis austragen
    void remRef () {
        numRef--;
    }

    /* Zerstoerung des Objekts erzeugt bei noch vorhandenem
     * Verweis Fehler
     */
    virtual ~bxObject () {
```

```
            if (numRef != 0) {
                // EXCEPTION mit faelschlich zerstoertem Objekt
                throw bxBadDestroyObject(this);
            }
        }
        ...
    };
```

Inkrementiert und dekrementiert wird der Zähler immer dann, wenn ein Objekt in einer anderen Klasse über einen Zeiger oder eine Referenz verwendet bzw. nicht mehr verwendet wird. Da nicht nur Mengenklassen, sondern alle möglichen Klassen Verweise auf ein Objekt anlegen können, bräuchten alle diese Klassen Zugriff auf die Komponente `numRef`. Dies wird praktischerweise so gelöst, daß auf die Komponente direkter oder indirekter öffentlicher Zugriff ermöglicht wird. Der direkte Weg würde die Komponente öffentlich deklarieren. Der etwas sicherere indirekte Weg würde wie hier öffentliche Funktionen zum Inkrementieren und Dekrementieren definieren. Andere Lösungen mit Friend–Funktionen oder ausgeklügelte Schnittstellen wären mit erheblichem Mehraufwand verbunden.

Bei Mengenklassen würde der Zähler z.B. beim Einfügen inkrementiert und beim Entfernen (dazu gehört auch eine Zerstörung der Mengenklasse) dekrementiert:

```
void bxUnordColl::add (bxObject& obj)
{
    obj.addRef();           // Verwendung eintragen
    ...
}

void bxUnordColl::remove (const bxObject& obj)
{
    obj.remRef();           // Verwendung austragen
    ...
}

bxUnordColl::~bxUnordColl ()
{
    for (unsigned i=0; i<num; i++) {     // fuer alle Elemente
        elems[i]->remRef();              //  Verwendung austragen
    }
    ...
}
```

Selbst wenn nun ein temporäres Objekt in die Menge eingefügt wird, wird der Fehler erkannt, da auch dieses Objekt über den Destruktor zerstört wird.

5.4.4 Verweiszyklen

Da die Mengenklassen selbst wieder Objekte sind, können sie in andere Mengenklassen als Element eingefügt werden. Dagegen ist zunächst einmal nichts einzuwenden, da Mengen von Mengen alltäglich sind (die Bundesliga ist eine Menge von Mannschaften, die sich jeweils aus einer Menge von Personen zusammensetzen).

Bei Mengenklassen mit Zeigern kann es allerdings passieren, daß eine Menge direkt oder indirekt sich selbst wieder enthält. Es entstünde ein Verweiszyklus, der dazu führen kann, daß Operationen zu endlosen Rekursionen führen (zum Ausgeben der Menge A muß die Menge A ausgegeben werden, wozu die Menge A ausgegeben werden muß, wozu...).

Passieren kann dies bei Anweisungen wie:

```
menge.add(menge);          // PROBLEM: direkte Rekursion

menge1.add(menge2);
menge2.add(menge3);
menge3.add(menge1);        // PROBLEM: indirekte Rekursion
```

Dies gilt nicht nur bei Mengenklassen, sondern allgemein bei Containerklassen, bei denen auf andere Objekte verwiesen wird. Bei doppelt verketteten Listen gehört dies sogar zum Konzept: Ein Element zeigt auf seinen Nachfolger, dieser aber auch wieder auf seinen Vorgänger.

Es gibt prinzipiell zwei Methoden, mit Verweiszyklen umzugehen:

- Verweiszyklen werden einfach nicht zugelassen.
- Verweiszyklen müssen in Funktionen beachtet werden.

Vermeidung von Verweiszyklen

Damit Verweiszyklen gar nicht erst entstehen, muß beim Erzeugen eines Verweises getestet werden, ob schon ein umgekehrter Verweis existiert. Dabei ist zu beachten, daß dieser umgekehrte Verweis beliebig indirekt sein kann.

Beim Beispiel der Mengenklasse wird z.B. eine Funktion gebraucht, die feststellt, ob ein Element in einer Menge direkt oder indirekt enthalten ist (eine Funktion, die ohnehin sinnvoll ist):

```
bool bxUnordColl::contains (const bxObject& obj)
{
    /* liefert true
     *  - falls ein Element das gesuchte Objekt ist oder
     *  - ein Element eine Menge ist, die das gesuchte Objekt
     *    enthaelt
     */
    for (int i=0; i<num; i++) {
        if (elems[i]->isSame(obj) ||
            (elems[i]->isKindOf(bxUnordColl::desc()) &&
             ((bxUnordColl*)elems[i])->contains(obj))) {
```

```
                    return true;
                }
            }
            return false;
        }
```

Wenn als Element eine Menge eingefügt wird, wird diese Funktion dann nur noch aufgerufen und gegebenenfalls eine entsprechende Fehlermeldung generiert:

```
void bxUnordColl::add (bxObject& obj)
{
    if (obj.isSame(*this) ||
        (obj.isKindOf(bxUnordColl::desc()) &&
         ((bxUnordColl&)obj)->contains(*this))) {
            throw ContainmentCycle(*this,obj);
    }
    ...
}
```

Umgang mit Verweiszyklen

Die Vermeidung von Verweiszyklen ist allerdings nicht immer sinnvoll. In der Praxis werden Zyklen sogar häufig benötigt.

Typisch ist z.B. die Kombination von "verwendet" mit "wird verwendet":

- Eine Auto enthält einen Verweis auf den Motor, der im Auto verwendet wird. Der Motor enthält einen Verweis auf das Auto, in dem er verwendet wird.
- Eine Person enthält einen Verweis auf die Abteilung, in der sie eingesetzt wird. Eine Abteilung enthält einen Verweis auf jede Person, die eingesetzt wird.

In diesem Fall muß immer dann, wenn die Verweise verfolgt werden, darauf geachtet werden, daß es ein Endekriterium für das Verfolgen gibt. Häufig gibt es ein "natürliches" Endekriterium. Der Verweis von einem Auto auf seinen Motor wird z.B. typischerweise über eine andere Komponente stattfinden als umgekehrt.

Gibt es kein "natürliches" Endekriterium, muß eine Komponente eingeführt werden, anhand derer festgestellt wird, ob man sich in einem Zyklus befindet. Beim ersten Aufsuchen wird ein Flag gesetzt, das beim zweiten Aufsuchen erkannt wird.

Speziell beim Anlegen von Kopien und Abspeichern von Objekten treten derartige Rekursionen auf. In den nachfolgenden Abschnitten wird noch genauer darauf eingegangen, wie damit umgegangen werden kann.

5.4.5 Design von Mengenklassen–Hierarchien

Bereits in Abschnitt 5.2.2 wurden zahlreiche Unterscheidungsmerkmale verschiedenartiger Mengenklassen vorgestellt. Um allen möglichen Anforderungen gerecht zu werden, müßte deshalb eine große Anzahl von Mengenklassen implementiert werden. Dies ist in der Praxis wenig hilfreich. Eine Klassenbibliothek sollte für Mengenklassen eine sinnvolle Auswahl treffen, so daß die wichtigsten Mengenklassen implementiert werden. Manche Mengenklassen können dabei von anderen abgeleitet werden, da sie Spezialfälle darstellen.

Zusätzlich bietet es sich an, für gemeinsame Eigenschaften von Mengenklassen abstrakte Mengenklassen einzuführen. Dazu gehört typischerweise eine abstrakte Klasse, die alle grundsätzlichen Eigenschaften von Mengenklassen definiert. Dort könnte z.B. die Funktionalität eingeführt werden, daß jede Menge eine Funktion hat, über die sie die Elemente einer beliebigen anderen Menge übernehmen kann. Auch könnten dort die Mechanismen zum Iterieren über eine Menge grundsätzlich definiert werden.

Die Hierarchie der Mengenklassen der NIHCL hat angelehnt an Smalltalk z.B. im Prinzip folgenden Aufbau (abstrakte Klassen werden *kursiv* dargestellt):

Klasse	**Bedeutung**
Collection	Sammlung, Menge
`Bag`	ungeordnet, mit Duplikaten
`Set`	ungeordnet, ohne gleiche Duplikate
`IdentSet`	ungeordnet, ohne identische Duplikate
`Dictionary`	Assoziatives Array
`IdentDict`	Suchbegriff muß identisch sein
SeqCltn	geordnet, indizierbar, mit Duplikaten
`OrderedCltn`	dynamisches Array von Objekt–Zeigern
`SortedCltn`	sortiert
`KeySortCltn`	für verschiedene Schlüssel
`LinkedList`	einfach verkettete Liste
`Stack`	Stack von Objekt–Zeigern

Vererbung bei Mengenklassen

Auf eines sollte beim Design von Mengenklassen geachtet werden:

- **Eine Vererbungsbeziehung von Elementen überträgt sich nicht auf dazugehörige Mengenklassen**

Wenn bxInteger von bxObject abgeleitet ist, bedeutet das nicht, daß eine Menge für bxInteger von einer Menge für bxObjects abgeleitet werden sollte. Eine solche Ableitung wäre **immer falsch**. Sie würde nämlich bedeuten, daß man mit der Integer–Menge alles machen kann, was man auch mit einer Objekt–Menge machen kann, also beliebige Elemente einfügen. Und das ist gerade nicht erlaubt.

Betrachten wir dazu zwei weitere Beispiele:

- Ein Auto **ist ein** Fahrzeug.
  Eine MengeVonAutos **ist aber keine** MengeVonFahrzeugen.

  Ansonsten könnte man mit einer Menge von Autos alles machen, was man mit einer Menge von Fahrzeugen tun kann, nämlich z.B. Fahrzeuge einfügen, die keine Autos sind.

  Das Beispiel ist vielleicht verständlicher, wenn wir die Mengenklassen mit deutlicheren Namen belegen:
  Ein Transporter für Autos **ist nicht ein** Transporter für Fahrzeuge. Ansonsten könnte man den Transporter für Autos auch mit Passagierschiffen beladen.

- Ein Vogel **ist ein** Tier.
  Ein Vogelkäfig **ist aber kein** Tierkäfig.

  Ansonsten könnte man mit einem Vogelkäfig alles machen, was man mit einem Tierkäfik tun kann, nämlich z.B. Elefanten hineinstecken.

Das Schema des Gegenbeweises ist immer das gleiche:

- Ein *AbgeleitetesObjekt* **ist ein** *BasisObjekt*.

  Eine *MengeVonAbgeleitetenObjekten* ist aber **keine** *MengeVonBasisObjekten*, da man ansonsten in die *MengeVonBasisObjekten* beliebige andere *AbgeleiteteObjekte* einfügen könnte.

Mengenklassen, die sich nur durch den Typ der Elemente unterscheiden, sind einander gleichgestellt und stehen in keiner Vererbungsbeziehung zueinander. Hierarchien von Mengenklassen ergeben sich ausschließlich dadurch, daß die eine Art der Mengenverarbeitung eine zusätzliche Eigenschaft hat.

Compiler erkennen einen derartigen Design–Fehler bei Templates. Es ist z.B. nicht erlaubt, verschiedene Realisierungen einer Template–Mengenklassen einander zuzuweisen:

```
bxOrdColl<Fahrzeug> fahrzeugMenge;
bxOrdColl<Auto> autoMenge;

// FEHLER:
fahrzeugMenge = autoMenge;
```

Compiler erkennen einen derartigen Design–Fehler aber **nicht** bei Arrays. Das folgende Programm ist syntaktisch korrekt, semantisch aber völlig falsch:

```
main ()
{
    bxInteger intMenge[10];

    insertString (intMenge);     // GEHT, ist aber ein FEHLER
}
```

```
void insertString (bxObject* menge)
{
    bxString s = "hallo";

    menge.add (s);
}
```

Der Compiler kann das Problem, daß ein String in eine Menge von Integern eingefügt wird, nicht feststellen, da er nicht erkennen kann, daß hier ein Integer-Array als Objekt-Array verwendet wird. Insofern ist es immer besser, statt Arrays Mengenklassen zu verwenden.

Homogene Mengen

Wenn Mengenklassen homogen sind, also nur Objekte einer bestimmten Klasse verwalten, besteht, solange keine Templates verwendet werden (siehe Abschnitt 5.4.2), die Gefahr, daß Objekte anderer Klassen eingefügt werden.

Es ist deshalb eine gute Idee, für Mengenklassen eine Komponente einzuführen, mit der festgelegt wird, welche Art von Objekten verwaltet werden, indem die entsprechende Klasse eingetragen wird. Bei inhomogenen Mengen wäre die Art z.B. `bxObject`, bei einer homogenen Menge von Integern `bxInteger`.

Sinnvollerweise sollte dies kein zusätzliches Attribut einer abgeleiteten Mengenklasse sein, sondern in allen Mengenklassen definiert werden. Sofern es eine abstrakte Basisklasse für alle Mengenklassen gibt, sollte die Komponente also dort definiert werden. Wenn die Komponente nämlich nur bei bestimmten abgeleiteten Klassen eingeführt wird, besteht die Gefahr, daß die Menge über eine Basisklasse betrachtet und manipuliert wird und das Attribut plötzlich keine Rolle mehr spielt.

So kann z.B. eine Mengenklasse wie `bxUnordColl` oder `bxOrdColl` abgeleitet werden, um sicherzustellen, daß die Mengen homogen sind. Als zusätzliche Komponente wird die Klasse oder die Art definiert, die die Objekte, welche in der Menge verwaltet werden, besitzen müssen.

Zuweisung verschiedenartiger Mengenklassen

Beim Design verschiedener Mengenklassen sollte auch beachtet werden, daß Objekte verschiedener Mengenklassen einander zugewiesen oder Mengenklassen um die Elemente andersartiger Mengenklassen ergänzt werden können.

Auch hierfür wird sinnvollerweise in einer abstrakten Basisklasse für alle Mengenklassen ein geeigneter Mechanismus implementiert, der unabhängig von der internen Struktur der Menge arbeitet.

5.4.6 Kopien statt Verweise

Eine Mengenklasse kann auch so implementiert werden, daß sie intern eigene Kopien von den Objekten anlegt, die sie verwaltet.

Im Gegensatz zur Zeiger–Version geht damit der Bezug zum ursprünglichen Objekt verloren. Wird das Objekt, das in die Menge eingefügt wurde, geändert, überträgt sich diese Änderung dann nicht mehr auf die Menge, da der Bezug verlorengegangen ist. Umgekehrt hat eine Manipulation an den Objekten in der Menge keine Auswirkung auf die Objekte, die hineingetan wurden.

In der Praxis wird beides benötigt. Die Menge als abgeschlossenes System, das ohne Auswirkungen auf die Außenwelt beliebig manipuliert werden kann, und mit Bezug zu außerhalb befindlichen Objekten, die nur über die Menge verwaltet werden.

Implementierung von Mengenklassen mit eigenen Kopien

Bei der Implementierung einer Mengenklasse, die sich intern eigene Kopien anlegt, muß ebenfalls ein Array von Objekt–Zeigern verwaltet werden. Es geht ja immer noch darum, das Konzept der Polymorphie anzuwenden und Objekte verschiedener Klassen zu verwalten. Beim Einfügen muß von diesen aber eine interne Kopie angelegt werden, die beim Entfernen des Objekts aus der Menge zerstört werden muß.

Das Problem ist nur: Wie legt man eine Kopie an?

Ein direkter Aufruf von `new` ist nicht möglich, da der exakte Typ benötigt wird. Es gibt kein virtuelles `new`, da der Operator `new` eine statische Funktion ist. Dies liegt daran, daß er nicht für ein Objekt aufgerufen wird, sondern erst ein Objekt einer bestimmten Klasse erzeugt.

Aus diesem Grund muß in die Klassenbibliothek das Anlegen einer Objekt–Kopie als virtuelle Funktion eingeführt werden, die in der Klasse `bxObject` deklariert wird:

```
class bxObject {
  ...
  public:
    // Kopie anlegen und zurueckliefern
    virtual bxObject* copy () const = 0;
    ...
};
```

Jede konkrete (nicht abstrakte) Klasse muß diese Funktion dann geeignet implementieren, wozu über `new` typischerweise der Copy–Konstruktor aufgerufen wird.

Dies sieht bei der Klasse `bxInteger` z.B. folgendermaßen aus:

```
class bxInteger : public bxObject {
  ...
```

```
    public:
      // Kopie anlegen und zurueckliefern
      virtual bxObject* copy () const {
          return  new bxInteger(*this);
      }
      ...
  };
```

Eine derartige Definition ließe sich auch mit den Makros für alle Klassen automatisch definieren.

Obwohl die Funktion einen Zeiger auf `bxInteger` zurückliefert, muß der Rückgabetyp als `bxObject*` implementiert werden. Beim Ableiten virtueller Funktionen ist ein Unterscheiden nur durch den Rückgabetyp nämlich (bisher) nicht zulässig (siehe Abschnitt 4.2.3).

Mit Hilfe einer derartigen Funktion kann eine Mengenklasse für eingefügte Elemente nun Kopien anlegen, die beim Entfernen der Objekte wieder freigegeben werden:

```
void bxUnordColl::add (bxObject& obj)
{
    ...
    // Kopie von Objekt eintragen und Elemente-Anzahl erhoehen
    elems[num++] = obj.copy();
}

void bxUnordColl::remove (const bxObject& obj)
{
        ...
        // i-tes Element ist obj, also eigene Kopie freigeben
        delete elems[i];
}
```

Mit der Lösung, daß eine virtuelle Funktion zum Anlegen von Kopien existieren muß, sind aber noch nicht alle Probleme gelöst. Beim Anlegen von Kopien reicht es nämlich nicht immer aus, nur mit `new` den Copy–Konstruktor aufzurufen. Auf diesen Aspekt, der das Anlegen von Kopien zu einem mit Sicherheit nicht trivialen Vorgang macht, wird im folgenden Abschnitt deshalb ausführlich eingegangen.

5.5 Kopieren und Vergleichen

Bei Mengenklassen stellt sich bei der Implementierung einer Kopierfunktion eine vielleicht unerwartete Frage: "*Was ist eigentlich eine Kopie einer Menge?*" Es gibt nämlich mehrere Möglichkeiten, eine Kopie einer Menge mit Verweisen (Zeiger oder Referenzen) auf andere Objekte anzulegen:

- eine Kopie kopiert nur die Verweise
- eine Kopie kopiert auch die Objekte, auf die verwiesen wird

Im ersten Fall wären in der Kopie der Menge dann ein und dieselben Elemente enthalten, während es im zweiten Fall verschiedene Elemente wären, die jeweils den gleichen Wert besitzen.

Ein ähnliches Problem ergibt sich bei einem Vergleich von zwei Mengen:

- Sind zwei Mengen gleich, wenn sie ein und dieselben Elemente verwalten?
- Oder reicht es, wenn die in der Menge enthaltenen Elemente nur den gleichen Wert besitzen?

Im ersten Fall reicht es, die Verweise, also die Adressen der Objekte, auf die verwiesen wird, zu vergleichen. Im zweiten Fall müssen die einzelnen Objekte der Mengen bezüglich ihres Werts verglichen werden.

5.5.1 Formen von Gleichheit

Wir werden hier mit der Tatsache konfrontiert, daß es unterschiedliche Formen von Gleichheit gibt.

Unterscheidbar sind zumindest folgende Definitionen:

- **identisch (identical)**

  Zwei Objekte sind identisch, wenn jede Änderung an dem einem Objekt das andere ändert.

  Eine Elementfunktion wie `isSame()` dient dazu, diesen Sachverhalt festzustellen, indem die Adressen der Objekte oder noch besser Objekt–IDs verglichen werden.

- **flach–gleich (shallow equal)**

  Zwei Objekte sind dann flach–gleich, wenn der direkte Inhalt gleich ist. Das bedeutet, daß bei Verweisen auf andere Objekte diese Objekte identisch sein müssen.

  Wenn zwei Mengen ein und dieselben Elemente verwalten, dann sind sie flach–gleich:

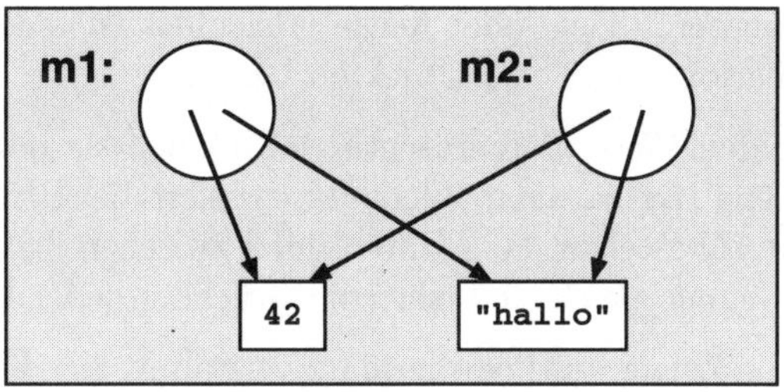

Flach–gleiche Mengen

- **tief–gleich (wertgleich, deep equal)**

  Zwei Objekte sind dann tief–gleich, wenn sie als Inhalt über alle Verweisebenen den gleichen Wert besitzen. Das bedeutet, daß bei Verweisen auf andere Objekte diese Objekte nicht unbedingt identisch sein müssen. Es reicht aus, wenn sie den gleichen Wert besitzen.

  Wenn zwei Mengen Elemente verwalten, die nicht unbedingt identisch, zumindest aber gleich sind, dann sind sie in diesem Sinne gleich.

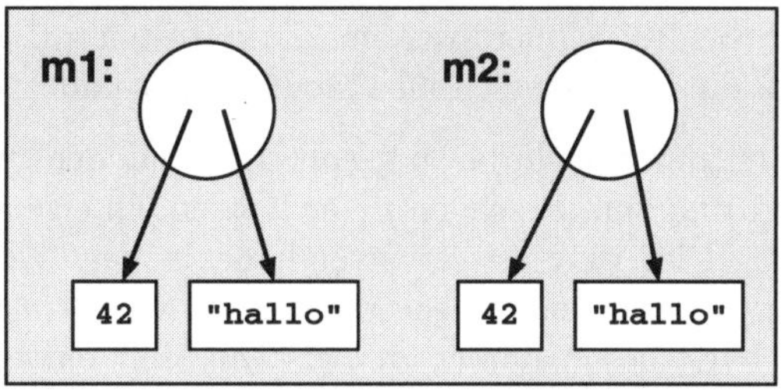

Tief–gleiche Mengen

- **irgendwie gleich**

  Schließlich kann Gleichheit noch beliebig für Objekte unterschiedlichen Typs (unterschiedlicher Klassen) definiert werden, die auf verschiedene Weise den gleichen Informationsgehalt repräsentieren.

  Ein Bruch $\frac{7}{2}$ und ein Gleitkommawert 3.5 wären z.B. in diesem Sinne gleich.

Die Gleichheitsdefinitionen werden von unten nach oben immer strenger. Das bedeutet, daß jede flach–gleiche Kopie auch tief–gleich ist, nicht aber umgekehrt. Sind zwei Mengen flach–gleich, enthalten sie also dieselben Elemente, dann sind sie auch tief–gleich, enthalten also Elemente mit dem gleichen Wert.

Tiefe und flache Gleichheit

Für Objekte, die keine Verweise auf andere Objekte enthalten, existiert zwischen flach– und tief–gleich kein Unterschied. Zwei Integer, die den Wert 42 besitzen, sind in jeder Hinsicht gleich. Dies gilt auch, wenn intern zur Implementierung andere Objekte oder

Zeiger verwendet werden. Tiefe oder flache Gleichheit ist eine `logische` Tatsache, die sich auf den Informationsgehalt von Objekten bezieht.

Wenn zwei Integer den Wert 42 repräsentieren, können sie intern zur Implementierung trotzdem verschiedene IDs besitzen. Genauso existiert bei Brüchen, die intern aus zwei Integern als Objekten bestehen, kein Unterschied zwischen flacher und tiefer Gleichheit. Wenn Zähler und Nenner gleich sind, sind die Brüche in jeder Hinsicht gleich.

Auch bei Strings, die Zeiger auf Speicherplatz verwalten, der für die gleiche Zeichenfolge sogar unterschiedlich groß sein kann, sind String sowohl flach– als auch tief–gleich, wenn die gleiche Zeichgenfolge repräsentiert wird.

Der Unterschied wird erst bei Objekten relevant, die logisch (in ihrer äußeren Sicht) auf andere Objekte verweisen. Die Objekte, auf die verwiesen wird, sind keine intern angelegten Objekte, sondern werden als Parameter übergeben oder anderweitig zugeordnet. Ein Verweis ist eine logische Bindung zwischen zwei verschiedenen Objekten, die im Programm verwaltet werden und auch einzeln zugreifbar sein können.

Ob `isEqual()` und der Vergleichsoperator in solchen Fällen flache oder tiefe Gleichheit testen, ist dann designabhängig. Aus diesem Grund kann von Klassenbibliotheken für solche Klassen auch beides definiert werden: Zum Testen auf Gleichheit könnten neben `isSame()` dann z.B. die Funktionen `isShallowEqual()` und `isDeepEqual()` existieren.

In der Praxis wird mitunter auch davon gesprochen, daß der Default–Copy–Konstruktor flache Kopien anlegt und zum Erzeugen tiefer Kopien ein eigener Copy–Konstruktor definiert werden muß. Dies ist eher verwirrend, da in dem Fall die Gleichheit von der logischen auf die Implementierungsebene verschoben wird. Um Mißverständnisse zu vermeiden, sollte Gleichheit besser immer im logischen Sinn verwendet werden.

Testen von flacher und tiefer Gleichheit

Eine Funktion zum Testen auf flache Gleichheit muß nur prüfen, ob bei Verweisen auf dieselben Objekte verwiesen wird. Sofern die Verweise Zeiger, also die Adressen von Objekten sind, wird deshalb oft nur deren Wert verglichen. Da Adressen bei Mehrfachvererbung aber verschieden sein können, ist es besser, festzustellen, ob Objekte, auf die verwiesen wird, die gleiche ID besitzen. In der Klassenbibliothek sollten also die Objekte, auf die verwiesen wird, mit `isSame()` verglichen werden.

Eine Funktion zum Testen auf tiefe Gleichheit muß dagegen die Objekte, auf die verwiesen wird, zumindest wenn sie nicht identisch sind, im Wert vergleichen. Dazu wird typischerweise wieder eine Funktion wie `isDeepEqual()` rekursiv aufgerufen.

Bei Verweiszyklen besteht aber die Gefahr der Endlosrekursion, die bei der Implementierung beachtet werden muß. Eine Implementierung von `deepEqual()` mit Berücksichtigung von Verweiszyklen ist allerdings nicht trivial. Es reicht nicht aus, festzustellen, daß Zyklen existieren, die Zyklen müssen auch die gleiche Wertfolge repräsentieren. Dies kann man mit periodischen Gleitkommazahlen vergleichen:

- Genauso, wie die Zahlen $0,1\overline{234}$ und $0,12\overline{342}$ gleich sind, müssen auch folgende Verweiszyklen als gleich erkannt werden:

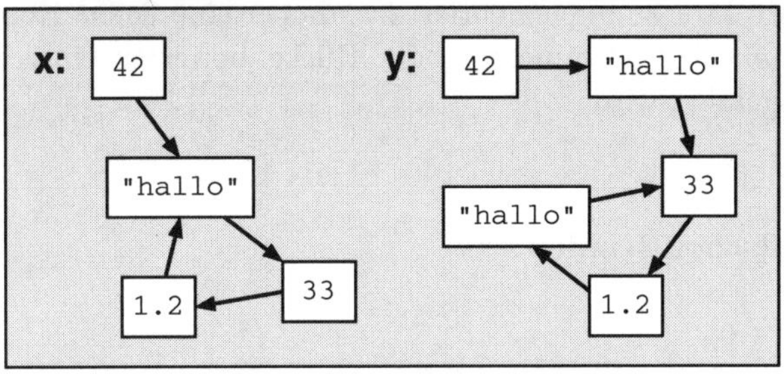

- Genauso, wie die Zahlen $0,1\overline{234}$ und $0,1\overline{2342}$ verschieden sind, müssen auch folgende Verweiszyklen als nicht gleich erkannt werden:

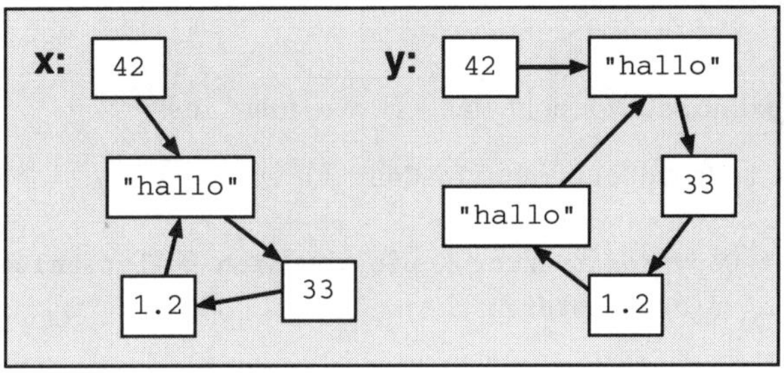

Um solche Unterschiede zu erkennen, muß beim Vergleichen ein gewisser Aufwand getrieben werden. Aus diesem Grund wird meistens nur bei Mengenklassen, die intern eigene Kopien anlegen, auf tiefe Gleichheit getestet. Dort können nämlich keine Verweiszyklen entstehen. Wird ein Objekt in die Menge eingefügt, wird ja nicht darauf verwiesen, sondern eine interne Kopie angelegt. Insofern entfällt die Gefahr der Endlosrekursion. Bei Mengenklassen mit Verweisen auf äußere Objekte wird dagegen meistens nur auf flache Gleichheit getestet.

5.5.2 Tiefe und flache Kopien

Entsprechend der unterschiedlichen Arten von Gleichheit gibt es in Klassenbibliotheken i.a. auch unterschiedliche Funktionen zum Anlegen von Kopien. Typischerweise existieren Funktionen wie `shallowCopy()` und `deepCopy()`:

- `shallowCopy()` legt eine Kopie an, indem die Verweise, nicht aber die Objekte, auf die verwiesen wird, kopiert werden. Die Elemente einer Menge sind nach Aufruf einer solchen Kopierfunktion also in zwei Mengen enthalten. Die Mengen sind damit flach–gleich.

- `deepCopy()` legt eine völlig unabhängige Kopie über alle Stufen an, indem auch alle Objekte, auf die jeweils verwiesen wird, kopiert werden. Die Mengen wären damit nur tief–gleich.

Was der Zuweisungsoperator zuweist und was der Copy–Konstruktor oder eine Funktion `copy()` anlegen, ist auch in diesem Fall designabhängig. Es ist allerdings typisch, daß der Copy–Konstruktor so implementiert ist, daß er eine flache Kopie anlegt, damit nicht bei jeder Übergabe von Parametern oder Rückgabewerten ein zeitintensives rekursives Kopieren durchgeführt wird.

Anlegen von flachen Kopien

Geht man davon aus, daß der Copy–Konstruktor einer Klasse grundsätzlich so implementiert ist, daß jeweils eine flache Kopie angelegt wird, kann die Funktion `shallowCopy()` sehr einfach implementiert werden: Sie muß jeweils nur den Copy–Konstruktor mit `new` aufrufen.

Bei der Klasse `bxUnordColl` sieht das z.B. wie folgt aus:

```
bxObject* bxUnordColl::shallowCopy ()
{
    /* mit Copy-Konstruktor Kopie von sich selbst anlegen
     * und zurueckliefern
     */
    return  new bxUnordColl(*this);
}
```

Da dies für alle Klassen gilt, kann ein entsprechender Eintrag im Makro zur Klassendeklaration die Definition der Funktion übernehmen:

```
/* Makro fuer Klassen-Deklaration (=> Header-Datei)
 *  - um gleichartige Deklarationen in allen Klassen abzunehmen
 */
#define BX_DECLARE_CLASS(CLASS,BASE,NAME)                          \
    ...                                                            \
    public:                                                        \
      virtual bxObject* shallowCopy () {                           \
          return  new CLASS(*this);                                \
      }                                                            \
```

Die Funktion `shallowCopy()` ist damit so etwas wie ein virtuelles `new` oder ein virtueller Konstruktor. In Abhängigkeit von der tatsächlichen Klasse, die ein Objekt besitzt, wird ein neues Objekt dieser Klasse als Kopie angelegt. `new` selbst kann nicht virtuell sein, da es sich immer um eine statische Funktion handelt (`new` erzeugt erst ein Objekt und wird nicht dafür aufgerufen).

Anlegen von tiefen Kopien

Das Anlegen von tiefen Kopien mit `deepCopy()` ist komplizierter. Da Containerklassen i.a. auf beliebige Objekte verweisen können, wird ein universeller Mechanismus zum Kopieren gebraucht. Hinzu kommt auch hier die Gefahr von Verweiszyklen, die beachtet werden muß.

Bei Klassen ohne Verweise auf andere Objekte entspricht `deepCopy()` auch wieder der Funktion `shallowCopy()`. Bei Klassen für Objekte mit Verweisen auf andere Objekte gibt es aber Unterschiede: `deepCopy()` erzeugt nicht nur eine eigene Objekt–Kopie, sondern muß auch alle Objekte kopieren, auf die verwiesen wird. Dies wird typischerweise durch einen rekursiven Aufruf von `deepCopy()` implementiert.

Damit wäre das Anlegen tiefer Kopien schon gelöst, wenn nicht zwei Probleme auftreten könnten:

- Auf ein und dasselbe Objekt kann mehrfach verwiesen werden.
- Es können Verweiszyklen existieren.

Im ersten Fall würden zwei Kopien angelegt und somit die Tatsache, daß zweimal auf dasselbe Objekt verwiesen wird, verlorengehen. Im zweiten Fall würden zusätzlich Endlosrekursionen entstehen.

Um dieses Problem allgemein zu lösen, muß im Laufe des Kopiervorgangs festgehalten werden, ob ein Objekt bereits kopiert wurde. Wird auf ein Objekt im Kopiervorgang zum ersten Mal verwiesen, wird es auch kopiert. Bei jedem weiteren Mal wird nur die bereits erzeugte Kopie wiederverwendet.

Beispiel–Implementierung zum Anlegen tiefer Kopien

Es gibt verschiedene Möglichkeiten, das Anlegen tiefer Kopien zu implementieren. Hier soll eine universelle Lösung vorgestellt werden. Sie hat den Vorteil, daß die wesentliche Arbeit in eine einzige Funktion der Basisklasse `bxObject()` verlagert wird und damit die notwendigen Implementierungen in den konkreten abgeleiteten Klassen fast trivial werden.

Dies ist ein typisches Beispiel dafür, inwiefern eine Klassenbibliothek nicht nur verschiedene sinnvolle Klassen bereitstellt, sondern auch immer wieder gebrauchte Mechanismen so weit wie möglich für selbstdefinierte Klassen vereinfacht.

Die Implementierung des Mechanismus sieht wie folgt aus: Neben der generellen Funktion `deepCopy()` zum Anlegen tiefer Kopien wird in der Klasse `bxObject` eine statische Komponente `copying` definiert, die jeweils festhält, ob ein Kopiervorgang im Gange ist. Außerdem wird für jedes Objekt eine Komponente `tmpCopy` eingeführt, die während des Kopiervorgangs festhält, ob bereits eine Kopie angelegt wurde und, wenn ja, die Adresse der Kopie bereitstellt:

```
class bxObject {
  ...
  protected:
    static bool copying;      // Kopiervorgang im Gange ?
    bxObject* tmpCopy;        // temporaerer Verweis auf eigene Kopie
  public:
    bxObject* deepCopy ();    // tiefe Kopie anlegen (fuer alle Klassen)
    ...
};
```

Die statische Komponente `copying` wird in der Quelldatei mit `false` initialisiert, da zunächst kein Kopiervorgang im Gange ist. Aus dem gleichen Grund wird `tmpCopy` für alle Objekte in den Konstruktoren der Klasse `bxObject` mit `NULL` initialisiert.

Ein Kopiervorgang, also das Anlegen einer Kopie für ein Objekt mit allen Objekten, auf die verwiesen wird, findet dann zweiphasig statt:

- Zunächst wird von jedem Objekt nach folgendem Prinzip eine Kopie angelegt:
  - Handelt es sich um den ersten Aufruf der Kopierfunktion `deepCopy()` für ein Objekt, ist `tmpCopy` `NULL`.

    In dem Fall wird eine Kopie erzeugt, indem das Objekt mit `new()` kopiert und diese Kopie `tmpCopy` zugewiesen wird. Anschließend wird für jedes Objekt, auf das verwiesen wird, `deepCopy()` aufgerufen.

    Schließlich wird die Adresse der Kopie zurückgeliefert.
  - Beim zweiten Aufruf innerhalb des Kopiervorgangs ist `tmpCopy` dann ungleich `NULL` und enthält die Adresse der für das Objekt bereits angelegten Kopie.

    In dem Fall wird einfach nur diese Adresse der Kopie zurückgeliefert.
- In der zweiten Phase wird dann bei allen Objekten `tmpCopy` wieder auf `NULL` gesetzt.

  Auch dies kann wieder rekursiv geschehen, indem für jedes Objekt, in dem `tmpCopy` noch nicht auf `NULL` steht, `NULL` zugewiesen wird und anschließend rekursiv dasselbe für alle Verweise geschieht. Alternativ kann man sich aber auch alle Objekte, die kopiert wurden, in einer globalen Liste merken und diese Liste durchlaufen, um `tmpCopy` wieder auf `NULL` zu setzen.

  Die zweite Phase kann durch einen kleinen Trick auch umgangen werden, indem alle Kopiervorgänge durchgezählt werden und in jedem Objekt in einer zusätzlichen Komponente jeweils festgehalten wird, von welchem Kopiervorgang der Wert in `tmpCopy` stammt.

Der gerade angesprochene Algorithmus ist für alle Objekte im Prinzip der gleiche. Aus diesem Grund wird die Funktion `deepCopy()` nur einmal für alle Klassen in der Basisklasse `bxObject` implementiert. Da eine abgeleitete Klasse keine eigene Implementierung braucht, muß die Funktion auch nicht virtuell sein, was Laufzeit spart. Für die Unterschiede beim Kopieren wird von der Funktion jeweils eine virtuelle Funktion aufgerufen, die klassenspezifisch implementiert wird. In ihr muß implementiert werden, für welche Verweise `deepCopy()` rekursiv wieder aufgerufen werden muß.

Die Implementierung von `deepCopy()` sieht wie folgt aus:

```
bxObject* bxObject::deepCopy ()
{
    // wurde bereits eine Kopie angelegt ?
    if (tmpCopy != NULL) {
        // existierende Kopie zurueckliefern
        return tmpCopy;
    }

    /* Wir muessen wissen, wo der Kopiervorgang gestartet wurde,
     * um am Ende tmpCopy in allen kopierten Objekten wieder
     * auf NULL zu setzen
     */
    bool didStartCopy;              // wurde Kopiervorgang hier gestartet ?
    if (copying) {
        didStartCopy = false;       // Kopiervorgang laeuft bereits
    }
    else {
        didStartCopy = true;        // Kopiervorgang beginnt
        copying = true;
    }

    /* flache Kopie anlegen (virtuelles new)
     * und in tmpCopy festhalten
     */
    bxObject* localCopy = shallowCopy();
    tmpCopy = localCopy;

    /* aus flacher tiefe Kopie machen
     *  - Verweise kopieren
     */
    localCopy->deepenShallowCopy();

    /* Wenn der Kopiervorgang hier gestartet wurde
     *  dann tmpCopy in allen kopierten Objekten wieder auf NULL setzen
     *  sonst Objekt fuer das Zuruecksetzen von tmpCopy auf NULL merken
     */
    if (didStartCopy) {
        resetTmpCopyInObjectList(); // tmpCopy anderer Objekte restaur.
```

```
            tmpCopy = NULL;              // eigenes tmpCopy restaurieren
            copying = false;             // Kopiervorgang ist beendet
        }
        else {
            saveObjectInCopyList(this); // Objekt in Liste fuer tmpCopy eintr.
        }

        return localCopy;            // angelegte Kopie zurueck
    }
```

Falls bereits eine Kopie angelegt wurde, befindet sie sich in `tmpCopy` und wird zurückgeliefert. Ansonsten wird in `didStartCopy` festgehalten, ob mit dem Aufruf der Funktion der Kopiervorgang begann, damit am Ende `tmpCopy` in allen kopierten Objekten wieder auf `NULL` gesetzt werden kann.

Mit `shallowCopy()` wird zunächst eine flache Kopie angelegt und `localCopy` zugewiesen. Diese wird dann durch Aufruf von `deepenShallowCopy()` "vertieft". Die virtuelle Elementfunktion `deepenShallowCopy()` ist die klassenspezifische Funktion, die so implementiert werden muß, daß für alle Verweise jeweils wieder rekursiv die Funktion `deepCopy()` aufgerufen wird (ich gehe gleich noch darauf ein). Damit bei einem Verweiszyklus aber nicht vom gerade kopierten Objekt noch eine Kopie angelegt wird, wird vor Aufruf von `deepenShallowCopy()` die Kopie in der Komponente `tmpCopy` eingetragen.

Am Ende der Funktion wird dann, wenn wir uns mitten im Kopiervorgang befinden, das Objekt mit `saveObjectInCopyList()` in eine Liste kopierter Objekte eingetragen. Die Funktion und die Liste könnte durch eine weitere statische Komponente der Klasse bxObject oder auch global verwaltet werden. Am einfachsten ist eine Implementierung als dynamisches Array oder eine Anwendung einer Klasse wie `bxUnordColl` (da `bxUnordColl` von `bxObject` abgeleitet ist, könnte in der Klasse `bxObject` aber nur ein Zeiger auf eine solche statische Komponente enthalten sein).

Wurde der Kopiervorgang mit Aufruf der Funktion gestartet, wird die Liste aller kopierten Objekte am Ende dazu verwendet, mit `resetTmpCopyInObjectList()` die Komponente `tmpCopy` in allen kopierten Objekten wieder auf `NULL` zu setzen. Dies muß dann auch für das Objekt, durch das der Kopiervorgang gestartet wurde, geschehen. Am Ende wird die tiefe Kopie dann zurückgeliefert.

Für jede konkrete Klasse muß damit nur die virtuelle Funktion `deepenShallowCopy()` implementiert werden:

- In allen Klassen ohne Verweise ist sie leer.
- In Klassen mit Verweisen muß sie so implementiert sein, daß von jedem Objekt, auf das verwiesen wird, nochmal `deepCopy()` aufgerufen wird.

Es empfiehlt sich, für diese Funktion einen verketteten Aufruf nach Art der Konstruktoren zu implementieren. Jede abgeleitete Klasse implementiert `deepenShallowCopy()` so, daß zunächst `deepenShallowCopy()` der jeweiligen Basisklasse aufgerufen wird. Anschließend wird nur noch `deepCopy()` für die von der Klasse neu eingeführten Komponenten aufgerufen. Dies hat zwei Vorteile:

- Jede Klasse kümmert sich um ihre Komponenten.

  Eine abgeleitete Klasse kann damit unabhängig von den Komponenten der Basisklasse implementiert werden. Änderungen in Basisklassen führen nicht dazu, daß die Funktion `deepenShallowCopy()` in allen abgeleiteten Klasse geändert werden muß ("defensive Programmierung").

- Durch `private` geschützte Verweise sind kopierbar.

  Da auf mit `private` geschützte Komponenten auch eine abgeleitete Klasse keinen Zugriff hat, kann eine abgeleitete Klasse für diese auch nicht `deepCopy()` aufrufen. Ohne einen verketteten Aufruf wäre das Kopieren privater Verweise auf andere Objekte also gar nicht möglich.

Konkret besitzt die Basisklasse `bxObject` eine Implementierung, die allerdings keine Anweisungen enthält. Sie dient als Basis für einen verketteten Aufruf und stellt als virtuelle Funktion sicher, daß bei Verweisen vom Typ `bxObject` die jeweils richtige Implementierung von `deepenShallowCopy()` aufgerufen wird:

```
class bxObject {
  ...
  public:
    virtual void deepenShallowCopy () {
    }
    ...
};
```

Jede abgeleitete Klasse ruft aufgrund der Verkettung dann zumindest die Funktion ihrer Basisklasse auf:

- Bei der Klasse `bxInteger` sieht das wie folgt aus:

```
class bxInteger : public bxObject {
  ...
  public:
    virtual void deepenShallowCopy () {
        // Implementierung der Basisklasse aufrufen
        bxObject::deepenShallowCopy();
    }
    ...
};
```

- Bei der Klasse `bxUnordColl`, die Verweise auf andere Objekte als Komponenten einführt, wird `deepenShallowCopy()` wie folgt implementiert:

```
void bxUnordColl::deepenShallowCopy()
{
    // Implementierung der Basisklasse aufrufen
    bxObject::deepenShallowCopy();

    // fuer jedes Element eine neue tiefe Kopie anlegen
    for (int i=0; i<num; i++) {
        elems[i] = elems[i]->deepCopy();
    }
}
```

Wie man sieht, ist der Aufwand, der in jeder Klasse zum Anlegen tiefer Kopien geleistet werden muß, damit verschwindend gering geworden. Die Basisklasse `bxObject` übernimmt mit der Implementierung von `deepCopy()` die wesentliche Arbeit. Jede Klasse muß nur noch die Implementierung der Basisklasse und für jeden Verweis auf ein anderes Objekt `deepCopy()` aufrufen.

Damit erhalten Klassen auch die Freiheit, nicht von allen Objekten, auf die verwiesen wird, Kopien anzulegen. In der Praxis kann es durchaus sinnvoll sein, auch beim Anlegen tiefer Kopien gemeinsame Verweise zu erhalten. Ein Beispiel wäre das Anlegen einer Kopie von einem Auto, bei dem zwar der Motor, auf den als separates Objekt verwiesen wird, nicht aber der Hersteller, auf den ebenfalls als separates Objekt verwiesen wird, kopiert wird.

5.6 Persistenz

Objekte sind flüchtige Daten. Sie werden im Verlauf eines Programms angelegt und gehen mit dem Ende des Programms wieder verloren. Um das zu verhindern, müssen die Objekte abgespeichert werden und wieder ladbar sein.

Mit **Persistenz** wird die Fähigkeit von Objekten bezeichnet, über die Programmlaufzeit hinaus erhalten zu bleiben. Damit kann ein Programmzustand abgespeichert und zu einem späteren Zeitpunkt wiederhergestellt werden. Damit kann aber auch ein Zustand an andere Prozesse übermittelt oder von dort wieder abgerufen werden. Dies gilt insbesondere in Verbindung mit Datenbanken.

5.6.1 Persistenz als Konzept

Um den Zustand eines objektorientierten Programms abspeichern und wieder herstellen zu können, reicht es nicht, alle Objekte abzuspeichern. Insbesondere müssen auch Verweise auf andere Objekte so abgespeichert werden, daß sie nach dem Laden zur selben Verweisstruktur führen. Wenn auf ein Objekt zweimal verwiesen wird, darf es also nur einmal abgespeichert werden, und es muß sichergestellt werden, daß nach dem Laden wieder zweimal auf das Objekt verwiesen wird.

Eine Klassenbibliothek, die Persistenz als Konzept unterstützt, sollte allgemeine Mechanismen anbieten, die das Abspeichern und Laden von Objekten so einfach wie möglich machen. Analog zum Anlegen tiefer Kopien, sollte im Idealfall für jede konkrete Klasse nur noch angegeben werden müssen, was gespeichert werden soll. Die Probleme von Verweiszyklen oder von Objekten, auf die mehrfach verwiesen wird, sollten stellvertretend für alle Klassen generell gelöst werden.

Diese Probleme sind allerdings noch etwas größer als beim Kopieren. So stellt sich z.B. die Frage, in welcher Form die Daten überhaupt abgespeichert werden können. Handelt es sich um einen sequentiellen Datenfluß, um eine Datei, in der positioniert werden kann, oder um eine Schnittstelle zu einer Datenbank? Kann es passieren, daß auf Objekte verwiesen wird, die erst noch geladen werden müssen? Außerdem muß sichergestellt werden, daß die Klasse eines Objekts beim Abspeichern und Laden erhalten bleibt. Insbesondere bei Mengen mit Verweisen auf Objekte beliebiger Klassen ist das alles andere als trivial.

Ich werde nachfolgend auf einige konzeptionelle Überlegungen zur Implementierung von Persistenz in Klassenbibliotheken eingehen und Implementierungsansätze vorstellen. Man kann die Probleme wie immer aber auch auf eine andere Weise lösen. Zumindest sollte dieser Abschnitt aber eine Vorstellung von den Problemen und eine Idee von den Lösungsmöglichkeiten dazu vermitteln.

In dem Zusammenhang sei nochmal auf die kostenlos erhältliche Klassenbibliothek NIHCL verwiesen, die insbesondere ein Konzept für Persistenz enthält und Grundlage einiger hier aufgeführter Design-Überlegungen ist (siehe Seite 375).

5.6.2 Implementierungsüberlegungen von Persistenz

Das Hauptproblem bei der Persistenz sind wieder Verweise auf andere Objekte. Insbesondere stellt sich das Problem, daß Verweise als im Programm befindliche Adressen nur zur Programmlaufzeit gültig sind. Beim erneuten Starten eines Programms können Objekte ganz andere Adressen erhalten, da ein anderer Adreßraum zur Verfügung steht oder Adressen in einer anderen Reihenfolge vergeben werden. Aus diesem Grund muß die logische Information, daß auf ein anderes Objekt verwiesen wird, abgespeichert und restauriert werden.

Beim Abspeichern gelten zunächst die gleichen Überlegungen wie beim Anlegen von tiefen Kopien. Wenn ein Objekt gespeichert wird, muß auch jedes Objekt, auf das verwiesen wird, gespeichert werden. Allerdings muß nicht nur der Erhalt mehrfacher Verweise, sondern auch der Erhalt der Objekt–Klasse sichergestellt werden.

Mehrfache Verweise und Zyklen

Bei mehrfachen Verweisen auf das gleiche Objekt und Zyklen kann wie bei `deepCopy()` ein entsprechender Algorithmus sicherstellen, daß ein Objekt jeweils nur einmal gesichert wird (siehe Seite 467). Wird auf ein Objekt zum ersten Mal verwiesen, wird es auch wirklich abgespeichert. Bei jedem weiteren Mal wird nur die Tatsache, daß darauf verwiesen wird, in irgendeiner Form gespeichert.

Als Verweiskennzeichen kann z.B. die Objekt–ID verwendet werden. Für jedes Objekt, das gespeichert wird, wird auch dessen Objekt–ID abgespeichert. Ein Verweis auf ein bereits gesichertes Objekt speichert nur die Objekt–ID ab.

Dabei stellt sich die Frage, ob geschachtelt abgespeichert werden sollte. In dem Moment, in dem beim Abspeichern eines Objekts auf ein anderes, noch nicht abgespeichertes Objekt verwiesen wird, würde dieses sofort gespeichert. Das bedeutet, daß mitten zwischen den Daten eines Objekts die Daten eines anderen Objekts geschrieben werden. Nur wenn das Objekt, auf das verwiesen wird, bereits abgespeichert worden ist (oder gerade abgespeichert wird), wird als Kennzeichen des Verweises die Objekt–ID gesichert.

Zumindest bei sequentiellen Speichermedien gibt es dann aber ein gewisses Durcheinander bei den Daten. Jedes Objekt wird nicht für sich, sondern, je nach Reihenfolge, irgendwo geschachtelt gesichert. Aus diesem Grund sollte besser auch beim ersten Verweis auf ein Objekt nur der Verweis als Objekt–ID gespeichert und das Objekt, auf das verwiesen wird, in einer Liste festgehalten werden. Nachdem das eigentliche Objekt mit allen Verweisen abgespeichert wurde, können dann anhand dieser Liste alle Objekte, auf die verwiesen wurde, gespeichert werden.

Polymorphie

Aufgrund der Polymorphie kann beim Abspeichern die Klasse eines Objekts, auf das verwiesen wird, verlorengehen. Eine Mengenklasse kann beliebige Objekte als Elemente besitzen. Wenn nur die ID und der Wert eines Objekts gesichert werden, kann nicht zwischen dem Integer mit dem Wert 42 und dem String mit der Zeichenfolge `"42"` unterschieden werden.

Aus diesem Grund muß mit jedem Objekt auch dessen Klasse abgespeichert werden. Dazu kann z.B. vor dem eigentlichen Objekt der in der Objektbeschreibung stehende Klassenname gesichert werden.

Damit beim Einlesen aber auch ein entsprechendes Objekt erzeugt werden kann, müssen alle Klassen in einer globalen Tabelle eingetragen sein. Wenn für eine Menge dann ein Element eingelesen wird, wird in dieser globalen Tabelle anhand des Klassennamens die dazugehörige Klasse ermittelt. Für diese Klasse muß dann ein Konstruktor aufgerufen werden, der das Objekt erzeugt und mit den gelesenen Daten initialisiert.

Speichermedium

Die Schnittstelle zu den Speichermedien sollte möglichst universell angelegt werden. Eine Möglichkeit, die nachfolgend auch verwendet wird, bieten Streams. Da Input- und Output-Streams auch Dateien und andere Prozesse sein können (Abschnitt 5.8.7 geht noch darauf ein), hat das Anwendungsprogramm bei der Wahl der konkreten Speichermedien alle Freiheiten.

Bei Datenbanken oder anderen Speichermedien mit wahlfreiem Zugriff, ist das Interface typischerweise eine Funktion, in der neben den Daten auch die Objekt-ID und der Objekt-Typ übergeben werden. Man beachte, daß beides beim Laden identifizierbar oder als erstes gelesen werden muß. Die ID wird gebraucht, um ein bestimmten Objekt, auf das verwiesen wird, gezielt zu laden. Der Typ wird gebraucht, um den richtigen Speicherplatz anlegen und die richtigen Konstruktoren aufrufen zu können, über die dann die eigentlichen Werte des Objekts initialisiert werden.

5.6.3 Abspeichern von Objekten

Für das Abspeichern (und für das Laden) gilt, daß die für Persistenz notwendigen Mechanismen so weit wie möglich von existierenden Funktionen der Klassenbibliothek übernommen werden sollten. Für jede einzelne Klasse sollte sich der Implementierungsaufwand zum Abspeichern und Laden auf das Klassenspezifische konzentrieren. Eine entsprechende Lösung wird hier nun vorgestellt.

Die Klasse `bxObject` stellt auch hier die generellen Funktionen für einen allgemeinen Algorithmus zur Verfügung. Für die klassenspezifischen Deatils werden virtuelle Hilfsfunktionen verwendet.

Generelle Funktionen zum Abspeichern

Aufgrund von Verweisen auf andere Objekte kann es passieren, daß durch das Speichern eines Objekts andere Objekte gesichert werden müssen. Die Klasse bxObject führt zum Abspeichern deshalb neben der Funktion saveOn() einige statische Komponenten zur Verwaltung eines Speichervorgangs ein:

```
class bxObject {
  ...
  public:
    void saveOn (ostream&);        // Objekt auf ostream abspeichern
  protected:
    static bool saving;            // Speichervorgang im Gange ?
    static bxObject** saveList;    // Liste aller abzuspeichernden Objekte
    static int saveListSize;       // Groesse der Liste
    static int saveListNum;        // Anzahl aller Objekte darin
    static int savedListNum;       // Anzahl bereits gespeicherter Objekte
    ...
};
```

Die boolesche Komponente saving hält jeweils fest, ob gerade ein Speichervorgang im Gange ist.

Die Komponente saveList dient als "Save–Liste" dazu, alle im Laufe eines Speichervorgangs abzuspeichernden Objekte festzuhalten, um sie nach und nach abzuspeichern. Es handelt sich in diesem Fall um ein dynamisches Array, es könnte aber auch eine Mengenklasse verwendet werden. Im Verlauf des Speichervorgangs werden alle abzuspeichernden Objekte in die Liste eingetragen und bleiben darin, bis der Speichervorgang beendet ist. Wird beim Abspeichern auf ein weiteres Objekt verwiesen, wird das Objekt, wenn es noch nicht in der Liste steht, darin eingetragen.

Die Komponente savedListNum gibt an, wieviel Objekte aus der Liste bereits abgespeichert wurden. Wenn ihr Wert gleich der Anzahl aller Objekte in der Save–Liste ist, bedeutet das, daß alle abzuspeichernden Objekte auch abgespeichert wurden und der Vorgang damit beendet ist.

Die Klasse bxObject stellt für alle Klassen außerdem die Funktion saveOn() zur Verfügung, über die jedes Objekt auf einem Output–Stream abgespeichert werden kann:

```
void bxObject::saveOn (ostream& ostrm)
{
    /* Falls kein Speichervorgang im Gange
     * dann Objekt in die Liste abzuspeichernder Objekte eintragen
     *      und Speichervorgang durchfuehren
     * sonst Verweis-Daten speichern und
     *       Objekt in die Liste abzuspeichernder Objekte eintragen
```

```
    */
    if (!saving) {
        saving = true;                  // Speichervorgang beginnt
        saveListNum = 0;
        savedListNum = 0;
        insertObjectInSaveList (this);  // Objekt zum Speichern eintragen
        saveObjectsInSaveList (ostrm);  // ABSPEICHERN
        saving = false;                 // Speichervorgang ist beendet
    }
    else {
        // Verweis-Daten speichern
        ostrm << objId << " " << className() << endl;
        insertObjectInSaveList (this);  // Objekt zum Speichern eintragen
    }
}
```

Wird der Speichervorgang mit dem Aufruf der Funktion gestartet, wird das Objekt in die Save–Liste eingetragen und die Funktion `saveObjectsInSaveList()` aufgerufen, die nach und nach alle am Speichervorgang beteiligten Objekte abspeichert. In der statischen Komponente `saving` wird währenddessen festgehalten, daß ein Speichervorgang im Gange ist.

Wird die Funktion aufgerufen, während der Speichervorgang im Gange ist, wird nur die ID und die Klasse des abzuspeichernden Objekts gesichert und das Objekt in die Liste der abzuspeichernden Objekte eingetragen.

Die Funktion `insertObjectInSaveList()` trägt das Objekt in die Save–Liste ein, wenn es dort noch nicht eingetragen war:

```
void bxObject::insertObjectInSaveList (bxObject* op) {

    // Objekt bereits eingetragen ?
    for (int i=0; i<saveListNum; i++) {
        if (saveList[i] == op) {
            return;              // JA: zurueck
        }
    }

    // NEIN: eintragen
    if (saveListNum == saveListSize) {
        // mehr Platz schaffen
        resizeSaveList ();
    }
    saveList[saveListNum++] = op;
}
```

Die eigentliche Funktion zum Speichern, `saveObjectsInSaveList()`, startet eine Schleife, die, solange in der Save–Liste ein Objekt existiert, das noch nicht abgespeichert wurde, dieses Objekt abspeichert:

```
void bxObject::saveObjectsInSaveList (ostream& ostrm)
{
    // solange in der Liste noch nicht abgespeicherte Objekte sind
    bxObject* obj;
    while (saveListNum != savedListNum) {

        // naechste Objekt zum Abspeichern ermitteln
        obj = saveList[savedListNum++];

        // Objekt-Daten nach Leerzeile abspeichern
        ostrm << endl;
        obj->doSave (ostrm);
    }
}
```

Um in der Ausgabe zu verdeutlichen, wann ein neues Objekt beginnt, wird hier zusätzlich eine Leerzeile ausgegeben. Man könnte auch spezielle Sonderzeichen als Anfangs– und Endekennung verwenden. Bei Schnittstellen zu Datenbanken wird sinnvollerweise die Objekt–ID als Schlüssel, der das Objekt auch in der Datenbank identifiziert, verwendet.

Im ersten Schleifendurchgang wird das Objekt, für das `saveOn()` aufgerufen wurde, abgespeichert. Dazu wird mit `doSave()` eine klassenspezifische Funktion aufgerufen, die die eigentlichen Daten des Objekts abspeichert. Eine interne Komponente wird darin direkt abgespeichert. Für einen Verweis auf ein anderes Objekt wird allerdings wieder `saveOn()` aufgerufen, was wie gesehen dazu führt, daß nur ID und Klasse ausgegeben werden und das Objekt in die Save–Liste aufgenommen wird. Wenn auf ein Objekt verwiesen wurde, das noch nicht abgespeichert wurde, ist die Schleifenbedingung auch beim nächsten Durchlauf erfüllt und führt dazu, daß das nächste Objekt abgespeichert wird.

Insgesamt speichert die Schleife also nach und nach das abzuspeichernde Objekt und alle weiteren Objekte, auf die irgendwann beim Speichervorgang verwiesen wird. Auch hier muß für jede Klasse nur die klassenspezifische Funktion `doSave()` implementiert werden.

Aus den gleichen Überlegungen wie beim Erzeugen tiefer Kopien (siehe Seite 470) wird auch das Abspeichern verkettet aufgerufen:

- Jede Klasse kümmert sich um ihre Komponenten.
- Durch `private` geschützte Verweise sind speicherbar.

Jede Klasse ruft also die Speicherfunktion der Basisklasse auf und speichert dann die eigenen Komponenten.

Die durch die Verkettung zuerst aufgerufene Funktion `doSave()` der Basisklasse `bxObject` speichert alles ab, um das Objekt eindeutig restaurieren zu können. Das sind ID und Typ:

```
class bxObject {
  ...
  public:
    virtual void doSave (ostream& ostrm) {
        ostrm << objId << ' ' << className() << endl;
    }
    ...
};
```

Bei den Speicherfunktionen der Klassen gibt es allerdings Unterschiede, auf die nachfolgend eingegangen wird.

Objekte mit einfachen Komponenten abspeichern

Bei einfachen Komponenten, die weder Verweise auf andere Objekte noch selbst Objekte von Klassen der Klassenbibliothek sind, wird einfach nur der Wert abgespeichert.

Bei der Klasse `bxInteger` wird also einfach nur der Wert des Integers gespeichert:

```
void bxInteger::doSave (ostream& ostrm)
{
    // Implementierung der Basisklasse aufrufen
    bxObject::doSave (ostrm);

    ostrm << theValue << endl;
}
```

Objekte mit Verweisen auf Objekte abspeichern

Bei Verweisen (Zeigern oder Referenzen) auf andere Objekte wird für die Objekte, auf die verwiesen wird, einfach nur wieder `saveOn()` aufgerufen. Damit wird das Objekt in die Liste abzuspeichernder Objekte aufgenommen (sofern es nicht schon darin enthalten ist).

Bei der Klasse `bxUnordColl` wird also die Anzahl der Objekte ausgegeben und für jedes Objekt, auf das verwiesen wird, `saveOn()` aufgerufen:

```
void bxUnordColl::doSave (ostream& ostrm)
{
    // Implementierung der Basisklasse aufrufen
    bxObject::doSave (ostrm);

    // Anzahl und Verweise abspeichern
```

```
        ostrm << num << endl;
        for (unsigned i=0; i<num; i++) {
            elems[i]->saveOn(ostrm);
        }
    }
```

Objekte mit Objekten als Komponenten abspeichern

Zum Abspeichern von Komponenten, die selbst Objekte einer Klasse der Klassenbibliothek sind, wird von der Klasse `bxObject` zusätzlich die Funktion `saveMemberOn()` definiert. Im Gegensatz zu Verweisen wird hier sofort das gesamte Objekt mit ID und Klassenname gesichert, da es zum Wert des Objekts gehört:

```
void bxObject::saveMemberOn (ostream& ostrm)
{
    // Objekt direkt abspeichern
    doSave (ostrm);
}
```

Bei einer Klasse `bxBruch`, die als Zähler und Nenner jeweils `bxInteger` besitzt, müßte die klassenspezifische Funktion `doSave()` damit z.B. wie folgt implementiert werden:

```
void bxBruch::doSave (ostream& ostrm)
{
    // Implementierung der Basisklasse aufrufen
    bxObject::doSave (ostrm);

    // Komponenten (bxInteger) direkt abspeichern
    zaehler.saveMemberOn(ostrm);
    nenner.saveMemberOn(ostrm);
}
```

Man könnte statt `saveMemberOn()` auch direkt `doSave()` aufrufen, doch der Umweg über `saveMemberOn()` bietet die Möglichkeit, an einer zentralen Stelle Besonderheiten beim direkten Speichern von Komponenten zu implementieren. So könnten z.B. zusätzlich besondere Kennzeichen gesichert werden.

Objekte abgeleiteter Klassen abspeichern

Bei Klassen, die nicht direkt von `bxObject` abgeleitet sind, wird zunächst die Funktion `doSave()` der Basisklasse aufgerufen, die wiederum die Funktion `doSave()` ihrer Basisklasse aufruft, und so weiter. Besitzt die Klasse `bxString` z.B. eine abgeleitete Klasse `bxFarbString`, die als zusätzliches Attribut einen String für die Farbe einführt (vgl. Abschnitt 4.3.2), wäre die Implementierung von `doSave()`:

```
void bxFarbString::doSave (ostream& ostrm)
{
    // Implementierung der Basisklasse aufrufen
    bxString::doSave(ostrm);

    // neue Komponente "farb" abspeichern
    farb.saveMemberOn(ostrm);
}
```

Anwendungsbeispiel

Der folgende Programmausschnitt:

```
bxInteger i1 = 42;            // Integer mit Wert 42
bxInteger i2 = -7322;         // Integer mit Wert -7322
bxBruch   b (37,5);           // Bruch mit Wert 37/5

bxUnordColl menge;            // Menge

menge.add(i1);                // Menge enthaelt ersten Integer
menge.add(i2);                // Menge enthaelt zweiten Integer
menge.add(i1);                // Menge enthaelt ersten Integer nochmal
menge.add(b);                 // Menge enthaelt Bruch

menge.saveOn(strm);           // Menge wird abgespeichert
```

realisiert z.B. folgende Datenstruktur:

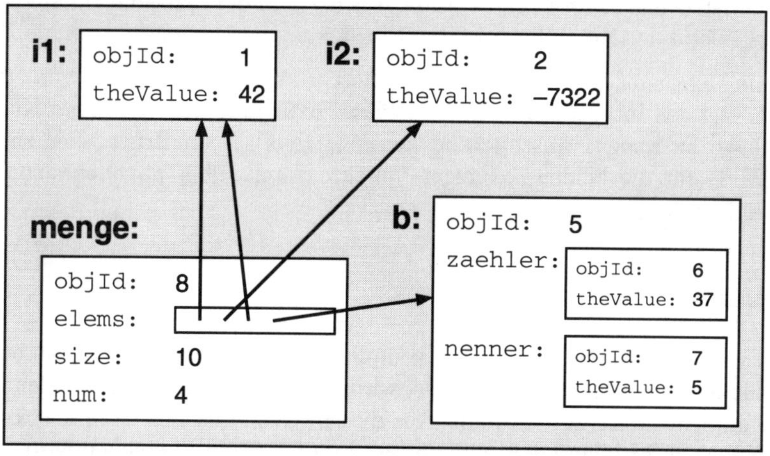

Zunächst werden die beiden Integer `i1` und `i2` mit den IDs 1 und 2 erzeugt. Dann wird der Bruch `b` erzeugt, der intern wiederum aus zwei Integern besteht. Die IDs 3 und 4 wurden dabei für aus den Parametern 37 und 5 erzeugte temporäre Integer–Objekte verwendet, mit denen der dann Bruch initialisiert wurde. Schließlich wird die Menge `menge` mit der ID 8 erzeugt, die dann zweimal auf `i1` sowie je einmal auf `i2` und `b` verweist.

Durch Abspeichern von `menge` werden dann folgende Daten gesichert:

```
8 bxUnordColl
4
1 bxInteger
2 bxInteger
1 bxInteger
5 bxBruch

1 bxInteger
42

2 bxInteger
-7322

5 bxBruch
6 bxInteger
37
7 bxInteger
5
```

Zunächst wird `doSave()` für `menge` aufgerufen. Dort wird als erstes `doSave()` der Basisklasse `bxObject` aufgerufen, wodurch die Objekt–ID der Menge und deren Klassenname ausgegeben werden. Anschließend werden in `doSave()` von `bxUnordColl` die Anzahl der Elemente sowie ID und Klasse der Verweise gesichert. In dem Zusammenhang werden die beiden Integer und der Bruch auch in die Save–Liste eingetragen.

Nachdem die Menge auf diese Weise abgespeichert wurde, werden die anderen Objekte abgespeichert. Bei den Integern gibt die Basisklasse `bxObject` wieder ID und Klassenname und die Klasse `bxInteger` anschließend den Wert aus. Beim Bruch wird zur Speicherung des Werts für die beiden bxInteger–Objekte jeweils über `saveMemberOn()` wieder `doSave()` aufgerufen.

5.6.4 Laden von Objekten

Das Laden von Objekten ist noch etwas komplizierter. Dies liegt daran, daß beim Laden ein Objekt jeweils angelegt und initialisiert wird. Das bedeutet, daß das Laden über Konstruktoren implementiert werden muß. Aus diesem Grund ist das Gegenstück zum Speichern ein Konstruktor, dem als Parameter ein Input–Stream übergeben wird. Konstruktoren besitzen allerdings einige besondere Eigenschaften, die den Mechanismus verkomplizieren.

Konstruktoren werden ohnehin verkettet aufgerufen. Das bedeutet, daß ein verketteter Aufruf, bei dem sich jede Klasse um ihre Komponenten kümmert, nicht explizit implementiert werden muß. Die Daten müssen über Initialisierungslisten eingelesen werden, damit Komponenten gleich mit den richtigen Werten initialisiert werden. Ansonsten dürften Klassen keine Konstanten oder Referenzen als Komponenten besitzen.

Die Reihenfolge der Initialisierungen durch eine Initialisierungsliste ist allerdings nicht frei definierbar, sondern hängt immer von der Reihenfolge der Deklaration der Komponenten ab. Damit Daten in der richtigen Reihenfolge eingelesen werden können, müssen sie deshalb in der Reihenfolge der Deklaration der Komponenten abgespeichert werden.

Ein weiteres Problem liegt in der Tatsache, daß es nicht trivial ist, eine Funktion nach Aufruf aller Konstruktoren aufzurufen. Da Konstruktoren verkettet aufgerufen werden, kann ein konkreter Konstruktor ohne spezielle Mechanismen nicht wissen, ob er der letzte in der Aufrufkette ist.

Schließlich muß beachtet werden, daß Verweise nur initialisiert werden können, wenn die Objekte existieren und damit ihre Adressen bekannt sind. Zumindest bei sequentiellen Speichermedien kann es aber passieren, daß auf ein Objekt verwiesen wird, dessen Daten erst später folgen. Bei sequentiellen Medien muß beim Speichern deshalb gefordert werden, daß Objekte, auf die verwiesen wird, zuerst oder geschachtelt abgespeichert werden. Die im vorherigen Abschnitt aufgezeigte Methode zum Abspeichern muß für diesen Fall entsprechend modifiziert werden.

Nachfolgend wird der Einfachheit halber ein Lösungsansatz vorgestellt, der mit wahlfreiem Zugriff arbeitet oder mehrere Ladevorgänge auf einmal durchführen kann. Am Ende des Abschnitts wird auf das dynamische Nachladen eingegangen. Dabei werden auch Möglichkeiten zur Verarbeitung von Vorwärtsreferenzen vorgestellt.

Auch beim Laden definiert die Klasse `bxObject` wieder einen Konstruktor, der die Objekt–ID und den Klassennamen einliest:

```
bxObject::bxObject (istream& istrm, char* expClassName)
    : objId(istrm)      // Objekt-ID einlesen
{
    char tmpClassName[200];

    // Klassenname einlesen und ueberpruefen
    istrm >> setw(sizeof(tmpClassName)) >> tmpClassName;
    if (strcmp(tmpClassName,expClassName) != 0) {
        // FEHLER: Exception
        throw ClassNameDiffer(expClassName,tmpClassName);
    }
}
```

Damit die Initialisierung der Objekt–ID klappt, muß der Typ für die IDs (`bxid`) nun als Klasse definiert sein, zu der ein entsprechender Konstruktor gehört. Dieser muß auch eventuelle Konflikte zwischen existierenden und hier eingelesenen IDs lösen.

Der als zweiter Parameter zu übergebene Klassenname dient dazu, Inkonsistenzen festzustellen: Wenn der erwartete Klassenname nicht mit dem tatsächlichen übereinstimmt, wird eine entsprechende Fehlerbehandlung angestoßen (siehe Abschnitt 5.7). Für den Klassennamen kann die virtuelle Funktion `className()` **nicht** aufgerufen werden, da das Objekt erst erzeugt wird. Virtuelle Funktionen funktionieren in Konstruktoren nicht.

Objekte mit einfachen Komponenten laden

Wenn nun ein Integer geladen werden soll, kann ein Konstruktor definiert werden, der den dazugehörigen Konstruktor der Basisklasse `bxObject` aufruft und den Wert einliest:

```
class bxInteger : public bxObject {
  ...
  bxInteger (istream& istrm, char* expClassName = "bxInteger")
      : bxObject(istrm,expClassName)     // Konstruktor der Basisklasse
  {
      istrm >> theValue;
  }
};
```

Wird direkt ein `bxInteger` geladen, wird zur Überprüfung der Klasse der Default-Wert des zweiten Parameters verwendet. Von `bxInteger` abgeleitete Klassen können dort ihren Klassennamen übergeben.

Objekte mit Objekten als Komponenten laden

Wenn Komponenten, die Objekte anderer Klassen sind, wie einfache Komponenten über die Anweisungen des Konstruktors geladen werden, ergeben sich einige Nachteile: Es bedeutet zum einen, daß es einen Default-Konstruktor geben muß (was nicht unbedingt immer sinnvoll ist), und zum anderen, daß das Objekt durch den Default-Konstruktor erst "falsch" initialisiert wird, um diese Initialisierung dann durch Zuweisung der tatsächlichen Werte zu korrigieren.

Um dies zu vermeiden, sollten die Komponenten gleich mit den richtigen Werten initialisiert werden. Beim Laden muß dann dafür gesorgt werden, daß Komponenten, die selbst Objekte sind, bei der Initialisierung eingelesen werden. Dazu wird zur Initialisierung einfach der Input-Stream übergeben.

Bei der Klasse `bxBruch`, die aus den `bxInteger`-Komponenten `zaehler` und `nenner` besteht, sieht das z.B. wie folgt aus:

```
bxBruch::bxBruch (istream& istrm, char* expClassName)
     : bxObject(istrm,expClassName),     // Konstruktor der Basisklasse
       zaehler(istrm),nenner(istrm)      // bxInteger-Konstruktoren
{
}
```

In der Initialisierungsliste wird mit `bxObject(istrm,expClassName)` dafür gesorgt, daß der entsprechende Konstruktor der Basisklasse `bxObject` aufgerufen wird, der ID und Klassenname einliest. Mit `zaehler(istrm)` und `nenner(istrm)` wird jeweils der Einlese–Konstruktor der Klasse `bxInteger` aufgerufen, der, wie besprochen, die ID, den Klassennamen und den Wert des Integers einliest.

Dabei ist aber etwas wichtiges zu beachten: Die Reihenfolge, in der Konstruktoren aufgerufen werden, hängt einzig und allein von der Klassendeklaration ab. Existieren mehrere Komponenten mit Konstruktoren, entscheidet die Reihenfolge, in der diese **deklariert** werden. Die Reihenfolge aus der Initialisierungsliste ist völlig unerheblich. Aus diesem Grund muß für diesen Mechanismus immer darauf geachtet werden, daß alle Komponenten in der Reihenfolge, in der sie deklariert werden, abgespeichert werden.

Objekte mit Verweisen auf andere Objekte laden

Wenn Verweise auf andere Objekte beteiligt sind, muß beachtet werden, daß von den Objekten nur die ID und die Klasse direkt abgespeichert wurden. Die Daten des eigentlichen Objekts können, müssen aber nicht vorhanden sein. Sofern geschachtelt oder wahlfrei geladen werden kann, wird einfach eine Funktion aufgerufen, die feststellt, ob ein Objekt bereits geladen wurde. Falls dies nicht der Fall ist, wird das Objekt geladen. In jedem Fall wird die Adresse des Objekts zurückliefert.

Dies kann bei der Klasse `bxUnordColl` z.B. wie folgt aussehen:

```
void bxUnordColl::bxUnordColl (istream& istrm, char* expClassName)
    : bxObject(istrm,expClassName)        // Konstruktor der Basisklasse
{
    // Anzahl der Elemente einlesen
    istrm >> num;

    size = num;                           // das ist auch der Platzbedarf
    elems = new bxObject* [size];         // Array anlegen

    // Elemente (Verweise) initialisieren (ggf. einlesen)
    for (unsigned i=0; i<num; i++) {
        elems[i] = bxObject::loadReference(istrm);
    }
}
```

Nachdem die Anzahl der Elemente gelesen wurde, wird das Array für die Elemente mit der entsprechenden Größe angelegt. Dann wird für jeden Verweis die in `bxObject` statisch definierte Funktion `loadReference()` aufgerufen, die die Adresse des Objekts, auf das verwiesen wird, zurückliefert.

Die statische Funktion `loadReference()` sollte dabei folgendes leisten:

- Objekt–ID und Klassenname für den Verweis einlesen

- anhand der Objekt–ID feststellen, ob das Objekt bereits geladen ist oder gerade geladen wird (Verweis auf sich selbst)
- falls das der Fall ist, dessen Adresse zurückliefern
- oder sonst das Objekt erst einmal selbst durch

  ```
  new KLASSE (istrm)
  ```

  laden.

Unabhängig von der genauen Implementierung der Funktion muß aber immer folgendes beachtet werden:

- Klassenspezifisch oder global muß eine Tabelle existieren, in der zu jeder geladenen Objekt–ID die Adresse des dazugehörigen Objekts steht. Nur so kann ein Verweis über eine ID aufgelöst werden.
- In einer globalen Tabelle muß jedem Klassennamen eine statische Funktion zugeordnet werden, die mit `new` ein Objekt dieser Klasse erzeugt, ohne es zu initialisieren. Sinnvollerweise wird diese Tabelle über das Definitionsmakro gefüllt, indem als weiterer Parameter die Adresse dieser statischen Erzeugungsfunktion übergeben wird.

Objekte abgeleiteter Klassen laden

Das Laden nicht von `bxObject` abgeleiteter Objekte geschieht, indem jeweils nur die neuen Komponenten eingelesen werden. Durch den verketteten Aufruf von Konstruktoren werden die Komponenten der Basisklasse automatisch eingelesen.

Für die von `bxString` abgeleitete Klasse `bxFarbString`, die als zusätzliches Attribut einen String für die Farbe einführt, wäre die Implementierung des Konstruktors:

```
bxFarbString::bxFarbString (istream& istrm, char* expClassName)
    : bxString(istrm,expClassName),      // Konstruktor der Basisklasse
      farb(istrm)               // Konstruktor liest Farbe in "farb" ein
{
}
```

Bei Mehrfachvererbung muß darauf geachtet werden, daß die Reihenfolge der Deklaration der Basisklassen die Reihenfolge definiert, in der die Konstruktoren der Basisklassen aufgerufen werden. Entsprechend muß auch beim Abspeichern diese Reihenfolge eingehalten werden.

5.6.5 Dynamisches Laden und Speichern

In der Praxis kann es sinnvoll sein, nicht immer alle Objekte, auf die verwiesen wird, zu speichern oder zu laden. Beim Speichern muß ein Objekt, auf das verwiesen wird, eigentlich nur dann gespeichert werden, wenn sich sein Zustand nach der letzten Sicherung geändert hat. Für diesen Fall kann in Objekten z.B. eine Komponente eingeführt werden, die diesen Sachverhalt festhält. Die Funktionen zum Speichern müßten die Komponente entsprechend auswerten.

Das Laden von Objekten, auf die verwiesen wird, ist auch nicht immer sinnvoll. In großen komplexen Datenstrukturen mit vielen Querverweisen wird ansonsten beim Laden eines einzelnen Objekts das ganze System geladen, obwohl eigentlich nicht alle Objekte gebraucht werden. Dies kostet unnötig Zeit und Speicherplatz.

Damit beim Laden nicht auch alle Objekte, auf die verwiesen wird, geladen werden, braucht man eine Klasse für nicht aufgelöste Verweise. Eine solche Klasse könnte beispielsweise `bxUnsolvedReference` oder einfach `bxStub` ("stub" bedeutet "Stumpf") heißen. Wenn ein Objekt mit einem Verweis geladen wird, wird dann nur ein Objekt dieser Klasse erzeugt und zurückgeliefert. Komponenten des Objekts wären zumindest die ID und die Klasse des eigentlichen Objekts, für das es steht. Wenn die Daten des Objekts gebraucht werden, kann dann eine spezielle Funktion das eigentliche Objekt laden.

Diese Technik kann auch verwendet werden, um in sequentiellen Speichermedien Vorwärtsverweise zu behandeln. Der Unterschied ist nur, daß diese Vorwärtsverweise sofort aufgelöst werden.

In der Praxis muß dann allerdings einiges beachtet werden: Jeder Zugriff über einen Verweis muß bevor er durchgeführt wird, überprüft werden. Dies geschieht z.B. durch Einführung einer eigenen Klasse für Verweise. Dort kann dann der Operator `->` so überladen werden, daß er vor dem Zugriff auf die Daten das Objekt lädt. Eine andere Möglichkeit besteht darin, sich in einem Objekt, das Verweise auf andere Objekte enthält, selbst darum zu kümmern, ob die Objekte dazugeladen sind.

Wenn ein Verweis aufgelöst wird, wechselt die Adresse des Objekts, da das wirkliche Objekt dadurch neu erzeugt wird. Das bedeutet, daß alle Verweise einen neuen Wert erhalten. Aus diesem Grund müssen die Adressen der Verweise festgehalten werden, damit sie beim Auflösen einen neuen Wert erhalten.

Man könnte einen nicht aufgelösten Verweis auch gleich durch ein Objekt der Klasse realisieren, dessen Daten noch nicht initialisiert wurden. Dies verlangt aber spezielle Konstruktoren und Komponenten.

Insgesamt zeigt sich, daß beim Laden die Tücke im Detail steckt. Eine universelle Lösung ist relativ aufwendig.

5.6.6 Versionsverwaltung

Es lohnt sich, von vorne herein eine Versionsverwaltung einzuplanen. Jede Klasse erhält dazu eine Versionsnummer, die bei einer Änderung der Klasse inkrementiert wird. Diese Versionsnummer wird beim Abspeichern von Objekten jeweils abgespeichert.

Auf diese Weise kann einfach festgestellt werden, ob Objekte zu älteren Klassenversionen geladen werden und es können Fehlermeldungen ausgegeben oder dafür definierte Spezialfunktionen aufgerufen werden.

5.7 Fehlerbehandlung

Für die Fehlerbehandlung empfiehlt es sich, eine abstrakte Fehlerklasse als Basisklasse zu definieren, von der alle konkreten Fehlerklassen abgeleitet werden (siehe auch Abschnitt 3.15.10).

Die Fehlerklasse kann in der Klasse `bxObject`, aber auch außerhalb als Hilfsklasse definiert werden. Sie kann mehrere generelle Komponenten zur Fehlerbehandlung enthalten:

- eine Fehlermeldung
- ein Objekt, für das der Fehler eingetreten ist
- dessen Objekt–ID

Da das Objekt, über das der Fehler verursacht wurde, bei der Fehlerbehandlung bereits wieder zerstört sein kann (siehe Seite 261), muß mit `deepCopy()` eine Kopie angelegt werden. Da damit aber die Identität des Objekts verlorengeht, sollte außerdem die ID des Original–Objekts festgehalten werden.

Es ergibt sich folgende Basisklasse zur Fehlerbehandlung:

```
/* Basisklasse fuer Fehlerklassen
 */
class bxError {
  public:
    char*     message;     // Fehlermeldung
    bxObject* object;      // Zeiger auf Objekt-Kopie dazu (oder NULL)
    bxid      objId;       // Objekt-ID vom Original dazu (oder bxNoID)

    /* Konstruktor aus Fehlermeldung und optionalem Objekt dazu
     *  - initialisiert Fehlerobjekt
     */
    bxError (char* s, const bxObject* obj = NULL) {
        /* Fehlermeldung als Kopie eintragen
         */
        if (s == NULL) {
            s = "Default-Fehlermeldung";
        }
        message = new char [strlen(s)+1];
        strcpy (message, s);

        /* Objekt, falls uebergeben, kopieren und ID eintragen
         */
        if (obj != NULL) {
            objId = obj->id();              // objId merken
            object = obj->deepCopy();       // Objekt kopieren
```

```
            }
            else {
                objId = bxnoid;
                object = (bxObject*)NULL;
            }
        }

        /* Destruktor
         *  - Kopien freigeben
         */
        ~bxError () {
            delete [] message;
            if (object != NULL) {
                object->deepDelete();
            }
        }
    };
```

Der Konstruktor erwartet als Parameter eine Fehlermeldung als `char*` und optional das am Fehler beteiligte Objekt. Die Fehlermeldung wird intern kopiert und von dem Objekt wird dann die ID festgehalten und mit `deepCopy()` ebenfalls eine vollständige Kopie angelegt. Diese Kopien werden im Destruktor wieder freigegeben. Hier zeigt sich, daß auch eine Funktion `deepDelete()` gebraucht wird, die auch die im Rahmen von `deepCopy()` angelegten Kopien der Objekte, auf die verwiesen wird, freigibt.

Ausgehend von dieser Basisklasse können für die verschiedenen Fehlerarten dann entsprechende abgeleitete Klassen definiert werden. Für eine unerlaubte Typumwandlung mit den Castdown–Makros kann z.B. folgende Klasse definiert werden (vergleiche Seite 441):

```
/* Fehlerklasse: bxBadCastdown
 */
class bxBadCastdown : public bxError {
  public:
    /* Konstruktor fuer fehlerhaft umgewandeltes Objekt
     *  - Fehlermeldung und Zeiger auf Objekt an Basisklasse durchreichen
     */
    bxBadCastdown (const bxObject& o) : bxError("bad Castdown",&o) {
    }

    /* Konstruktor fuer Zeiger auf fehlerhaft umgewandeltes Objekt
     *  - Fehlermeldung und Zeiger auf Objekt an Basisklasse durchreichen
     */
    bxBadCastdown (const bxObject* o) : bxError("bad Castdown",o) {
    }
};
```

Die Klasse definiert die spezielle Fehlerart **bxBadCastdown**. Zum Erzeugen eines Objekts dieser Klasse (also bei Auftritt eines Fehlers) wird das Objekt, das fälschlicherweise umgewandelt werden sollte, zusammen mit einem entsprechenden Fehlertext an den Konstruktor der Basis–Fehlerklasse bxError durchgereicht.

Die Fehlerklassen können, wie hier, global, aber auch lokal in der Klasse bxObject definiert werden.

Der Anwender kann dann spezielle und generelle Fehlerbehandlungen durchführen. Alle Fehler der Klassenbibliothek können z.B. generell wie folgt abgefangen werden:

```
try {
    ...
}
catch (bxError err) {
    cerr << "BXCL-ERROR: " << err.message << " bei Objekt "
         << *err.object << " mit ID " << err.objId << endl;
    ...
}
```

Bei Bedarf kann aber auch ein falsches Castdown behandelt werden:

```
try {
    ...
}
catch (bxBadCastdown) {
    ...
}
```

5.8 Die Standard–I/O–Bibliothek

Nachdem bereits in Abschnitt 3.6 die Standard–Techniken zur Ein– und Ausgabe mit Stream–Klassen eingeführt wurden, soll in diesem Abschnitt hinter die Kulissen der Standard–I/O–Bibliothek geschaut werden. Damit wird der volle Umfang der Möglichkeiten, die diese Bibliothek bietet, deutlich.

Auch an dieser Stelle muß betont werden, daß es zumindest zum Zeitpunkt der Erstellung dieses Buchs noch keine definitive Spezifikation des I/O–Standards gibt. Das ANSI/ISO–Komitee arbeitet daran (siehe Seite 24). Aus diesem Grund kann es noch unterschiedliche Implementierungen der Stream–Bibliotheken geben. Es kristalliert sich allerdings bereits ein Standard heraus, der im folgenden beschrieben wird.

5.8.1 I/O–Klassen und –Objekte

Klassen und Klassenhierarchie

Die Klassenhierarchie für die I/O–Klassen sieht typischerweise wie folgt aus:

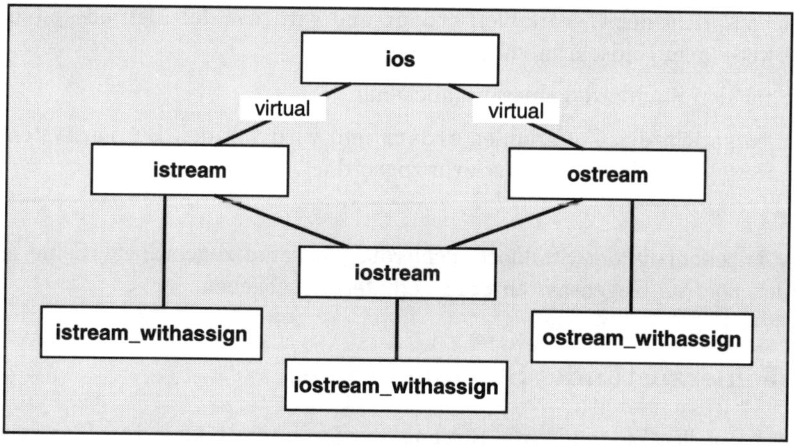

Hierarchie der Stream–Klassen

Die Basisklasse `ios` definiert prinzipielle Eigenschaften aller Stream–Klassen, wie z.B. Status–Flags und Funktionen, um diese zu setzen oder abzufragen.

Die Klassen `istream` und `ostream` definieren Objekte, von denen Zeichen gelesen bzw. in die Zeichen geschrieben werden können. Von beiden abgeleitet ist die Klasse `iostream` für Objekte, die sowohl zur Ausgabe als auch zur Eingabe geeignet sind.

Von allen drei Klassen gibt es jeweils eine Ableitung, die es erlaubt, eine Zuweisung eines Objekts dieser Klasse an ein anderes Objekt dieser Klasse durchzuführen, was normalerweise nicht definiert ist. Zuweisungen und Kopien sollten immer mit Zeigern oder Referenzen durchgeführt werden, damit z.B. Fehlerzustände immer im Original und nicht in einer Stream–Kopie gesetzt werden. Die Bedeutung der Klassen, für die Zuweisungen erlaubt sind, wird in Abschnitt 5.8.8 erläutert.

Für den Zugriff auf Dateien und auf Strings werden zusätzliche Klassen definiert, auf die in den Abschnitten 5.8.7 und 5.8.9 eingegangen wird.

Hinzu kommen außerdem Hilfsklassen wie `streambuf`, die sich um eine gepufferte Zeichenverarbeitung kümmern. Objekte dieser Klassen werden in den anderen Klassen als Komponenten verwendet.

Globale Objekte

Für diese Klassen gibt es vier vordefinierte Objekte. Dabei handelt es sich zum einen um die bereits eingeführten Objekte für die Standard–Kanäle zur Ein– und Ausgabe:

- **cin** für den Standard–Eingabekanal

  `cin` entspricht der C–Variablen `stdin` und wird von den Betriebssystemen typischerweise der Tastatur zugeordnet.

- **cout** für den Standard–Ausgabekanal

  `cout` entspricht der C–Variablen `stdout` und wird von den Betriebssystemen typischerweise dem Bildschirm zugeordnet.

- **cerr** für den Standard–Fehlerausgabekanal

  `cerr` entspricht der C–Variablen `stderr` und wird von den Betriebssystemen typischerweise ebenfalls dem Bildschirm zugeordnet.

- **clog**

  `clog` ist ebenfalls der Standard–Fehlerausgabekanal zugeordnet. Seine Ausgaben werden aber im Gegensatz zu `cerr` gepuffert ausgegeben.

5.8.2 Fehlerzustände, Stream–Status

Für den prinzipiellen Zustand eines Streams werden in der Klasse `ios` Flags eingeführt. Obwohl bereits in Abschnitt 3.6.3 darauf eingegangen wurde, werden sie der Vollständigkeit halber hier nochmal kurz vorgestellt und zum Teil mit genaueren Informationen versehen.

Die verschiedenen Bitkonstanten werden über einen eigenen Aufzählungstyp als Flags definiert, die von `ios` in einer internen Komponente verwaltet werden:

Flag	Bedeutung
`ios::goodbit`	alles in Ordnung, kein (anderes) Bit gesetzt
`ios::eofbit`	End-Of-File (Ende der Daten)
`ios::failbit`	Fehler: letzter Vorgang nicht korrekt abgeschlossen
`ios::badbit`	fataler Fehler: Zustand nicht definiert
`ios::hardfail`	Hardware-Fehler

Bei `ios::goodbit` von einem Flag zu reden, ist etwas verwirrend, da es typischerweise den Wert `0` besitzt und damit automatisch anzeigt, ob kein anderes Flag gesetzt ist.

Der Unterschied zwischen `failbit` und `badbit` ist klein, aber durchaus von Interesse:

- `failbit` wird i.a. gesetzt, wenn ein Vorgang nicht korrekt durchgeführt werden konnte, der Stream aber prinzipiell in Ordnung ist. Typisch dafür sind Formatfehler beim Einlesen. Wenn z.B. ein Integer eingelesen werden soll, das nächste Zeichen aber ein Buchstabe ist, wird dieses Flag gesetzt.
- `badbit` wird i.a. gesetzt, wenn der Stream prinzipiell nicht mehr in Ordnung ist oder Zeichen verlorengegangen sind. Dieses Flag wird z.B. beim Positionieren vor einen Dateianfang gesetzt.

Prinzipiell ist dazu anzumerken, daß es bei den einzelnen Compilern Unterschiede bei der Definition der beiden Flags gibt.

Das Flag `ios::hardfail` ist nicht bei allen Implementierungen vorhanden. Seine Funktionalität ist ansonsten in `ios::badbit` integriert.

Zu den Flags gehören Elementfunktionen, die ebenfalls bereits in Abschnitt 3.6.3 eingeführt wurden:

Funktion	Bedeutung
`good()`	`true`, wenn alles in Ordnung (`ios::goodbit` gesetzt) ist
`eof()`	`true` bei End-Of-File (`ios::eofbit` gesetzt)
`fail()`	`true` bei Fehler (`ios::failbit` oder `ios::badbit` gesetzt)
`bad()`	`true` bei fatalem Fehler (`ios::badbit` gesetzt)
`rdstate()`	liefert die Kombination der gesetzten Flags zurück
`clear()`	löscht oder setzt Flags

Wird `clear()` kein Parameter übergeben, werden alle Fehlerflags (auch `ios::eofbit`) bis auf das eventuell vorhandene `ios::hardfail` gelöscht. Wird ein Parameter übergeben, werden die darin übergebenen Flags gesetzt. Auf Seite 122 befindet sich ein kleines Anwendungsbeispiel dazu.

Schließlich werden für die Bewertung von booleschen Ausdrücken in Kontrollstukturen die bereits in Abschnitt 3.6.2 vorgestellten Konvertierungsfunktionen definiert:

Elementfunktion	Bedeutung
`operator void* ()`	liefert zurück, ob der Stream in Ordnung ist
`operator ! ()`	liefert zurück, ob der Stream nicht in Ordnung ist

5.8.3 Standard–Operatoren

Als Standard-Operatoren für die Ein- und Ausgabe werden in den Klassen `istream` und `ostream` die Operatoren `>>` und `<<` definiert und für alle fundamentalen Datentypen einschließlich des Typs `char*` überladen.

Der Operator `<<` bietet auch die Möglichkeit, Zeiger auszugeben. Wird dem Operator als Parameter der Typ `void*` übergeben, wird jeweils die Adresse des Zeigers in einer maschinenabhängigen Form ausgegeben. Die folgende Anweisung gibt z.B. den Inhalt eines Strings und dessen Adresse aus:

```
char* string = "hallo";

cout << "String: " << string
     << " steht an Adresse: " << (void*)string << endl;
```

Dies kann z.B. zu folgender Ausgabe führen:

```
String: hallo steht an Adresse: 0x10000018
```

5.8.4 Standard–Funktionen

Statt der Standard-Operatoren für Streams, `<<` und `>>`, können auch verschiedene Elementfunktionen zum Einlesen oder Ausgeben verwendet werden. Diese Elementfunktionen werden im folgenden vorgestellt.

Elementfunktionen zur Eingabe

In der Klasse `istream` werden neben dem Operator `>>` zahlreiche weitere Elementfunktionen definiert, die zum Einlesen von Zeichen dienen:

- `get()` ohne Parameter

  ```
  int get();
  ```

  liefert als Rückgabewert das nächste gelesene Zeichen oder `EOF` zurück. Es entspricht damit `getchar()` oder `getc()` von C.

  Auch hier muß darauf geachtet werden, daß der Rückgabewert einem `int` zugewiesen wird. Ansonsten kann das Zeichen mit dem Wert `-1` bzw. mit dem Wert `255` nicht von `EOF` unterschieden werden, da `EOF` typischerweise mit dem Wert `-1` definiert ist.

- `get()` mit `char` als Parameter

  ```
  istream& get (char& c);
  ```

  weist das nächste Zeichen dem übergebenen Parameter `c` zu und liefert den Stream zurück. Sein Zustand gibt dann darüber Auskunft, ob das Lesen erfolgreich war.

- `get()` mit `char*`, `int` und optional `char` als Parameter

  ```
  istream& get (char* s, int anz, char ende = '\n');
  ```

  liest bis zu `anz-1` Zeichen in den String `s` ein, wobei spätestens mit dem Zeichen `ende` abgebrochen wird. Das Stringende–Zeichen `'\0'` wird automatisch dahinter gesetzt. Das Zeichen `ende` wird nicht übernommen.

- `getline()` mit `char*`, `int` und optional `char` als Parameter

  ```
  istream& getline (char* s, int anz, char ende = '\n');
  ```

  entspricht der vorher vorgestellten Variante von `get()`, mit dem Unterschied, daß das Zeichen `ende` übernommen wird.

- `read()` mit `char*` und `int` als Parameter

  ```
  istream& read (char* s, int anz);
  ```

  liest einfach nur bis zu `anz` Zeichen in den String `s` ein.

- `gcount()` ohne Parameter

  ```
  int gcount ();
  ```

  liefert zurück, wieviele Zeichen beim letzten Lesebefehl gelesen wurden.

- `ignore()` mit zwei optionalen `int` als Parameter

  ```
  istream& ignore (int anz = 1, int ende = EOF);
  ```

  überliest maximal `anz` Zeichen, bis `ende` (Zeichen oder `EOF`) auftritt.

- `peek()` ohne Parameter

  ```
  int peek ();
  ```

  liefert das nächste Zeichen aus dem Stream oder `EOF`, ohne es auszulesen. Beim nächsten Lesen wäre das Zeichen also immer noch vorhanden.

- `putback()` mit `char` als Parameter

  ```
  istream& putback (char c);
  ```

  stellt ein Zeichen in den Eingabestrom zurück, damit es beim nächsten Mal (erneut) gelesen wird.

Bei all diesen Funktionen werden Trennzeichen (Whitespaces) nicht überlesen.

Da immer eine Obergrenze angegeben werden muß, sind diese Funktionen zum Einlesen von Strings sicherer als die Verwendung des Operators `>>`. Es ist zwar möglich, vor dem Einlesen mit dem Operator `>>` eine maximale Anzahl von Zeichen zu definieren (siehe Seite 504), dies kann aber leicht vergessen werden.

Die Implementierungen der Funktionen zum Einlesen eines Bruchs in Abschnitt 3.6.4 und eines Strings in Abschnitt 3.9.8 enthalten Anwendungsbeispiele für verschiedene Einlese–Funktionen.

Elementfunktionen zur Ausgabe

In der Klasse `ostream` werden neben dem Operator `<<` ebenfalls einige Elementfunktionen definiert, die zur Ausgabe von Zeichen dienen:

- `put()` mit `char` als Parameter

  ```
  ostream& put (char& c);
  ```

  gibt den übergebenen Parameter `c` als nächstes Zeichen aus und liefert den Stream zurück. Sein Zustand gibt dann darüber Auskunft, ob das Schreiben erfolgreich war.

- `write()` mit `char*` und `int` als Parameter

  ```
  ostream& write (char* s, int anz);
  ```

  gibt einfach `anz` Zeichen des Strings `s` aus.

- `flush()` ohne Parameter

  ```
  ostream& flush ();
  ```

  leert den Ausgabepuffer, indem alle darin stehenden Zeichen ausgegeben werden.

Verknüpfen von Input– und Output–Stream

Mit einer speziellen Elementfunktion können ein Input– und ein Output–Stream miteinander verknüpft werden:

- `tie()` mit `ostream*` als Parameter

  ```
  ostream* tie (ostream*);
  ```

  verknüpft einen Stream mit einem übergebenen Output–Stream.

Dies bedeutet, daß immer dann, wenn für den Stream eine Eingabe–Operation aufgerufen wird, zunächst der Ausgabepuffer des daran gebundenen Output–Streams geleert wird.

Für die Standard-Ein- und -Ausgabe ist dies bereits vordefiniert:

```
// Eingabepuffer an Ausgabepuffer koppeln
cin.tie (&cout);
```

Dadurch wird sichergestellt, daß eine Aufforderung zur Eingabe auch ausgegeben ist, bevor auf die Eingabe gewartet wird:

```
cout << "Bitte x eingeben: ";
cin >> x;
```

Vor dem Einlesen von `x` wird für `cout` ein implizites `flush()` aufgerufen.

Die Tatsache, daß der Ausgabepuffer vom Standard-Ausgabekanal i.a. vor dem Einlesen vom Standard-Eingabekanal geleert wird, ist keineswegs garantiert, sondern hängt letztlich von der Betriebssystemumgebung ab.[6]

Man beachte, daß als Parameter die Adresse eines Output-Streams übergeben werden muß. Dadurch kann auch 0 bzw. `NULL` übergeben werden, was eine bestehende Bindung aufhebt:

```
// Kopplung an Output-Stream aufheben
strm.tie ((ostream*)0);
```

Zurückgeliefert wird jeweils die alte Bindung (Zeiger auf Output-Stream oder 0). Ein Aufruf ohne Parameter liefert ebenfalls die alte Bindung.

Anwendungsbeispiele

Das klassische Filtergerüst, das einfach nur alle gelesenen Zeichen wieder ausgibt, sieht in C++ wie folgt aus:

```
#include <iostream.h>

main()
{
    char c;

    // solange Zeichen gelesen werden kann
    while (cin.get(c)) {
        // Zeichen ausgeben
        cout.put(c);
    }
}
```

[6] Eigentlich muß aus dem gleichen Grund hinter jeder Ausgabe in C-Programmen, zumindest wenn sie nicht mit einem Newline endet, ein `flush()` aufgerufen werden. Aber wer macht das schon?

Man beachte, daß im Gegensatz zur C–Version nicht auf EOF getestet und somit c auch nicht als int deklariert werden muß, da in der Bedingung nicht das gelesene Zeichen, sondern der Stream auf seinen korrekten Zustand getestet wird.

Als kleine Verbesserung kann zum Schluß noch getestet werden, ob das Program wirklich durch EOF beendet wurde und ob der Output–Stream in einem fehlerfreien Zustand ist:

```
#include <stdlib.h>
#include <iostream.h>

main()
{
    char c;

    // solange Zeichen gelesen werden kann
    while (cin.get(c)) {
        // Zeichen ausgeben
        cout.put(c);
    }

    if (! cin.eof()) {
        cerr << "Lesefehler" << endl;
        exit (1);
    }
    if (! cout.good()) {
        cerr << "Schreibfehler" << endl;
        exit (1);
    }
}
```

5.8.5 Manipulatoren

Wie bereits in Abschnitt 3.6.2 eingeführt, werden für Streams verschiedene Manipulatoren definiert. Dabei handelt es sich um globale Objekte, die, wenn sie mit dem Standard–Ein– bzw. Standard–Ausgabe–Operator aufgerufen werden, den Stream in irgendeiner Form manipulieren, was nicht unbedingt heißt, daß etwas ein– oder ausgelesen wird.

Folgende grundlegende Manipulatoren werden von <iostream.h> vordefiniert:

Manipulator	Klasse	Bedeutung
flush	ostream	Ausgabepuffer leeren
endl	ostream	'\n' ausgeben und Ausgabepuffer leeren
ends	ostream	'\0' ausgeben und Ausgabepuffer leeren
ws	istream	Trennzeichen (Whitespaces) überlesen

Hinzu kommen weitere Manipulatoren, die z.B. zur Umschaltung von Ein– und Ausgabeformaten dienen. Sie werden in den nachfolgenden Abschnitten vorgestellt.

Arbeitsweise von Manipulatoren

Hinter den Manipulatoren steckt ein eigentlich ganz einfacher Trick, der gleichzeitig die Mächtigkeit der Möglichkeit zum Überladen von Funktionen aufzeigt: Manipulatoren sind nichts anderes als Funktionen, die, sofern sie einem Ein– bzw. Ausgabe–Operator als Parameter übergeben werden, aufgerufen werden.

Für die Klasse `ostream` wird der Ausgabe–Operator z.B. wie folgt überladen:

```
class ostream : virtual public ios {
    ...
    ostream& operator << (ostream& (*func)(ostream&)) {
        return (*func)(*this);
    }
    ...
};
```

Wenn dem Operator `<<` als zweiter Operand eine Funktion übergeben wird, die als Parameter ein `ostream`–Objekt erhält und ein `ostream`–Objekt zurückliefert, wird diese Funktion mit dem `ostream`–Objekt, für das der Operator `<<` aufgerufen wird, aufgerufen.

Das klingt sehr kompliziert, ist aber eigentlich relativ einfach: Die Funktion (und damit der Manipulator) `endl()` ist im Prinzip folgendermaßen definiert:

```
ostream& endl (ostream& strm)
{
    // Newline ausgeben
    strm << '\n';

    // Ausgabepuffer leeren
    strm.flush();

    // strm fuer Verkettung zurueckliefern
    return strm;
}
```

Durch die Anweisung

```
cout << endl;
```

wird die Funktion, für die der Manipulator steht, mit dem Stream, der manipuliert werden soll, als Parameter aufgerufen:

```
endl (cout);
```

Selbstdefinierte Manipulatoren

Es ist jederzeit möglich, eigene Manipulatoren zu definieren. Dazu muß nur eine entsprechende Funktion nach Art von `endl()` geschrieben werden.

Mit der folgenden Funktion wird z.B. ein Manipulator zum Auslesen einer Zeile bis zum Zeilenende definiert:

```
istream& ignoreLine (istream& strm)
{
    char c;

    /* Schleife, solange Zeichen gelesen werden kann und
     * dies nicht Newline ist
     */
    while (strm.get(c) && c != '\n') {
        ;
    }

    // strm fuer Verkettung zurueckliefern
    return strm;
}
```

Die Funktion `get(char&)` liest dabei ein Zeichen in den übergebenen Parameter ein und liefert den Stream zurück. Da der Funktionsaufruf in der Bedingung der Schleife steht, wird mit dem Einlesen gleichzeitig getestet, ob der Zustand des Streams in Ordnung (kein EOF oder Fehler) ist.

Die Anwendung des Manipulators ist denkbar einfach:

```
// Rest der Zeile ignorieren
cin >> ignoreLine;
```

Durch mehrfaches Aufrufen könnten damit auch mehrere Zeilen ignoriert werden.

Manipulatoren mit Parametern

Es gibt auch einen Mechanismus für Manipulatoren mit Parametern. Dieser Mechanismus ist allerdings, wenn man hinter die Kulissen schaut, nicht sehr elegant, wenn auch trickreich.

Für jede Kombination aus Stream– und Parametertyp wird eine Hilfsklasse definiert, in der als Attribut jeweils eine Funktion und die Parameter zusammen als Objekt abgelegt werden können. Wenn nun ein Manipulator mit Parameter in einer Ein– oder Ausgabe–Operation steht, wird durch diesen zunächst ein solches Hilfsobjekt mit der eigentlichen manipulierenden Funktion und den Parametern erzeugt. Dieses Hilfsobjekt wird dann ausgegeben, was bedeutet, daß die eigentliche manipulierende Funktion mit dem Parameter aufgerufen wird. Der Manipulator ist also eine globale Hilfsfunktion, die einer den Stream manipulierenden Funktion Parameter zuordnet, damit die Funktion dann mit den Parametern aufgerufen wird.

Im Prinzip sieht dies in etwa wie folgt aus:

- Eine Funktion `width()` setzt z.B. eine Feldbreite für eine formatierte Ausgabe.
- Der Manipulator `setw()` ist eine Funktion, die bei Aufruf eine Zuordnung erzeugt, daß der übergebene Parameter zur Funktion `width()` gehört, und liefert diese Zuordnung als temporäres Objekt der Klasse `MANIP_MIT_INT` zurück:

  ```
  MANIP_MIT_INT setw (int i)
  {
      return MANIP_MIT_INT (&width, i);
  }
  ```

- Der Operator `<<` ist schließlich so überladen, daß, wenn er als zweiten Parameter ein Objekt der Klasse `MANIP_MIT_INT` erhält, die Funktion mit dem Parameter aufruft.
- Wenn jetzt also folgende Anweisung im Text

  ```
  cout << setw (8);
  ```

  vorkommt, wird daraus durch Aufruf von `setw()` zunächst:

  ```
  cout << MANIP_MIT_INT (&width, 8);
  ```

  was schließlich zum Aufruf von `width()` mit dem Parameter `8` führt

  ```
  cout.width (8);
  ```

Das Ganze ist in der Praxis noch komplizierter, da `width()` keine globale, sondern eine Elementfunktion ist und die Verkettung implementiert werden muß.

Implementiert wird der Mechanismus über Templates (für jede Stream–Klasse und jede Parameter–Art eine Klasse) oder, falls Templates nicht vorhanden sind, über Makros. Die Templates bzw. Makros werden in der Header–Datei `<iomanip.h>` definiert, die bei Verwendung von Manipulatoren mit Parametern also eingebunden werden muß (wer mal das Puzzle einer richtig verwirrenden Header–Datei lösen will, sollte dort reinsehen).

Wer das verstanden hat, kann auch Manipulatoren mit Parametern selbst definieren. Für den, der das nicht verstanden hat, ist eigentlich nur wichtig, daß es Manipulatoren mit Parametern gibt und diese bei Einbindung der Header–Datei `<iomanip.h>` aufgerufen werden können.

5.8.6 Formatdefinitionen

Für die Definition von Ein– und Ausgabeformaten werden in der Klasse `ios` verschiedene Komponenten definiert, die z.B. eine minimale Feldbreite oder die Anzahl der Stellen von Gleitkommazahlen definieren. In einer dieser Komponenten werden eine Reihe von Formatflags als Bitkonstanten verwaltet. Mit diesen kann z.B. die Ausgabe eines positiven Vorzeichens veranlaßt werden.

Manche dieser Formatflags gehören zusammen, wie etwa die Flags, die die oktale, dezimale oder hexadezimale Ausgabe einschalten. Um die Verwaltung solcher zusammengehöriger Flags zu vereinfachen, werden jeweils Bitfelder definiert, mit denen nur diese Flags angesprochen werden können.

Für den Zugriff auf die Formatflags gibt es prinzipiell zwei Möglichkeiten:

- direkter Zugriff auf die Flags

  Mit der Funktion `flags()` werden sämtliche Formatflags abgefragt oder, sofern ein Parameter übergeben wird, neu gesetzt.

  Die Funktionen `setf()` und `unsetf()` setzen jeweils ein oder mehrere, mit dem Operator `|` bitweise "veroderte" Flags. Der Funktion `setf()` kann als zweiter Parameter noch ein Bitfeld übergeben werden, in dem dann alle zugehörigen Flags vorher zurückgesetzt werden, was sonst nicht passiert.

  Beispiele:

  ```
  // Flags "showpos" und "uppercase" setzen
  cout.setf (ios::showpos | ios::uppercase);

  // Flag "hex" als einziges im Bitfeld "basefield" setzen
  cout.setf (ios::hex, ios::basefield);

  // Flag "uppercase" zuruecksetzen
  cout.unsetf (ios::uppercase);
  ```

- Zugriff über Manipulatoren

  Die Manipulatoren `setiosflags()` und `resetiosflags()` erlauben es, ein oder mehrere Flags in der Ausgabeanweisung zu setzen bzw. zu löschen. Da es sich um einen Manipulator mit Parameter handelt, muß dazu die Header–Datei <iomanip.h> eingebunden werden.

  Für einige Flag–Manipulationen existieren außerdem spezielle Manipulatoren, die nachfolgend vorgestellt werden. Sie sind in der Handhabung i.a. deutlich einfacher und lesbarer und sollten deshalb nach Möglichkeit verwendet werden.

Feldbreite, Ausrichtung und Füllsymbol

Zur Definition von Feldbreite und Füllsymbol existieren zwei Elementfunktionen:

Elementfunktion	Bedeutung
`width()`	setzt die Feldbreite zum Ein– und Auslesen
`fill()`	definiert ein Füllsymbol

Mit der Elementfunktion **`width()`** kann für eine Ausgabe eine minimale Feldbreite definiert werden. Eine solche Definition bezieht sich allerdings nur auf die direkt folgende Ausgabe, sofern es sich dabei nicht um die Ausgabe eines **`char`** handelt. Ohne Parameter wird die aktuelle minimale Feldbreite zurückgeliefert, mit Parameter wird eine neue minimale Feldbreite gesetzt und die bisherige zurückgeliefert. Der Default–Wert ist 0.

Mit der Elementfunktion `fill()` kann dazu ein Füllsymbol definiert und abgefragt werden. Das Default–Füllsymbol ist das Leerzeichen.

Zur Ausrichtung innerhalb des Feldes existieren drei Flags. Sie werden in der Klasse `ios` mit einem dazugehörigen Bitfeld folgendermaßen definiert:

Bitfeld	Flags	Bedeutung
`ios::adjustfield`	`ios::left`	linksbündig
	`ios::right`	rechtsbündig (Default)
	`ios::internal`	Vorzeichen linksbündig, Wert rechtsbündig

Im Gegensatz zur Feldbreite gelten Füllsymbol und Ausrichtung bis auf weiteres, also bis ein neuer Befehl etwas anderes definiert.

Die folgende Tabelle zeigt die Auswirkungen der Funktionen und Flags bei Ausgabe verschiedener Konstanten. Als Füllsymbol wird jeweils der Unterstrich verwendet:

	`width()`	**-42**	**0.12**	`"Q"`	`'Q'`
`left`	6	`-42___`	`0.12__`	`Q_____`	`Q`
`right`	6	`___-42`	`__0.12`	`_____Q`	`Q`
`internal`	6	`-___42`	`__0.12`	`_____Q`	`Q`

Für `width()` und `fill()` werden zusätzlich Manipulatoren definiert:

Manipulator	Bedeutung
`setw()`	setzt die Feldbreite zum Ein– und Auslesen (entspricht `width()`)
`setfill()`	definiert ein Füllsymbol (entspricht `fill()`)

Da es sich um Manipulatoren mit Parametern handelt, muß dazu die Header–Datei `<iomanip.h>` eingebunden werden.

Die Anweisungen

```
#include <iostream.h>
#include <iomanip.h>
...
cout << setw(8) << setfill('_') << -3.14
     << ' ' << 42 << endl;
cout << setw(8) << "summe:"
     << setw(8) << ' ' << 42 << endl;
```

geben z.B.

```
___-3.14 42
__summe: ______42
```

aus.

Mit `width()` kann auch eine maximale Feldbreite zum Einlesen eines Strings (Datentyp `char*`) definiert werden. Ist der Wert ungleich 0, werden maximal `width()-1` Zeichen gelesen und auf jeden Fall `'\0'` angehängt. Dies sollte sicherheitshalber immer verwendet werden, wenn Strings mit dem Operator >> eingelesen werden:

```
char puffer[81];

// maximal 80 Zeichen als String einlesen
cin >> setw(sizeof(puffer)) >> puffer;
```

Positives Vorzeichen und Großbuchstaben

Zwei Formatflags bietet die Möglichkeit, die Ausgabe von Zahlen allgemein zu beeinflussen:

Flag	Bedeutung
`ios::showpos`	positives Vorzeichen mit ausgeben
`ios::uppercase`	Großbuchstaben verwenden

Mit dem Flag `ios::showpos` kann die Ausgabe eines positiven Vorzeichens erzwungen werden. Das Flag `ios::uppercase` bietet die Möglichkeit, zu definieren, daß bei der Ausgabe von Zahlen Großbuchstaben statt Kleinbuchstaben verwendet werden. Dies betrifft ganze Zahlen, die hexadezimal ausgegeben werden, und Gleitkommazahlen, die in wissenschaftlicher Notation ausgegeben werden.

Die Anweisungen

```
cout << 12345678.9 << endl;

cout.setf (ios::showpos | ios::uppercase);
cout << 12345678.9 << endl;
```

liefern als Ausgabe

```
1.23457e+07
+1.23457E+07
```

Zahlensystem

Drei zusammengehörige Flags legen fest, in welchem Zahlensystem ganze Zahlen eingelesen und ausgegeben werden. Die Flags werden in der Klasse `ios` mit dem dazugehörigen Bitfeld folgendermaßen definiert:

Bitfeld	**Flags**	**Bedeutung**
`ios::basefield`	`ios::oct`	Ein-/Ausgabe oktal
	`ios::dec`	Ein-/Ausgabe dezimal (Default)
	`ios::hex`	Ein-/Ausgabe hexadezimal

Die Umschaltung gilt jeweils für alle folgenden ganzen Zahlen, bis das Format erneut umgeschaltet wird. Dezimal ist der Default-Wert.

Wenn die Flags direkt gesetzt werden, muß darauf geachtet werden, daß immer nur ein Flag gesetzt ist. Ansonsten ist das Zahlensystem automatisch dezimal. Zum direkten Umschalten gibt es zwei Möglichkeiten:

- Ein Flag setzen und das andere zurücksetzen:

  ```
  cout.unsetf (ios::dec);
  cout.setf (ios::hex);
  ```

- Ein Flag setzen und dabei automatisch alle anderen Flags des Bitfelds zurücksetzen:

  ```
  cout.setf (ios::hex, ios::basefield);
  ```

Für die Umschaltung stehen auch Manipulatoren zur Verfügung, die die Handhabung wesentlich vereinfachen:

Manipulator	**Bedeutung**
`oct`	Ein-/Ausgabe oktal
`dec`	Ein-/Ausgabe dezimal
`hex`	Ein-/Ausgabe hexadezimal

Die folgenden Anweisungen geben z.B. `x` und `y` hexadezimal und `z` dezimal aus:

```
int x, y, z;
...
cout << hex << x << endl;
cout << y << " " << dec << z << endl;
```

Ein zusätzliches Flag bietet die Möglichkeit, bei der Ausgabe die im Quellcode übliche

Notation zum Kennzeichnen des Zahlensystems zu verwenden:

Flag	Bedeutung
`ios::showbase`	Zahlensystem kennzeichnen

Wenn das Flag `ios::showbase` gesetzt ist, werden oktale Zahlen mit einer führenden 0 und hexadezimale Zahlen mit führendem `0x` (bzw. wenn `ios::uppercase` gesetzt ist, `0X`) ausgegeben.

Die Anweisungen

```
cout << 127 << " " << 255 << endl;

cout << hex << 127 << " " << 255 << endl;

cout.setf (ios::showbase);
cout << 127 << " " << 255 << endl;

cout.setf (ios::uppercase);
cout << 127 << " " << 255 << endl;
```

liefern als Ausgabe

```
127 255
7f ff
0x7f 0xff
0X7F 0XFF
```

Die Flags spielen auch beim Einlesen eine Rolle. Ist beim Einlesen keines der Flags für das Zahlensystem gesetzt, wird durch den Beginn der Eingabe über das Zahlensystem entschieden: `0x` leitet eine hexadezimale, `0` eine oktale und alles andere eine dezimale Zahl ein. Ist ein Flag gesetzt, können nur Zahlen des dazugehörigen Zahlensystems eingelesen werden.

Gleitkomma–Notation

Für die Ausgabe von Gleitkommawerten existieren mehrere Formatflags und Komponenten.

Zwei Flags definieren zunächst grundsätzlich, ob die Ausgabe in Dezimal– oder Exponentialdarstellung erfolgt. Sie werden in der Klasse `ios` mit dem dazugehörigen Bitfeld folgendermaßen definiert:

Bitfeld	Flags	Bedeutung
`ios::floatfield`	`ios::fixed`	Dezimaldarstellung
	`ios::scientific`	Exponentialdarstellung

Zur Definition der Genauigkeit existiert die Elementfunktion `precision()`:

Elementfunktion	**Bedeutung**
`precision()`	Genauigkeit bei Gleitkommawerten setzen oder abfragen

Ohne Parameter aufgerufen, wird die Genauigkeit zurückgeliefert. Mit Parameter aufgerufen, wird dieser als neue Genauigkeit verwendet (und der alte Wert zurückgeliefert). Der Default–Wert für die Genauigkeit ist 6.

Ist das Flag `ios::fixed` gesetzt, werden Gleitkommazahlen in Dezimaldarstellung, ist das Flag `ios::scientific` gesetzt, werden sie in Exponentialdarstellung ausgegeben. Die mit `precision()` gesetzte Genauigkeit definiert dabei in beiden Fällen die Anzahl der Stellen nach dem Dezimalpunkt. Man beachte dabei, daß nicht einfach abgeschnitten, sondern gerundet wird.

Weder `ios::fixed` noch `ios::scientific` sind defaultmäßig gesetzt. In einem solchen Fall werden sämtliche sinnvolle Stellen, maximal aber `precision()` Stellen, ausgegeben. Führende Nullen vor dem Dezimalpunkt und abschließende Nullen nach dem Dezimalpunkt spielen dabei keine Rolle. Das bedeutet, daß abschließende Nullen und u.U. sogar der Dezimalpunkt nicht ausgegeben werden. Reichen `precision()` Stellen aus, wird die Dezimaldarstellung, ansonsten wird die Exponentialdarstellung verwendet.

Mit `ios::showpoint` kann explizit verlangt werden, daß der Dezimalpunkt und abschließende Nullen ausgegeben werden, bis `precision()` Stellen erreicht sind.

Die etwas komplizierten Abhängigkeiten der Flags und der Genauigkeit zeigt folgende Tabelle am Beispiel zwei konkreter Werte:

	`precision()`	**421.0**	**0.0123456789**
normal	2	`4.2e+02`	`0.012`
	6	`421`	`0.0123457`
mit `showpoint`	2	`4.2e+02`	`0.012`
	6	`421.000`	`0.0123457`
`fixed`	2	`421.00`	`0.01`
	6	`421.000000`	`0.012346`
`scientific`	2	`4.21e+02`	`1.23e-02`
	6	`4.210000e+02`	`1.234568e-02`

Auch hier kann mit dem Flag `ios::showpos` die Ausgabe eines positiven Vorzeichens veranlaßt werden und mit dem Flag `ios::uppercase` bei der wissenschaftlichen Notation ein großes `E` ausgegeben werden.

Der Manipulator `setprecision()` erlaubt es, die Genauigkeit innerhalb der Ausgabeanweisung zu setzen:

```
cout << setprecision(8) << 0.123456789 << endl;
```

Da es sich um einen Manipulator mit Parameter handelt, muß dazu die Header–Datei `<iomanip.h>` eingebunden werden.

Allgemeines

Drei Flags fehlen noch in der Liste der Formatflags:

Flag	Bedeutung
`ios::skipws`	führende Trennzeichen (Whitespaces) überlesen
`ios::unitbuf`	Ausgabepuffer nach jeder Ausgabeoperation leeren
`ios::stdio`	Ausgabepuffer nach jedem Textzeichen leeren

Das Flag `ios::skipws` ist als Default eingeschaltet. Es führt dazu, daß mit dem Operator `>>` keine einzelnen Leerzeichen gelesen werden können, da führende Leerzeichen überlesen werden. Die beiden anderen Flags steuern die Pufferung der Ausgaben.

Setzen und Abfragen aller Flags

Mit der Elementfunktion `flags()` können alle Formatflags gesetzt und abgefragt werden. Dies ist z.B. sinnvoll, um den Zustand der Flags vor Manipulationen zu sichern, um ihn später wiederherstellen zu können.

Die folgenden Anweisungen zeigen ein Beispiel:

```
long oldFlags;

// aktuelle Format-Flags sichern
oldFlags = cout.flags();

// irgendwelche Aenderungen vornehmen
setf (ios::showpos | ios::showbase | ios::uppercase);
setf (ios::internal, ios::adjustfield);
cout << hex << x << endl;
...
// Zustand mit alten Format-Flags restaurieren
cout.flags (oldFlags);
```

5.8.7 Dateizugriff

Stream–Klassen können auch für den Zugriff auf Dateien verwendet werden. Dabei gibt es drei Klassen, die dafür wichtig sind:

- Die Klasse `ifstream` ist für Dateien, aus denen gelesen wird (input file stream).
- Die Klasse `ofstream`, für Dateien, in die geschrieben wird (output file stream)

- Die Klasse `fstream`, für Dateien, die zum Lesen und Schreiben verwendet werden

Sie werden in der Header–Datei `<fstream.h>` definiert und stehen mit den Basis–Stream–Klassen in folgender Beziehung:

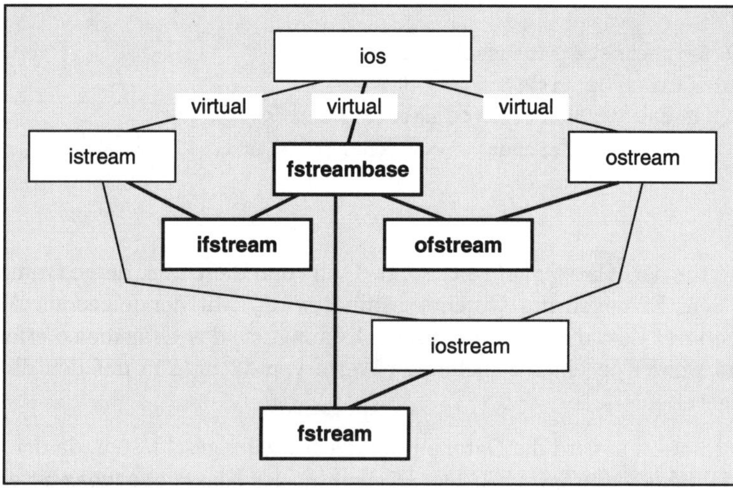

Hierarchie der Stream–Klassen zum Dateizugriff

Ein wesentlicher Vorteil der Datei–Stream–Klassen gegenüber den Mechanismen für den Dateizugriff von C ist, daß die Dateien beim Deklarieren der Objekte automatisch geöffnet und, wenn das Objekt zerstört wird, automatisch geschlossen werden. Dies ist durch Definition entsprechender Konstruktoren und Destruktoren möglich.

Wird ein Datei–Stream–Objekt mit einem String als Parameter initialisiert, wird automatisch versucht, die Datei zum Lesen und/oder Schreiben zu öffnen. Da das Öffnen immer fehlschlagen kann, sollte dies immer getestet werden.

Das folgende Beispielprogramm öffnet die Datei `charset.out`, um darin den aktuellen Zeichensatz (alle Zeichen zu den Werten 32 bis 255) auszugeben:

```
// Header-Datei fuer Datei-I/O
#include <fstream.h>

// Header-Datei fuer Manipulator mit Parameter
#include <iomanip.h>

main ()
{
    // Datei "charset.out" oeffnen
    ofstream datei ("charset.out");

    // geklappt ?
```

```
        if (! datei) {
            /* Fehlerbehandlung */
            ...
        }

        // Zeichensatz hinausschreiben
        for (int i=32; i<256; i++) {
            datei << "Wert: " << setw(3) << i << "   "
                  << "Zeichen: " << (char)i << endl;
        }
    }
```

Der Konstruktor der Klasse `ofstream` sorgt dafür, daß die Datei, deren Name übergeben wurde, mit dem Erzeugen des Objekts geöffnet wird. Mit der folgenden Abfrage wird festgestellt, ob der Zustand des Streams in Ordnung ist, das Öffnen also erfolgreich war. Anschließend werden in einer Schleife alle Werte von 32 bis 255 mit den dazugehörigen Zeichen ausgegeben.

Am Ende der Funktion wird die Datei automatisch wieder geschlossen, da der Gültigkeitsbereich des Objekts verlassen wird. Der Destruktor der Klasse `ofstream` ist entsprechend definiert.

Soll eine Datei über Funktionsgrenzen hinweg erhalten bleiben, kann ein Datei–Objekt explizit angelegt und wieder zerstört werden:

```
ofstream* dateiPtr = new ofstream ("xzy");
...
delete dateiPtr;
```

Datei–Flags

Für den genauen Modus der Dateibearbeitung existieren wiederum einige Flags, die in der Klasse `ios` wie folgt definiert werden:

Flag	Bedeutung
`ios::in`	Lesen (Default bei `ifstream`)
`ios::out`	Schreiben (Default bei `ofstream`)
`ios::app`	Anhängen
`ios::ate`	ans Ende Positionieren ("at end")
`ios::trunc`	alten Dateiinhalt löschen
`ios::nocreate`	Datei muß existieren
`ios::noreplace`	Datei darf nicht existieren

Zusätzlich existieren bei manchen Compilern spezielle Flags. Der Borland–Compiler erlaubt es z.B., das Bit `ios::binary` zu setzen, mit dem die in der DOS–Welt üblichen

Zeichen für das Zeilenende (CR und LF) nicht wie sonst in ein Newline umgesetzt werden.

Die Flags können mit dem Operator | verknüpft werden. Übergeben werden sie dann dem Konstruktor als optionales zweites Argument. Die folgende Anweisung öffnet z.B. eine Datei, die bereits existieren muß, zum Schreiben und sorgt dafür, daß der geschriebene Text an das Ende der Datei angehängt wird:

```
ofstream datei ("xyz.out", ios::out | ios::app | ios::nocreate);
```

Wenn ein Datei–Objekt angelegt wird, ohne es zu initialisieren, wird keine Datei geöffnet. Dies kann später mit der Elementfunktion `open()` explizit nachgeholt werden. Entsprechend kann eine geöffnete Datei mit `close()` explizit geschlossen werden.

Das folgende Beispiel zeigt eine Verwendung. Es öffnet nacheinander alle als Parameter in der Kommandozeile übergebenen Dateien und gibt deren Inhalt aus (entspricht dem UNIX–Programm `cat`):

```
// Header-Datei fuer Datei-I/O
#include <fstream.h>

/* Alle als Parameter uebergebenen Dateien
 * nacheinander oeffnen, ausgeben und schliessen
 */
main (int argc, char* argv[])
{
    ifstream datei;
    char c;

    // fuer alle Argumente aus der Kommandozeile
    for (int i=1; i<argc; i++) {

        // Datei oeffnen
        datei.open (argv[i]);

        // Inhalt rausschreiben
        while (datei.get(c)) {
            cout.put(c);
        }

        // Datei schliessen
        datei.close();
    }
}
```

Wahlfreier Zugriff

Zur Positionierung in Dateien existieren in C++ folgende Elementfunktionen:

Elementfunktion	Bedeutung
`seekg()`	setzt eine Leseposition
`seekp()`	setzt eine Schreibposition
`tellg()`	liefert eine Leseposition
`tellp()`	liefert eine Schreibposition

Zur Sicherheit wird zwischen der Lese– und Schreibposition unterschieden (`g` steht für "get" und `p` steht für "put"). Die Lesefunktionen werden in `istream`, die Schreibfunktionen dagegen in `ostream` definiert. Dies bedeutet aber nicht, daß sie für alle Objekte der Klasse `istream` bzw. `ostream` aufgerufen werden dürfen. Ein Aufruf für `cin`, `cout` oder `cerr` ist z.B. nicht definiert. Die Tatsache, daß die Funktionen nicht erst in den Datei–Stream–Klassen definiert werden, liegt daran, daß die Klassen beim Lesen und Schreiben oft als `istream` oder `ostream` betrachtet werden, da dafür die meisten I/O–Operationen definiert sind.

Aufgerufen werden `seekg()` und `seekp()` mit absoluten oder relativen Positionsangaben:

- Ein absoluter Wert ist die Position eines Zeichens, die als `long` übergeben wird (manchmal wird dafür ein anderer Datentyp wie etwa `streampos` definiert).

  `tellg()` bzw. `tellp()` dienen dazu, solche Positionen zu ermitteln. Ihre Verwendung ist empfehlenswert, da sich mitunter die logische und die tatsächliche Zeichenposition unterscheiden können. Dies geschieht z.B. bei DOS–Dateien, in denen das Zeichen Newline tatsächlich aus zwei Zeichen (CR und LF) besteht.

  Beispiel:

  ```
  long pos;
  ...
  // aktuelle Position merken
  pos = datei.tellg();
  ...
  // zur gemerkten Position zurueck
  datei.seekg(pos);
  ```

- Bei relativen Werten können zu drei Konstanten Offsets angegeben werden.

  Die Konstanten werden von der Klasse `ios` wie folgt definiert:

Konstante	Bedeutung
`ios::beg`	relativ zum Dateianfang ("begin")
`ios::cur`	relativ zur aktuellen Position ("current")
`ios::end`	relativ zum Dateiende ("end")

Beispiel:

```
// an den Anfang positionieren
datei.seekp (0, ios::beg);
...
// 20 Zeichen weiter positionieren
datei.seekp (20, ios::cur);
...
// 10 Zeichen vor das Ende positionieren
datei.seekp (-10, ios::end);
```

Grundsätzlich muß darauf geachtet werden, daß nicht vor den Dateianfang oder hinter das Dateiende positioniert wird.

Wird am Dateiende gelesen, wird das entsprechende EOF–Flag gesetzt. Damit ist der Stream in keinem korrekten Zustand mehr. Um nach einer neuen Positionierung dann wieder lesen zu können, muß das Zustandsflag zurückgesetzt werden. Das folgende Beispiel zeigt das anhand einer Funktion, die zweimal hintereinander die gleiche Datei ausgibt:

```
// Header-Datei fuer Datei-I/O
#include <fstream.h>
...
void gibDateiZweimalAus (const char* dateiname)
{
    // Datei oeffnen
    ifstream datei (dateiname);
    char c;

    if (!datei) {
        /* Fehlerbehandlung */
        ...
    }

    // Inhalt einmal ausgeben
    while (datei.get(c)) {
        cout.put(c);
    }

    // Dateianfang erneut aufsuchen
    datei.seekg (0, ios::beg);

    // EOF-Flag zuruecksetzen
    datei.clear();

    // Inhalt erneut ausgeben
    while (datei.get(c)) {
```

```
            cout.put(c);
        }
    }
```

Verwendung von Datei–Descriptoren

Für bereits geöffnete I/O–Kanäle kann dem Konstruktor zur Initialisierung auch ein Datei–Descriptor übergeben werden.

Datei–Descriptoren sind Nummern, die für jeden geöffneten I/O–Kanal stehen. Sie bilden die Low–Level–Schnittstelle für den I/O zum Betriebssystem. Als Default existieren 0 für den Standard–Eingabekanal, 1 für den Standard–Ausgabekanal und 2 für den Standard–Fehlerausgabekanal. Weitere Nummern werden durch den Aufbau anderer Kanäle über entsprechende Betriebssystemfunktionen vergeben. Dazu gehören sowohl geöffnete Dateien als auch Kanäle zur Kommunikation mit anderen Prozessen.

Wenn ein solcher Datei–Descriptor existiert, kann dafür ein Stream–Objekt erzeugt werden. Die folgende Anweisung öffnet für einen übergebenen Datei–Descriptor z.B. einen Stream zum Lesen und Schreiben:

```
void f (int fd)
{
    fstream (fd);
    ...
}
```

5.8.8 Umleiten der Standard–Kanäle

Die globalen Variablen für die Standard–Kanäle `cin`, `cout`, `cerr` und `clog` sind in Wirklichkeit gar keine Objekte der Klassen `istream` und `ostream`, sondern Objekte der davon abgeleiteten Klassen `istream_withassign` und `ostream_withassign`. In diesen Klassen sind im Gegensatz zu den anderen Stream–Klassen Zuweisungen definiert.

Durch eine Zuweisung können die Standard–Kanäle programmgesteuert “umgeleitet” werden. Die folgenden Anweisungen sorgen z.B. dafür, daß alle Ausgaben für `cout` statt auf die Standard–Ausgabe in die Datei `prog.dat` geschrieben werden:

```
ofstream datei ("prog.dat");

if (!datei) {
    /* Fehlerbehandlung */
    ...
}

// cout wird in die geoeffnete Datei umgelenkt
cout = datei;
```

Dabei muß beachtet werden, daß **datei** als lokales Objekt am Blockende automatisch geschlossen wird. Damit darf auf **cout** nicht mehr geschrieben werden. Durch Verwendung einer temporären Variablen kann **cout** anschließend wieder restauriert werden:

```
// cout in tmpCout merken
ostream_withassign tmpCout;
tmpCout = cout;
...
cout = datei;         // cout umlenken
...
// cout restaurieren
cout = tmpCout;
```

5.8.9 String–Stream–Klassen

Die Mechanismen der Stream–Klassen können auch dazu verwendet werden, von Strings zu lesen bzw. auf Strings zu schreiben. Dies ist vor allem sinnvoll, wenn es sich bei den Strings um eigene Ein– oder Ausgabepuffer handelt. Es kann z.B. sinnvoll sein, zunächst eine komplette Zeile einer Datei einzulesen und diese dann erst zu verarbeiten.

Analog zu den Stream–Klassen für Dateien gibt es deshalb Stream–Klassen für Strings:

- Die Klasse **istrstream**, für Strings, aus denen gelesen wird (input string stream)
- Die Klasse **ostrstream**, für Strings, in die geschrieben wird (output string stream)
- Die Klasse **strstream**, für Strings, die zum Lesen und Schreiben verwendet werden

Sie besitzen folgende Klassenhierarchie:

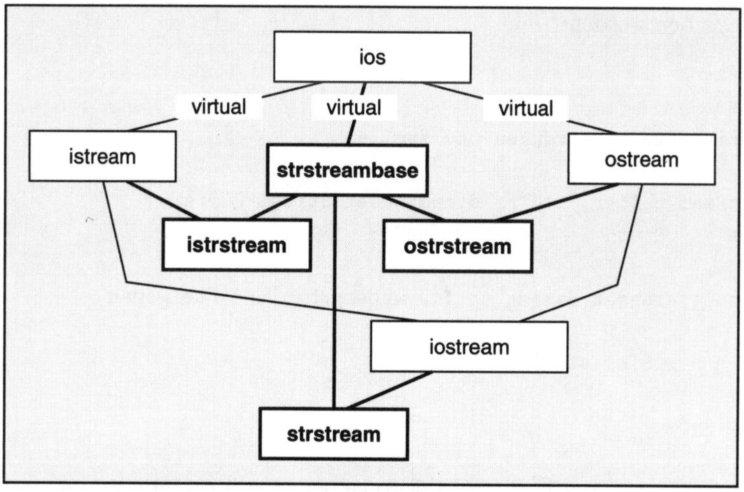

Hierarchie der String–Stream–Klassen

Die String–Stream–Klassen werden i.a. in der Header–Datei `<strstream.h>` definiert. Da in der DOS–Welt nur maximal 8 Zeichen für einen Dateinamen vor dem Punkt erlaubt sind, heißen die Header–Dateien in Abhängigkeit vom jeweiligen Compiler dort anders (z.B. `<strstrea.h>`).

Ein `istrstream` kann mit einem String (Typ `char*`) initialisiert werden, der entweder das Endezeichen `'\0'` besitzt oder für den zusätzlich dessen Anzahl von Zeichen übergeben werden.

Typisches Beispiel ist das Lesen und anschließende Verarbeiten einer ganzen Zeile:

```
char puffer[1000];      // Puffer fuer maximal 999 Zeichen

// Zeile lesen
cin.get (puffer, sizeof(puffer));

// Zeile als Stream verarbeiten
istrstream eingabe(puffer);
...
eingabe >> x;
```

Ein String–Stream zum Schreiben kann entweder von sich aus wachsen oder mit einem Puffer fester Größe initialisiert werden. Mit `ios::app` oder `ios::ate` kann man die in den String–Stream geschriebenen Ausgaben an einen bereits im Puffer befindlichen String anhängen.

Mit der Elementfunktion `str()` wird der Inhalt des Strings geliefert. Damit wird der String, sofern er nicht mit einem Puffer fester Größe initialisiert wurde, automatisch für weitere Schreibzugriffe gesperrt. Der von `str()` gelieferte String muß vom Anwender mit `delete` freigegeben werden:

```
Bruch x;
...
/* String-Stream erzeugen und fuellen
 */
ostrstream puffer;      // dynamischer Stream-Puffer
puffer << "Bruch x: " << x << ends;

/* resultierenden String an f() uebergeben und freigeben
 */
char* s = puffer.str();
f(s);
delete [] s;
```

Man kann einen gesperrten Puffer wieder freigeben, um ihn weiter zu manipulieren. Das folgende Beispiel zeigt dies:

```
Bruch x;
...
ostrstream puffer;      // dynamischer String-Stream

// String-Stream fuellen
puffer << "Bruch x: " << x << ends;

/* resultierenden String an f() uebergeben
 *  - String-Stream wird gesperrt
 */
char* s = puffer.str();
f(s);

/* String-Stream entsperren
 */
puffer.clear();                    // Sperren setzt manchmal Fehler-Flag
puffer.rdbuf()->freeze(0);         // entsperren

/* Schreibposition an den Anfang setzen
 */
puffer.seekp (0, ios::beg);

// String-Stream erneut fuellen
puffer << "Nochmal Bruch x: " << x << ends;

/* resultierenden String wieder an f() uebergeben
 *  - String-Stream wird gesperrt
 */
s = puffer.str();
f(s);

// String-Stream freigeben
delete [] s;
```

5.8.10 Zusammenfasung

- Für die Ein– und Ausgabe stehen standardmäßig Stream–Klassen zur Verfügung. Dabei wird zwischen Klassen zur Eingabe, Ausgabe und Ein– und Ausgabe unterschieden.
- Spezielle Stream–Klassen erlauben Ein– und Ausgaben in Dateien und Strings.
- Für Stream–Klassen werden zahlreiche Funktionen vordefiniert. Sie umfassen neben der eigentlichen Ein– und Ausgabe Formatdefinitionen oder das Positionieren in

Dateien. Für den Umgang mit den Funktionen werden zahlreiche Bitkonstanten definiert.

- Manipulatoren erlauben es, Streams innerhalb von Ein– oder Ausgabeanweisungen zu manipulieren. Sie können auch selbst definiert werden.
- Die Standard–Kanäle können durch Zuweisungen umgeleitet werden.

Kapitel 6

Zusammenfassung

Da die Sprachmittel von C++ unter didaktischen Gesichtspunkten nach und nach eingeführt wurden, sollen hier noch einmal die wichtigsten Eigenschaften geschlossen aufgelistet werden. Dazu gehören neben den Operatoren und ihre Eigenschaften, auch sinnvolle Programmier– und Design–Richtlinien

6.1 Hierarchie der C++–Operatoren

Die Tabelle auf den folgenden beiden Seiten enthält alle C++–Operatoren. Sie ist nach folgendem Prinzip aufgebaut:

- Horizontale Linien trennen Operatoren mit unterschiedlicher Priorität. Die Tabelle ist dabei nach absteigender Priorität geordnet.
- Die Spalte "Auswert." gibt die Auswertungsreihenfolge bei gleicher Priorität an.
  - `L-R` bedeutet, daß die Operatoren bei gleicher Priorität von links nach rechts ausgewertet werden.
  - `R-L` bedeutet, daß die Operatoren bei gleicher Priorität von rechts nach links ausgewertet werden.
- Die letzte Spalte gibt an, ob der Operator in C++ neu eingeführt wurde. Operatoren, die nicht mit `NEU` gekennzeichnet sind, gibt es auch schon in C.

Operator	Bedeutung	Auswert.	
(...)	Klammerung		
::	Bereichsauflösung, Bereichszuordnung		NEU
.	Zugriff auf Komponente	L-R	
->	Zugriff auf Komponente von Zeiger ("a->b" entspricht i.a. "(*a).b")		
[...]	Array–Indizierung		
fname(...)	Funktionsaufruf		
typ(...)	Typumwandlung (funktionale Notation)		NEU
++	Postfix–Inkrement ("a++")		
--	Postfix–Dekrement ("a--")		
++	Präfix–Inkrement ("++a")	R-L	
--	Präfix–Dekrement ("--a")		
~	Bit–Komplement		
!	logische Negation		
+	positives Vorzeichen		NEU
-	negatives Vorzeichen		
&	Adresse von		
*	Verweis auf (Dereferenzierung)		
new	Objekt anlegen		NEU
delete	Objekt freigeben		NEU
new []	Array von Objekten anlegen		NEU
delete []	Array von Objekten freigeben		NEU
(*typ*)...	Typumwandlung (Cast–Notation)		
sizeof (...)	Speicherplatz		
.*	Komponente über Komponentenzeiger	L-R	NEU
->*	Komponente von Zeiger über Komponentenzeiger		NEU
*	Multiplikation	L-R	
/	Division		
%	Modulo (Rest nach Division)		
+	Addition	L-R	
-	Subtraktion		

Operator	**Bedeutung**	**Auswert.**	
`<<` `>>`	Links–Shift Rechts–Shift	L-R	

`<`
`<=`
`>`
`>=`
	kleiner
	kleiner gleich
	größer
	größer gleich
		L-R	

`==` `!=`	gleich ungleich	L-R	
`&`	bitweises UND	L-R	
`^`	bitweises XOR (exklusives oder)	L-R	
`|`	bitweises ODER	L-R	
`&&`	logisches UND (Auswert. bis zum ersten False)	L-R	
`||`	logisches ODER (Auswert. bis zum ersten True)	L-R	
`?:`	bedingte Bewertung	R-L	

`=`
`*=`
`/=`
`%=`
`+=`
`-=`
`<<=`
`>>=`
`&=`
`^=`
`|=`
	Zuweisung
	
	“a *op*= b” entspricht i.a. “a = a *op* b”
		R-L	

`,`	Folge von Ausdrücken	L-R	

Hinzu kommen die Operatoren nach der neuesten ANSI/ISO–Sprachspezifikation:

Operator	**Bedeutung**	**Auswert.**	
static_cast<*typ*>(...)	Typumwandlung	L-R	NEU
reinterpret_cast<*typ*>(...)	Typumwandlung		NEU
const_cast<*typ*>(...)	Typumwandlung		NEU
dynamic_cast<*typ*>(...)	Typumwandlung		NEU
typeid (...)	Klassen–ID		NEU

Sie gehören prioritätsmäßig zur zweithöchsten Gruppe.

6.2 Klassenspezifische Eigenschaften von Operationen

Die folgende Tabelle zeigt verschiedene Eigenschaften von klassenspezifischen Funktionen, die in der Praxis wichtig sind:

	wird vererbt	kann virtuell sein	Rückgabetyp	kann Komponente sein	kann Friend sein	Default wird generiert
Default–Konstr.	–	–	–	ja	–	ja[1]
Copy–Konstr.	–	–	–	ja	–	ja
andere Konstr.	–	–	–	ja	–	–
Destruktor	–	ja	–	ja	–	ja
Konvertierung	ja	ja	–[2]	ja	–	–
`new`	ja	–	`void*`[3]	static	–	–[4]
`delete`	ja	–	`void`	static	–	–[4]
=	–	ja	ja	ja	–	ja
`()`, `[]`, `->`	ja	ja	ja	ja	–	–
op=	ja	ja	ja	ja	ja	–
andere Operatoren	ja	ja	ja	ja	ja	–
andere Elementfkt.	ja	ja	ja	ja	–	–
`friend`	–	–	ja	–	ja	–

[1] wenn kein anderer Konstruktor definiert ist

[2] liefert aber etwas zurück

[3] liefert aber *typ*`*` zurück

[4] ist aber als globale Operation für alle Klassen vordefiniert

6.3 Regeln zur automatischen Typumwandlung

Die folgende Liste zeigt stichwortartig welche Prioritäten bei der automatischen Typumwandlung gelten. Die Liste ist in absteigender Priorität angeordnet.

1. Exakte Übereinstimmung bzw. triviale Typumwandlungen

   Dazu zählen:

   - Nicht–Referenz <=> Referenz
   - Array–Schreibweise => Pointer–Schreibweise
   - Variable => Konstante
   - Variable => Volatile

2. Passende Template–Funktion ohne Typumwandlung
3. Informationserhaltende Standard–Umwandlungen
   - `char, short int, enum => int`
   - `float => double`
4. Standard–Umwandlungen
   - Standard–Umwandlungen von C
   - Umwandlungen zu Objekten der Basisklassen (nur Referenzen und Zeiger)
5. Selbstdefinierte Typumwandlungen
   - Konstruktoren mit einem Argument
   - Konvertierungsfunktionen

   Dabei gilt:

   - maximal eine selbstdefinierte Typumwandlung pro Objekt (eine mehrfache automatische Typumwandlung ist nicht möglich)
   - vorher und nachher sind beliebige Standard–Umwandlungen möglich
   - Standard–Umwandlungen haben auf die Priorität keinen Einfluß
   - Konstruktor und Konvertierungsfunktion sind gleichwertig

Wenn so noch keine Übereinstimmung vorhanden ist, wird noch geprüft, ob es eine passende Funktion mit einer variablen Anzahl von Argumenten gibt. Ansonsten ist der Aufruf nicht möglich.

6.4 Sinnvolle Programmier–Richtlinien

In C++ existieren zahlreiche Aspekte, auf die bei Verwendung der Sprache geachtet werden sollte. Die wichtigsten sollen hier stichwortartig aufgelistet werden:

- Operatoren sollten immer so implementiert werden, daß sie tun, was man grundsätzlich von ihnen erwartet. Das entspricht in der Regel dem, was mit ihnen bei fundamentalen Datentypen verbunden wird (siehe Abschnitt 3.3).
- Eine Klasse braucht i.a. Zuweisungsoperator und Copy–Konstruktor und Destruktor oder nichts davon. Wenn eine der drei Operationen implementiert wird, muß deshalb genau geprüft werden, ob nicht auch die anderen implementiert werden müssen (siehe Abschnitt 3.9).
- Ein selbst implementierter Zuweisungsoperator sollte
  - mit der Abfrage beginnen, ob ein Objekt sich selbst zugewiesen wird,
  - das Objekt, dem ein anderes Objekt zugewiesen wurde, als konstante Referenz zurückliefern.

  (siehe Abschnitt 3.9.6)
- Funktionen sollten, um das Anlegen von Kopien bei der Übergabe von Parametern zu vermeiden, die Argumente als konstante Referenzen deklarieren (siehe Abschnitt 3.5).
- Datenelemente von Klassen sollten, zumindest, wenn sie keine fundamentalen Datentypen sind, über Initialisierungslisten initialisiert werden (siehe Abschnitt 3.11).
- Beim Ableiten von Klassen mit selbstdefiniertem Zuweisungsoperator und/oder Copy–Konstruktor sollten diese Operationen auch wieder selbst implementiert werden (siehe Abschnitt 4.3).
- Klassen mit virtuellen Funktionen sollten unbedingt einen virtuellen Destruktor besitzen (siehe Abschnitt 4.2.5).
- Elementfunktionen sollten bei Vererbung nicht einmal virtuell und ein anderes mal nicht–virtuell sein.
- Bei Implementierung von abgeleiteten Klassen sollte beachtet werden:
  - Elementfunktionen, die nicht der Basisklasse virtuell deklariert sind, sollten in abgeleiteten Klassen nicht überschrieben werden.
  - Zum Überschreiben von Elementfunktionen einer Basisklasse müssen die Parameter die gleichen Typen besitzen.
  - Überschriebene Funktionen sollten die gleichen Default–Argumente besitzen.

  (siehe Abschnitt 4.2)
- Beim Design von Klassenhierarchien sollte beachtet werden:

  - Objekte abgeleiteter Klassen sollten weder in Bezug auf ihre Attribute noch in Bezug auf ihre Operationen irgendwelchen Einschränkungen gegenüber Objekten der Basisklasse unterliegen.
  - Die neu hinzugekommenen Attribute dürfen die Bedeutung der geerbten Datenelemente nicht verändern.

  (siehe Abschnitt 4.4)

- Kommerzielle Programme sollten immer einen New–Handler installieren (siehe Abschnitt 3.8.4).
- Funktionen zur automatischen Typumwandlung sollten mit Vorsicht eingesetzt werden, da sie zu unerwarteten Seiteneffekten und Mehrdeutigkeiten führen können (siehe Abschnitt 3.7.4).

Literaturverzeichnis

Margaret A. Ellis, Bjarne Stroustrup
The Annotated C++ Reference Manual (ARM)
Kommentiertes Reference–Manual
`Addison-Wesley, 1990`

Bjarne Stroustrup
Die C++ Programmiersprache
`Addison-Wesley, 1992`

Bjarne Stroustrup
The Design and Evolution of C++
`Addison-Wesley, 1994`

Keith E. Gorlen, Sanford M. Orlow, Perry S. Plexico
Data Abstraction and Object–Oriented Programming in C++
Begleitbuch zur NIHCL
`Wiley, 1991`

Timothy A. Budd
Classic Data Structures in C++
`Addison-Wesley, 1994`

Scott Meyers
Effektiv C++ programmieren
50 Möglichkeiten zur Verbesserung Ihrer Programme
`Addison-Wesley, 1992`

Steve Teale
C++ IOStreams Handbook
`Addison-Wesley, 1993`

C++ für C–Programmierer
Regionales Rechenzentrum für Niedersachsen/Universität Hannover, 1993

Stanley B. Lippman
C++ – Einführung und Leitfaden
Addison-Wesley, 1991

Ute Claussen
Objektorientiertes Programmieren
Mit Beispielen und Übungen in C++
Springer-Verlag, 1993

Brian W. Kernighan, Dennis M. Ritchie
Programmieren in C
Hanser Verlag, 1983

X/Open Company Limited
X/Open Portability Guide
Volume 3: XSI System Interfaces and Headers
Prentice-Hall, 1989

Glossar

Dieses Glossar ist eine Zusammenstellung der wichtigsten Fachbegriffe dieses Buchs. Neben kurzen Erklärungen enthält es sowohl die in diesem Buch verwendete deutsche als auch die englische Bezeichnung, wie sie in der internationalen Literatur benutzt wird. Auf diese Weise wird ein Übertragen der Begriffe in die jeweils andere Sprache erleichtert.

abstrakter Datentyp (**abstract data type**)

Formale Beschreibung von einem bestimmten Typ von Datum (Objekt). Zu der Beschreibung gehören alle Eigenschaften, wie etwa Attribute, Operationen und Randbedingungen.

abstrakte Klasse (**abstract class**)

Klasse, die nicht dafür vorgesehen ist, daß von ihr konkrete Objekte (Instanzen) erzeugt werden. Abstrakte Klassen dienen zur Zusammenfassung gemeinsamer Eigenschaften verschiedener Klassen unter einem Oberbegriff.

ANSI

American National Standard Institute, eines der Komitees, das an der Sprachspezifikation von C++ arbeitet.

Attribut (**attribute**)

Eigenschaft, Datum, Datenelement eines konkreten Objekts einer Klasse. Jede konkrete Objekt einer Klasse besitzt für seine Attribute Speicherplatz, dessen Belegung den Zustand des Objekts widerspiegelt.

Botschaft

siehe Nachricht

Cast

Bezeichnung für eine mögliche Form einer erzwungenen Typumwandlung, die auch schon in C existiert.

class

siehe Klasse

constructor

siehe Konstruktor

Containerklasse (**container class**)

Klasse, die Objekte beschreibt, die andere Objekte aufnehmen und verwalten können.

Copy–Konstruktor (**copy constructor**)

Funktion, die aufgerufen wird, wenn ein neues Objekt als Kopie eines existierenden Objekts angelegt wird. Dies geschieht insbesondere bei der Übergabe von Parametern und Rückgabewerten, wenn keine Referenzen verwendet werden.

In C++ ist für jede Klasse ein Default–Copy–Konstruktor vordefiniert, der komponentenweise kopiert. Er kann durch eine eigene Implementierung ersetzt werden.

Datenelement

Attribut eines Objekts bzw. Komponente, die keine Elementfunktion ist.

Jedes konkrete Objekt einer Klasse besitzt für seine Datenelemente Speicherplatz, dessen Belegung den Zustand des Objekts widerspiegelt.

Datenkapselung (**encapsulation**)

Konzept, über das der Zugriff auf Dinge bzw. Objekte eingeschränkt wird. Durch die Einschränkung kann ein Objekt nur über eine wohldefinierte Schnittstelle manipuliert werden. Damit können Schnittstelle besser verifiziert und Inkonsistenzen vermieden werden.

C++ unterstützt Datenkapselung durch spezielle Zugriffsschlüsselworte.

Default–Konstruktor (default constructor)

Funktion, die aufgerufen wird, wenn ein neues Objekt ohne Parameter zur Initialisierung angelegt wird.

Destruktor (destructor)

Funktion, die für ein Objekt einer Klasse aufgerufen wird, wenn es zerstört wird.

Element

siehe Komponente

Elementfunktion (member function)

Eine Elementfunktion ist eine Funktion, die für ein Objekt einer Klasse aufgerufen werden kann. Sie wird als Komponente in der Klassenstruktur deklariert. Andere Bezeichnungen sind Memberfunktion und als objektorientierter Begriff Methode.

Header–Datei (header file)

Datei, in der Konstanten, Variablen, Datentypen, Funktionen etc. deklariert werden, um in Programmen verwendet werden zu können.

Include–Datei

siehe Header–Datei

Initialisierungsliste

Zu einem Konstruktor gehörende Liste von Werten, mit der die Initialisierung eines Objekt gesteuert wird. Die angegebenen Werte können zur Initialisierung von Komponenten einer Klasse oder zum Aufruf des Konstruktors einer Basisklasse dienen.

Instanz (instance)

Objektorientierte Bezeichnung für ein konkretes Objekt einer Klasse. Eine Instanz besitzt die in der Klasse angegebenen Daten (Attribute, Elemente) und kann mit den dafür definierten Operationen manipuliert werden.

In C++ und in diesem Buch ist der Begriff gleichbedeutend mit einem konkreten Objekt einer Klasse. Im objektorientierten Sprachgebrauch wird mitunter zwischen Objekt und Instanz unterschieden. Objekt ist dann eher ein Oberbegriff für Klasse oder Instanz, da auch eine Klasse als Objekt betrachtet werden kann.

ISO

International Standard Organisation, eines der Komitees, das an der Sprachspezifikation von C++ arbeitet.

Klasse (class)

Beschreibung einer bestimmten Art von Dingen oder Vorgängen (Objekten). In einer Klasse werden alle Eigenschaften, die für ein Objekt eine Rolle spielen, definiert. Dazu gehören sowohl dessen Daten (Attribute, Elemente) als auch die durchführbaren Operationen (Methoden).

Man kann eine Klasse auch als abstrakten Datentyp oder die Umsetzung eines abstrakten Datentyps in eine Programmiersprache betrachten.

In C++ sind Klassen Struktur–Datentypen, deren Komponenten auch Funktionen sein können und Zugriffsbeschränkungen unterliegen.

Komponente (member)

Element einer Klasse. Eine Komponente kann ein Datenelement (Attribut) sein, das ein Objekt der Klasse jeweils besitzt und den Zustand des Objekt widerspiegelt, oder eine Elementfunktion (Methode) sein, die beschreibt, welche Operationen für ein Objekt der Klasse aufgerufen werden können.

Ein Spezialfall sind statische Komponenten, die nicht Eigenschaften eines einzelnen Objekts, sondern Eigenschaften der ganzen Klasse beschreiben.

konkrete Klasse

Klasse, die im Gegensatz zu einer abstrakten Klasse dafür vorgesehen ist, daß von ihr konkrete Objekte (Instanzen) erzeugt werden.

Konstanten–Elementfunktion (constant member function)

Elementfunktion, die auch für konstante und temporäre Objekte einer Klasse aufgerufen werden kann, da sie die Komponenten des Objekts nicht verändert.

Konstruktor (constructor)

Elementfunktion einer Klasse, die beim Erzeugen eines Objekts der Klasse aufgerufen wird und dazu dient, das neu angelegte Objekt in einen sinnvollen Startzustand zu bringen.

Konvertierungsfunktion (conversion function)

Elementfunktion, mit der definiert wird, wie ein Objekt einer Klasse in einen anderen Datentyp umgewandelt werden kann. Dies kann auch durch eine automatische Typumwandlung geschehen.

Mehrfachvererbung (multiple inheritance)

Fähigkeit, daß eine Klasse von mehr als einer Basisklasse abgeleitet werden kann.

Member

siehe Komponente

Memberfunktion

siehe Elementfunktion

Mengenklasse

Klasse, die dazu dient eine Menge von Objekten zu verwalten.

message

siehe Nachricht

Methode (method)

Objektorientierte Bezeichnung für die Implementierung einer Operation, die für ein Objekt einer Klasse aufgerufen werden kann.

In C++ wird eine Methode als Elementfunktion (oder Memberfunktion) bezeichnet.

Nachricht (message)

Objektorientierte Bezeichnung für den Aufruf einer Operation für ein Objekt. Der Aufruf wird als Nachricht (oder Botschaft) betrachtet, die an das Objekt gesendet wird und bei diesem Objekt zu einer Reaktion führt.

Objekt (object)

Zentraler Begriff der objektorientierten Programmierung. Ein Objekt ist ein Informationsträger, der verschiedene Daten repräsentiert, die einen bestimmten Zustand (Wertebelegung) besitzen. Ein Objekt kann dabei beliebig abstrakt, wie zum Beispiel ein Vorgang sein. Ein Objekt ist einfach "etwas", das in einem Programm von Interesse ist, beschrieben wird, eine Rolle spielt.

Die Eigenschaften von Objekten (die Daten, die sie repräsentieren, und die Operationen, die mit ihnen durchgeführt werden können) werden in Klassen beschrieben.

Persistenz (persistence)

Fähigkeit, daß Objekte mit ihren Zuständen bei Beenden und neu Starten eines Prozesses erhalten bleiben. Persistente Objekte müssen also gesichert und wieder geladen werden können.

Pointer

siehe Zeiger

Polymorphie (polymorphism)

Fähigkeit, daß für verschiedenartige Objekte die gleiche Operation aufgerufen werden kann, die aber je nach Objekt zu unterschiedlichen Reaktionen führt.

Im objektorientierten Sprachgebrauch bedeutet das, daß verschiedenartige Objekte die gleiche Nachricht erhalten können, diese aber unterschiedlich interpretiert wird, da die Klassen unterschiedliche Methoden für die Nachricht besitzen.

In C++ wird damit insbesondere die Fähigkeit bezeichnet, daß unterschiedliche Objekte zeitweise unter einer gemeinsamen Klasse als Oberbegriff verwaltet werden können, wobei ein und derselbe Funktionsaufruf in Abhängigkeit von der tatsächlichen Klasse unterschiedliche Elementfunktionen aufruft.

Quelldatei (source file)

Datei, in der die eigentlichen Anweisungen eines Programms stehen.

Die Quelldateien eines Programms werden als Module (Übersetzungseinheiten) einzeln übersetzt und zum ausführbaren Programm zusammengebunden. Sie können gemeinsame Header–Dateien einbinden, in denen verwendbare Konstanten, Funktionen, Klassen usw. zentral deklariert werden.

Referenz (reference)

"Zweiter Name", der für ein existierendes Objekt vergeben werden kann.

Referenzen dienen insbesondere dazu, bei der Übergabe von Parametern und Rückgabewerten keine Kopien anzulegen ("call-by-reference").

Source–Datei

siehe Quelldatei

Struktur (structure)

Zusammenstellung verschiedener Einzelteile zu einem gemeinsamen Gesamtobjekt.

Strukturen bieten eine Möglichkeit zu abstrahieren, indem z.B. ein Motor, eine Karosserie, vier Räder usw. als Auto zusammengefaßt und verwaltet wird.

Template

Schablone einer Funktion oder einer Klasse, die für unterschiedliche Typen realisiert werden kann.

Mit Templates müssen Funktionen oder Klassen, die sich nur im Typ, für den sie angewendet werden, unterscheiden, nur einmal exemplarisch für einen angenommenen Typ implementiert werden.

Vererbung (inheritance)

Zurückführen eines Typs bzw. einer Klasse auf einen anderen Datentyp, indem nur die neu hinzugekommenen Eigenschaften zusätzlich definiert werden.

Vererbung bietet die Möglichkeit, gemeinsame Eigenschaften verschiedener Objektarten zusammenzufassen und nur einmal zu implementieren. Damit wird auch das Abstaktionsmittel des Oberbegriffs unterstützt, indem die gemeinsamen Eigenschaften der Objekte, die durch den Oberbegriff ausgedrückt werden, als gemeinsame Basisklasse definiert werden, von denen die einzelnen Varianten abgeleitet werden.

Verweis

Oberbegriff für Referenz oder Zeiger, die beide dazu dienen, auf ein Objekt zu verweisen.

Whitespace

Gemeinsame Bezeichnung für die Standard–Trennzeichen unter C, C++ und UNIX. Dies sind in der Regel das Zeichen Newline, das Leerzeichen und das Tabulator–Zeichen.

Zeiger (pointer)

Objekt bzw. Variable das/die eine Programmadresse enthält und somit auf etwas anderes im Programm zeigt. Ein Zeiger ist z.B. die Adresse einer Funktion oder eines Objekt, auf das dann indirekt zugeriffen werden kann.

Index

Dieser Index enthält zu den einzelnen Stichworten verschiedenartige Einträge, die durch unterschiedliche Schriftarten für die jeweilige Seitenzahl gekennzeichnet sind:

fett	wesentliche Informationen
normal	weitere Informationen
kursiv	Anwendungsbeispiel
Gnormal	Glossar–Eintrag

E

F

T

U

V

THE SIGN OF EXCELLENCE

Objektorientierte Analyse und Design

Mit praktischen Anwendungsbeispielen

Grady Booch

Dieses Buch ist die grundlegende Referenz für alle, die bereits mit objektorientierten Methoden Software entwickeln oder sie kennenlernen wollen. Anhand zahlreicher Beispiele erläutert Booch die grundlegenden Konzepte und Methoden. Aus dem Inhalt: Darstellung der neuen, vereinheitlichten Notation, die die besten Ideen der Booch-Notation mit anderen weit verbreiteten Methoden verbindet; zahlreiche neue Beispiele aus realen Projekten; Unterscheidungskriterien für gute und schlechte objektorientierte Analyse und Design und für den Umgang mit komplexen Programmstrukturen.

693 Seiten, 1994, 89,90 DM, ISBN 3-89319-673-0
Amerikan. Originalausgabe: 2nd ed., ISBN 0-8053-5340-2

ADDISON-WESLEY

THE SIGN OF EXCELLENCE

Programmieren mit OSF/Motif Version 2

Hans-Joachim Brede,
Nicolai Josuttis,
Sabine Lemberg,
Achim Lörke

Dieses Buch bietet eine didaktisch gelungene Einführung und einen umfassenden Überblick über alle wesentlichen Aspekte, die bei der Erstellung und Verwendung von Motif-Programmen eine Rolle spielen. Nach einer allgemeinen Einführung in das X Window-System werden die verschiedenen Programmiertechniken der X Toolkit Intrinsics und des OSF/Motif Widget-Sets mit den vorhandenen Bedienelementen vorgestellt und an zahlreichen Beispielen ausführlich erläutert.

716 S., 2., aktual. und erw. Aufl. 1995
79,90 DM, geb.
ISBN 3-89319-727-3

ADDISON-WESLEY

THE SIGN OF EXCELLENCE

Tcl und Tk

Entwicklung grafischer Benutzerschnittstellen für das X Window System

John K. Ousterhout

Die Skriptsprache TCl und das Tk Toolkit sind die innovativste Neuerung bei der Entwicklung grafischer Benutzerschnittstellen für das X Window System. Gerade die Einfachheit dieser beiden Softwarepakete haben in Kombination mit ihrer extremen Leistungsfähigkeit zu einer dramatischen Wende in der Programmierung unter X Window geführt. Das Buch, geschrieben vom Entwickler der Software-Pakete, versetzt Sie in die Lage, Applikationen für das X Window System zu schreiben, von deren Effizienz und Ergonomie Sie bislang nur geträumt haben.

538 Seiten, 1995, 79,90 DM, ISBN 3-89319-793-1

ADDISON-WESLEY

THE SIGN OF EXCELLENCE

Effiziente Systementwicklung mit Oracle 7.1

Ein Handbuch für die Praxis des Anwendungsentwicklers

Jürgen Froese,
Mahmoud Moazzami,
Claus Rautenstrauch,
Heinrich Welter

Das Buch vermittelt dem Datenbankentwickler Informationen über die Möglichkeiten und Grenzen der Oracle-Entwicklungswerkzeuge sowie eine Vielzahl praktischer Tips und Tricks, wie man Anwendungen effizient gestalten und Fehler vermeiden kann. Es wird gezeigt, wie qualitativ hochwertige Client-Server-Anwendungen nach neuesten Erkenntnissen im Bereich des Software-Engineerings mit Oracle7, Version 7.1, entwickelt und optimal eingesetzt werden können. Besonderes Augenmerk liegt dabei auf den neuen Möglichkeiten im Bereich der Integritätssicherung und der Datenbankprogrammierung.

404 S., 2., aktual. Auflage 1995
79,90 DM, geb.
ISBN 3-89319-987-X

ADDISON-WESLEY

THE SIGN OF EXCELLENCE

Design und Entwicklung von C++

Bjarne Stroustrup

Bjarne Stroustrup zeigt, welche Problematiken und Zielsetzungen zur Sprachidee C++ führten und welche Erfahrungen aus der praktischen Arbeit auf die Entwicklung der Sprache Einfluß nahmen. Die Darstellung der Hintergründe liefert dem Anfänger logische „Brücken" für das Verständnis von Sprachdetails. Fortgeschrittene C++-Programmierer und -Experten profitieren von den Erläuterungen zu den aktuellsten Sprachneuerungen (Templates, Ausnahmebehandlung, Runtime-Typ-Informationen) und zur neuesten Sprachspezifikation der Normierungsgremien ANSI/ISO.

594 Seiten, 1994, 79,90 DM, ISBN 3-89319-755-9
Amerikanische Originalausgabe:
„Design and Evolution of C++", ISBN 0-201-54330-3

ADDISON-WESLEY

OBJEKTspektrum

OBJEKTspektrum ist eine neue deutschsprachige Zeitschrift, die sich ausschließlich mit OT-Themen beschäftigt. Wie der Name schon sagt, umfaßt die redaktionelle Spannbreite alle OO-Themen, die für die deutsche und europäische Softwaareentwicklung von Bedeutung sind. Sowohl für Software-Manager als auch für Entwickler geschrieben, behandelt die Zeitschrift folgende Themen regelmäßig:

- GUIS
- Datenbanken
- Programmiersprachen
- Methoden
- Anwendungen
- Offene Systeme
- Implementierungsstrategien

OBJEKTspektrum ist eine ausgewogene Mischung aus übersetzten, ausgewählten Artikeln führender amerikanischer OO-Zeitschriften *(Object Magazine, Journal of Object-Oriented Programming, C++ Report* and *The Smalltalk Report*) und Artikeln deutscher OO-Experten. Die Texte stammen aus der Feder branchenführender Autoritäten wie Grady Brooch, Bjarne Stroustrup, Adele Goldberg, Bertrand Meyer und Jim Rumbaugh. Dadurch werden globale Aspekte der Technologie genauso behandelt wie OO-Fortschritte, Neuigkeiten und -Anwendungen in Deutschland.

Preis für das Jahresabo (6 Ausgaben): DM 79,– (im Ausland zzgl. Versand);
Preis für das Studentenabo: DM 66,–.

Bestellung an: **OBJEKTspektrum Leserservice**
Computer Service Ernst Jost GmbH
Postfach 14 02 20; 80452 München
Tel.: +49 (0)89/20 24 02-51 Fax: +49 (0)89/20 24 02-16